中国餐饮发展报告 2025

红餐网 ◉ 著

烟火气
外卖上下游共创
融合化
数智化
自助
品类+
地域食材
供应链驱动
AI
情绪价值
茶饮

中国商业出版社

图书在版编目（CIP）数据
中国餐饮发展报告．2025 / 红餐网著．-- 北京 ：中国商业出版社，2025. 7. -- ISBN 978-7-5208-3500-8
Ⅰ．F726.93
中国国家版本馆 CIP 数据核字第 20253V8T34 号

责任编辑：滕　耘

中国商业出版社出版发行
（www.zgsycb.com　100053　北京广安门内报国寺 1 号）
总编室：010-63180647　编辑室：010-83118925
发行部：010-83120835/8286
新华书店经销
广州市彩源印刷有限公司印刷

*

889 毫米 ×1194 毫米　16 开　26.25 印张　450 千字
2025 年 7 月第 1 版　2025 年 7 月第 1 次印刷
定价：598.00 元

****

（如有印装质量问题可更换）

《中国餐饮发展报告 2025》编委会

高校餐饮 地方小吃 一体化解决方案 烤肉 咖饮 性价比 啫啫煲 自助 超级植物 生烫牛肉米线 地方菜

粤菜 本帮江浙菜 鲜切鸡 山野系餐饮 云贵菜

川菜 冷冻烘焙 供应链 干蒸菜 牛排 渠道创新 茶饮 面包烘焙

价格战 AI 快餐化

中式米饭快餐 卫星店 烤串 供应链驱动

Bistro 上下游共创 地域小炒 湘菜 小火锅 外卖 蔬果茶 上市潮 烟火气

非遗美食 薯条专门店 产业升级 品类+ 存量竞争 粉面 短剧营销 情绪价值 地域食材 老年餐饮 养生茶饮

现春 数智化

PREFACE 序言

PREFACE

序言01

PREFACE 01

餐饮破局与蜕变——深挖数智赋能、业态创新、中餐出海新机遇

良渚陶甑蒸腾的谷物香气，跨越五千年时空；《齐民要术》沉淀的饮食智慧，流淌至今仍焕发活力。中国餐饮自诞生起，便注定是一部镌刻文明的史诗。今天中国之餐饮，早已超越“果腹之需”，而是经济振兴的产业支点、文化自信的鲜活载体、双循环战略的微观镜像。

2025 年一季度，全国的餐饮收入 1.4 万亿元，同比增长 4.7%，高于全国社会消费品零售总额 4.6% 的同比增长率。这份成绩单虽为行业发展增强信心，但也要清醒地看到，餐饮市场规模在持续扩张的同时，增长曲线却逐渐趋缓，行业发展仍面临多重挑战：国内市场“内卷”加剧，存量竞争加速行业洗牌；国际形势风云变幻，国际食材价格波动和供应链中断风险持续加压。中国餐饮企业如何突围破局，已然成为全行业需要深刻思考的问题。

值得庆幸的是，当下，我国餐饮业正加速迈向提质增效的全新阶段。三大破局之道，正为行业指明方向。

第一，抓住数智化转型的新机遇。当传统经营模式遭遇增长瓶颈，数智化将成为破解“三高一低”困局的利器，助力餐饮企业高质量发展。智能化烹饪设备与 AI 算法、物联网技术、自动化控制系统等的深度融合，正成为推动降本增效，平衡效率与烟火气的重要方式。因此，积极拥抱、持续深化数智化转型势在必行。

第二，精准锚定“消费升级”趋势。当下，人们的消费观念持续升级和更加多元。消费需求已从单纯的“性价比”，进阶为对安全、健康、营养“质价比”的追求。同时渴望获得好吃、好玩、新奇的多元体验。所以，唯有在产品、场景、

业态上持续创新，方能留住消费者的心。

第三，持续深化“走出去”策略。随着中华饮食文化在海外影响力持续攀升，国家政策利好不断释放，供应链体系日臻完善，中餐出海已经进入新一轮的发展期。为此，中国餐饮企业需具备全球化战略思维和坚实的自身实力，这将成为逐鹿国际市场的核心竞争力。

在数智化、健康化、场景化、全球化趋势浪潮下，我国餐饮业正进行着一场结构化转型升级的变革，这是机遇，也是挑战。身处瞬息万变的市场环境，唯以敏锐的洞察力捕捉机遇，以前瞻性的战略布局应对挑战，方能立于不败之地。

在这个关键节点，以“服务餐饮产业上下游，助力中国餐饮产业升级”为使命的餐饮产业赋能平台——红餐网，重磅推出《中国餐饮发展报告 2025》。从 2021 年到 2025 年，该系列报告已连续五年与行业相伴成长。在这个过程中，依托海量权威数据及深度行业观察，红餐网的创作团队一直在持续迭代创新。从宏观经济环境、产业上下游环节、消费行为模型到品类赛道格局，该报告以结构化体系勾勒出完整的餐饮产业生态图谱，是餐饮产业经营者了解行业趋势、洞察品类发展、研判市场走向必不可少的“工具书”。

2025 年，是我国实施“十四五”规划的收官之年，不仅关乎“十五五”规划的谋篇布局，更是餐饮业实现价值跃迁的战略窗口期。我们期待餐饮企业能以数智化重构增长引擎，以产品、场景、业态的创新打破效率边界，携手共绘中国餐饮产业高质量发展的繁荣图景。

楊柳

中国烹饪协会会长

2025年7月

序言02

PREFACE 02

蝶变跃升，中国餐饮产业正步入发展新阶段

2025年，“5万亿+”市场规模的辉煌成就与“内卷升级”的现实隐忧相互交织，数智化浪潮以前所未有的力度重塑商业模式，消费需求的升级迭代不断倒逼餐饮行业。一场关乎生存与发展的产业重构，正在餐饮领域悄然展开。

中国餐饮业，这个承载着千年烟火气的行业，正经历着破茧成蝶的历史性跨越。

在过去的一年里，全国餐饮收入增长率跑赢全国社会消费品零售总额，行业整体发展态势向好。国家统计局数据显示，2024年全国社会消费品零售总额48.3万亿元，同比增长3.5%。其中餐饮收入5.57万亿元，同比增长5.3%；2025年第一季度，全国社会消费品零售总额12.5万亿元，同比增长4.6%，其中餐饮收入1.4万亿元，同比增长4.7%。

然而，值得注意的是，在行业持续发展的同时，餐饮市场也面临诸多挑战。首先，消费者的消费理念日趋理性，“性价比”“只选对的，不选贵的”等观念深入人心。红餐产业研究院“2025年餐饮消费大调查”数据显示，在消费者2024年餐饮消费总金额与2023年的对比中，仅有31.3%的受访者表示其消费总金额有所增加，这比重仅略高于表示消费金额减少的受访者所占的比重（26.5%）。

与此同时，在消费理念趋于谨慎和市场竞争不断升级等因素的影响下，餐饮大盘人均消费亦呈现下滑趋势。红餐大数据显示，2022年至2025年5月，餐饮大盘的人均消费从43.2元持续下降至39.3元。

此外，餐饮业新入局者不断，这进一步加剧了市场竞争。企查查数据显示，2025年1月至5月，全国餐饮相关企业注册量高达134.3万家，企业存量达到1,727.3万家。

在此背景之下，餐饮行业竞争也从增量扩张转入存量优化的阶段，餐饮产业正经历着一场前所未有的重构。这不仅是市场规律的必然体现，更是中国餐

饮业实现蝶变跃升必须跨越的难关。

面对这场波澜壮阔的行业变革，我们当以坚定的信念直面挑战，以果敢的姿态积极破局。红餐网愿化作行业发展的同行者与守护者，与餐饮产业上下游的诸位同人携手并肩，共赴时代之约。

18年以来，红餐网扎根于餐饮领域，始终秉持“服务餐饮产业上下游，助力中国餐饮产业升级”的使命，致力于打造“内容+数据+活动”协同驱动的餐饮产业服务平台。其中，凝聚着“内容+数据”板块核心智慧的《中国餐饮发展报告》“红宝书”系列书籍，更是红餐网为推动行业进步、赋能产业发展而精心编纂的“精神食粮”。

该系列书籍作为国内首部全面聚焦中国餐饮产业的专业研究书籍，目前已连续出版了5年。《中国餐饮发展报告》旨在为餐饮产业的决策者、投资者和所有关心行业动态的人士，提供全面、深入的餐饮市场分析和趋势预测，是关注餐饮、研究餐饮、从事餐饮人士必备的工具书。

在《中国餐饮发展报告2024》的基础上，《中国餐饮发展报告2025》继续升级迭代，不断丰富章节内容，同时对内容进行更多维度的诠释。其一，除了对品类和品牌进行综合剖析外，还深入挖掘相应赛道上游供应链的新动态和新变化，深入洞察每条餐饮赛道的上下游动向。其二，新增了新锐热门品类盘点板块的内容，详细剖析近年来值得关注的热门品类或者赛道，给餐饮从业者提供经营决策参考。其三，“第六届中国餐饮红鹰奖”、“第七届中国餐饮品类红鲤奖”（2025中国餐饮品类十大品牌）和“第五届中国餐饮产业红牛奖”的获奖名单也会在报告书内呈现，不仅为其他餐饮行业人士提供品牌塑造的对标榜样，也为广大餐饮企业寻找优质供应商提供参考。

我们满怀热忱地期望《中国餐饮发展报告2025》能成为餐饮业前行路上的一盏明灯——为投资者照亮趋势洞察的方向，为从业者提供实战指引的罗盘，为研究者搭建理论与实践的桥梁。愿书中的深度洞见与鲜活案例，化作助力行业发展的羽翼，陪伴餐饮产业同人在未来征程中突破挑战、稳健前行，共同书写迈向新生的壮丽篇章！

红餐网创始人

2025年7月

高校餐饮
地方小吃
一体化解决方案
粤菜
本帮江浙菜
干蒸菜
川菜
冷冻烘焙
供应链
价格战
中式米饭快餐
Bistro
上下游共创
地域小炒
薯条专门店
非遗美食
湘菜
小火锅
产业升级
外卖
品类+
烤肉
牛排
卫星店
存量竞争
咖饮
渠道创新
快餐化
蔬果茶
粉面
现春
性价比
AI
啫啫煲
鲜切鸡
山野系餐饮
短剧营销
上市潮
情绪价值
白助
面包烘焙
地域食材
超级植物
茶饮
老年餐饮
数智化
生烫牛肉米线
烤串
烟火气
地方菜
云贵菜
供应链驱动
养生茶饮

CONTENTS 目录 »

第一章 餐饮产业现状解析

第二章 中式正餐

第四章 火锅

第六章 烧烤

第七章 特色品类

CHINA
CATERING

第一章 餐饮产业现状解析

第一节 餐饮宏观背景：
政策驱动餐饮业高质量发展，行业进入存量优化阶段

得益于宏观政策的积极推动，国内经济持续平稳向好发展，2024 年国内生产总值历史性地突破了 130 万亿元大关，居民消费意愿也呈现一定的增强态势。与此同时，餐饮行业市场规模继续扩大，而受经济结构调整、消费需求迭代升级等影响，行业从“增量扩张”进入到“存量优化”发展阶段。

一、GDP 稳步增长，扩内需成国内经济稳步增长主要着力点

如图 1-1，国家统计局数据显示，2024 年，国内生产总值达到 134.9 万亿元，同比增长 5%（按不变价格计算）。这是继 2022 年突破 120 万亿元后，我国经济总量再度迈上新台阶，首次突破 130 万亿元。

2025 年以来，国民经济呈现起步平稳、开局良好的特点。国家统计局数据显示，2025 年第一季度，国内生产总值达到 31.9 万亿元，同比增长 5.4%（按不变价格计算），增速环比提高了 1.2 个百分点，同比提高了 0.1 个百分点。

为推动经济持续回升向好发展，我国围绕加大宏观政策逆周期调节、扩大国内有效需求、加大助企帮扶力度、推动房地产市场止跌回稳、提振资本市场等关键领域，推出一揽子增量政策。随着政策效应的持续释放，预计 2025 年国内生产总值将实现 5% 左右的增长目标。

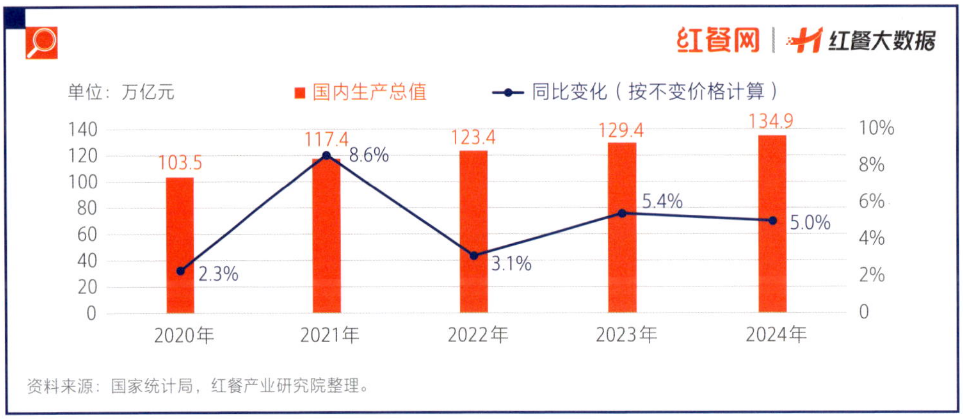

图 1-1　2020 — 2024 年国内生产总值概况

从经济学角度来看，最终消费支出、资本形成总额以及货物和服务净出口被称为拉动经济增长的“三驾马车”，其中，最终消费支出、资本形成总额属于内需，是我国经济发展的基本动力。如图 1-2，国家统计局数据显示，2020 — 2024 年，内需对我国 GDP 增长的贡献率均在 70% 左右。

资本形成总额可以反映国内的投资需求。随着国内大规模投资阶段基本完成，依靠投资驱动经济稳步增长的难度在加大，意味着我国经济增长的方式正由投资主导型向消费主导型转变，扩大消费成为我国经济稳步增长的主要着力点。

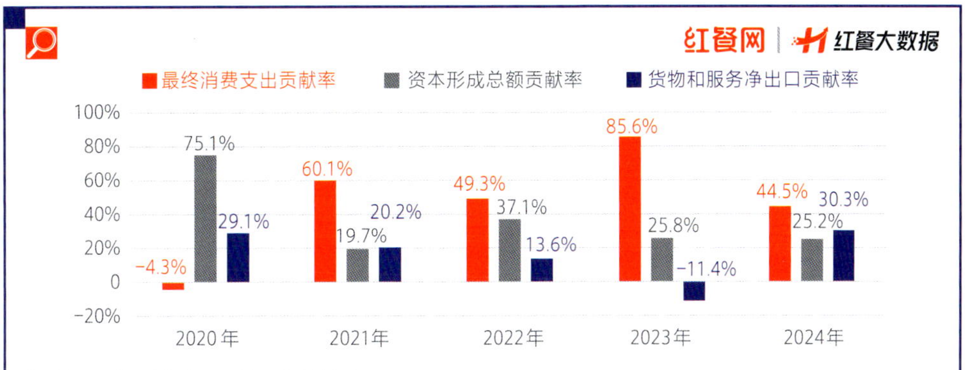

资料来源：国家统计局，红餐产业研究院整理。

图 1-2　2020 — 2024 年最终消费支出、资本形成总额、货物和服务净出口对我国 GDP 增长的贡献率

二、全国住户存款大幅增加，居民消费潜力有待充分释放

如图 1-3，国家统计局数据显示，消费者信心指数于 2022 年 4 月降至 100 以下后，近年主要在 85~90 之间波动。从 2024 年 12 月开始，消费者信心指数持续 3 个月出现上升，但又在 2025 年 3 月出现下跌。

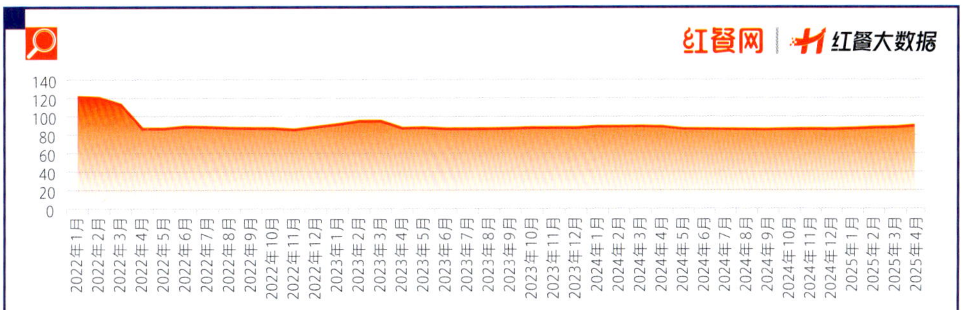

资料来源：国家统计局，红餐产业研究院整理，数据统计时间截至 2025 年 4 月 30 日。

图 1-3　2022 年 1 月至 2025 年 4 月消费者信心指数情况

尽管我国居民消费仍偏保守，消费信心有待进一步提振，但也存在支撑消费平稳向好发展的有利条件。例如，在收入方面，在全球经济环境复杂多变的背景下，我国居民收入展现出较强的增长韧性。如图1-4，国家统计局数据显示，2024 年全年，全国居民人均可支配收入为 41,314 元，同比增长 5.1%（扣除价格因素）。2025 年第一季度，全国居民人均可支配收入为 12,179 元，同比增长 5.6%（扣除价格因素）。

目前，我国居民收入主要来自工资性收入，而财产性收入占比较低。国家统计局数据显示，2024 年，全国居民人均工资性收入、人均财产净收入分别为 23,327 元、3,435 元，占人均可支配收入的比重分别为 56.5%、8.3%。

近年来，我国一方面通过完善就业稳定促进机制，提高居民工资性收入；另一方面也通过政策鼓励居民拓宽财产性收入渠道，优化收入结构。例如，2025 年 3 月，中共中央办公厅、国务院办公厅印发的《提振消费专项行动方案》就提出，要多措并举稳住股市、进一步丰富适合个人投资者投资的债券相关产品品种。

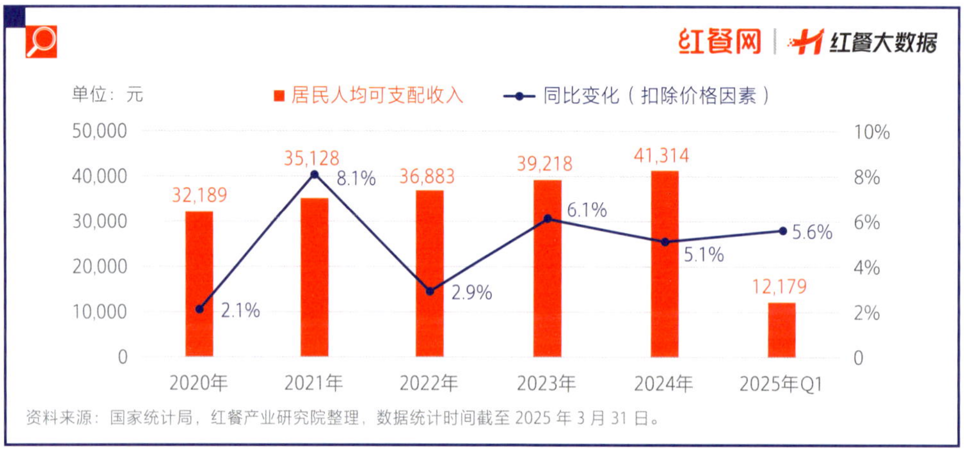

图 1-4　2020 — 2025 年全国居民人均可支配收入情况

在居民预期方面，中国人民银行数据显示，2022 — 2024 年，我国境内住户人民币存款的增长幅度均在 10% 以上。截至 2025 年 4 月，全国住户人民币存款额达到 159.1 万亿元（如图 1-5 所示）。这一数据不仅反映我国居民在面对未来收入、就业、医疗等不确定因素时，倾向于储蓄和存款，也显示出我国居民存在巨大的消费潜力。

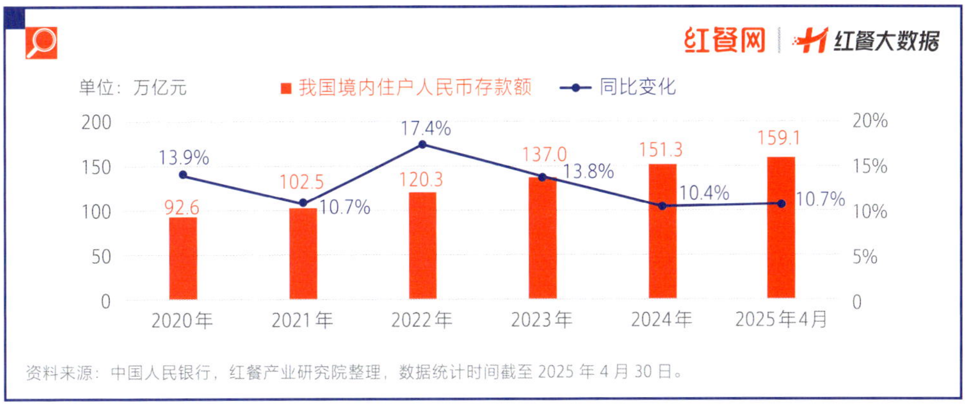

图 1-5　2020 — 2025 年全国住户人民币存款情况

提振消费的核心在于稳预期、稳信心。近年来，我国围绕持续增加居民收入、着力完善社会保障体系、优化消费环境条件、稳定物价水平等方面持续出台政策，旨在让居民有能力消费、敢于消费、愿意消费，目前已取得一定的成效。如图 1-6 所示，根据中国人民银行发布的《城镇储户问卷调查报告》，自 2023 年第三季度起，倾向于“更多消费”的居民占比连续多个季度保持波动上升态势，表明居民的消费意愿有所增强。

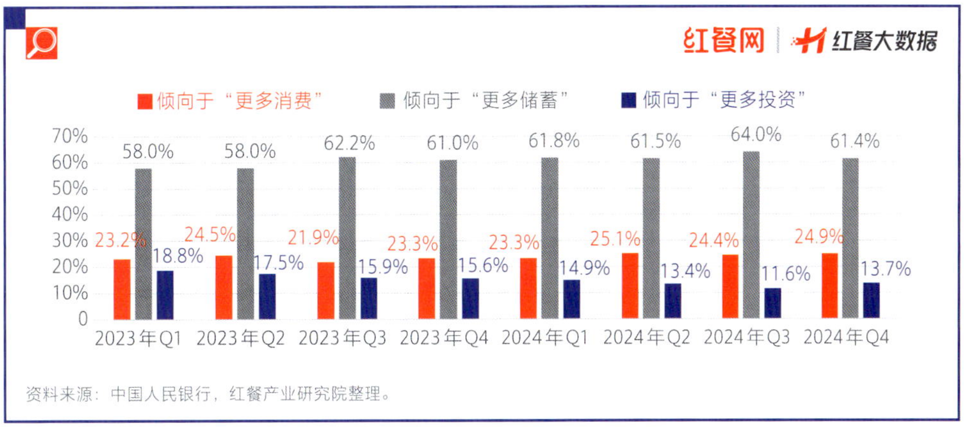

图 1-6　2023 — 2024 年城镇居民消费、储蓄、投资意愿占比情况

随着消费意愿的不断提升，我国居民蕴含的巨大消费潜力也将得到进一步释放，为我国经济增长注入更强劲的内生动力。国家统计局数据显示，2025 年 1—4 月，全国社会消费品零售总额为 16.2 万亿元，同比增长 4.7%，相较 2024 年同期，增速同比提高了 0.6 个百分点。

三、餐饮市场规模继续提升，大盘人均消费持续下滑

在经济结构深度调整、消费需求升级迭代以及行业竞争加剧等多重因素的影响下，近年来餐饮行业逐步由“增量扩张”阶段迈入“存量优化”阶段，呈现出餐饮市场规模、餐饮企业注册量增速放缓等特征。

如图 1-7，国家统计局数据显示，2024 年，全国餐饮收入为 5.57 万亿元，同比增长 5.3%，增速同比下降了 15.1 个百分点；2025 年 1 — 4 月，全国餐饮收入 1.82 万亿元，同比增长 4.8%，增速同比下降了 4.5 个百分点。

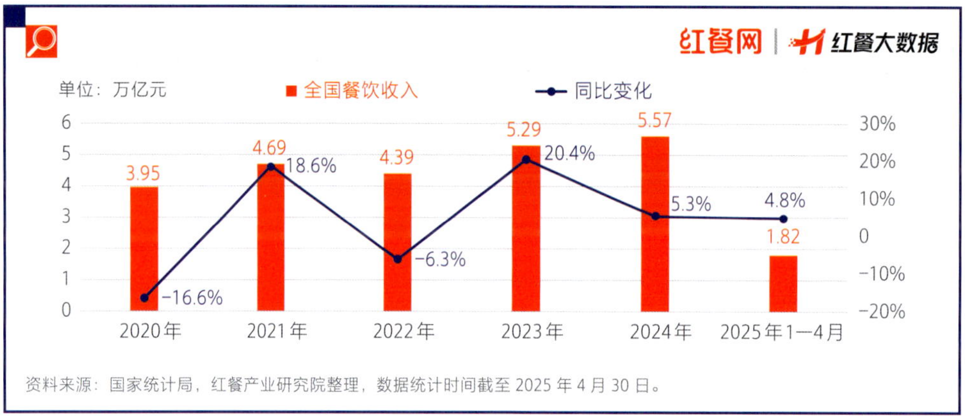

图 1-7　2020 — 2025 年全国餐饮收入概况

从供给端来看，作为与民生深度绑定的行业，餐饮行业一直以来都是众多创业者的热门之选。如图 1-8，企查查数据显示，2021 — 2024 年，每年全国餐饮相关企业注册量均超过 300 万家。截至 2025 年 5 月，全国餐饮相关企业存量已达 1,727.3 万家，创下了历史新高。

从需求端来看，在收入增速下滑、未来不确定性因素增加的背景下，消费者对价格的敏感度持续上升。大多数消费者一边追求产品品质，另一边又对溢价消费持谨慎态度。

供需关系的错位，使得餐饮行业逐渐从增量市场转变为存量市场，餐饮市场竞争日趋激烈。如图 1-8，企查查数据显示，2024 年，全国餐饮相关企业注册量为 359.1 万家，同比下降 13.4%；2025 年 1 — 5 月，全国餐饮相关企业注册量为 134.3 万家，同比下降 6.4%。

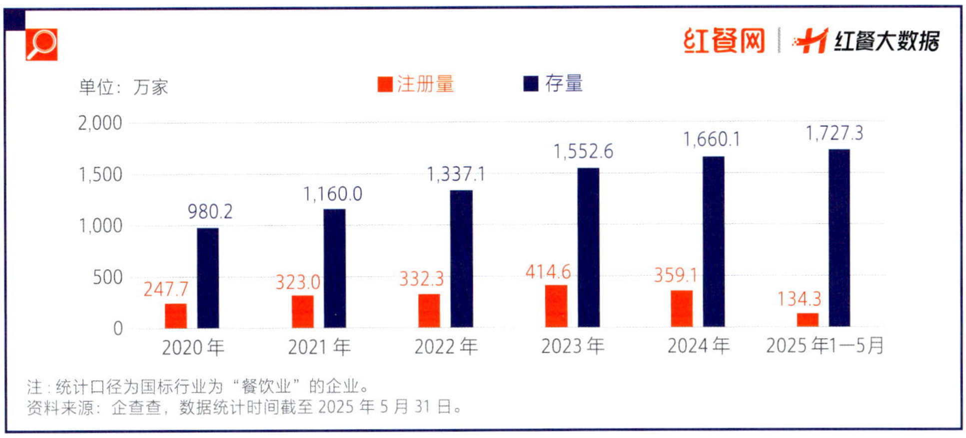

图 1-8　2020 — 2025 年全国餐饮相关企业注册量、存量情况

在消费理念趋于谨慎和市场竞争不断升级等因素的影响下，餐饮大盘人均消费亦呈现下滑趋势。红餐大数据显示，2022 年至 2025 年 5 月，餐饮大盘的人均消费从 43.2 元持续下降至 39.3 元。除小吃快餐外，中式正餐、火锅、烧烤、饮品、西餐、亚洲料理等赛道的人均消费均以不同的幅度在下降（如图 1-9 所示）。

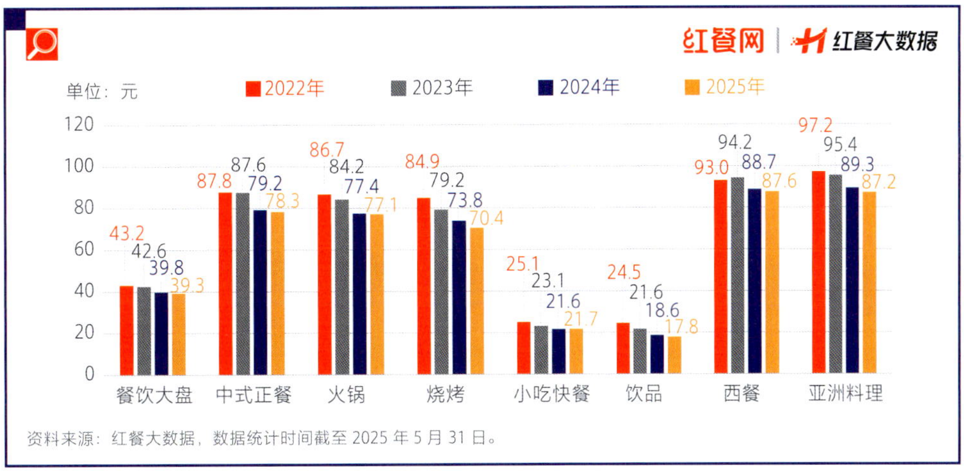

图 1-9　2022 — 2025 年全国主要餐饮赛道的人均消费情况

四、数字化技术与多政策协同赋能行业高质量发展

2024 年以来，国家和部分省市推出了多项政策，鼓励餐饮企业从提升服务质量、创新消费场景、强化数字化技术应用等方面着力，共同推动餐饮业实现高质量发展。

近年来，人工智能（AI）、增强现实（AR）、虚拟现实（VR）等新一代信息技术与餐饮行业的融合更加紧密，推动了餐饮企业生产加工环节的智能化、高效化、标准化。

目前，智能化设备和技术在餐饮领域的应用日益广泛。根据国家信息中心发布的《中国餐饮业数字化发展报告（2024）》，2023 年，全国餐饮业数字化总指数为 76.67。在数字供应、数字加工、数字管理、数字销售四个环节中，数字销售环节的市场化程度最高，相关指数达到 78.32；数字加工的市场化程度位列第二，相关指数达到 76.24。

与此同时，为推动数字化技术在餐饮业中的渗透应用，我国先后出台了多项政策（见表 1-1）。例如，2024 年 3 月发布的《商务部等 9 部门关于促进餐饮业高质量发展的指导意见》提出，要发展"数字 + 餐饮"，鼓励餐饮领域人工智能、大数据、区块链技术及智能设备研发与应用；2025 年 5 月发布的《餐饮业促进和经营管理办法》提出，鼓励餐饮服务经营者运用信息化手段分析用餐需求，对食品采购、储存、加工等进行科学管理，提高食材利用率。

除了数字化技术的应用外，鼓励餐饮企业提升服务质量与拓展消费场景也是政策关注的重点。例如，《商务部等 9 部门关于促进餐饮业高质量发展的指导意见》提出，要鼓励大型连锁餐饮企业下沉发展，挖掘县域餐饮市场潜力。此外，《关于打造消费新场景培育消费新增长点的措施》还提出，餐饮企业要挖掘和满足婴幼儿、老年人等人群的多样化需求，提供高适配用餐服务。

在餐饮产业的上中游环节，政策导向则聚焦于强化肉类食材供给保障体系、健全全链条保鲜流通机制等关键领域。这些举措通过夯实食材供应的稳定性基础、提升产业协同效率，不仅为餐饮企业构建起抵御价格波动的缓冲带，更从源头增强了整个餐饮产业链的抗风险能力。

表 1-1　2024 — 2025 年我国出台的部分餐饮产业相关政策

发布时间	政策文件	主要内容
2024 年 1 月	《国务院办公厅关于发展银发经济增进老年人福祉的意见》	引导餐饮企业等发展老年助餐，支持餐饮场所等增加助餐功能
2024 年 2 月	《生猪产能调控实施方案（2024 年修订）》	将能繁母猪正常保有量目标从 4,100 万头下调至 3,900 万头，优化生猪产能调控措施，以稳定猪肉供应
2024 年 3 月	《关于加强预制菜食品安全监管 促进产业高质量发展的通知》	统筹制定严谨、统一的覆盖预制菜生产加工、冷藏冷冻和冷链物流等环节的标准，明确规范预制菜食品安全要求
2024 年 3 月	《商务部等 9 部门关于促进餐饮业高质量发展的指导意见》	从提升餐饮服务品质、创新餐饮消费场景、增强餐饮业发展动能、弘扬优秀餐饮文化、促进绿色发展、优化餐饮业营商环境、加强组织保障等七个方面，提出 22 项具体政策措施，推动餐饮业实现高质量发展
2024 年 5 月	《关于进一步优化政务服务提升行政效能推进“高效办成一件事”的实施意见》	推动企业信息变更、企业注销“一网办”和开办餐饮店“一件事”高效办理
2024 年 6 月	《关于打造消费新场景培育消费新增长点的措施》	发展餐饮消费细分领域和支持餐饮消费智能升级。例如，挖掘地方特色美食资源，鼓励大型连锁餐饮下沉发展，发掘县域餐饮消费潜力
2024 年 7 月	《国务院关于促进服务消费高质量发展的意见》	挖掘餐饮住宿消费潜力，支持地方开展特色餐饮促消费活动
2024 年 9 月	《关于促进肉牛奶牛生产稳定发展的通知》	提出着力稳定肉牛奶牛基础产能、推动奶业养殖加工一体化发展、促进牛肉牛奶消费等措施，帮助养殖场户渡过难关，稳定肉牛、奶牛生产
2024 年 9 月	《国务院办公厅关于践行大食物观构建多元化食物供给体系的意见》	发展“生鲜电商 + 冷链宅配”“中央厨房 + 食材冷链配送”等业态模式
2024 年 11 月	《关于完善现代商贸流通体系推动批发零售业高质量发展的行动计划》	提出到 2027 年，城乡商贸流通网络更加完备，构建分层分类的城市商业布局，完善县、乡、村三级物流配送体系，肉类冷链流通率达到 45%
2025 年 1 月	《中共中央 国务院关于进一步深化农村改革 扎实推进乡村全面振兴的意见》	构建多元化食物供给体系。促进渔业高质量发展、发展森林食品、推动食用菌产业提质增效等
2025 年 5 月	《餐饮业促进和经营管理办法》	鼓励餐饮服务经营者进行数字化升级改造，提升数字化经营和管理能力，加快线上线下融合发展。鼓励餐饮服务经营者运用信息化手段分析用餐需求，对食品采购、储存、加工等进行科学管理，提高食材利用率

资料来源：公开信息，红餐产业研究院整理，数据统计时间截至 2025 年 5 月 31 日。　红餐网 | 红餐大数据

毫无疑问，餐饮行业的竞争早已不限于单一维度，而是拓展至产品研发、经营模式、供应链管理、品牌营销等多个层面。餐饮企业单纯依靠门店数量的粗放式扩张已经难以支撑企业持续稳健发展。未来，餐饮企业要在激烈的市场环境中突出重围，需要构建系统化的竞争力，全面提升精细化的运营水平。

第二节 餐饮基本面：外卖市场格局生变，品牌多维度探索破局之道

近年来，在消费者的消费态度渐趋谨慎的大背景之下，餐饮行业竞争也从增量扩张转入存量优化的阶段，餐饮产业正经历着一场前所未有的重构。为了更好地应对这种市场变化，不少餐饮品牌积极行动，从加码“卫星店”、探索融合化、快餐化、创新营销方式以及布局海外市场等多个维度去破局。

一、外卖：品牌加码“卫星店”，京东重构外卖竞争格局

作为餐饮业数字化发展的代表性形态，外卖已成为餐饮市场中不可或缺的组成部分。红餐大数据显示，2024 年我国外卖市场规模在餐饮收入中的占比已超过了两成。不仅众多餐饮品牌纷纷加速布局外卖业务，部分品牌甚至推出了以外卖业务为主的新店型——卫星店。与此同时，外卖平台之间的竞争也随着京东的强势入局发生改变。

1. 外卖市场份额升至 22.8%，成为餐饮市场的重要增长引擎

近年来，在数字化技术的加速发展以及餐饮供应链日益成熟的推动下，外卖服务已渗透到消费者的日常饮食生活中，并成为餐饮市场的重要增长引擎。

据中国互联网络信息中心数据，截至 2024 年 12 月，全国外卖用户规模达 5.92 亿人，较 2023 年年底增加了 4,777 万人，占网民总数的 53.4%。如图 1-10，红餐产业研究院“2025 年餐饮消费大调查”显示，2024 年，97.8% 的受访者点过外卖，这一比例较 2023 年提升了 4 个百分点。其中，86.9% 的受访消费者每月点外卖超过 2 次，64.3% 的受访消费者每周点外卖超过 1 次。

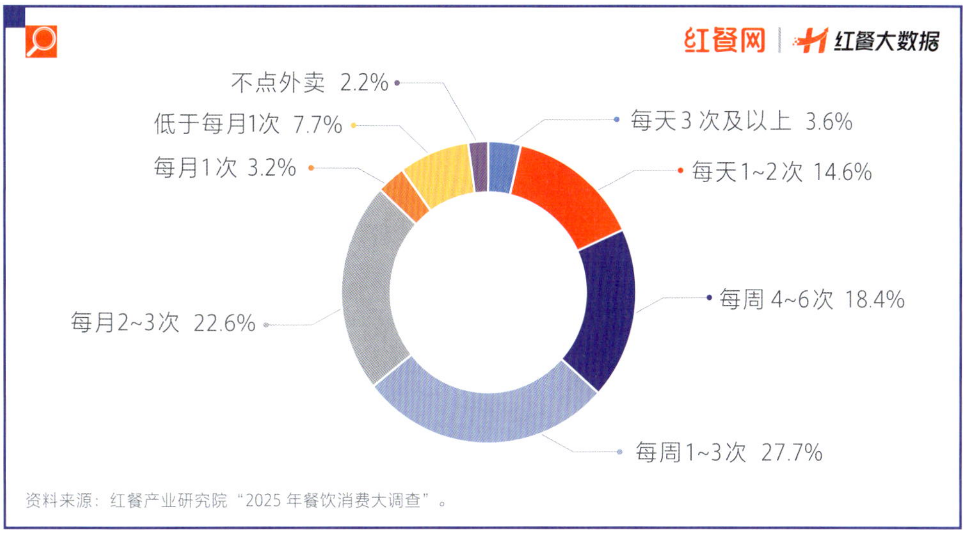

图 1-10　2024 年消费者点外卖的频率分布情况

与此同时，随着外卖平台下沉战略的实施，三线及以下城市、县域以及乡镇市场的外卖用户也在逐渐增多，为外卖市场的发展注入了新的增长动能。如图 1-11，红餐大数据显示，2024 年全国外卖市场规模达到 12,705 亿元，同比增长 6.2%。尽管与前几年相比，外卖市场规模增速略有放缓，但依然超过了全国餐饮收入 5.3% 的增速水平。而外卖在餐饮市场中的份额占比亦从 2018 年的 10.9% 稳步提高至 2024 年的 22.8%，充分彰显了外卖作为线上销售渠道在餐饮行业中的重要地位。

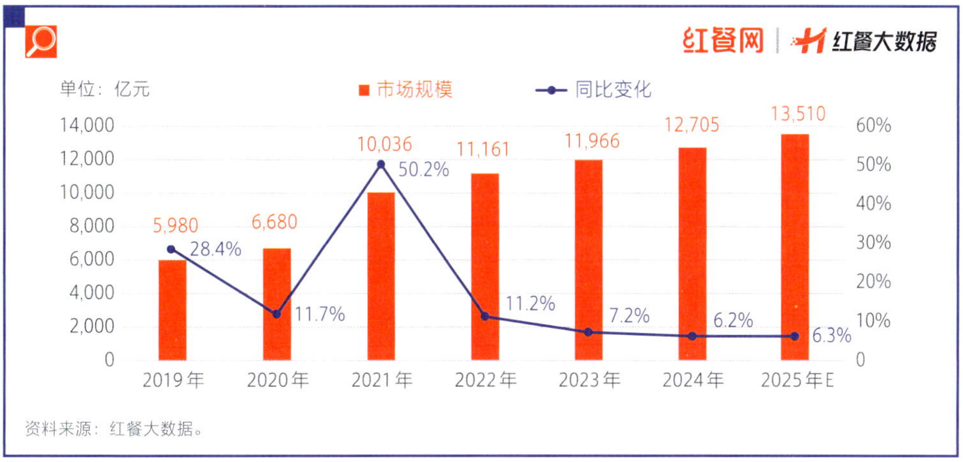

图 1-11　2019 — 2025 年全国外卖市场规模概况

当前，餐饮各细分赛道的外卖业务占比情况各不相同（如图 1-12 所示）。其中，小吃快餐、饮品、烘焙甜品等赛道凭借出餐快、便于携带的优势，外卖业务占比均超过了 20%。与此同时，主要以堂食为主的火锅、烧烤、中式正餐、异国料理及特色品类也在加速拓展外卖市场，其中，烧烤、中式正餐、异国料理和特色品类的外卖业务占比已超过了 10%。

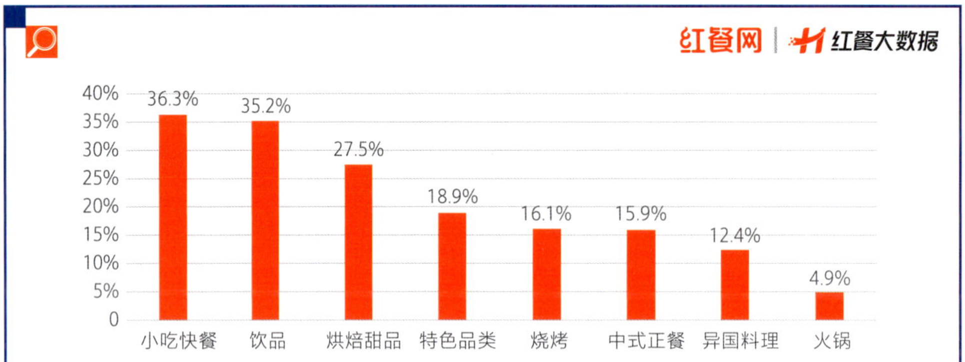

注：外卖业务占比 = 该赛道外卖订单交易额 / 该赛道市场规模。
资料来源：红餐大数据，数据统计时间截至 2025 年 5 月 31 日。

图 1-12　2025 年全国部分餐饮赛道外卖业务占比情况

2. 品牌加码“卫星店”，平台从“双雄争霸”向多元竞合态势发展

近年来，随着消费者生活方式的转变，我国餐饮外卖市场在消费端、餐饮品牌端以及平台端均展现出了诸多的亮点。

（1）消费端：外卖成为消费者解决“一人食”难题的重要方式

在消费端，随着城市化进程的推进，我国居民生活节奏亦持续加快，“懒人经济”、“宅经济”以及“单身经济”等新兴生活方式蔚然成风。在此背景下，外卖成为都市年轻消费群体解决“一人食”难题的重要方式。

如图 1-13，红餐产业研究院“2025 年餐饮消费大调查”显示，超过四分之一的消费者在 2024 年独自吃饭的频率有所增加。而这些独自吃饭频率增加的消费者在日常饮食中更倾向于点外卖，他们当中有 73.2% 的消费者外卖消费频率增加或持平，这一比例高出全样本 9.9 个百分点。

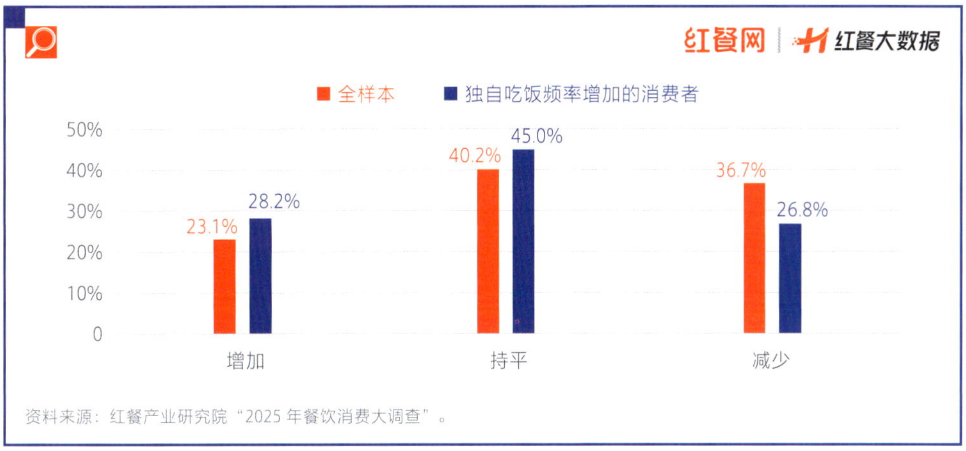

图 1-13　2024 年消费者的外卖消费频率变化情况

（2）品牌端：品牌积极拓展外卖业务，外卖店、“卫星店”受关注

在餐饮品牌端，面对日益激烈的市场竞争，众多餐饮品牌纷纷探索多元化的销售渠道和消费场景，以提升综合盈利水平。其中，外卖渠道备受关注，除了小吃快餐、饮品等天然适配外卖业务的品类外，中式正餐、火锅、烧烤、烤鱼、酸菜鱼、牛蛙等赛道的品牌也积极推出了外卖产品（见表 1-2）。

例如，海底捞、小龙坎火锅、大龙燚火锅、怂火锅厂等火锅品牌推出了下饭火锅菜、火锅冒菜等类型的产品；西塔老太太泥炉烤肉推出了子品牌西塔老太太拌饭，主打“一人食”和外卖消费场景；蛙来哒对外卖产品线进行优化，将出餐时间控制在 15 分钟以内。

表 1-2　近年部分餐饮品牌 / 企业的外卖业务发展情况

品牌 / 企业名称	外卖业务发展情况
海底捞	2019 年，海底捞正式联手外卖平台推出了第三方外卖配送服务；2023 年下半年，其又推出了主打“一人食”外卖的海底捞 · 下饭火锅菜。其财报显示，2024 年海底捞外卖收入达到 12.54 亿元，同比增长 20.4%，外卖占总营收的比例从 2023 年的 2.5% 增至 2.9%
小龙坎火锅	2021 年，小龙坎火锅推出了主打外卖、“一人食”场景的小龙坎 MiniHoogo 火锅菜子品牌。截至 2025 年 5 月，小龙坎 MiniHoogo 火锅菜已在成都开出了 10 余家门店
百胜中国	百胜中国财报显示，2024 年其外卖收入同比增速为 14%，连续 10 年保持两位数的增速。其旗下肯德基和必胜客的外卖收入约占门店总收入的 39%
小菜园	小菜园财报显示，其 2024 年外卖业务营收增长明显，从 2023 年的 14.9 亿元增长至 2024 年的 20 亿元，同比增长 34.2%，其外卖业务占比从 2021 年的 15.5% 提升至 38.4%
木屋烧烤	木屋烧烤将堂食与外卖业务分离，于 2020 年推出了外卖专门店。红餐大数据显示，截至 2025 年 5 月，木屋烧烤已在深圳、广州等城市开出了 200 余家外卖专门店
蛙来哒	蛙来哒有近 300 家门店开通了线上外卖服务，通过外卖产品线的优化，将外卖出餐时间控制在 15 分钟以内。2024 年，其还联合美团推出了“卫星店”，截至 2025 年 5 月，蛙来哒的“卫星店”已覆盖北京、广州、深圳、长沙等城市

资料来源：公开信息，红餐产业研究院整理。　红餐网 | 红餐大数据

此外，为了减少外卖业务对门店堂食体验的影响，部分餐饮品牌推出了外卖专门店、“卫星店”等新店型，如太二酸菜鱼、老乡鸡、木屋烧烤、农耕记 · 湖南土菜、外婆家、蛙来哒、醉得意 · 家常菜等。

（3）平台端：电商巨头强势入局，外卖市场从“双雄争霸”走向多元竞合

在平台端，尽管美团与饿了么两大平台凭借先发优势和规模效应占据了绝大部分的外卖市场份额，但随着新的平台不断跨界入局，市场格局正从“双雄争霸”向多元竞合阶段演进。

其一，不少电商平台以及本地生活服务平台结合自身优势切入外卖服务领域（见表 1-3）。例如，京东凭借强大的物流网络和广泛的用户基础，于 2025 年 2 月启动“品质堂食餐饮商家”

招募；淘宝于 2025 年 4 月推出了“淘宝闪购”；抖音和快手则通过自身流量优势，以美食团购、短视频种草、外卖直播等方式切入即时配送领域，推出了“随心团”和“外卖到家”服务。

表 1-3　近年部分平台针对外卖领域推出的措施

平台	近年推出的主要措施
美团	2024 年 2 月开始，美团与部分餐饮品牌合作，上线美团无人机配送服务；2024 年 4 月，美团推出了“品牌卫星店”万店返佣计划；2025 年 2 月，美团在部分城市将“超时扣款”改为积分制度试点，以改善骑手配送体验；2025 年 4 月，美团在南通、泉州等城市试点骑手养老保险补贴制度，随后发布了“美团闪购”即时零售品牌；2025 年 5 月，美团为约 200 万骑手发放 2 亿元劳动补贴
饿了么 / 淘宝	2024 年 9 月，饿了么推出了“饿了么学生版”App，为高校学生群体提供更加便捷、实惠和个性化的服务；2025 年 2 月，饿了么宣布推出“春生计划”，对 2025 年 3 月至 5 月的新开餐饮店铺全额返还佣金 2 个月、长者食堂免佣金 3 个月；2025 年 4 月，饿了么逐步取消超时扣罚制度，并推出“饿补超百亿”，淘宝将即时零售业务“小时达”升级为“淘宝闪购”；2025 年 5 月，淘宝闪购联合饿了么推出“赠送 1 亿杯奶茶”活动
京东	2025 年 2 月，京东启动“品质堂食餐饮商家”招募，商家在 2025 年 5 月 1 日前入驻京东外卖将全年免佣金，并宣布 2025 年 3 月 1 日起，将逐步为京东外卖全职骑手缴纳“五险一金”；2025 年 4 月，京东推出外卖百亿补贴火锅；2025 年 5 月，京东上线京东饭卡充值活动
抖音	2024 年 11 月起，抖音将原“团购配送”升级为“随心团”，同时支持到店核销和外卖配送
快手	2023 年起，快手开始与部分连锁品牌合作，部分团购套餐支持外卖到家，配送由商家或第三方平台完成；2024 年 3 月，快手对外送功能进行了优化，其在商家售卖的团购套餐中增加了“仅支持外送”标签和“外卖到家”功能服务

资料来源：公开信息，红餐产业研究院整理，数据统计时间截至 2025 年 5 月 31 日。　红餐网 | 红餐大数据

其二，一些区域性即时配送平台在下沉市场展开差异化突围，如跑腿快车、外卖师、小镇外卖等本地生活服务商通过聚焦网上订餐、社区团购、跑腿代购、县域乡镇专送等垂直场景，以“小而美”的服务颗粒渗透区域市场。

其三，诸如肯德基、麦当劳、喜茶等连锁餐饮品牌已经构建了具有外卖功能的自营小程序，通过完善的会员体系，实现私域流量的高效运营与转化。

据红餐产业研究院“2025 年外卖消费行为调查”，在外卖平台选择偏好方面，美团以 90.3% 的消费者占比居首位；其次是饿了么，消费者占比为 65.6%；京东外卖凭借补贴政策吸引了大量消费者关注，占比达 36.4%，居第三位。抖音、品牌官方小程序以及其他在线外卖平台也均有一定的占比（如图 1-14 所示）。

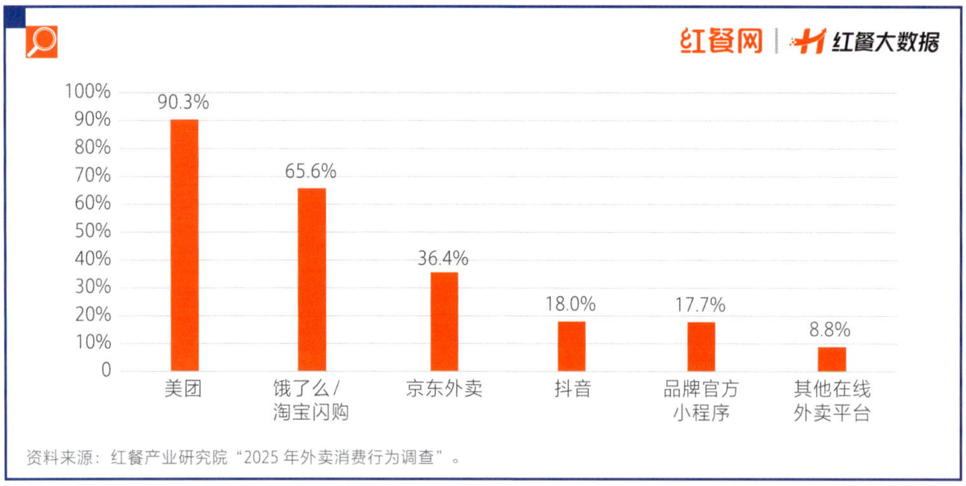

图 1-14　2025 年消费者的外卖平台选择偏好情况

外卖平台端的市场格局正随着京东的强势入局而改变。2025 年 4 月底，京东宣布其外卖日交易单量已突破了 1,000 万单，覆盖全国 166 个城市。为了争夺市场份额，各平台竞相升级补贴策略与骑手保障，诸如“给骑手缴纳五险一金”“超时免罚”等政策不断落地，平台之间的竞争进入白热化阶段，未来外卖市场或将迎来更好的服务升级与资源整合。

除了外卖市场格局的不断演变，外卖的送餐模式亦在创新变革。2023 年 7 月，美团正式推出了第四代无人机，并逐步将其融入外卖配送环节。截至 2024 年年底，美团已在全国开通了 53 条无人机配送航线，累计配送订单超 45 万单。2025 年 4 月，美团无人机还获得了全国首张低空物流全境覆盖运营合格证。

整体来看，外卖作为餐饮数字化的典型代表，凭借其便捷性、多样性以及高效的配送服务，已经广泛融入消费者的日常生活，并逐渐成为引领餐饮业高质量发展的重要力量。然而，我们也需要看到餐饮品牌在发展外卖业务的过程中面临的诸多挑战，如外卖菜单的优化与标准作业程序（Standard Operating Procedure，SOP）管理，外卖订单与堂食订单之间的协调，以及平台抽成和优惠券策略对门店利润的挤压等。未来，品牌还需通过研发外卖产品与包装、优化排单系统、建立私域流量池等方式，提升品牌自身的竞争力和盈利能力。

二、融合化：餐饮行业品类融合、模式融合、业态融合成主流

曾经，餐饮行业的各赛道、各业态有着各自独有的特征和消费场景。然而，随着市场的发展和消费者需求的转变，餐饮品牌通过扩充品类、创新模式、拓展渠道与业态等方式，为消费者带来了全新的餐饮体验。这也使得传统赛道之间的边界逐渐模糊，融合化已成为势不可挡的时代潮流。

1. 餐饮行业出现三大融合趋势，品类融合最为典型

我国餐饮行业具有品类繁多、业态丰富的特点，在融合化方面亦展现出多种形式。就当前市场而言，我国餐饮行业的融合化趋势主要分为三种类型，分别是品类融合、模式融合和业态融合（见表 1-4）。

表 1-4　2025 年餐饮融合化的三种主要类型一览

类型	具体表现	代表品牌
品类融合	品牌在菜单中加入其他品类的产品，如“火锅 + 小吃 + 饮品”“粉面 + 米饭简餐 + 饮品”“小吃 + 粉面 + 饺子 / 馄饨”等	海底捞、朱光玉火锅馆、后火锅、三两粉、霸蛮湖南米粉、大师兄、乡村基、老乡鸡、中原大刀鲜汁肉饼、阿甘锅盔等
模式融合	品牌在门店经营过程中融合了其他赛道或者业态的经营模式，如自助模式、酒馆模式、KTV 模式、轻正餐模式等	南城香、大米先生、永和大王、满记甜品、凑凑火锅、袁记云饺、老乡鸡、杨记隆府、鱼你在一起、米村拌饭等
业态融合	一些餐饮品牌在深耕门店堂食、外带和外卖等常规渠道的同时，积极布局生鲜、电商等新零售领域，甚至将业务拓展至服装、会展等非餐饮业态	西贝、海底捞、眉州东坡、广州酒家、同庆楼、茶颜悦色、奈雪的茶、喜茶、袁记云饺、蔡林记、麦当劳、小龙坎火锅等

资料来源：公开信息，红餐产业研究院整理。　红餐网 | 红餐大数据

品类融合，即不同餐饮品类之间的相互渗透与结合，这也是最为典型的融合方式。近年来，为了满足消费者的多元化需求，餐饮品牌在菜单中加入其他品类的产品，构建了丰富的产品矩阵。

例如，海底捞、朱光玉火锅馆、后火锅、珮姐重庆火锅等火锅品牌在其菜单中加入了多种小吃、饮品和甜品，后火锅还推出了多款烧菜产品；三两粉、霸蛮湖南米粉、大师兄等粉面品牌推出了米饭套餐、特色菜、小吃、饮品等产品；永和大王、老乡鸡、南城香、吉野

家等米饭快餐品牌推出了小火锅产品；中原大刀鲜汁肉饼、阿甘锅盔等小吃品牌推出了粉面、饺子馄饨等产品。

模式融合，即经营模式的融合与创新。为了给消费者带来多样化的消费体验，很多餐饮品牌在门店经营过程中融合其他赛道的经营模式，如自助模式、酒馆模式、KTV 模式、轻正餐模式等。

近年来，不少非自助餐赛道的品牌推出了自助模式，比如南城香、大米先生、永和大王、和合谷等品牌推出了“早餐自助”，满记甜品推出了甜品自助和夜宵自助等。同时还有一些品牌推出了早茶自助、饺子自助、素食自助、小龙虾自助等。

酒馆模式也颇受关注，例如，袁记云饺、喜家德、老乡鸡、茶颜悦色等品牌均推出了酒馆门店模型，杨记隆府则在其上海门店内设置了杨记酒肆，并提高了菜单中的酒水比例。

此外，还有部分品牌探索新的餐饮融合模式——轻正餐模式。这种模式巧妙地将快餐的高效便捷与正餐的舒适体验相结合，满足了消费者对性价比和就餐体验的双重追求。鱼你在一起、米村拌饭等品牌便是这种模式的代表。

业态融合的表现则较为多元。一方面，餐饮品牌基于供应链优势，在堂食、外带和外卖业务之外，拓展至生鲜零售、电商等新零售领域；另一方面，部分品牌更进一步跨界至服装、会展等行业，打破传统业务边界，实现品牌影响力的全方位提升。

例如，西贝、海底捞、眉州东坡、广州酒家、同庆楼、茶颜悦色、奈雪的茶、喜茶、袁记云饺、蔡林记等品牌在各大平台开设线上渠道，推出了预制菜、速食、零食等零售产品，茶颜悦色还推出了“硬折扣量贩 GO”零售主题店，截至 2025 年 5 月，其已在湖南、湖北、重庆、江苏等地开出了 120 余家“硬折扣量贩 GO”零售主题店。麦当劳、小龙坎火锅等品牌则与知名服装品牌跨界合作，推出多款时尚潮款联名服饰，小龙坎火锅更是登陆了上海时装周，进一步打破行业边界，强化了品牌的年轻化形象。

与此同时，餐饮市场格局也在悄然发生变化，一些生鲜超市、便利店乃至传统的菜市场档口，敏锐地捕捉到了餐饮市场的新机遇，推出了快餐、盒饭、现炒菜等服务，甚至部分服装品牌、奢侈品品牌也尝试开餐饮店，以期在这一充满活力的市场中分得一杯羹。

2. 消费需求的变化与供应链的发展共同推动餐饮融合化进程

餐饮行业之所以呈现出融合化的趋势，是后端消费者需求变化与前端供应链日益完善共同作用的结果。消费者对餐饮体验需求的日益多样化，促使品牌不断创新产品与服务；而餐饮供应链的不断完善，则为这种创新提供了坚实的物质基础与运营支持。两者相互促进，共同推动了餐饮行业的融合化进程。

从消费者需求来看，近年来，消费者越来越重视他们在餐饮门店的就餐体验。如图 1-15，红餐产业研究院“2025 年餐饮消费大调查”显示，在选择餐饮门店时，选择比平均要好以及非常好的产品和服务体验选项的消费者占比为 43.4%；而看重产品和服务以及性价比的消费者占比为 47.2%。

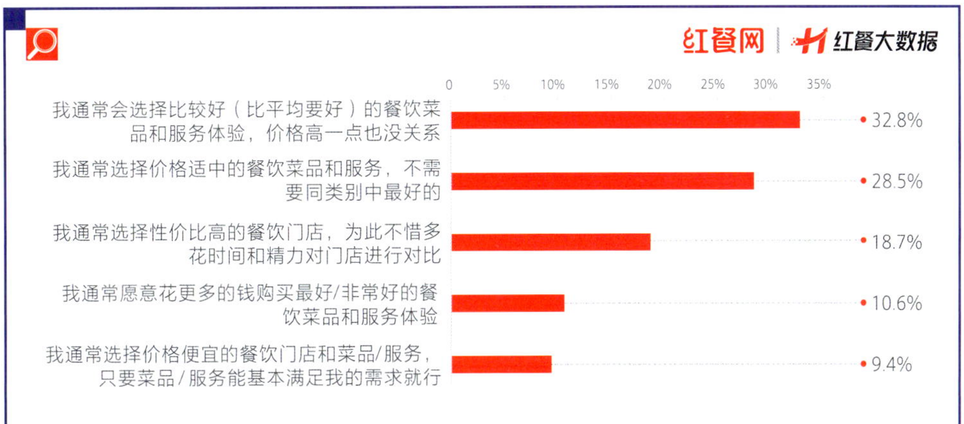

资料来源：红餐产业研究院“2025 年餐饮消费大调查”。

图 1-15　2025 年消费者在选择餐饮门店时的态度

由此可见，在消费者对产品、服务质量与性价比均较为重视的当下，餐饮品牌需要不断拓展产品种类，创新服务模式，以吸引更多的消费者。

从餐饮供应链来看，随着我国餐饮行业连锁化进程的加快，餐饮供应链体系亦不断完善，涌现出了一批专业化的企业，覆盖农产品种植/养殖、食材采购、生产加工、调味料、物流配送、供应链管理、各种配套设备与服务等环节。

红餐大数据显示，2024 年全国餐饮供应链市场规模达到了 2.58 万亿元，同比增长 8.1%；预计 2025 年全国餐饮供应链市场规模将增至 2.8 万亿元。

其中，调味料企业、数字化企业以及智能设备企业在餐饮融合化的进程中扮演着至关重要的角色，它们不仅通过先进的调味研发与应用，让不同品类的餐饮产品实现了口味与品质的标准化，还通过借助大数据洞察市场趋势，促进餐饮产业链上下游的高效整合与协同发展。

尽管融合化的趋势为餐饮行业带来了诸多机遇与创新，但是我们也要认识到，品类大融合在推动行业发展的同时，也会伴随着产品和服务的同质化问题。比如，一些热门产品、品类和模式会被广泛复制和模仿，这不仅削弱了品牌的辨识度，也会加剧消费者的审美疲劳，走向同质化的老路。

因此，餐饮品牌不应盲目追求融合，而需在融合的过程中保持理性，坚持差异化的竞争策略。餐饮品牌只有通过深入挖掘自身品牌的核心价值，结合市场需求和消费者偏好，不断创新产品、服务和经营模式，才能在激烈的市场竞争中脱颖而出，实现品牌的可持续发展。

三、快餐化：高性价比成消费潮流，众多品牌探索“快餐化”

近年来，餐饮消费趋于谨慎，主打性价比的小吃快餐赛道获得了快速发展。小吃品牌通过做加法扩大品牌影响力，中式正餐、火锅、酸菜鱼、烤鱼等赛道的品牌通过增加“一人食”、外卖、打造副牌的方式入局快餐赛道。在这样的趋势下，餐饮多个赛道加速“快餐化”探索。

1. 跨界入局者各显其能，争相“抢食”快餐品类红利

小吃快餐赛道细分品类众多，不同品牌会依据自身产品特点向相关快餐细分品类延伸。因此，不同品类的餐饮品牌入局快餐赛道的方式各有不同，总体上可以分为推出快餐子品牌、探索轻正餐模式、借助“卫星店”或外卖专营店推出“一人食”餐品、增加主食类产品这四种方式。

（1）主品牌依托强大供应链推出快餐副牌，探索“第二增长曲线”

近年来，一些正餐品牌凭借自身成熟的供应链体系和品牌影响力，通过推出子品牌试水快餐领域。

例如，小菜园推出了子品牌菜手食堂，门店选址聚焦社区，人均消费定位在 50 元以内，主打小型聚餐、简餐等消费场景。湘菜品牌宴长沙推出了人均 30 元左右的快餐品牌刘大碗下饭菜，截至 2025 年 5 月，其全国门店数超过 20 家。麻六记以其明星产品酸辣粉作为主打产品开出了酸辣粉专门店，据红餐大数据，截至 2025 年 5 月，麻六记酸辣粉已经开出了 60 余家门店。

此外，烤肉赛道的西塔老太太泥炉烤肉通过推出拌饭品牌西塔老太太拌饭入局快餐赛道，截至 2025 年 5 月，西塔老太太拌饭已经在浙江、上海、北京、广东等地开出了 10 余家门店。而火锅赛道的海底捞则通过现炒快餐品牌五谷三餐和海底捞 · 火锅下饭菜等布局快餐赛道。

正餐品牌推出快餐子品牌，一方面能够以更快的出餐速度和实惠的价格，更好地满足消费者当前追求高效且高性价比的就餐需求。另一方面，它们作为主品牌的延伸，不仅拓宽了品牌矩阵的受众范围，还进一步丰富了企业的营收渠道，帮助品牌探索“第二增长曲线”。

（2）将门店、产品做“轻”，推出轻正餐模式应对市场变化

通过推出轻量化的门店模型降低运营成本，是部分正餐品牌探索“快餐化”的方式之一。

例如，湘辣辣、兰湘子 · 湘菜小炒等中式正餐品牌在保留传统中餐精髓的基础上，对店面设计、运营模式及菜品结构进行时尚化、轻量化创新。它们精简 SKU 数量，聚焦于核心菜品，减轻

后厨压力；缩小门店面积，提升空间利用效率；强化标准化流程，加快出餐速度。通过这些举措，这些品牌为消费者带来了既高效又不失品质与格调的餐饮体验。

此外，火锅赛道也有一批品牌通过推出小火锅、火锅下饭菜等方式探索“快餐化”。据红餐大数据，截至2025年5月，全国小火锅门店数达到 5.1 万家。企查查数据显示，截至 2025 年 5 月，小火锅相关企业存量约为 2.2 万家；2024 年至今，小火锅相关企业注册量超过 5,100 家。目前，小火锅赛道已经涌现出一批实力品牌。例如，据红餐大数据，人均消费仅 24 元的围辣小火锅，截至 2025 年 5 月，其全国门店数超过 1,000 家；成立于 2023 年的一围肥牛小火锅，截至 2025 年 5 月，其全国直营门店超过 70 家；主打自助旋转小火锅的龍歌自助小火锅，截至 2025 年 5 月，其全国门店数超过 170 家。

轻量化的门店模型不仅降低了运营成本，提高了经营效率，还使得这些餐饮品牌能够更加灵活地应对市场变化，满足消费者对便捷性、性价比及健康美味的综合需求。

（3）借助“卫星店”或线上外卖专营店，开拓快餐赛道

近年来，随着外卖市场持续增长，不少餐饮品牌瞄准外卖业务，通过推出工作餐、单人套餐、“卫星店”、外卖专营店等方式“抢占”快餐市场。

例如，探鱼烤鱼、愿者上钩、半天妖烤鱼等品牌纷纷推出了融合烤鱼与主食的便捷单人套餐，探索烤鱼“快餐化”。酸菜鱼快餐赛道则已经诞生了诸如鱼你在一起、小鱼号酸菜鱼等实力不凡的快餐品牌，同时不少酸菜鱼正餐品牌也通过在外卖渠道推出酸菜鱼单人套餐来拓展快餐业务。

此外，“卫星店”成为近年来发展较快的门店模型。例如，太二酸菜鱼针对外卖板块开出了“卫星店”，主打单人套餐。老乡鸡、海底捞、醉得意 · 家常菜、农耕记 · 湖南土菜等品牌相继加码“卫星店”。据美团的一项数据，相比堂食外卖店，美团与品牌共建的“卫星店”门店租金和装修成本降低了约 60%，曝光率增加 30% 以上，下单转化率提升了 5%。

除了开设“卫星店”和推出外卖套餐，近年来不少火锅品牌在外卖平台推出线上外卖专营店，即在同一家实体门店内，通过在外卖平台上设立不同的品牌，来扩大市场覆盖率和提高销售额。例如，海底捞 · 下饭火锅菜的部分门店就挂靠在海底捞门店中，充分利用了海底捞火锅外送站点成熟的动线规划优

势，建立起下饭火锅菜的外卖服务体系。同样采取这一策略的还有怂火锅厂、左庭右院等品牌。

（4）小吃品牌加入主食类产品提升品牌刚需性，加速“快餐化”转型

小吃的休闲属性较强，对于小吃品牌而言，其消费频次与客单价往往受限。近年来，不少小吃品牌纷纷通过“快餐化”转型。

例如，阿甘锅盔在主打产品锅盔的基础上，推出了牛肉汤、酸辣粉两款产品，并以套餐组合的方式进行销售。而黑白电视主打长沙经典小吃臭豆腐，近年来也逐步增加红油抄手、酸辣粉、麻酱烧饼等主食产品。这些品牌通过推出主食产品，不仅丰富了自身的产品线，还实现了“快餐化”转型。

2. 性价比餐饮大行其道，品牌“快餐化”转型趋势或将愈演愈烈

当下，消费趋势的微妙转变与餐饮行业竞争的日益加剧，正驱动着品牌向“快餐化”方向发展。未来，在消费端、品牌端以及供应链端的推动下，“快餐化”趋势或将进一步加深。

首先，从消费端看，便捷、高性价比的餐饮需求将持续增加，刚需属性强的快餐品类市场空间广阔。近年来，我国居民生活节奏逐步加快，同时，消费者的餐饮消费预期偏谨慎。据红餐产业研究院“2025 年餐饮消费大调查”，53.2% 的消费者表示 2025 年餐饮消费支出将有所下降或保持不变。

由此可见，居民生活节奏加快以及工作时长的增加，促使人们对便捷餐饮的需求上升。而消费预期的谨慎又使消费者对高性价比餐饮的追求更为突出。因此，市场对便捷且具备高性价比的快餐品类的需求将会持续增长并不断释放潜力。

餐饮已成为当前热门的创业赛道，随着各餐饮细分品类不断有新品牌涌现，市场的饱和度正逐步提高，消费者的选择变得更加丰富。同时，随着餐饮连锁化率逐步上升，餐饮品牌间不断加大的扩张力度与市场渗透力，形成了“大

吃小”的行业竞争格局，品牌间的竞争愈发激烈。

从品牌端看，餐饮赛道竞争加剧，“快餐化”或成为品牌争夺市场份额的有力手段。

为了吸引消费者，近年来不少品牌开始通过降价策略抢占市场，这导致中式正餐、火锅、烧烤等多个餐饮赛道的人均消费出现下滑。

面对这一趋势，近年来，多个品牌采取“快餐化”策略，通过快餐模式的高周转、高消费频次等特性弥补了低客单价带来的营收损失。

而在餐饮品牌积极布局快餐赛道之时，供应链端快速响应市场需求，助力品牌“快餐化”发展。随着食材加工技术的日益精进和餐饮供应链基础设施的持续优化，近年来调味料企业、食材加工企业的柔性定制化能力显著提升，快餐领域的供应链体系现已较为成熟与完善。这为众多餐饮品牌探索“快餐化”发展提供了强有力的支撑。

随着餐饮品牌积极布局快餐赛道，以及供应链企业对快餐类产品的深度发掘，快餐化趋势已愈发鲜明。展望未来，快餐化进程将进一步渗透更多餐饮品类之中，推动整个餐饮行业朝着更加多元、高效的方向发展。

四、中餐出海：从“走出去”到“走进去”

近年来，中餐出海浪潮方兴未艾，从品牌出海到供应链出海，餐饮产业正在书写从“走出去”到“走进去”的新篇章。

1. 中餐出海势头不减，东南亚地区中国餐饮门店成倍数增长

2023 年以来，随着国内餐饮行业竞争加剧，为了寻找更广阔的发展空间，众多餐饮品牌纷纷加快了对海外市场的探索。据红餐产业研究院不完全统计，截至 2025 年 5 月，已有超 200 个中国餐饮品牌在海外成功开店，覆盖火锅、现制饮品、中式正餐、特色品类、小吃快餐、烘焙甜点等多个赛道（见表 1-5）。

表 1-5　近年餐饮主要细分赛道的出海代表品牌一览

细分赛道	代表品牌
火锅	海底捞、湊湊火锅、快乐小羊、小肥羊、刘一手重庆火锅、小龙坎火锅、蜀大侠火锅、珮姐重庆火锅、马路边边等
现制饮品	蜜雪冰城、喜茶、霸王茶姬、奈雪的茶、茶百道、沪上阿姨、茉莉奶白、书亦烧仙草、7 分甜、1 點點、茉酸奶、益禾堂、甜啦啦、茶话弄、茶理宜世、茶乙己、瑞幸咖啡、库迪咖啡、比星咖啡等
中式正餐	眉州东坡、全聚德、陈麻婆豆腐、辛香汇 · 现炒川菜、巴国布衣、鼎泰丰、农耕记 · 湖南土菜、彭厨、新荣记、外婆家、甬府、蟹王府等
特色品类	江边城外烤全鱼、探鱼烤鱼、赖美丽活鱼现烤、太二酸菜鱼、鱼你在一起、姚姚酸菜鱼、猫抓烤肉等
小吃快餐	杨铭宇黄焖鸡米饭、米村拌饭、罗妈砂锅、阿香米线、三两粉、蔡林记、喜家德、袁记云饺、杨国福麻辣烫、张亮麻辣烫、三顾冒菜、庆丰包子铺、李与白包子铺、正新鸡排、华莱士、阿甘锅盔、夸父炸串、绝味鸭脖、紫燕百味鸡等
烘焙甜点	85 度 C、鲜芋仙、满记甜品、罗曼林等

资料来源：公开信息，红餐产业研究院整理。　红餐网 | 红餐大数据

其中，2024 年以后在海外市场开出首店的品牌数量超过 30 个，包括茉莉奶白、7 分甜、沪上阿姨、益禾堂、满记甜品、新荣记、外婆家、甬府、彭厨、米村拌饭、罗妈砂锅、三两粉、喜家德、袁记云饺、罗曼林等。

值得注意的是，步入 2025 年以后，尽管中餐出海的热潮不减，但大部分品牌仍将重心放在国内市场，在海外市场的扩张相对审慎。品牌并不一味追求门店数量，反而更加注重海外门店的经营质量。例如，蜜雪冰城 2024 年在全球

新增的 8,900 余家门店中，海外新增门店数量为 560 余家，占比仅为 6.3%；海底捞 2024 年在海外新开了 10 家门店，但同时又对海外门店网络进行优化，关闭了东南亚地区的 3 家门店。

从出海目的地来看，目前，中国餐饮品牌的门店已遍布新加坡、马来西亚、印度尼西亚、越南、菲律宾、日本、韩国、美国、加拿大、英国、法国、西班牙、阿联酋、澳大利亚等 180 余个国家和地区（见表 1-6）。

表 1-6　近年部分餐饮品牌的海外门店布局情况

品牌名称	海外首站	海外门店主要分布区域
海底捞	新加坡	新加坡、美国、日本、马来西亚、越南、泰国、印度尼西亚等
快乐小羊	美国	美国、英国、加拿大、澳大利亚、新加坡、柬埔寨等
刘一手重庆火锅	阿联酋	阿联酋、新加坡、加拿大、美国、西班牙、法国等
蜜雪冰城	越南	越南、印度、印度尼西亚、马来西亚、新加坡、澳大利亚等
喜茶	新加坡	新加坡、英国、澳大利亚、加拿大、马来西亚、美国等
霸王茶姬	马来西亚	马来西亚、新加坡、泰国
书亦烧仙草	加拿大	加拿大、菲律宾、马来西亚、越南、印度尼西亚、泰国等
奈雪的茶	泰国	泰国、新加坡
瑞幸咖啡	新加坡	新加坡、马来西亚
库迪咖啡	韩国	韩国、越南、泰国、菲律宾、新加坡、日本、阿联酋等
太二酸菜鱼	新加坡	新加坡、马来西亚、泰国、美国、加拿大等
鱼你在一起	美国	美国、加拿大、阿联酋、马来西亚、新加坡等
农耕记 · 湖南土菜	新加坡	新加坡、马来西亚
鼎泰丰	日本	日本、美国、新加坡、泰国、印度尼西亚、韩国、马来西亚等
全聚德	缅甸	澳大利亚、加拿大、日本、缅甸、法国
杨国福麻辣烫	加拿大	加拿大、新加坡、德国、澳大利亚、美国、英国等
张亮麻辣烫	日本	日本、美国、澳大利亚、加拿大、墨西哥、新加坡等
正新鸡排	柬埔寨	柬埔寨、马来西亚、新加坡、缅甸、菲律宾、越南、印度尼西亚等
绝味鸭脖	新加坡	新加坡、加拿大、日本
华莱士	越南	美国、印度尼西亚、越南、马来西亚等
喜家德	西班牙	西班牙、美国

资料来源：红餐大数据，数据统计时间截至 2025 年 5 月 31 日。

红餐网 | 红餐大数据

其中，东南亚凭借地缘位置相近与饮食文化相似的优势，成为众多品牌出海的热门首选之地。据红餐产业研究院不完全统计，出海首站设在东南亚的餐饮品牌数量占比达到了37.5%，居于首位。诸如海底捞、湊湊火锅、蜜雪冰城、喜茶、霸王茶姬、瑞幸咖啡、太二酸菜鱼等品牌的海外首店均开在东南亚。

与此同时，东南亚地区的中国餐饮品牌门店数也在成倍数增长。据新加坡咨询公司Momentum Works发布的《2025年东南亚中餐业》报告，截至2024年12月底，蜜雪冰城、瑞幸咖啡、海底捞等中国餐饮品牌在东南亚地区的门店数已超过6,100家，较2022年年底增长了两倍多。

除了东南亚市场外，中国餐饮品牌也在积极挖掘其他地区的市场潜力，如北美、欧洲、大洋洲、中东等。例如，2024年至2025年5月，喜茶在海外市场新开的门店主要集中在美国、英国、澳大利亚和加拿大；蜜雪冰城于2023年成功进驻澳大利亚，2025年5月与巴西签署40亿元咖啡豆等采购大单，年内还将在巴西开设首家门店；杨国福麻辣烫于2024年与德国本土代理公司YGF Vermögensverwaltung GmbH达成战略合作，重点开拓欧洲市场；库迪咖啡、小龙坎火锅、刘一手重庆火锅等品牌则注重中东市场的开发。

2. 品牌深耕“本地化”战略，菜单本地化与供应链全球化趋势明显

近年来，随着中国美食在海外市场的不断渗透以及国内连锁品牌国际化意识的提升，不少餐饮品牌也在积极调整海外门店的运营策略，如菜单的本地化创新、人才的本地化选拔、品牌营销本地化运作以及供应链的全球化布局，以更好地适应当地消费者的饮食文化和营商环境（见表1-7）。

表1-7　近年部分中国餐饮品牌的海外运营策略

维度	主要表现	代表案例
菜单本地化	品牌根据海外不同地区的饮食文化差异，对食材、口味以及菜单进行调整，以更好地满足当地消费者的口味偏好和饮食习惯	海底捞在北美地区门店增加了桂花蚌、象拔蚌、温哥华蟹等当地水产品，在中东地区门店对菜品口味进行了改良；江边城外烤全鱼的新加坡门店使用石斑鱼、尼罗红等咸水鱼品种来制作重庆烤鱼
人才本地化	品牌在海外积极构建本地化的人才体系，包括招聘本地员工、系统化培训等	海底捞在全球设立了10余位区域经理和实习区域经理，缩小管理半径，招募当地员工并进行系统化培训；霸王茶姬在进驻美国之前就组建了当地人才团队；茶乙己在海外门店推行“师徒制”，当地员工数量占比超九成

续表

维度	主要表现	代表案例
营销本地化	品牌通过签约海外代言人、与知名品牌开展跨界联名以及借助当地文化符号等方式，扩大品牌声量，精准触达到目标消费者	喜茶联合全球口服美容领导品牌 Vida Glow，在英国和澳大利亚推出联名限时饮品 Ocean's Glow 以及周边产品，同时在每个新开拓的城市都推出了当地特色的冰箱贴；霸王茶姬选择马来西亚羽毛球运动员李宗伟作为品牌代言人，与雅诗兰黛等知名品牌联名，在巴黎奥运会期间开设了 TEA BAR 线下快闪店
供应链全球化	品牌不仅积极构建全球化的采购网络，还在海外布局中央厨房、加工基地及仓储物流中心，建立全球化的供应链体系	海底捞实行全球化采购，合作的海外供应商超 1,600 家，并在新加坡、马来西亚、印度尼西亚、越南、泰国、日本等地区设有中央厨房 / 加工厂；蜜雪冰城的原材料供应链覆盖澳大利亚、新西兰、越南、印度尼西亚等地区，还在东南亚地区建立了本地化仓储体系

资料来源：公开信息，红餐产业研究院整理。

红餐网 | 红餐大数据

在菜单设计方面，品牌会根据海外不同地区的饮食文化，对食材、口味以及菜单进行调整。例如，海底捞阿联酋门店的鸡肉菜品是采用符合当地口味的香料进行调配，同时还推出海娜手绘、玫瑰水洗脸仪式等服务。

在人才建设方面，众多品牌积极构建本地化的人才体系，包括招聘本地员工、系统化培训等。在品牌营销方面，一些品牌通过签约海外代言人、与知名品牌开展跨界联名以及借助当地文化符号等方式，扩大品牌声量，精准触达到目标消费者。

在海外供应链建设方面，品牌不仅积极构建全球化的采购网络，还在海外布局中央厨房、加工基地及仓储物流中心，建立全球化的供应链体系。例如，蜜雪冰城、海底捞、喜茶、霸王茶姬、茶乙己、鱼你在一起等品牌均在加快海外供应链的建设，提升全球采购、生产、仓储物流等方面的能力。

3. 调味料、冷链物流等企业争相出海，供应链出海将迎来“小高潮”

在中国连锁餐饮品牌加速海外扩张的同时，上游供应链企业也在同步推进全球化布局，以构建完整的产业生态链。据红餐产业研究院不完全统计，目前出海的餐饮供应链企业覆盖食材、调味料、预制菜、冷链物流等多个细分领域，为我国餐饮品牌在海外发展提供了助力（见表 1-8）。

表 1-8 近年我国餐饮供应链企业的海外业务拓展情况

企业名称	所属领域	海外业务情况
颐海国际	调味料	马来西亚工厂和泰国一期工厂分别于 2020 年、2023 年投产，泰国二期工厂也将于 2025 年投产
李锦记	调味料	产品销往全球 100 余个国家及地区，并在美国洛杉矶和马来西亚吉隆坡设有生产基地
安琪酵母	食材	产品已出口到全球 170 多个国家和地区，并在埃及、俄罗斯等国建有生产基地
思念食品	食材	在美国建有生产工厂，日均最高产量达 100 吨，涵盖水饺、馄饨、包子、烧卖等产品。此外，部分产品已进驻 Costco、Vons、FreshGoGo 等商超和电商平台
圣农发展	食材	2015 年，在新西兰成立子公司安佰集团有限公司，主营牛羊肉屠宰、加工及其可食用副产品加工和销售；2024 年，不仅将鸡肉产品出口到菲律宾等地，还将“圣泽 901”父母代种鸡雏出口至津巴布韦、坦桑尼亚等地
顺丰冷运	冷链物流	在全球布局了 70 余个清关口岸，国际业务覆盖 90 余个国家和地区
瑞云冷链	冷链物流	2025 年初，与 SCGJWD、SpeedInter 组建泰国合资公司，加速东南亚地区的跨境冷链网络建设，业务已覆盖泰国、越南、老挝、柬埔寨、马来西亚及新加坡等国

资料来源：公开信息，红餐产业研究院整理。 红餐网 | 红餐大数据

例如，颐海国际已在马来西亚和泰国建立了加工厂；李锦记将产品销往全球 100 余个国家及地区，并在美国洛杉矶和马来西亚吉隆坡设有生产基地；思念食品在美国建有覆盖水饺、馄饨、包子、烧卖等多个产品线的生产工厂；冷链物流企业瑞云冷链于 2025 年初与 SCGJWD、SpeedInter 组建泰国合资公司，加速东南亚地区的跨境冷链网络建设。

与此同时，安井食品、春雪食品、海欣食品、良之隆等企业均在加快推进国际化进程。此外，外卖平台、生鲜电商平台等餐饮相关的平台企业也在加速海外市场的布局。例如，美团推出的海外版 Keeta 外卖平台已于 2024 年 9 月在沙特阿拉伯的阿尔卡吉市上线，并计划进一步拓展至阿联酋、巴西等国家；2024 年年底，生鲜电商平台叮咚买菜和小象超市相继出海沙特阿拉伯；2025 年 4 月，滴滴宣布将以“99Food”品牌重启巴西外卖业务。

不过，从整体看来，餐饮供应链出海尚处于起步阶段，很多原材料主要依赖于当地采购和国内转运。随着国内餐饮品牌在海外市场对供应链需求的增多，供应链出海在未来几年或将迎来“小高潮”。

总体来看，当前中国餐饮品牌的全球化进程已经迈向了供应链协同出海的新阶段。然而，我们也需清醒地认识到国内企业在海外市场探索中的诸多问题

与风险，如人才问题、法律法规问题、食品安全问题、供应链问题、宗教信仰问题、市场竞争风险、国际形势变动等。因此，我国餐饮企业的出海需秉持“谋定而后动”的战略思维，建立系统化的出海战略布局与风险管控体系，以确保海外业务的可持续增长。

五、餐饮营销：情绪价值驱动下，短剧、UGC 成营销新范式

当下餐饮消费趋于理性，消费者在注重性价比的同时也更加注重餐饮消费带来的情绪价值。与此同时，餐饮品牌在集体降本增效的发展主流下，积极寻求低成本、高转化的营销方式。在这样的双重推动下，餐饮营销也有了新变化。

1. 有效激起观众兴趣，短剧成为内容营销的新战场

近年来，短剧行业迅速崛起，据中国网络视听协会发布的《中国网络视听发展研究报告（2025）》数据，截至 2024 年 12 月，微短剧的用户规模达 6.62 亿人，半年增长率达到 14.8%；网民使用率为 59.7%，较上半年增长 7.3 个百分点。凭借着庞大的用户规模，短剧吸引了各大品牌入场进行内容营销。据勾正科技统计，2024 年品牌投放微短剧部数同比增长 141%，首次进行微短剧营销的品牌达到 231 个。

2024 年以来，短剧也成为餐饮相关企业内容营销的新战场（见表 1-9）。据红餐产业研究院不完全统计，麦当劳、肯德基、蜜雪冰城、星巴克、大董烤鸭、安井食品等企业在 2024 年下半年相继推出短剧，并在抖音、快手、微信视频号等多个平台播出。其中，肯德基的《重生之吃货皇后惹不起》和《闪婚男神之周末请和我恋爱》仅在抖音平台上的播放量就达到亿次级别。

表 1-9　2024 — 2025 年部分餐饮相关企业相关短剧在抖音平台的播放情况

企业 / 品牌名称	短剧名称	播出时间	集数（集）	播放量（万次）
麦当劳	重生之我在麦当劳修炼魔法	2024 年 7 月	8	—
太二酸菜鱼	实习霸总狂宠卖鱼妹	2024 年 7 月	3	—
肯德基	重生之吃货皇后惹不起	2024 年 8 月	13	超 14,000
蜜雪冰城	雪王的穿越日记	2024 年 8 月	4	320

续表

企业 / 品牌名称	短剧名称	播出时间	集数（集）	播放量（万次）
美团	千金又在送外卖	2024 年 8 月	20	2,073
星巴克	我在古代开星巴克	2024 年 9 月	6	8,268
肯德基	闪婚男神之周末请和我恋爱	2024 年 10 月	30	超 10,000
彼酷哩烤鱼	鱼罢不能	2024 年 11 月	12	—
肯德基	周末疯狂奇旅	2025 年 1 月	36	14
必胜客	锦鲤少女的必胜攻略	2025 年 1 月	21	27
安井食品	冻品风云之正道的胜利	2025 年 1 月	60	20
大董烤鸭	中餐厅没有女主厨	2025 年 2 月	16	8

资料来源：抖音，红餐产业研究院整理，数据统计时间截至 2025 年 5 月 31 日。

红餐网 | 红餐大数据

相较于 TVC（Television Commercial，商业电视）广告片、宣传片、影视剧植入等常见的视频内容营销方式，短剧制作周期短，且具有剧情反转频繁、爽点设置丰富等特点，能有效激起观众持续追看的兴趣。品牌通过在短剧中多次自然地植入品牌元素，使品牌信息反复曝光，也让观众在追剧过程中无形地接收品牌信息，从而使品牌认知得以在潜移默化中形成并加深。

不仅如此，短剧的互动玩法更为灵活，可以与直播带货、视频带货相组合，在转化上具有显著优势。例如星巴克采用“短剧 + 直播”的形式，在定制短剧《我在古代开星巴克》播出后，围绕该短剧主题开启了 11 场沉浸式直播。据了解，星巴克传播部相关负责人曾透露，短剧《我在古代开星巴克》总共触达超过 1 亿名消费者，星巴克的相关内容账号新增粉丝总数超过 3,000 万个，并为星巴克带来了 135 万名购买者。

2. 注重情绪唤起和情绪代偿，情绪营销持续火热

近年来，伴随消费理性回归、生活压力上升与个体情绪表达意愿增强，餐饮消费不再只是满足消费者的口腹之欲，更成为消费者释放情绪、构建认同、获取精神慰藉的重要方式。

在此背景下，近年来，越来越多餐饮品牌将“情绪唤起”与“情绪代偿”作为营销的核心。即品牌营销通过唤起消费者潜在情绪需求并给予精神慰藉，在心理层面与消费者建立更深的连接，推动品牌与消费者之间从产品关系向情感关系跃迁。

例如在产品方面，品牌通过色彩语言、造型设计等方式，强化“可感知的

情绪”。例如2025年春季，华莱士在推出的春日白桃套餐中，采用粉色汉堡堡胚搭配同色系的白桃味0酒精气泡啤酒，营造春季轻盈愉悦的视觉氛围。而其另外两款新品微笑汉堡、亲亲汉堡则在汉堡堡胚上印有亲亲、微笑的Emoji符号，引发消费者对“开心、元气、轻松”的情绪联想，在快节奏生活中注入可感知的治愈感。

此外，不少品牌围绕节气节点、节庆时令进行情绪营销，满足消费者在特定时间段对生活仪式感的心理需求。例如在2025年春节，必胜客推出了独创招财饼底，汉堡王则推出新年限定联名产品，包括三款印着“福”“财”“旺”字样的汉堡，借助视觉寓意传递好运祝愿。永和大王则在2025年妇女节期间举办了“0元请‘妳’喝豆浆”的活动，以温情活动回应女性消费者的情感期待，强化品牌的情绪关怀属性。

在场景方面，酒馆、火锅、烤肉等赛道的品牌积极借助“沉浸式场景营造”强化与消费者的情绪共振。例如，酒馆品牌COMMUNE幻师通过不同的主题酒水市集场景，聚集派对和市集文化，满足消费者的社交和情绪需求。而三出山火锅、山缓缓火锅等山野火锅品牌则以原木色、绿植、枯树以及野菜、菌菇、野果等山野食材营造自在松弛的就餐氛围，满足都市人群“远离城市，回归自然”的需求。随着山野火锅热度攀升，季季红火锅、重庆北步园火锅、歪胖子重庆老火锅等火锅品牌相继推出了主打山野火锅场景的门店或子品牌。

整体来看，2024年至今，餐饮情绪营销更强调“可感知、可参与、可共鸣”的系统性构建。品牌不再仅依赖产品本身的功能价值，而是通过细腻捕捉消费者的情绪需求，以视觉、互动、仪式感和空间体验等维度塑造多层次的情绪触点，从而实现品牌情感温度的持续释放与用户心智的深度绑定。

3. 互动性更强、更具趣味性和戏剧性，UGC营销受品牌青睐

近年来，在降本增效诉求的驱动下，UGC（User Generated Content，用户生成内容）营销以其真实、经济、高效的特点受到餐饮品牌的重视。

与过往品牌主导的UGC营销模式不同，当下餐饮品牌的UGC营销活动更加注重趣味性和互动性，消费者在品牌活动中的UGC创作主导性和自由度更高。同时，社交平台的算法机制也放大了用户自发内容的传播效果，使餐饮品牌成为消费者的“社交货币”。

例如，海底捞在2024年9月至11月推出了“只要画得牛，海底捞送牛”的创意活动，引发广泛关注和参与热潮。

据了解，活动期间海底捞共收到画牛作品超 200 万幅，全网总曝光量达到 8.9 亿次，有效提升品牌声量并带动门店客流增长。此外，麦当劳在 2024 年 10 月结合板烧鸡腿堡“铲子煎制”的工艺升级，推出了“带 1 把铲子领 1 个免费板烧”活动，吸引了大量消费者前往门店参与并在社交媒体平台分享手持创意铲子的打卡照片。

此外，“一日店长”模式也成为近年来餐饮品牌进行 UGC 内容营销的重要方式。品牌邀请明星、网红、KOL（Key Opinion Leader，关键意见领袖）或 cosplayer 担任门店“临时店长”，通过粉丝互动、拍照打卡和社交平台分享，形成强烈的现场参与感与社交传播效应，为品牌带来实质性流量与声量。例如 2025 年 4 月，书亦烧仙草在开展的“一日店长”活动，门店 GMV（Gross Merchandise Volume，商品交易总额）日环比增长 100%、月同比增长 240%。

通过这类低门槛、高趣味的活动机制，餐饮品牌与消费者之间形成了更为紧密的情感连接。消费者在参与活动的过程中，不仅享受了活动的乐趣，还通过分享创意实现自我表达，并在评论区的交流、点赞中获得认同。品牌则通过这种高效率、成本相对低的互动方式，建立更加鲜活、具象、亲民的品牌形象。

4. 品牌联名营销升维，从“借热点”走向“塑价值”

2024 年以来，餐饮行业的联名营销持续升温。一方面，联名营销已经不仅是茶饮、咖饮等个别品类的营销“特技”，而且也是餐饮行业整体跨界沟通、提升消费者心智的重要营销策略。当下，联名营销的主体从终端品牌拓展至产业链上游，越来越多的餐饮上游企业也主动借力联名营销拓展产品边界、实现破圈发展。例如 2025 年 4 月，仟味高汤与天农食品联名推出了六款鲜切鸡煲系列菜品解决方案。

另一方面，餐饮品牌的联名对象更为多样化，逐渐摆脱以 IP 流量为导向的单一路径，转而向更具文化深度与社会价值的方向进行延展。除动漫、游戏、文博、影视等常见领域的 IP 外，地域食材 IP、公益组织、青年文化创作者等联名对象，正在成为餐饮品牌探索情绪共鸣与价值表达的新载体。

例如，2024 年瑞幸咖啡推出了冻梨拿铁、褚橙拿铁这两款地域食材联名新品，其通过地域风味以及用产品讲述地方故事的方式激发消费者的文化情感共鸣。2024 年及 2025 年，CoCo 都可针对沙棘系列新品持续携手中国绿化基金会推出“为地球充‘植’”活动，将现制饮品消费与环保公益行动融于一体。而 2024 年末，茶颜悦色联合想想工作室的数十位青年艺术家定制艺术纸杯，并举办线下展览，实现艺术与品牌美学的深度共创。

此外，近年来随着冬奥会、奥运会等体育盛事的举办，我国运动员的出色表现以及消费者的健康餐饮意识增强，体育明星成为餐饮品牌争相合作的流量焦点与情绪符号，承担起代言人与联名对象的双重角色。

总体来看，餐饮联名营销正从“热点 IP 借势”走向“多元文化共创”，其核心逻辑也从短期流量转向长期认同。在这一过程中，品牌更加注重合作对象的价值契合、文化厚度与情绪触点，既追求声量与话题热度，也谋求与消费者在理念与情感上的深度连接。

5. 品牌借助行业认证、纪录挑战、标准建立等树立权威与影响力

随着餐饮行业竞争日益激烈，品牌不仅要抢占消费者心智，还需树立可信赖、专业化的品牌形象。近年来，越来越多餐饮品牌通过行业地位认证、纪录挑战、标准制定等方式，向消费者传递可信赖、标准化、高品质的品牌价值。

首先是行业地位认证。近年来，不少企业通过权威第三方认证、专业机构评定、官方统计背书等方式，获取“品类领先者”“全国销量第一”等认证标签，以凸显品牌在某一细分赛道的领先地位。然而，当下餐饮行业的“第一”泛滥成风，据《中国消费者报》调查，80% 的“第一”认证未注明统计维度。可见，认证标签的滥用暴露出信任透支与公信力崩塌的风险，品牌应回归真实、有据的权威认证，方能形成长期信任资产。

其次是纪录挑战。一些品牌通过强曝光、大场景和用户参与感强的纪录挑战来制造声量。例如 2025 年 3 月，喜家德以“喂长辈第一口水饺”活动成功挑战中国孝道文化世界纪录，不仅引发广泛关注，也进一步强化了其在供应链能力、组织执行力及品牌创新方面的公众认知。

最后是标准建立。相较于外部权威背书，一些实力品牌开始主动承担行业引领者角色，推动产品标准、制作规范、产业共识的建立。通过制定标准，品牌不仅提升了自身的专业壁垒，在塑造公信力的同时强化行业话语权，也助力行业整体走向透明与规范。

当下，餐饮行业营销正在从粗放式“博眼球”走向精细化，从注重品牌曝光到走向心智占领。在内容、情绪、互动、文化、权威等营销动向的引领下，餐饮品牌不仅寻求低成本高转化的营销工具，也注重构建消费者的长期信任与情感连接。未来，餐饮品牌唯有深刻理解消费者需求、敏锐捕捉社会情绪，并持续创新打造品牌温度与信任力，才能在激烈的竞争中稳步前行。

六、热门品类：从风味出圈到系统破圈，山野火锅等风口频现

近两年，餐饮行业进入了深度博弈阶段。消费者对餐饮的需求也在快速变化，健康、情绪价值、本地风味等多元诉求交织，驱动市场不断演化。在此背景下，餐饮品类呈现出更加鲜明的特色化与细分化趋势，一批聚焦产品力、体验感的餐饮品类接连走红，成为引爆流量与消费的新支点。

1. 餐饮消费需求逐步多样化，近一年半有超 20 个热门品类走红

近年来，随着生活水平提升与消费理念更新，消费者不再满足于千篇一律的菜单，转而追求个性口味、情绪共鸣和生活方式的延伸表达。与此同时，餐饮品牌面对愈加激烈的市场竞争，不断寻求差异化突围，从产品口味、服务体验到品牌定位，纷纷打造具有记忆点和社交传播力的“独特物种”。再叠加短视频平台对打卡场景、视觉创意的放大，以及食材、冷链、设备等上游产业的日益完善，让许多原本还未诞生连锁品牌的小品类也具备了规模复制的可能。

在种种因素的共同推动下，餐饮热门品类进入加速更替的阶段。据红餐产业研究院不完全统计，2021 年至 2025 年 5 月，每一年都有多个品类爆红（如图 1-16 所示）。其中既有淄博烧烤、围炉煮茶、天水麻辣烫等迎来短期流量

高峰的现象级赛道，又有咖饮、新中式餐饮等具备长尾效应的“长红赛道”。据红餐产业研究院不完全统计，2024 年至 2025 年 5 月的餐饮热门赛道共 25 个，如 2024 年火速出圈的薯条专门店、小火锅、山野火锅、江西小炒、现制养生茶饮等；2025 年前 5 个月则有顺德干蒸菜、鲜切鸡火锅、广西爆炒生料等热门赛道。

2021 年	2022 年	2023 年	2024 年	2025 年
热卤	咖饮	淄博烧烤	天水麻辣烫	顺德干蒸菜
新中式烘焙	中式汉堡	冒烤鸭	江西小炒	鲜切鸡火锅
柠檬茶	小酒馆	渣渣牛肉火锅	湘式小炒	广西爆炒生料
咖饮	新疆炒米粉	围炉煮茶	砂锅菜	现舂火锅
小酒馆	江西米粉	罐罐烤奶	酸汤火锅	鲜货烧烤
泰式大排档	生鲜饺子	新中式茶馆	山野火锅	山野茶火锅
中式面馆	地摊火锅	竹筒奶茶	生烫牛肉粉	黑鸭煲
中式烤肉	烧菜火锅	现制酸奶	中式炸鸡	
秤盘麻辣烫	糟粕醋火锅	中药奶茶	中式汉堡	
现制包点		地摊火锅	手作珍珠奶茶	
		下饭小火锅	朝鲜族拌饭	
		新中式馒头	现制养生茶饮	
		豆花烤鱼	鲜切牛肉火锅	
			鲜烧牛肉	
			薯条专门店	
			贵州小炒	
			小火锅	
			齐齐哈尔烤肉	

资料来源：公开信息，红餐产业研究院整理，数据统计时间截至 2025 年 5 月 31 日。

图 1-16　2021 — 2025 年餐饮热门品类盘点（不完全统计）

过去这些品类的爆红常被视作偶发事件，但从近年市场演变的趋势来看，热门餐饮品类的诞生正在呈现出更加体系化、可复制的路径。据红餐产业研究院观察，不同热门赛道也呈现出各自的爆红路径。见表 1-10，部分传统品类经过重新包装和体验改造实现“翻红”，如黑糖珍珠奶茶、小火锅等老品类焕发新生；也有许多地域风味或小众特色品类被关注，从地方口味“逆袭”成全国热潮，如天水麻辣烫、顺德干蒸菜、地域小炒等；与此同时，贴合新生代需求的新锐品类也不断涌现，如主打健康功能的现制养生茶饮，以及凭借本土风味创新走红的中式汉堡等。

表 1-10　近年部分餐饮热门赛道诞生 / 崛起的主要方式

方式	具体详情	相关案例
传统赛道“翻红”	传统的餐饮赛道在发展的过程中，一波品牌“升级改造”，迎来新的“高光时刻”	秤盘麻辣烫、黑糖珍珠奶茶、小火锅等
小众赛道被“挖掘”	一些地方特色美食、小众的餐饮赛道被市场挖掘，并发展成为独立赛道	酸汤火锅、天水麻辣烫、顺德干蒸菜、地域小炒等
新锐赛道“诞生”	在新需求的推动下，餐饮新兴赛道诞生	山野火锅、中式汉堡、现制养生茶饮等

资料来源：公开信息，红餐产业研究院整理。　红餐网 | 红餐大数据

在热度表现上，餐饮热门品类也具备强烈的社交传播属性。见表 1-11，从抖音平台的表现来看，据红餐产业研究院不完全统计，在 2024 年至 2025 年 5 月的 25 个餐饮热门赛道中，从每条赛道中选取一个热度最高的相关话题，从这些话题的播放量来看，播放量破亿的相关话题达到 15 个。从整体来看，2024 年至 2025 年 5 月，走红的餐饮品类大多具备“地域风味”“烟火气”“健康养生”等显著特征。

表 1-11　2024 — 2025 年的餐饮热门赛道的抖音平台相关话题视频播放量（不完全统计）

热门赛道	热门话题	播放量（万次）
薯条专门店	薯条	749,000
天水麻辣烫	天水麻辣烫	574,000
手作珍珠奶茶	珍珠奶茶	390,000
江西小炒	江西小炒	287,000
砂锅菜	砂锅菜	278,000
齐齐哈尔烤肉	齐齐哈尔烤肉	216,000
小火锅	旋转小火锅	191,000
朝鲜族拌饭	石锅拌饭	129,000
酸汤火锅	酸汤火锅	114,000
鲜切牛肉火锅	鲜切牛肉自助火锅	41,000
鲜烧牛肉	鲜烧牛肉	38,000
中式炸鸡	中式炸鸡	14,000
黑鸭煲	黑鸭煲	14,000
现制养生茶饮	养生茶饮	11,000

续表

热门赛道	热门话题	播放量（万次）
中式汉堡	中式汉堡	10,000
生烫牛肉粉	生烫牛肉米线	9,732
鲜货烧烤	鲜货烧烤	6,841
广西爆炒生料	爆炒生料	6,483
顺德干蒸菜	顺德干蒸菜	5,773
山野火锅	山野火锅	5,488
湘式小炒	湖南小炒肉	5,277
现春火锅	现春火锅	3,281
鲜切鸡火锅	鲜切鸡肉火锅	549
贵州小炒	贵州炒菜瓤	444

注：山野茶火锅并未有抖音相关话题，故此表不展示。
资料来源：抖音，红餐产业研究院整理，数据统计时间截至 2025 年 5 月 31 日。

红餐网 | 红餐大数据

2. 热门餐饮品类持续向特色化、细分化、健康化方向演进

2024 年至 2025 年 5 月，特色火锅、小炒、薯条专门店、现制养生茶饮和生烫牛肉米线等热门餐饮赛道快速发展。特色火锅赛道多个具有独特风味的细分赛道热度上升，小炒以“现炒锅气”收获广泛关注，薯条专门店在全国多地密集涌现，现制养生茶饮因击中健康养生的市场需求而快速崛起，生烫牛肉米线则因高价值感成为餐饮“新风口”。

（1）火锅市场迎来特色细分品类爆发，小火锅等七个特色火锅赛道热度攀升

近年来，随着火锅品类竞争加剧，以及消费者对个性化口味、独特锅底和原生态食材的关注持续升温，特色火锅的细分赛道迎来密集爆发期。据红餐产业研究院不完全统计，2024 年至 2025 年 5 月，小火锅、酸汤火锅、鲜切牛肉火锅、山野火锅、鲜切鸡火锅等细分品类热度较高。其中，小火锅、酸汤火锅、鲜切牛肉火锅相关话题在抖音平台上的累计视频播放量达到上亿次。

这些特色火锅普遍具备“原生态”“新奇性”“社交体验强”的特点，主打汤底创新与食材细分化，并通过视觉创意、文化包装和本地化食材塑造强烈记忆点。例如，山野火锅主打草本汤底与野菜菌菇等天然食材，营造自然、松弛的用餐氛围；鲜切火锅聚焦肉类本味，以手切牛羊肉等高品质食材满足消费者对“鲜”和“精”的追求；现舂火锅则借助舂制工艺打造独特酸香锅底，强化手工地域特色。

此外，酸汤火锅以多地风味酸汤为特色，兼具刺激性与开胃感，极具地域辨识度；山野茶火锅以茶入锅，融合茶文化与养生理念，突出清新健康风格；而小火锅则以“单人单锅 + 小份菜品”的模型契合都市快节奏与个性化的就餐需求（见表 1-12）。这些热门特色火锅细分赛道通过在汤底创新、食材升级与消费场景重构三方面不断演进，推动火锅品类持续发展。

表 1-12　2024 — 2025 年全国热度较高的特色火锅赛道一览

细分赛道	产品特点	代表锅底 / 菜品	代表品牌
山野火锅	以草本原汤锅底、新鲜牛肉、菌类食材以及山野素菜为主	锅底：百香果酸汤、草本清汤、云南菌汤等 菜品：各色野菜、菌子、野果	三出山火锅、山缓缓火锅等
鲜切火锅	食材主打鲜切肉类，且部分分割更细分	锅底：清汤、药膳汤底等 菜品：鲜切吊龙、手切羊上脑、手切鲜羊肉、鲜切鸡胸肉等	郭淑芬鲜切牛肉自助老火锅、谭三娘鲜切牛肉自助火锅、禄婶鲜切鸡煲、潮八珍橄榄鸡煲等
现舂火锅	将制作锅底需要用到的材料，用“舂”的方式捣碎加入锅底	锅底：现舂香料 + 红酸汤 菜品：云南特色瓜果、蔬菜	云山雀 · 现舂野果云南酸汤火锅、滇里南 · 现舂鲜货火锅等

续表

细分赛道	产品特点	代表锅底 / 菜品	代表品牌
山野茶火锅	在锅底中加入茶汤，火锅食材中增加了茶元素	锅底：茉莉碧螺春 + 苏式番茄锅、老白茶 + 菌汤锅底等 菜品：抹茶鸭肠、茶香手工牛肉、茶香千层肚等	苏见山、陶元茗山野茶火锅
酸汤火锅	汤底以酸味为主，且不同地域风味的汤底来源各不相同	锅底：贵州凯里酸汤锅底、海南糟粕醋锅底、冬阴功锅底、番茄锅底等	红灯记贵州酸汤牛肉火锅、太琼糟粕醋 · 海南酸汤火锅、王奋斗贵州酸汤牛肉火锅等
小火锅	锅底采用单人单锅模式，菜品分量以单人份为主	—	呷哺呷哺、围辣小火锅、仟味一鼎自助小火锅等

资料来源：公开信息，红餐产业研究院整理。 红餐网 | 红餐大数据

从整体来看，当前特色火锅赛道正呈现出多样化、场景化、健康化三大趋势。一方面，消费需求的分层带动锅底口味与食材选择走向细分与多元；另一方面，品牌也在通过引入地域文化、烹饪工艺等元素，构建更丰富的消费文化与社交价值，推动火锅这一传统大品类不断拓宽边界。

（2）小炒以“现炒锅气”击中消费需求，各地特色小炒成为市场新宠

小炒是一类以小炒菜、家常小炒为主打的餐饮品类，强调“现点现炒、快速出餐”，突出锅气与口味。小炒为消费者带来了更为新鲜、热腾腾的用餐体验，近年来成为消费者的“新宠”。据巨量算数，“小炒”“小炒店”关键词在抖音平台的搜索指数近年来持续攀升，小炒受到了广泛关注（如图 1-17 所示）。

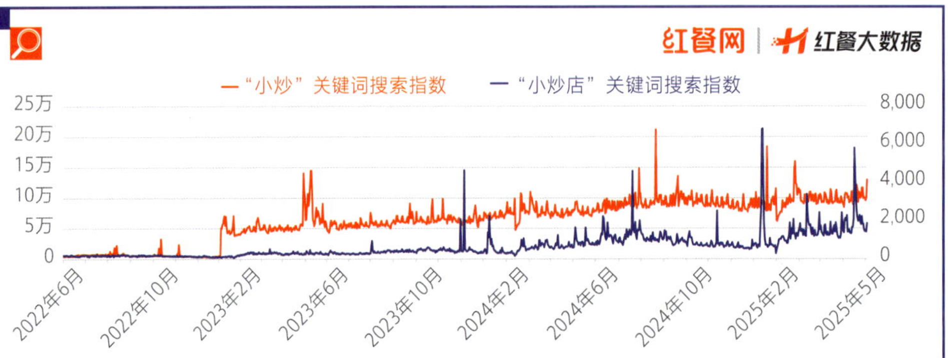

注：“小炒”关键词搜索指数对应主坐标轴，“小炒店”关键词搜索指数对应次坐标轴。
资料来源：巨量算数，红餐产业研究院整理，数据统计时间截至 2025 年 5 月 31 日。

图 1-17　2022 年 6 月至 2025 年 5 月抖音平台“小炒”“小炒店”关键词搜索指数

同时，随着地域餐饮文化日益受到重视，各种地方特色小炒如湘式小炒、粤式小炒、川式小炒、江西小炒等一系列地方风味小炒加速涌现，在保持本地风味的同时，也逐步向标准化、连锁化方向演进。见表 1-13，近年来，小炒赛道涌现了兰湘子 · 湘菜小炒、湘辣辣、辣可可 · 小炒黄牛肉、常来小聚、秋金川味小炒、奔跑吧陕菜、树厨贵州菜、茄子恰恰等多个地域小炒连锁品牌。

表 1-13 近年部分热度较高的地方小炒概况

地域风味	口味特点	代表品牌
湘式小炒	以香辣、焦香、酸辣、豉香著称，调味简单，香气扑鼻	兰湘子 · 湘菜小炒、费大厨辣椒炒肉、湘辣辣、辣可可 · 小炒黄牛肉等
粤式小炒	烹饪讲究快速爆炒出锅气，味道清淡柔和	常来小聚、粤 · 向群饭店、小荔园 · 粤菜小馆等
川式小炒	善用辣椒和花椒调味，口味麻辣鲜香	秋金川味小炒、辛香汇 · 现炒川菜、百年厨神 · 地道川菜等
贵州小炒	酸辣交织，善用山珍野味、腌制食材	树厨贵州菜、龙大哥辣子鸡、柒食 · 贵州小炒等
云南小炒	口味鲜香酸辣，融合少数民族风味	茄子恰恰、外婆味道、万福贵昆明小炒等
江西小炒	以鲜辣、咸辣味见长，通常采用爆炒、焖煮的烹饪手法	赣乡野 · 江西小炒、蓝边碗、小江溪 · 江西小炒、打平伙 · 鲜辣小炒等
陕西小炒	口味酸辣适中，使用醋和辣椒较多	奔跑吧陕菜、大厨小馆等
广西爆炒生料	以老友味和香辣味为主，并以新鲜的猪杂、牛杂为主打食材	李六爷爆炒生料、超西爆炒生料、郑华爆炒生料等

资料来源：公开信息，红餐产业研究院整理。 红餐网 | 红餐大数据

值得注意的是，2024 年末，江西小炒、广西爆炒生料通过“30 元吃饱、50 元吃好”的高性价比，受到消费者关注，赛道热度上升较快。其中，江西小炒以鲜辣、咸辣味见长，通常采用爆炒、焖煮的烹饪手法，口感浓郁，“锅气”十足。据巨量算数，截至 2025 年 5 月，“江西小炒”单一话题下的内容在抖音平台上的总播放量达到 23.5 亿次。

而广西爆炒生料则以新鲜的猪杂、牛杂为主打食材，经过猛火爆炒，烟火气十足，开始受到市场关注。据巨量算数，“爆炒生料”单一话题的内容在抖音平台上 2025 年 5 月单月的播放量超过 500 万次，市场关注度持续上升。

在流量带动与供应链完善的共同作用下，原本以夫妻店、大排档为主的小炒赛道，逐渐跑出多个具备连锁能力的新品牌（见表 1-14）。例如，主打江西小炒的阿姆源、小江溪 · 江西小炒、赣乡野 · 江西小炒、蓝边碗、打平伙 · 鲜辣小炒，据红餐大数据，截至 2025 年

5 月，这些品牌全国门店数分别有 50 余家、50 余家、20 余家、20 余家、10 余家。主打广西爆炒生料的则有李六爷爆炒生料、超酉爆炒生料、郑华爆炒生料等连锁品牌。值得注意的是，湘菜小炒品牌在菜品上也融入了广西爆炒生料，如湘饱饱爆炒生料，截至 2025 年 5 月，其在全国开出了 10 余家门店。

表 1-14　2025 年全国部分江西小炒、广西爆炒生料品牌发展概况

热门赛道	品牌名称	门店数（家）	人均消费（元）	门店主要分布区域
江西小炒	阿姆源	50+	49	江西
	小江溪 · 江西小炒	50+	50	浙江、江苏、福建等
	田耕记 · 江西小炒	20+	54	浙江、湖南、广东等
	赣乡野 · 江西小炒	20+	47	江西、安徽、广东等
	蓝边碗	20+	57	江西、浙江、江苏等
	小柴米 · 南昌菜	10+	60	江西、广东、江苏等
	打平伙 · 鲜辣小炒	10+	59	江西、浙江、江苏等
	辣小鲜 · 南昌大排档	约 8	71	江西
	鄉信 · 江西小炒	约 4	78	上海
广西爆炒生料	李六爷爆炒生料	约 5	57	广西
	超酉爆炒生料	约 4	32	福建
	郑华爆炒生料	约 3	49	四川、江西

资料来源：红餐大数据，数据统计时间截至 2025 年 5 月 31 日。

红餐网 | 红餐大数据

从整体上看，当前的小炒连锁品牌人均消费聚焦 30~60 元，覆盖单人餐、小型聚餐、日常外出就餐等多个消费场景。SKU 数量在 20~40 个，便于门店在现炒的同时保持高效的出餐节奏。选址上则偏好社区、街铺，兼顾商场与写字楼等高流量场域，以提升经营效率（见表 1-15）。

表 1-15　小炒门店模型特征一览

维度	具体详情
人均消费	30~60 元
消费场景	单人餐、小型聚餐、日常外出就餐等
产品特点	现点现炒，食材新鲜，高效出餐
SKU 数量	20~40 个
门店选址	以社区、街铺为主，商场、写字楼为辅

资料来源：公开信息，红餐产业研究院整理。

红餐网 | 红餐大数据

（3）薯条产品从配角跃升为主角，全国多地涌现薯条专门店

自20世纪80年代末西式快餐进入中国以来，薯条这一经典单品便成为大众熟知的快餐“配角”。近年来，薯条已不再局限于“配餐角色”，而逐步发展为主打产品，全国多地相继涌现多家薯条专门店。据红餐大数据，截至2025年5月，全国薯条专门店超过2,000家。

目前，薯条专门店仍处于赛道发展的早期阶段，品牌集中崛起于2022年之后。例如，菲律宾的薯条专门店品牌Potato Corner于2022年进入我国市场，本土品牌如putoto、Potato Gao、邦邦炸薯等均是2023年创立的。据红餐大数据，截至2025年5月，Potato Corner、壹米大薯条的门店数分别突破了120家和80家（见表1-16）。

表1-16 2025年全国部分薯条专门店品牌发展概况

品牌名称	门店数（家）	人均消费（元）	门店主要分布区域
Potato Corner	120+	29	江苏、浙江、广东等
壹米大薯条	80+	16	河北、湖北、江苏等
putoto	40+	25	广西、江苏、山东等
艾薯夫妇 AYSH	30+	34	广东、上海
薯条侠	20+	21	广东、吉林、上海等
薯格薯条	10+	17	山东、河北、甘肃等
Potato Gao	10+	17	江苏、安徽、河南等

资料来源：红餐大数据，数据统计时间截至2025年5月31日。

红餐网 | 红餐大数据

薯条专门店的兴起，离不开产品、门店模型与供应链等多维度的协同创新。见表1-17，首先在产品创新上，当下的薯条专门店品牌从薯条的口味、形状、配菜乃至食材本身进行了多方面的创新，力求为消费者带来全新的味蕾体验。例如，在口味上，既有奶酪洋葱、黑松露等西式风味，也有麻辣香锅、川椒鸡等中式风味；在形态上，品牌推出了波浪薯、笑脸薯、卷卷薯等多款产品；在食材上，部分品牌主打鲜薯原切薯条，或推出甘梅红薯薯条、芋头薯条等产品，以提升产品的丰富度和价值感。同时，一些品牌通过搭配炒年糕、狮子头、香肠等特色配菜，强化消费记忆点。

表 1-17　近年薯条专门店品牌的主要产品创新维度

创新维度	具体详情
口味创新	中式风味：荔枝宫保风味、麻辣香锅风味、辣条风味、椒麻鸡风味等
	西式风味：奶酪洋葱味、蜂蜜芥末味、黑松露风味、JUNGLE BBQ 风味、意式肉酱风味等
	其他异国风味：泰式冬阴功风味、和牛风味等
形状创新	长条形细薯、长条形粗薯、波浪形、螺旋形（卷卷薯）、片状菱格形（薯格）、笑脸薯、V 形薯片、三角薯饼、球形薯宝、薯米花等
搭配创新	惠灵顿肉肠酱酱薯、辣芝士炒年糕酱酱薯、狮子头薯条、釜山香肠薯条等
食材创新	鲜薯原切薯条、甘梅红薯薯条、芋头薯条等

资料来源：公开信息，红餐产业研究院整理。　红餐网｜红餐大数据

除了薯条产品以外，多数品牌还推出小吃和现制饮品，进一步丰富菜单、提升客单价。例如，Potato Corner 的菜单上不仅涵盖了多种口味的薯条产品，还搭配了鸡米花、mini 啵啵肠等小吃，以及百香果气泡水、白桃气泡水等饮品；putoto 主打摇摇细薯和酱酱薯两大薯条系列，同时提供芝士奶酪鱼条、芝士小年糕、泰国香椰水、橙意满满等小吃和饮品。

见表 1-18，在门店模型上，薯条专门店主要采用档口模式，门店面积通常在 10~20 平方米，不设或仅有少量堂食座位，主打外带场景，部分品牌支持外卖。同时，店内人员配置精减，仅需 2~3 名员工即可。品牌选址多集中在购物中心、大型商场、商业街等人流密集地段，以 20~30 元的人均消费切中大众休闲餐饮的消费需求。截至 2025 年 5 月，Potato Corner、putoto、Potato Gao 等品牌的购物中心店占比均在九成以上。

表 1-18　薯条专门店的门店模型特征一览

维度	具体详情
门店面积	门店面积通常在 10~20 平方米
门店选址	以购物中心、大型商场、商业街为主
运营模式	通常采用档口模式，不设或仅有少量堂食座位，支持外带场景或外卖场景
人员配置	一般单个门店仅需 2~3 名员工

资料来源：公开信息，红餐产业研究院整理。　红餐网｜红餐大数据

在产品与门店模型之外，产业链的配套完善也为薯条专门店的发展提供了强大支撑。冷冻薯条作为主要原料，早年间较为依赖进口。然而，随着近年国内薯条专用马铃薯品种的推广种植和薯条加工产业的崛起，本土薯条供应链日渐成熟。诸如蓝威斯顿、麦肯食品等国际薯条供应巨头均在我国建立了薯条加

工厂，而凯达恒业、雪川农业集团、蓝顿旭美等本土企业也有一定的生产规模，冷冻薯条生产已全面实现本土化。此外，很多上游的调味料企业可为薯条专门店品牌提供丰富的撒料和酱料，并凭借其强大的研发能力以及对市场趋势的敏锐洞察力，帮助薯条专门店品牌快速实现口味创新。

（4）“健康 + 功能 + 中式文化”需求持续增长，现制养生茶饮快速崛起

近年来，伴随传统中医药文化的复兴与消费者健康意识的增强，“养生”成为餐饮行业不可忽视的关键词。市场上出现了众多中药奶茶、中药咖啡、中药面包、中药冰激凌、中式养生水、草本药膳等养生类产品。而在这一波“健康热潮”中，现制养生茶饮凭借中式食养理念、功能化定位和独特口感迅速崛起。

红餐大数据显示，截至2025年5月，全国现制养生茶饮门店数超过了6,000家。目前，现制养生茶饮赛道已有不少品牌跑出了一定规模（见表1-19）。例如，创立于2018年的暖燕·女生大姨妈伴侣已在全国开出了620余家门店；创立于2023年的陆藜·开了个方子坚持“以方入茶、以茶养人”为理念，目前其全国门店数超过了150家；创立于2020年的荷田水铺和青楠五味茶，目前其门店数分别为110余家和60余家。

表1-19　2025年全国部分现制养生茶饮品牌发展概况

品牌名称	门店数（家）	人均消费（元）	门店主要分布区域
暖燕·女生大姨妈伴侣	620+	24	江苏、山东、广东等
陆藜·开了个方子	150+	18	江苏、河南、浙江等
悦兮茶也	150+	10	河南、河北、山东等
荷田水铺	110+	18	山东、江苏、四川等
邓老凉茶	90+	14	广东、广西、海南等
茯灵记	80+	14	山东、山西、河南等
椿风	70+	21	上海、广东、重庆等
青楠五味茶	60+	13	云南、广东、四川等
茶之有理	50+	14	广东、浙江、江西等
炖物24章	30+	23	浙江、江苏、湖北等
清心堂甜品草本茶	30+	15	广东、浙江、江苏等
一方四季	20+	15	广东、四川、江苏等
长春堂顺时而饮	20+	23	北京、上海、内蒙古等
鹊堂羽坊	20+	17	陕西、广东、甘肃等
本草历·汉方茶饮	10+	15	上海、福建、贵州等

续表

品牌名称	门店数（家）	人均消费（元）	门店主要分布区域
注春 · 荞麦奶茶	10+	14	江苏、浙江、辽宁等
牛茶	10+	34	北京、海南、四川等
茶客郎	10+	14	广西、广东、山西等
周容记 · 茶铺	10+	16	广东
柏良集 · 养生茶饮	10+	19	辽宁、河北
百草间	10+	23	江苏、四川、北京等
涵春茶肆	10+	21	上海、黑龙江、广西等
1828 王老吉	约 8	15	广东、河北、上海等

资料来源：红餐大数据，数据统计时间截至 2025 年 5 月 31 日。 红餐网 | 红餐大数据

值得注意的是，不少现制养生茶饮专门店品牌拥有中医药企业或中医馆的背景。例如，陆藜 · 开了个方子是江苏百黎堂中医馆旗下子品牌，涵春茶肆隶属于上海国药老字号童涵春堂，一方四季则是由中国中药、国药集团和一方制药联合打造的子品牌。此外，邓老凉茶、清心堂甜品草本茶、1828 王老吉则分别是凉茶企业邓老凉茶、清心堂和王老吉的茶饮子品牌。这种中医专业背景不仅增强了品牌公信力，也为其产品研发提供了稳定支撑。

目前，现制养生茶饮的竞争并不仅限于专门店赛道。越来越多茶饮品牌、甜品品牌、烘焙品牌也借势推出养生食材 / 药食同源的现制茶饮产品，甚至部分中医馆也开设现制茶饮业务，如浙江省中医药学会门诊部开设一家名为怡然制草的养生饮品店。

在产品方面，现制养生茶饮品牌大多主打以药食同源食材为原材料的特色产品，同时在产品名称或分类上标注较为醒目的调理 / 养生功能，突出产品的健康属性与功能属性，比如熬夜人参水、荷叶刮油茶、红枣桂圆暖身水、素颜水等。部分品牌则主打更细分的功能性产品，如暖燕 · 女生大姨妈伴侣等品牌主打女生生理期的暖身产品。

此外，现制养生茶饮品牌的小料更加强调“健康养生”属性，常见有银耳、桃胶、红豆、薏米、枇杷冻、芡实冻、人参古方冻等，既提供营养价值，也增强了饮品的视觉层次与口感体验。

部分现制养生茶饮品牌凭借中医药企业或中药馆的品牌背书、较强的供应链能力以及产品研发实力，成功将产品线拓展至零售渠道。它们推出了瓶装饮料、袋泡茶包、固体冲剂、药食同源原材料、伴手礼、小零食等多样化的零售产品，形成“现制饮品 + 零售”双轮驱动的发展模式，拓宽了品牌的市场边界和发展空间（见表 1-20）。

表 1-20　近年部分现制养生茶饮品牌推出的零售产品一览

产品类型	代表品牌及相关产品
瓶装饮品	一方四季：金银花植物饮料、刺梨姜黄果汁饮料等
	清心堂甜品草本茶：酸梅汤、罗汉果五花茶、茅根竹蔗菊普茶等
袋泡茶包 / 固体冲剂	荷田水铺：洛神乌梅、霸气人参等
	陆褰 · 开了个方子：酸梅汤、悦发茶、醒“久”汤、神气茶等
	一方四季：冬瓜荷叶茶、罗汉果菊花茶、经典红糖姜茶等
药食同源原材料	一方四季：藏红花等
	怀芸堂：人参、陈皮、百合、三七、茯苓等
伴手礼 / 小零食	涵春茶肆：山楂六物棒等
	一方四季：阿胶糕、人参蜜片等
	清心堂甜品草本茶：五指毛桃芡实糕、古方八珍糕点等

资料来源：公开信息，红餐产业研究院整理。　红餐网 | 红餐大数据

综上，现制养生茶饮正凭借“健康 + 功能 + 中式文化”的组合优势，在茶饮市场中占据一席之地。

（5）生烫牛肉米线成“新风口”，一线和新一线城市开出不少门店

近两年，生烫牛肉米线成为“风口”，在广州、上海、杭州、苏州、昆明等城市，涌现出一批生烫牛肉米线品牌（见表 1-21）。它们在主打产品、菜单结构、门店风格、经营模式等方面具有较高的相似性，而且拓店速度较快。具体来看，当前，乔杉杉生烫牛肉米线以超 520 家的门店数领跑。窄巷口生烫牛肉米线、阿佑鲜烫牛肉米线、云阿蛮生烫牛肉米线等品牌的门店数也超过了 130 家。

表 1-21　2025 年全国部分生烫牛肉米线品牌发展概况

品牌名称	门店数（家）	人均消费（元）	门店主要分布区域
乔杉杉生烫牛肉米线	520+	22	江苏、浙江、上海等
窄巷口生烫牛肉米线	330+	21	广东、上海、福建等
阿佑鲜烫牛肉米线	180+	21	上海、江苏、浙江等
云阿蛮生烫牛肉米线	130+	27	云南、上海、北京等
阿秋嫂 · 生烫牛肉米线	50+	27	浙江、福建、上海等
王嘎子生烫牛肉米线	20+	20	江苏、安徽、浙江等
梁千千生烫牛肉米线	20+	24	上海、江苏、福建等

资料来源：红餐大数据，数据统计时间截至 2025 年 5 月 31 日。　红餐网 | 红餐大数据

“生烫”这一做法在广东潮汕、福建漳州、湖北武汉等地较为常见。近两年，生烫牛肉米线成为一个火热的赛道，在“生烫”的基础上融入了云南米线在食材、配料、调味料等方面的特色，打造出差异化。生烫牛肉米线品牌通常会将“鲜切吊龙”的大字样悬挂在门头或门店显眼处，并将一盘盘切好的牛肉陈列于操作台前，突出肉质新鲜的视觉冲击。同时，部分品牌还推出云南当地的小吃、饮品等产品，也会重点宣传云南的特色香料，在产品体验上强化地域风味。

在价格策略方面，生烫牛肉米线的核心竞争力在于通过新鲜的食材和较高的性价比，构建较高的价值感。不少生烫牛肉品牌打出“鲜切吊龙只要 X 元”之类的口号，将高价值感的吊龙与低价位的米线相结合。据红餐大数据，截至 2025 年 5 月，超五成的生烫牛肉米线门店人均消费在 25~30 元；其次，40.1% 的生烫牛肉米线门店人均消费在 20~25 元。

在经营模型上，生烫牛肉米线多选址社区街区，聚焦全年龄段、多时段消费场景，营业时间覆盖早餐、午餐、晚餐及宵夜。门店空间多采用“农家风”或“废墟风”等极具“烟火气”的视觉风格，结合开放式操作台与高频出餐节奏，营造直观、接地气的消费氛围。

综上所述，热门餐饮品类的爆发当下呈现出更强的体系化，它们或借助地域风味突围，或依靠文化表达走红，或通过食材与工艺创新形成差异化优势。但无论是主打原生态风格的山野火锅、以中医药理念切入的现制养生茶饮，还是聚焦性价比与现炒体验的小炒、薯条专门店、生烫牛肉米线等热门品类，均体现了消费者对品质、多样性与个性化的追求。

不过，“热”也不等于“稳”。当下许多热门餐饮品类虽然快速走红，但依然面临生命周期短的挑战。产品同质化严重、供应链薄弱、品牌能力不足，以及过度依赖短视频平台流量和社交媒体话题热度等问题，正成为热门赛道可持续发展的主要障碍。对于品牌而言，比起“蹭热度”，更重要的是构建穿越周期的产品力、运营力与品牌力。可以预见，未来餐饮行业的机会不止于“卷”，更在于对消费新需求的深刻理解与持续回应。

第三节 消费端：餐饮消费保持韧性，但代际差异显著

近年来，消费者的餐饮消费习惯和偏好发生了较大的变化，一方面是人口结构变化带来的中长期消费趋势变化。另一方面，是短期消费支出和消费潮流变化带来的消费特征变化。例如，人口结构呈现出少子化和老龄化的趋势，而近期经济环境的变化则推动消费者越来越倾向于选择具有性价比、烟火气以及富有地域特色的餐饮。

一、人口结构发生变化，“一人食”、老年餐受关注

从中长期的角度看，我国人口数量和人口结构正处于转型阶段。见表1-22，国家统计局数据显示，2024年年末全国人口总数为140,828万人，较2023年减少139万人，人口总数连续3年下行。同时，我国出生人口数量也处于下行的态势，2024年出生率为6.77‰，较2023年的6.39‰有所回升，大致相当于2022年的水平，但依然处于较低水平。人口负增长、少子化趋势对餐饮消费产生了一定的影响。

表1-22　2021—2024年我国人口形势变化情况

年份	年末全国人口（万人）	出生率（‰）	死亡率（‰）	人口自然增长率（‰）
2021	141,260	7.52	7.18	0.34
2022	141,175	6.77	7.37	-0.60
2023	140,967	6.39	7.87	-1.48
2024	140,828	6.77	7.76	-0.99

资料来源：国家统计局，红餐产业研究院整理。

红餐网 | 红餐大数据

除了少子化，单身人口数量的持续增长也对餐饮产生了重要影响。据国家统计局数据，2022年我国单身人口数达2.4亿人。据民政部数据，2024年全国结婚登记610.6万对，较2023年减少了157.4万对。可见，国内单身人口数量呈现持续增长的态势，这在一定程度上推动了餐饮行业“一人食”的趋势，

不少餐饮品牌推出单人套餐、小火锅等模式满足“一人食”的需求。

此外，老龄化也是人口结构变化的重要方向，据国家统计局数据，2024年我国65岁及以上人口为22,023万人，占全国人口的15.6%，占比处于持续上升的态势（如图1-18所示）。老龄化趋势下，餐饮行业越来越重视“银发族”的消费，比如越来越多餐饮门店推出健康、低盐低糖、养生相关的菜品。又如“百元一日聚”的新业态开始走红，即人均消费金额100元左右的价格就可以享受到包含两顿正餐以及KTV、棋牌等娱乐配套的餐饮新模式，一站式满足“银发族”餐饮、娱乐、聚会等需求。此外，满足老年人餐饮需求的社区食堂也在不少城市逐步落地铺开。

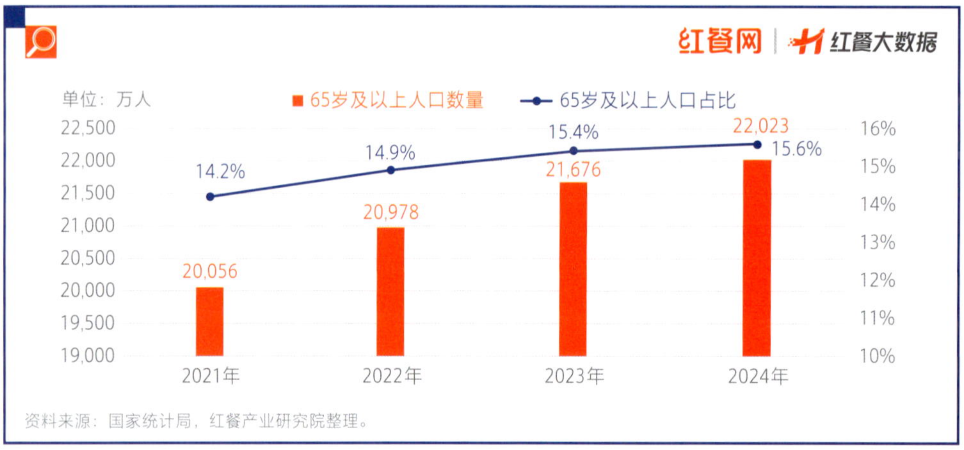

图1-18　2021—2024年我国65岁及以上人口情况

二、在多种因素的影响之下，消费者的餐饮消费整体偏保守

2024年以来，虽然全国餐饮收入保持增长，但增速有所放缓。从消费端来看，这或由于消费者对于不确定因素的担忧，使得其消费心理和行为模式发生转变，消费态度趋于保守。如图1-19，红餐产业研究院“2025年餐饮消费大调查”显示，相较于2023年的餐饮消费总金额，仅有31.3%的受访者表示其2024年消费总金额有所增加，这比重仅略高于表示消费金额减少的受访者所占的比重（26.5%）。由此可见，2024年餐饮消费金额相较于2023年，提升的幅度十分有限，餐饮消费的驱动力相对不足。

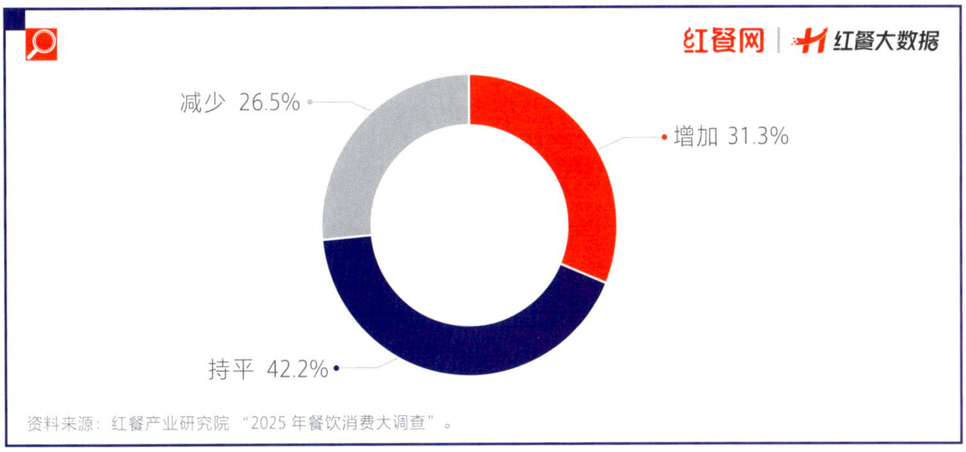

图 1-19　2024 年消费者餐饮消费总金额变化情况

从具体的消费金额分布情况来看，相对 2023 年，2024 年消费者平均每月餐饮消费金额在 500 元及以下的占比略有下降，而 1,501~2,000 元区间的占比则略有提升。但从整体来看，消费者平均每月餐饮消费金额绝大多数在 2,000 元以内，该区间段的总占比超过 80%，其中 501~1,000 元的占比超过三成（如图 1-20 所示）。由此可见，餐饮消费动能依然有待提升。

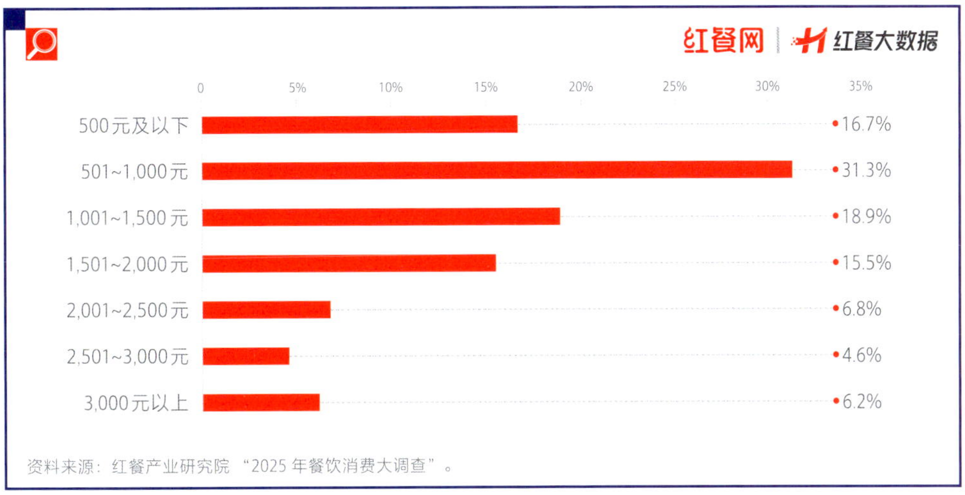

图 1-20　2024 年消费者平均每月餐饮消费金额占比分布情况

三、餐饮消费代际差异显著，不同性别、年龄消费者表现迥异

不同类型的消费者的餐饮消费情况也存在较大差异。如图 1-21，红餐产业研究院“2025 年餐饮消费大调查”显示，32.5% 的女性消费者在 2024 年餐饮消费总金额有所增加，高于表示减少的女性消费者比重。但男性消费者相对保守，其 2024 年餐饮消费总金额增加的比重略低于减少的比重，表明男性消费者在 2024 年的餐饮消费总金额略有减少。

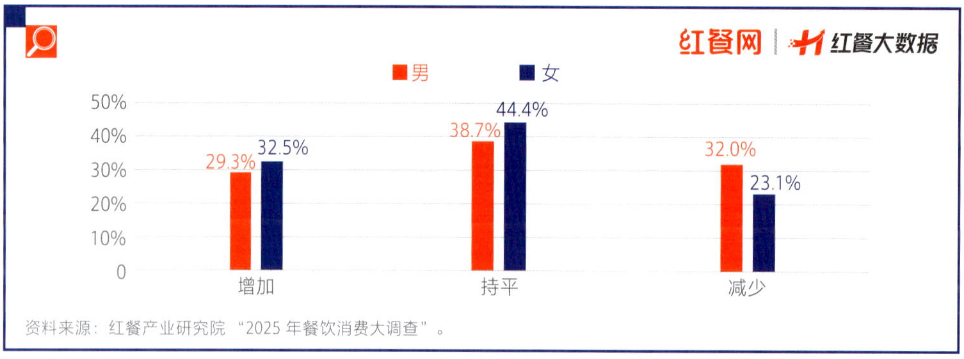

图 1-21　2024 年分性别消费者餐饮消费总金额变化情况

如图 1-22 所示，不同年龄段的消费者也存在差异，25 岁及以下的年轻消费者群体（即“00 后”）在 2024 年的餐饮消费金额增加较为明显，表示增加的比重高达 41%，远高于表示减少的 16.1%。而 36 岁及以上（以“70 后”和“80 后”为主）的消费者表示餐饮消费金额减少的比重高于表示增加的比重，26~35 岁的消费者（“90 后”）则基本持平。这说明，“00 后”消费者更注重悦己，更愿意增加餐饮消费，而“70 后”“80 后”消费者受到经济和家庭的压力相对较大，因此其在餐饮上的消费在减少。

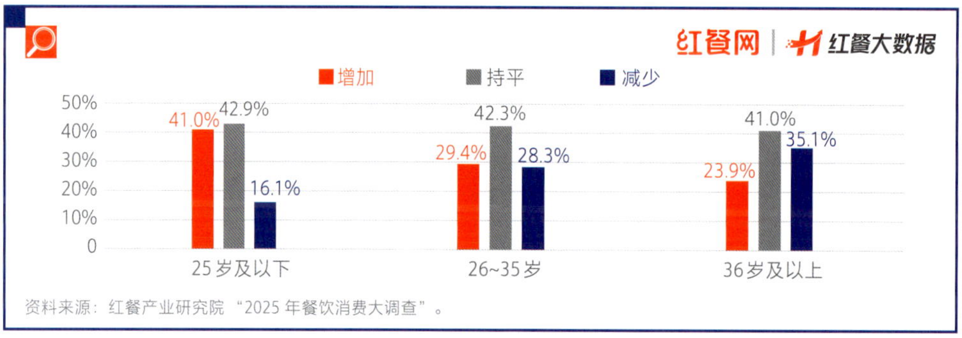

图 1-22　2024 年不同年龄段的消费者餐饮消费总金额变化情况

如图 1-23 所示，对于 2025 年，消费者的餐饮消费预期整体有所回升，预期消费增加的消费者比重为 46.8%，其中女性消费者相对乐观。如图 1-24 所示，从不同年龄段的消费者来看，代际差异亦较大，“00 后”消费者（25 岁及以下）较为乐观，预期增加消费的消费者比重高达 59.6%，“90 后”（26~35 岁）消费者也有 44.7% 的消费者预期会增加餐饮消费，而“70 后”“80 后”消费者（36 岁及以上）则较为谨慎，表示增加的人群比重仅略高于表示减少的人群比重。

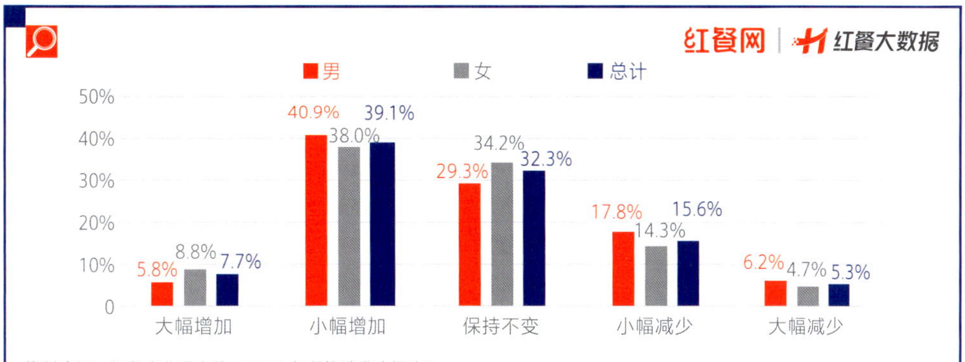

资料来源：红餐产业研究院“2025 年餐饮消费大调查”。

图 1-23　2025 年消费者餐饮消费总金额预期情况

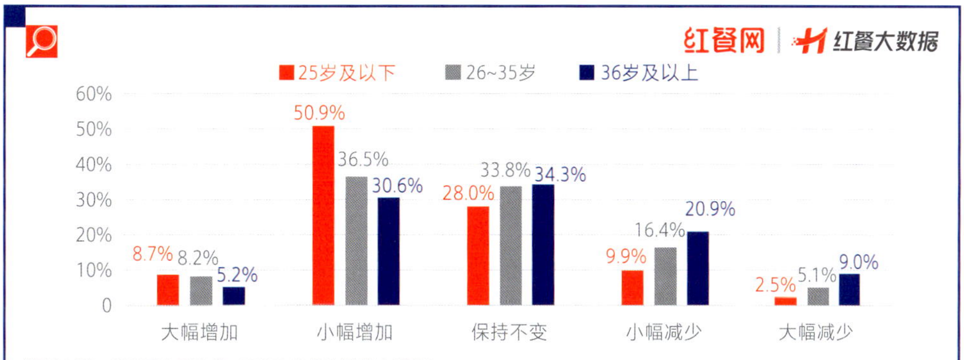

资料来源：红餐产业研究院“2025 年餐饮消费大调查”。

图 1-24　2025 年不同年龄段的消费者餐饮消费总金额预期情况

四、食材鲜度拴住食客胃，折扣力度激活消费心

受中长期人口结构变化以及短期经济环境和消费保守的影响，消费者餐饮消费的考虑因素也会产生一定的变化。因此，红餐产业研究院的“2025 年餐饮消费大调查”针对消费者正餐和快餐消费决策的考虑因素分别进行了调研。

具体来看，消费者对正餐与快餐消费的考虑因素存在差异。消费者选择正餐的考虑因素主要有三类，其中第一类最重要的因素是食材和菜品。具体来看，认为“食材新鲜度”“菜品多样 / 选择丰富”最为重要的受访消费者占比分别达到 41.7% 和 36.7%，而选择“菜品有特色”选项的消费者占比也有 31.5%；第二类重要因素是价位和折扣，“团购 / 折扣 / 优惠活动力度大”“价位和档次”两项占比均在 30% 以上；第三类重要因素是评价，“美团 / 大众点评等平台的评价高”选项占比 29.3%，在细项考虑因素中排名第六（如图 1-25 所示）。

资料来源：红餐产业研究院“2025 年餐饮消费大调查”。

图 1-25　2025 年餐饮消费者正餐消费的考虑因素

快餐消费者的考虑因素则有所不同。如图 1-26 所示，食材和菜品依然是最重要（第一类）的因素，“食材新鲜度”“菜品多样 / 选择丰富”占比分别为 38.8% 和 34.5%。第二类重要因素是价位和折扣，其中折扣更为重要。第三类因素与消费体验相关，其中“过往消费体验”和“无须等位或等位时间短”的选项排序靠前。

这些排序表明，无论正餐还是快餐，

食材菜品和折扣价位均是消费者最为关注的两类因素。而正餐和快餐的差异在于，消费者对正餐更注重平台评价，对于快餐则更注重折扣和等位时间。

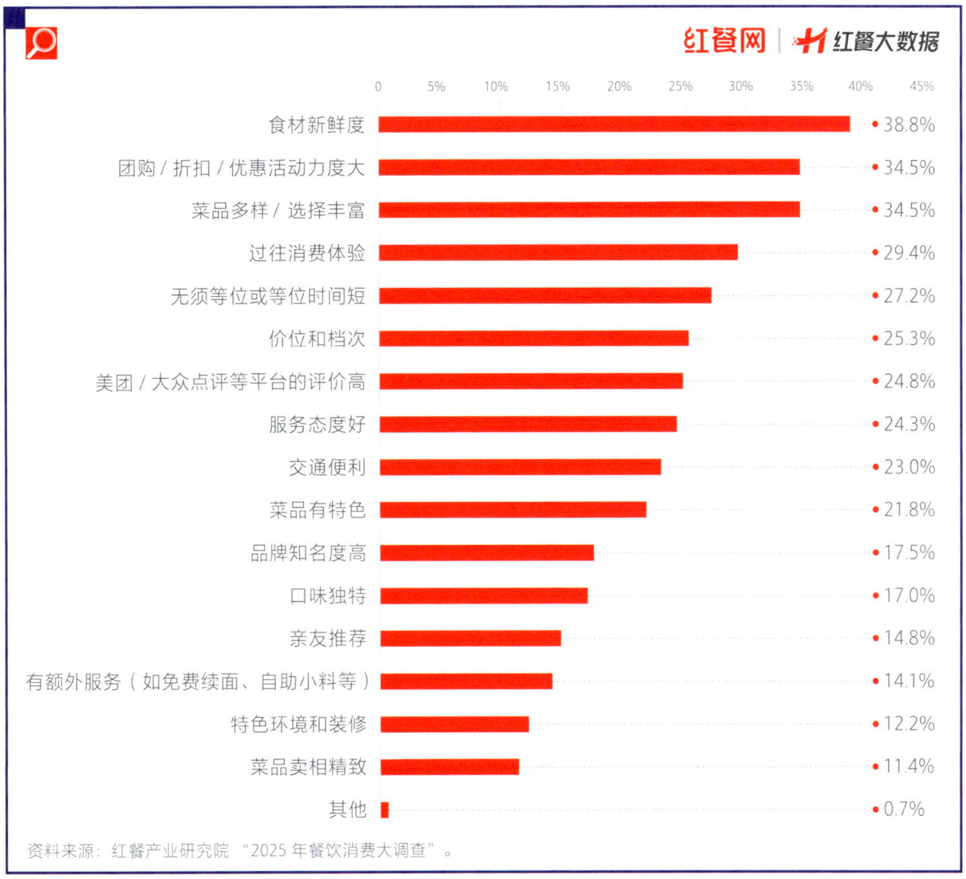

图 1-26　2025 年餐饮消费者快餐消费的考虑因素

虽然整体餐饮消费偏保守，但对于新品和新餐厅，消费者的尝鲜意愿依然较高。如图 1-27，红餐产业研究院“2025 年餐饮消费大调查”显示，29.6% 的消费者表示喜欢尝鲜，只要价格合适，有新餐厅通常都会去尝试。还有 35.7% 的消费者表示有一半的概率会去尝鲜。

近年来，餐饮品牌上新频率也越来越高，据红餐大数据，目前不少火锅、饮品等品牌每月上新的频次已超过 1 次。餐饮品牌以更多更好的产品和服务来塑造品牌力，成为吸引消费者的重要举措。

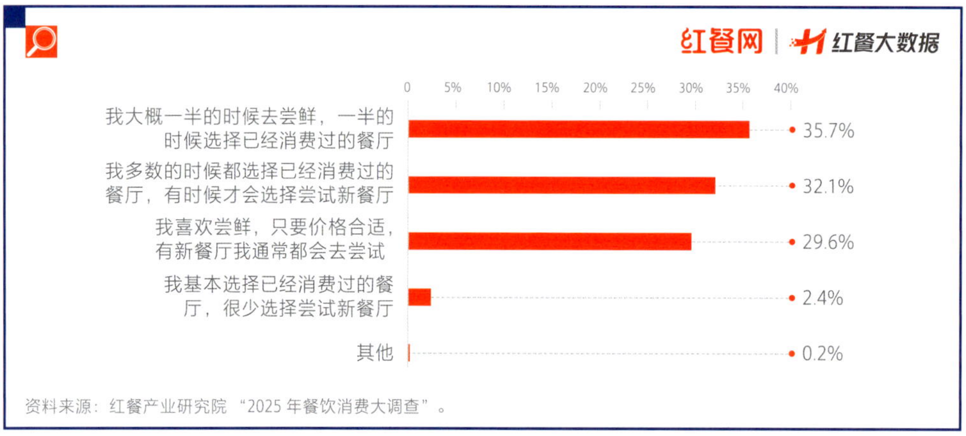

图 1-27　2025 年餐饮消费者对新餐厅的倾向性

五、地域特色、烟火气和健康化是重要的餐饮消费趋势

2024 年和 2025 年，地域特色、烟火气和健康化是其中最为重要的餐饮消费趋势。这三大趋势在餐饮多个赛道中涌现，如贵州酸汤在火锅、麻辣烫、粉面、米饭快餐和中式正餐中均有应用，麻辣烫、中式正餐、茶饮、烘焙等赛道的品牌都在挖掘低脂、低糖、低盐的健康化产品等。

近年来，消费者对地域美食的兴趣持续高涨。一方面，因为地域美食对于全国其他地区消费者具备新意，可以满足他们的尝鲜和猎奇需求；另一方面，短视频和直播等方式更加容易推动流量集中，使得地域美食能够在短时间内热度飙升，较易出圈。此外，餐饮品牌也在积极挖掘地域美食，让消费者既能“看得到”，也能“吃得着”。例如，贵州酸汤火锅、云南野生菌锅、东北黏糊麻辣烫、西北羊肉烧卖等地域美食的走红，就基于以上的因素。

对于消费者来说，地域美食不仅是美食，更是地域文化的深度挖掘，是地方历史、风土人情、地域文化的沉淀。因此，餐饮品牌除了在菜品上将地域美食带到门店，还会融入场景设计、服务细节和品牌故事，将地域文化融入用餐体验中。例如，杭州的楼外楼推出在画舫上赏西湖美景的个性化年夜饭；西安饮食在部分门店推出“李白服务生”，服务员装扮成李白与客人开展对诗、品酒等互动。

此外，手作的价值在工业化时代被重新发掘，非遗技艺成为餐饮品牌的加分项，如潮汕手打牛肉丸、手打糍粑、“刘家花馍”非遗工坊、北京稻香村由非遗师傅手工制作“二十四节气糕点”等。

而烟火气餐饮的走红，本质上是消费者对新鲜和烟火气的追求。一方面，消费者追求食材新鲜；另一方面，消费者要求“烹饪新鲜”，即现炒现制，追求“锅气”。消费者对新鲜和烟火气的追求推动了砂锅菜、地方小炒、夜市、地摊大排档的发展，从淄博烧烤、天水麻辣烫到拉萨夜市，全国多地都在推动市井烟火的回归。

随着消费者健康意识的提高，低盐、低糖、低脂的饮食成为消费者的核心需求之一，不少餐饮品牌洞察到这一趋势。例如，呷哺呷哺推出了“低脂高蛋白”套餐，永和大王推出了健康豆食系列，霸王茶姬推出了轻因系列新品等。

此外，现制养生茶饮和健康轻食也成为年轻人的“朋克养生”选择，如茶饮品牌暖燕·女生大姨妈伴侣和荷田水铺以牛奶炖雪燕、阿胶五红汤、熬夜人参水等功能性饮品为主打，奈雪的茶推出“羽衣甘蓝奇异果”和“红菜头气泡茶”等果蔬茶产品，强调“药食同源”概念，这些产品均受到年轻消费者的喜欢。

2025 年，地域特色、烟火气和健康化的趋势在餐饮行业继续保持，餐饮品牌如何紧跟消费趋势，需要持续洞察消费者需求的变化。

六、在营销渠道变革下，情绪价值重要性提升

短视频和直播给餐饮行业营销方式带来变革，如今餐饮品牌有更多的方式对消费者进行“种草”，并且可以结合团购等方式实现“拔草”，互联网已成为餐饮营销的重要渠道。

如图 1-28 所示，据“2025 年餐饮消费大调查”，短视频和达人探店是消费者最感兴趣的餐饮营销方式，因为短视频可以直观地展现食材的新鲜度、烹饪的烟火气以及菜品的卖相，更容易引起消费者的兴趣。此外，各类节日活动、IP/ 品牌联名活动也是消费者比较喜欢的营销方式，这些方式可实现短时间内的声量和销量爆发。部分品牌也在尝试老板出镜打造 IP，但目前消费者对此方式的兴趣度尚待提升。

资料来源：红餐产业研究院“2025 年餐饮消费大调查”。

图 1-28　2025 年餐饮消费者感兴趣的营销方式

对于消费者特别是“00 后”消费者来说，情绪价值和社交体验非常重要，餐厅不仅是吃喝的场所，也是社交场合和悦己休闲的场所。基于以上的消费调研数据，餐饮品牌可以通过多种方式提供情绪价值和社交体验。例如，通过场景设计营造氛围感，让消费者感到放松、自在，如山野火锅、地摊火锅，让消费者感受到自在放松的氛围。或通过一些现场舞蹈、表演等方式让门店氛围更加热闹，让消费者“热”起来，如怂火锅厂的歌舞表演。或通过与 KTV、电影等结合，强化社交属性，让消费者享受餐饮以外的服务，如呷哺呷哺的 KTV 包间。

总的来说，消费者的餐饮习惯和餐饮偏好一直处于变化之中，这些变化推动了餐饮行业的发展，也为品牌提供了新的增长机会。餐饮品牌需要以开放的姿态拥抱消费者的变化，构建情感连接，以创新模式引领消费潮流，方能在激烈的市场竞争中占据先机。

第四节 餐饮供应链：

餐饮供应链 3.0 时代开启，专业化企业驱动产业创新

随着消费者对品质、健康和差异化需求的不断提升以及餐饮行业内卷的进一步加剧，餐饮供应链各环节也在不断优化与创新。无论是食材的源头把控还是半成品预制菜的升级，调味料的创新研发和智能化设备、环保包材的广泛应用，餐饮供应链正以更快的响应速度和更灵活的服务模式，支撑着下游餐饮企业的连锁化、规模化扩张。

一、餐饮供应链 3.0 时代开启，企业从参与者向驱动者转型

随着我国餐饮连锁化程度的不断提高，餐饮供应链也在不断健全发展。在此过程中，餐饮供应链的各关键节点涌现了众多专业化企业，覆盖农产品种植 / 养殖、食材采购、生产加工、调味料供应、物流配送、供应链管理以及各类配套设备与服务等（如图 1-29 所示）。

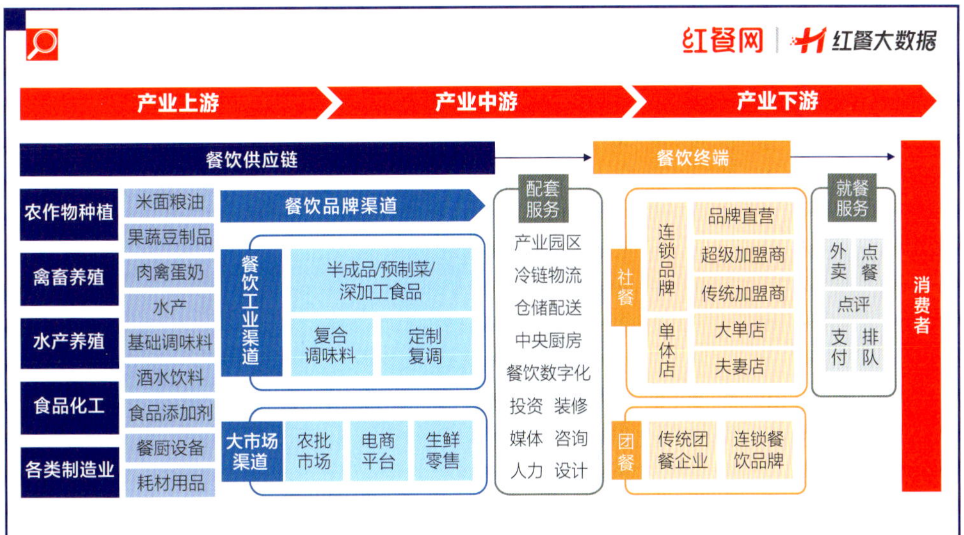

资料来源：公开信息，红餐产业研究院整理。

图 1-29　全国餐饮产业图谱

如图 1-30，红餐大数据显示，2024 年全国餐饮供应链市场规模达到了 2.58 万亿元，同比增长 8.1%，预计 2025 年全国餐饮供应链市场规模将增至 2.8 万亿元。

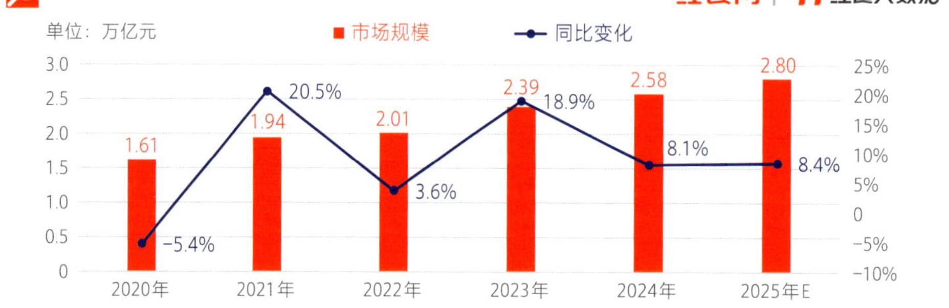

注：餐饮供应链指为餐饮企业提供食材、调味料（生产、采购、物流运输）、餐饮耗材、设备，以及各类配套服务的一系列行业集合。

资料来源：红餐大数据。

图 1-30　2020 — 2025 年全国餐饮供应链市场规模概况

同时，在餐饮业竞争激烈的大背景下，上游供应链领域的内卷态势也愈发明显。餐饮供应链已经从过去提供简单标准化产品的阶段进入到为餐饮企业提供更多差异化服务的价值型供应链 3.0 阶段。在这个阶段，供应链企业提供的产品和服务越来越细分，供应链企业的业务也日益多元（见表 1-23）。

表 1-23　中国餐饮供应链企业在不同阶段的角色及作用

中国餐饮供应链发展历程		餐饮供应链在创新中的角色转变	
阶段	具体表现	角色	主要作用
1.0 阶段：标准化供应链阶段	餐饮供应链企业接收下游餐饮企业的需求，根据需求提供标准化的食材、产品和配方等	支持者角色	为餐饮企业提供必要的原材料和物资保障。这个阶段的供应链管理相对简单，主要关注的是成本控制、质量可靠和供应稳定性。创新不是供应链企业关注的重点
2.0 阶段：共创合作开发阶段	供应链企业凭借其资源的优势、研发的经验，以及完备的供应方案，与餐饮企业一起共创新品，覆盖从创意到研发落地全过程	共创者角色	在这个阶段中，供应链不再仅仅是提供原材料的后端支持，而是与餐饮企业紧密合作，共同参与产品开发、市场分析等环节
3.0 阶段：价值型供应链阶段	餐饮供应链企业根据客户反馈、市场洞察，主动开发和优化产品，直接为客户提供成套的新品和供应计划，产品越来越细分，业务类型越来越多元	驱动者角色	在这个阶段，供应链需要具备强大的资源整合能力，可以捕捉市场需求变动和上游产地情报信息，主动研究和发现创新方向，为餐饮企业的新品研发、产品优化提供解决方案

资料来源：公开信息，红餐产业研究院整理。

首先，上游供应端的细分化趋势日益明显，细分领域的“单打冠军”不断涌现。不同以往产品大而全的综合型供应链企业，一些供应链企业从创立之初就专注于提供某一特定的产品，并通过持续深耕成为该细分领域的“领头羊”。例如，食材和调味料领域的乌鸡卷、虾滑、鸭血、火锅油碟等均已出现了一批专业的优质供应链企业。这些企业凭借对单一产品的深度钻研，在品质把控、生产工艺优化等方面下足功夫，以出色的产品质量和稳定的供应能力，占据了细分市场的较大份额。

例如，逮虾记聚焦“虾滑”这一单品，深耕滑类产业供应链。近年来，通过不断扩大生产规模，逮虾记的生产效率也不断提高，给不少餐饮品牌提供了高质价比的爆款虾滑产品。还有聚焦畜禽副产品细分领域的亲热集团，使用生物酶发制技术来保障产品的营养成分和口感，其鸭肠、猪肚产品销量较高。此外，主营鸭血的康乐汇、聚焦火锅油碟的馨田、主打乌鸡卷的越汇乌鸡卷等均是各自细分赛道的实力企业。

其次，诸多餐饮供应链企业提供的服务更加多元和专业，致力于为下游餐饮企业提供一站式解决方案。这类企业通过整合各方资源，为餐饮企业提供一站式、全方位的一体化解决方案，助力餐企更高效地运营，提升市场竞争力。例如，食材企业不再局限于单纯的食材供应，而是将服务范畴拓展至涵盖食材采购、加工、配送，甚至包括菜品研发、市场推广等多个环节。

最后，供应链企业与餐饮企业之间的共创在持续深化，供应链企业的角色也逐渐从支持者向共创者甚至赛道驱动者的角色进行转变。以往，供应链企业大多只单纯提供餐饮企业需要的产品和服务。如今，它们凭借自身在产品、技术、市场等方面的优势，深度参与到餐饮企业的产品研发、产品优化等环节中。

二、供应链各细分领域发展各异，预制菜在争议中规范前行

在餐饮行业的快速发展下，餐饮供应链也正经历着深刻的变革，对供应链企业的能力提出了更高的要求。而这一变化也促使供应链的各环节向专业化、协同化方向发展。从整体来看，我国餐饮供应链的各细分领域发展呈现出不同的特点。

1. 食材：特色化、细分化、健康化等成趋势，地域、非遗食材受关注

在餐饮行业竞争加剧及消费者需求日益多样化和个性化的背景下，餐饮食材产业呈现四大核心趋势：特色化、细分化、健康化、数智化。

近年来，为了在激烈的市场竞争中脱颖而出，许多食材供应链企业致力于挖掘具有地方特色或文化背景的特色食材。

例如，一些地域特色食材如贵州折耳根、内蒙古牛羊肉及云南姜柄瓜等纷纷被挖掘出来。还有一些食材企业通过深度挖掘地方特色资源，推出了一些带着独特地域特色的产品，如天邦食品推出的椒麻猪蹄、泡椒猪耳等产品，采用的就是四川汉源花椒等地理标志食材进行制作。

而得益于消费者对传统文化和手工技艺的关注，非遗食材因独特工艺和历史文化成为新宠。一批非遗食材如武隆非遗羊角香干、简阳非遗羊汤、峨眉山地区的非遗龙须笋等，被企业挖掘出来，并得到了广泛的应用。

此外，在个性化饮食需求不断增长的背景下，小众食材以其独特的口感和营养价值，满足了消费者追求新奇的心理，如竹薯、菊花脑等，也逐渐受到食材企业的关注。

为了打造自己的核心竞争力，近年来一批食材企业通过聚焦“大单品”的策略进行市场扩张，越来越多的食材供应商通过专注于某一细分领域，以专业化的生产和加工技术来提升产品的品质和竞争力。例如，美好食品的美好小酥肉、安井食品的甄选火山石烤肠、千味央厨的灌蛋油条、逮虾记的招牌大颗粒虾滑、德馨食品的 NFC 茉莉绿茶茶汤等，均是代表性大单品。

与此同时，随着消费者健康意识的不断提升，健康型食材也成为焦点。这一趋势也促使食材企业深入挖掘健康食材，如羽衣甘蓝、奇亚籽等，形成了从消费端到供应链端的良性循环。

此外，数字技术和智能系统的应用也在重塑整个餐饮食材产业链。例如，利用数智化手段，在种植 / 养殖环节，餐饮食材企业可以实现对种植园 / 养殖场的精准管理；在生产加工环节，餐饮食材企业可以借助数智化手段提升生产效率，建立质量追溯系统，优化能耗管理；在物流运输环节，数智化技术有助于食材企业优化智能仓储和配送系统，同时实现对冷链物流的全程监控，满足食材运输过程的保鲜、低损耗需求。

2. 预制菜（半成品菜）：在争议中规范发展

随着预制菜（半成品菜）的便捷性日益凸显及餐饮连锁化的快速发展，预制菜产业发展迅猛。红餐大数据显示，2024 年，全国预制菜（半成品菜）市场规模超过 5,500 亿元。

不过，预制菜的发展也并非一帆风顺，近年来也伴随着众多争议与挑战。当下，消费者对预制菜的担忧和争议主要集中在两个方面：一是由于一些餐饮门店存在虚假宣传，如将即热型预制菜标为“现炒”，让消费者感到受到欺骗；二是预制菜行业规范尚未完善，导致消费者担忧防腐剂超标、贮存不规范等食品安全问题。

虽然消费者对预制菜存在较大的争议，但这并不意味着消费者完全拒绝预制菜。随着生活节奏的加快，越来越多的消费者认可预制菜的便捷性。如图 1-31，红餐产业研究院“2025 年餐饮消费大调查”显示，受访的消费者中，能够接受预制菜的消费者占比为 68.9%。

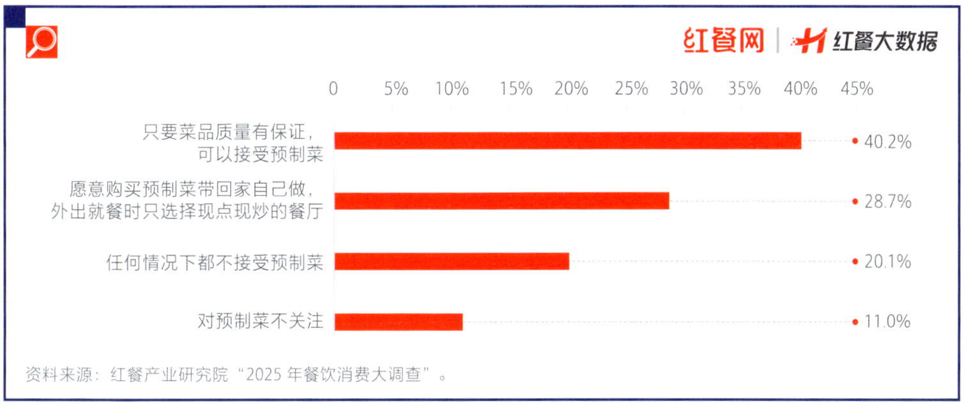

图 1-31　2025 年消费者对于预制菜的态度

在此背景下，为了进一步规范预制菜行业的发展，国家及地方各级政府部门正协同推进预制半成品菜的标准化体系建设与质量监管升级。

2024 年 3 月，国家市场监督管理总局等六部门联合发文明确预制菜的定义与范围，强化了预制菜食品安全监管，为预制菜食品安全标准与质量标准体系建设指明了方向。此外，一些地方政府也出台了相关的政策。例如，四川省市场监督管理局印发《四川省预制菜食品安全监督管理办法（试行）》，该办法自 2024 年 12 月 1 日起施行，旨在规范预制菜生产经营行为，防范食品安全风险，确保预制菜食品安全。

在政策引导与标准规范的双重驱动下，一些餐饮供应链企业通过技术创新和模式升级，正在重塑预制菜产品的价值。如蜀海供应链通过自建种植基地、中央厨房和冷链物流，确保产品的口味和安全。据了解，蜀海供应链预制酸菜鱼中的川渝特色酸菜加工工艺已被纳入四川省预制菜团体标准。还有安井食品，也推出了“小酥肉 + 空气炸锅专用调料包”创新组合，在严格遵循《方便菜肴》行业标准基础上，通过精准控温包装技术和配方的研发，可以让小酥肉经过简单油炸即可获得接近现炸的口感。

3. 调味料：地方风味与精细化创新成企业重要突破点

近年来，全国调味料赛道快速壮大，尤其是复合调味料赛道的表现尤为亮眼。红餐大数据显示，2024 年全国复合调味料市场规模突破了 2,200 亿元，2025 年全国复合调味料的市场规模有望超过 2,400 亿元。与此同时，复合调味料赛道的竞争也日益激烈。一方面，在下游餐饮企业内卷加剧以及餐饮消费需求多样化的背景下，对于上游调味料企业的要求更高；另一方面，随着入局复合调味料赛道的企业数量在逐步增多，竞争进一步加剧。

在此背景之下，众多复合调味料企业通过聚焦于地方风味挖掘、定制化服务、数智化转型及一体化解决方案构建，以实现差异化突围。

首先，地方特色风味成为复合调味料企业创新突破的核心方向。近年来，贵州酸汤、天水麻辣烫调料、齐齐哈尔烤肉蘸料等地域风味通过工业化加工被转化为标准化调味产品，满足了众多餐饮企业的需求。

其次，很多复合调味料企业正从单一产品供应商向“餐调一体化”解决方案服务商转型。它们通过提供个性化调味、研发生产全流程支持、多样化产品选择、供应链整合优化等服务，为餐饮企业量身定制一整套调味解决方案。

例如，聚慧餐调通过“风味定制实验室”模式，为连锁餐饮企业提供从菜品研发、调味配方到供应链管理的全链条服务。其不仅在产品研发上注重地方风味的深度挖掘，还通过大数据分析精准捕捉市场需求，帮助餐饮企业快速迭代产品。仟味高汤则通过个性化口味与配方定制、区域特色开发满足多样化需求，并依托专业研发团队及柔性生产线实现高效高品质生产，为餐饮企业提供定制化调味方案和全流程支持。而川海晨洋依托其全链路数字化系统，涵盖品控、生产、服务、管理和创新的五大稳定体系，为餐饮客户提供了一体化全面解决方案。

最后，众多复合调味料企业近年来通过精细化创新提升竞争力。例如，卡夫亨氏通过“一酱成菜”系列产品，实现了多种调味料的融合，减少餐饮企业备料工序，有效提升了后厨人效；李锦记针对烤串场景，推出了“雾化喷洒”解决方案，在提升烤串风味层次的基础上，还满足了餐饮企业的精细化需求。

4. 智能设备：从设备到 AI 算法的全链条升级，平衡效率与烟火气

在人力成本持续攀升与消费需求快速迭代的双重压力下，降本增效已经成为餐饮行业的共识。在这样的背景下，餐饮品牌纷纷加速向智能化转型，智能化厨房设备升级、AI 算法应用正成为行业趋势。

例如，面对后厨标准化程度低、能耗高等痛点，餐饮品牌门店通过引进智能化设备提高效率和解放人手。特别是在消费者“反预制”“追求烟火气”的消费需求下，现炒智能设备关注度持续上升。一众智能设备企业通过模块化思维重塑生产单元，为餐饮品牌提供了一站式的现炒解决方案。

当下，智能炒菜机器人已在连锁餐饮门店、外卖厨房、社区食堂等多个场景实现落地应用。拓邦厨纪、橡鹿科技、饪芯机器人等智能商用烹饪设备研发生产企业受到广泛关注。

与此同时，在效率维度，智能设备企业正从单点突破转向系统赋能。例如，艺康集团推出的智能洗碗机，其热回溯技术形成“清洗—余热回收—再加热”的能源闭环，可使单次清洗能耗降低 40%。喜茶定制的智能制冰机通过边缘计算构建“需求预测—动态备料”模型，能将设备闲置率大幅降低。

而随着 AI 的普及，AI 算法在餐饮

中的应用日益广泛。如美团的“智慧餐饮大脑”可结合顾客历史订单，分析消费者的口味偏好、消费习惯等信息。餐饮企业可以根据这些数据进行菜品研发、菜单调整、精准营销等决策，提高运营效率和顾客满意度。

三、诸多供应链爆款产品频现，引领产业发展风向

随着餐饮企业对品质、创新和差异化需求的日益增强，众多餐饮供应链企业积极研发新品，使得近两年餐饮供应链上游涌现了众多爆款产品（见表 1-24）。这些产品不仅引领了市场潮流，还推动了餐饮行业的创新发展。

表 1-24　2025 年全国部分餐饮供应链爆款产品一览

所属类别	部分爆品	代表企业 / 产品
肉禽	小酥肉、虎皮凤爪、烤肠、肥牛、鸡翅、肥肠、小郡肝、牛排等	春雪食品爆汁鸡米花、亲热集团冰鲜鸭肠、恒都生鲜牛羊肉、元盛食品龙江和牛雪花牛肉卷、野火烧食品三好鸡翅、安井食品甄选火山石烤肠、佳士博食品撒尿肉丸、益客食品瀑布肉片等
米面粮油	糍粑、豆花、豆浆、青稞、流沙包、手抓饼、藜麦、燕麦、糯米、玉米等	克明食品华夏软弹面、粮全其美手抓饼、十月稻田五常大米等
水产	虾滑、扇贝、巴沙鱼、小龙虾、鲍鱼、三文鱼、生蚝等	三都港醇香黄鱼鲞、翔泰渔业调味巴沙鱼、海文铭佛跳墙、海鳞源鲍鱼肉、国信水产裕鲜舫深海野游大黄鱼、玖嘉久鱼籽福袋、欧泰贡湄公大厨巴沙鱼等
果蔬	酸菜、豆腐皮、羽衣甘蓝、折耳根、笋、牛油果、藕制品、薯制品等	民福记小叶酸菜、华贵食品洪湖藕带、麦肯食品黄金甲薯条、沐之源非遗龙须笋、雪川农业集团北极光 5/16 裹粉冷冻薯条等
乳及乳制品	厚乳、轻乳、特调乳、酸奶、芝士、纯牛奶、黄油、稀奶油等	安佳捷效™烹饪稀奶油、三元食品品致鲜牛奶、蒙牛专业乳品马斯卡彭奶酪、晨非食品茶轻乳、塞尚乳业奶油芝士等
植物基	燕麦奶、椰乳、豆奶、杏仁奶等	噢麦力 OATLY 咖啡大师燕麦奶、菲诺厚椰乳等
调味料	酸汤、火锅底料、汤料、调味包、酱料等	仟味高汤醇香浓厚猪骨白汤、李锦记薄盐味极鲜、聚慧餐调佬油集 1983、新雅轩肉酱、百品日光番茄底料、麻辣红包川湘小炒酱汁、澄明食品七个番茄一锅汤、太太乐鸡精调味料、川娃子鲜牛肉烧椒酱、家乐辣鲜露等

资料来源：公开信息，红餐产业研究院整理。

红餐网 | 红餐大数据

在食材方面，肉禽、米面粮油、水产、果蔬、乳及乳制品、植物基等细分类别均涌现出了许多代表性的爆款产品。例如，亲热集团的冰鲜鸭肠、恒都农业的恒都生鲜牛羊肉、安井食品甄选火山石烤肠、益客食品的瀑布肉片等肉禽产品，克明食品的华夏软弹面、粮全其美的手抓饼、十月稻田的五常大米等米面粮油产品，翔泰渔业的调味巴沙鱼、海鳞源的海鳞源鲍鱼肉、玖嘉久的鱼籽福袋、欧泰贡的湄公大厨巴沙鱼等水产类产品，华贵食品的洪湖藕带、沐之源的非遗龙须笋、雪川农业集团的北极光 5/16 裹粉冷冻薯条等果蔬类产品，安佳专业乳品的安佳捷效™烹饪稀奶油、蒙牛专业乳品的马斯卡彭奶酪等乳及乳制品类产品，噢麦力 OATLY 的 OATLY 咖啡大师燕麦奶、菲诺厚椰乳等植物基类产品。

在调味料方面，酸汤、火锅底料、汤料、调味包、酱料等热门细分类别均出现了爆款。例如，仟味高汤的醇香浓厚猪骨白汤、李锦记的薄盐味极鲜、聚慧餐调的佬油集 1983、新雅轩的肉酱、百品日光的番茄底料、麻辣红包的川湘小炒酱汁等。

综上所述，从食材、调味料的创新发展，再到智能化设备工具的应用，近年来我国餐饮上游供应链多个细分领域都发生了显著的变化。总体来看，我国餐饮上游供应链正朝着更加多元化、精细化、智能化和绿色化的方向发展。

这些变化不仅满足了餐饮企业和消费者日益多样化的需求，也为餐饮产业的持续繁荣发展提供了有力支撑。未来，随着餐饮企业需求的不断变化和技术的持续创新，餐饮上游供应链有望迎来更多的变革与发展机遇。

CHINA
CATERING

第二章 中式正餐

第一节 综述：

地方菜系崛起，中式正餐赛道进入产业化升级阶段

近年来，在文旅消费政策催化下，诸如成都砂锅菜、重庆江湖菜、潮汕菜、啫啫煲、宁波菜、绍兴菜、温州菜、浏阳菜、闽南菜、青岛菜、广西菜、云南菜、贵州菜、陕菜、赣菜等地方菜系加速发展，促进中式正餐赛道进一步扩容。同时，地域食材、“爆品 + 菜系”成为中式正餐品牌打造差异化的重要发力点。

一、性价比消费需求攀升，各菜系人均消费下滑

近年来，得益于文旅消费政策的持续助力，地方菜在全国范围内蓬勃发展，推动中式正餐市场不断扩容。如图 2-1，红餐大数据显示，截至 2025 年 5 月，全国中式正餐总门店数近 136 万家，预计 2025 年全国中式正餐市场规模将突破 1.1 万亿元。

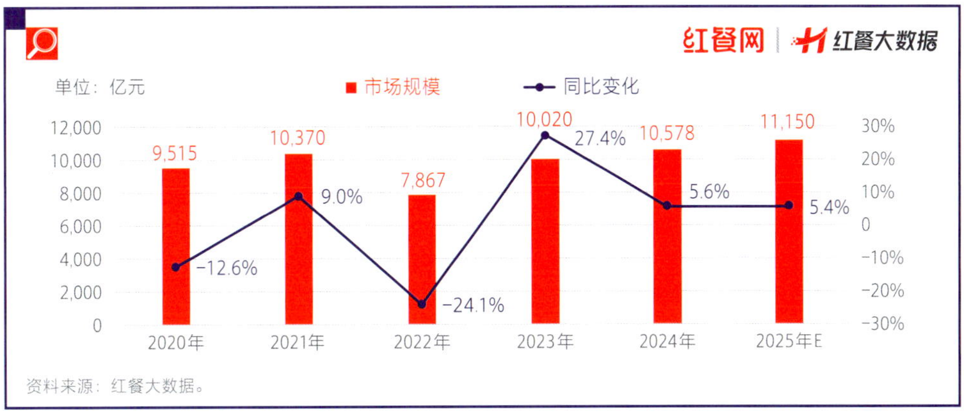

图 2-1　2020 — 2025 年全国中式正餐市场规模概况

在细分菜系中，川菜、粤菜、本帮江浙菜、湘菜以及东北菜的门店数稳居前五位，门店数均超过了 10 万家。其中，仅有川菜的门店数占比超过了 10%；粤菜和本帮江浙菜凭借广泛的地域覆盖和庞大的消费群体，门店数分别居第二、第三位，占比分别为 9.8% 和 9.4%；湘菜近年来发展迅猛，门店数已突破了 12 万家，占比为 8.9%，居第四位（如图 2-2 所示）。

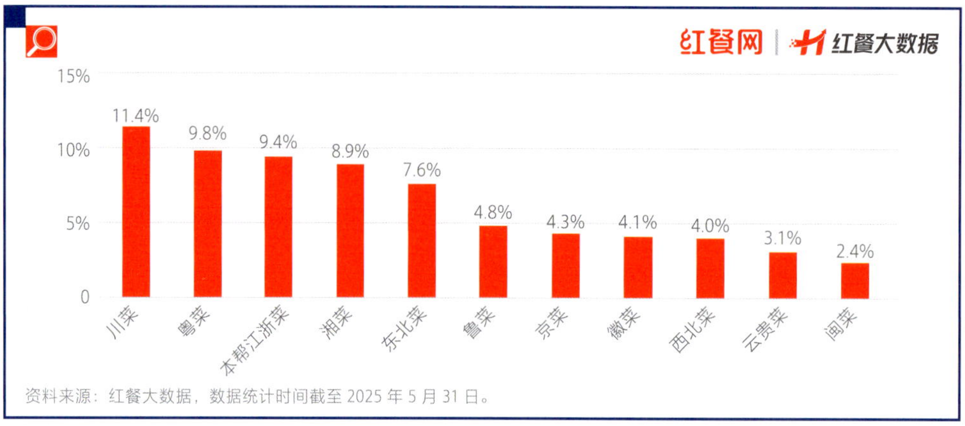

图 2-2　2025 年全国中式正餐主要细分菜系门店数占比分布情况

从细分菜系的市场规模与增速来看，目前，川菜、粤菜、本帮江浙菜及湘菜四个菜系的市场规模均已超过千亿元。如图 2-3，红餐大数据显示，2024 年全国湘菜市场规模达到 1,090 亿元，同比增长 7.9%，增速位于各菜系之首。除了传统八大菜系外，云贵菜的表现也不错。近年来，随着酸味型在市场上的流行，云贵菜赛道不断扩容。红餐大数据显示，2024 年云贵菜市场规模达到了 340 亿元，同比增长 6.9%，增速排第二位。

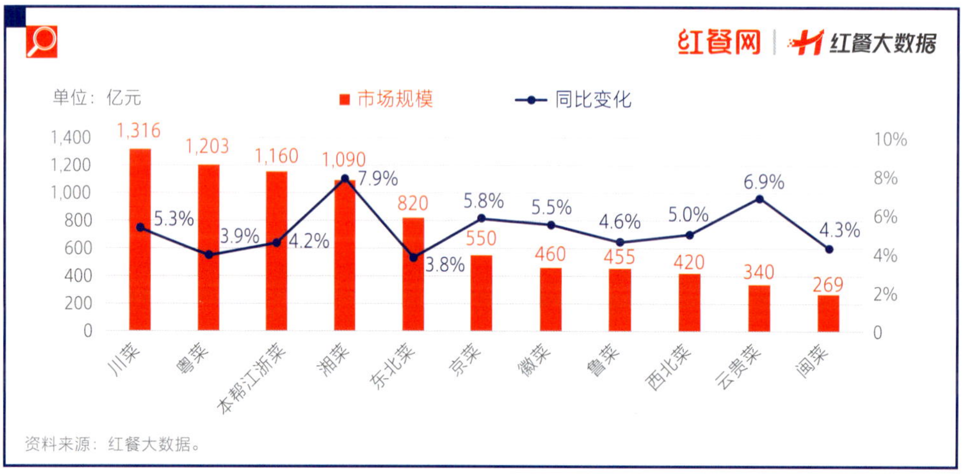

图 2-3　2024 年中式正餐主要细分菜系市场规模概况

从人均消费来看，受区域经济水平、物价结构以及菜品成本差异的影响，各菜系的人均消费不尽相同。但是，在消费观念日益谨慎与性价比需求攀升的背景下，各菜系的人均消费均有不同程度的下滑。

如图 2-4，红餐大数据显示，截至 2025 年 5 月，全国中式正餐门店人均消费为 78.3 元，较 2023 年年底下降了 10.6%。具体到各细分菜系，本帮江浙菜的人均消费降幅最大，从 2023 年的 119.4 元降至 95.3 元，下降了 20.2%；其次是粤菜，人均消费从 2023 年的 105.3 元降至 85.9 元，下降了 18.4%；主打性价比的川菜和湘菜人均消费降幅较小，降幅分别为 9.2% 和 10.5%。

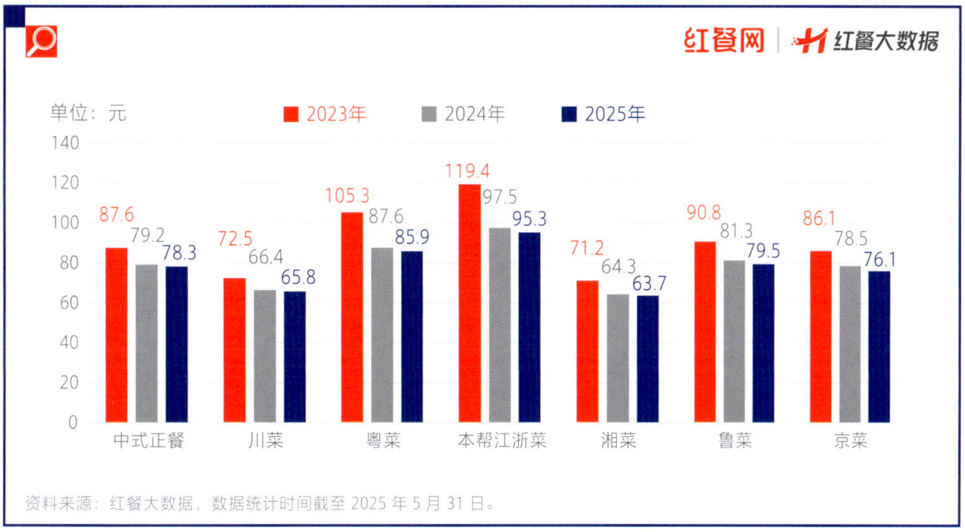

图 2-4　2023 — 2025 年全国中式正餐部分细分菜系人均消费情况

二、地方菜系加速崛起，菜系步入融合化、产业化发展阶段

近年来，中式正餐赛道主要呈现出以下特点。

其一，随着市场对地域饮食文化的深度挖掘，一些地方特色菜系正在加速崛起，呈现“多点开花、错位竞争”的发展趋势。诸如成都砂锅菜、重庆江湖菜、自贡盐帮菜、潮汕菜、啫啫煲、宁波菜、绍兴菜、温州菜、浏阳菜、闽南菜、青岛菜、广西菜、云南菜、贵州菜、陕菜、赣菜等赛道均涌现了一大批连锁品牌。

与此同时，地域特色食材也逐渐成为品牌的重要发力点。一些品牌凭借五常大米、长白山野生菌、辽参、胶东海参、章丘萝卜、宁德黄鱼、贵州酸汤、云南菌菇等特色食材实现了差异化突围。

其二，尽管大单品红利逐渐消退，

但是“爆品 + 菜系”的打法依然流行，如“辣椒炒肉 + 湘菜”“现炒黄牛肉 + 湘菜”“酸菜鱼 + 川菜”“跷脚牛肉 + 川菜”“乳鸽 + 粤菜”“烤鸭 + 京菜”“大盘鸡 + 西北菜”“姜母鸭 + 闽菜”等。通过“爆品 + 菜系”的模式，品牌不仅能够增强消费者对品牌的认知，降低决策成本，还能实现门店的标准化运营与规模化复制。

其三，品牌积极探索菜品融合创新，菜系融合进一步深化。为了给消费者带来更多元的美食体验，中式正餐品牌在传承经典菜品与烹饪技艺的基础上，通过跨菜系食材重组、烹饪技法交融、植入异国元素等方式，创新推出了既保留传统风味又符合现代审美的创意菜品，有效拓宽了消费群体和用餐场景。

其四，各菜系正朝着国际化与产业化的方向发展，诸如川菜、湘菜、鲁菜、京菜、本帮江浙菜、云贵菜等赛道均有一些品牌探索预制菜、新零售以及海外市场。同时，上游供应链也在加速发展，食材、调味料、智能设备等领域均涌现出了一批专业化的代表企业。

以专注于中式高汤领域的仟味高汤为例，其深耕餐饮赛道 20 余年，通过与各地方菜系的资深大师共同研发，将大师的烹饪精髓融入高汤产品中，以降低菜品对厨师的依赖，在保证菜品品质与口味稳定的同时，又能提升后厨效率。

目前，仟味高汤已构建了涵盖超 20,000 种爆品菜的味道解决方案库，覆盖中式正餐领域本帮江浙菜、粤菜、川菜、鲁菜、云贵菜等多个菜系。例如，本帮江浙菜与粤菜均注重以汤提鲜，追求食材本味，此类清淡口味的菜品通过采用仟味高汤的高品质鸡汤系列产品作为底汤，可以在保留食材原香的同时提升风味层次。而针对“一菜一格，百菜百味”的川菜，仟味高汤推出了金汤、酸汤、鱼汤 / 海鲜汤、卤水、风味酱汁等不同味型的复合调味方案，以帮助川菜品牌解决产品的标准化难题。

总体来看，当下中式正餐赛道已步入细分化、融合化、产业化的发展阶段。未来，品牌还需以产品迭代为核心，依托供应链降本增效，同时在渠道、运营模式、场景打造等方面创新，方能实现更长远的发展。

第二节 川菜：江湖菜、砂锅菜等热度高，川菜预制菜迎来快速发展

川菜，作为全国八大菜系之一，近年来凭借鲜明的味型特征以及较高的性价比再次赢得市场的广泛关注。同时，川菜产业亦展现出了许多新的变化，如以江湖菜、盐帮菜、乐山菜为代表的地方细分菜系异军突起，推动川菜向多元化、细分化方向发展；川菜预制菜发展迅速，年产值有望突破 1,000 亿元。

一、川菜连锁化率升至 25%，“外地”川菜品牌加速崛起

近年来，川菜赛道呈现稳步扩张的态势。据红餐大数据，2024 年 1 — 12 月，全国川菜门店总数净增约 1 万家，增幅由 2023 年的 5.2% 提高到 6.4%。截至 2025 年 5 月，全国川菜门店总数为 15.5 万家（如图 2-5 所示）。

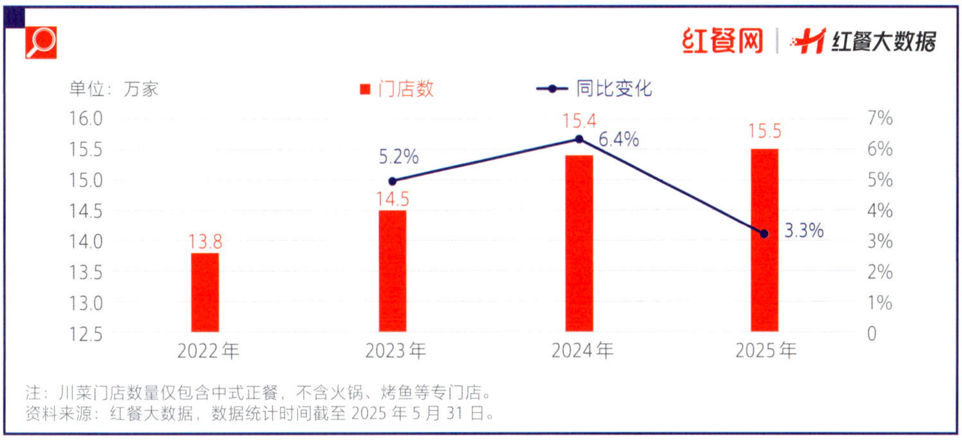

图 2-5　2022 — 2025 年全国川菜门店数概况

红餐产业研究院预估，2025 年全国川菜市场规模将达到 1,390 亿元。

川菜赛道的稳定扩张，与上游供应链的发展息息相关，尤其是复合调味料企业。近年来，市场涌现了一大批川调企业，如聚慧餐调、翠宏食品、六婆、幺麻子、丁点儿、川娃子、川海晨洋、新雅轩、天味食品、颐海国际等。这些企业通过持续的技术创新与产品研发，推出了一系列川菜味型的产品，提升了川菜门店后厨的烹饪效率，为川菜品牌的连锁化扩张提供了有力支持（见表 2-1）。

表 2-1　全国部分川式复合调味料企业及代表产品情况

企业 / 品牌名称	川式复合调味料代表产品
聚慧餐调	烤鱼调味料、焖烧酱、卤水、红酸汤等
申唐产业	烤鱼调味料、小龙虾调味料、酸菜鱼调味料、钵钵鸡调味料等
翠宏食品	辣椒面、麻辣红油、烧椒酱、鸡米芽菜酱等
六婆	辣椒面、油泼辣子、麻辣干锅调味料等
幺麻子	藤椒油、花椒油、藤椒青椒酱、藤椒肘子大酱等
丁点儿	藤椒油、川香红油、椒麻鸡汁、金汤酸菜酱、烤鱼酱等
川娃子	烧椒酱、双椒酱、油泼辣子、川味辣卤酱等
川海晨洋	双椒酱、烤鱼调味料、毛血旺调味料、鱼香肉丝调味料等
麻辣红包	麻辣香锅调味料、烤鱼调味料、麻婆豆腐调味酱、回锅肉调味酱等
诺高美	小龙虾调味料、烤鱼调味料、酸菜鱼调味料、炒鸡酱等
新雅轩	香辣烤鱼酱、天府回锅肉酱、麻婆豆腐酱、江湖麻辣酱等
天味食品	青花椒酸菜鱼调料、水煮肉片调料、糖醋排骨调料、烧鸡公调料等
颐海国际	金汤酸菜鱼调味料、精品水煮鱼调味料、麻辣香锅调味料等

资料来源：公开信息，红餐产业研究院整理。　红餐网 | 红餐大数据

红餐大数据显示，我国川菜连锁化率已从 2022 年的 23% 提升至 2024 年的 25%，预计 2025 年还将进一步提升。目前，不少川菜品牌已跑出了一定的门店规模。其中，发源于川渝本土的冯四孃跷脚牛肉、徐鼎盛民间菜等品牌的门店数已超过了 130 家，石灰石烧鸡公、九锅一堂、杨记隆府、老灶房乡村菜、俏巴渝等品牌均开出了数十家门店（见表 2-2）。

表 2-2 2025 年全国部分川菜品牌发展概况

品牌名称	门店数（家）	人均消费（元）	门店主要分布区域	发源地
冯四孃跷脚牛肉	170+	45	四川、江苏、重庆等	四川
椒爱水煮鱼川菜	160+	82	辽宁、北京、山东等	辽宁
周麻婆	150+	42	福建、浙江、湖北等	福建
先启半步颠小酒馆	140+	71	上海、江苏、北京等	上海
徐鼎盛民间菜	130+	65	重庆、四川、新疆等	重庆
朝花里青花椒鱼·川菜	110+	55	陕西、云南、甘肃等	陕西
全牛匠·乐山跷脚牛肉	80+	59	北京、陕西、天津等	北京
眉州东坡	80+	81	北京、上海、四川等	北京
石灰石烧鸡公	70+	65	浙江、四川、江苏等	四川
胖姥姥	70+	49	福建、广东、江西等	福建
九锅一堂	60+	54	重庆、四川、陕西等	四川
蜀都丰川菜·水煮活鱼	60+	72	福建、浙江、湖北等	福建
川采·川菜	60+	61	广东	广东
杨记隆府	50+	83	重庆、江苏、广东等	重庆
辛香汇·现炒川菜	50+	67	江苏、上海、浙江等	上海
老灶房乡村菜	50+	63	重庆、河北、江苏等	重庆
一把骨	50+	59	四川、重庆、贵州等	四川
鸡毛店·川菜	50+	63	四川、山东、陕西等	四川
麻六记	50+	96	北京、上海、山东等	北京
茅庐川菜	40+	57	山东、江苏、福建等	山东
大蓉和	40+	94	四川、河北、江苏等	四川
秋金川味小炒	40+	45	四川、西藏、江苏等	四川
陈蹄花	40+	57	重庆、四川、湖北	重庆
川人百味	30+	63	辽宁、天津、吉林等	吉林
渝月	30+	78	广东	广东
厨子下山·回锅肉	30+	56	四川、青海、山东等	山东
峨嵋酒家	30+	88	北京、河北、江苏等	北京
俏巴渝	30+	91	重庆、浙江、四川等	重庆
渝乡辣婆婆	30+	71	河北、新疆、北京等	河北
晓彭肥肠鸡	20+	56	重庆、四川、湖北等	重庆
民间粮仓重庆菜	20+	56	甘肃、重庆、河南等	重庆
俏江南	20+	153	北京、上海、山东等	北京
陶德砂锅	20+	59	四川	四川
榕意	20+	98	广东	广东
陶然居·重庆菜	10+	79	重庆、山西	重庆
陈麻婆豆腐	10+	64	四川	四川
回水镇·江湖川菜	10+	73	四川	四川
许家菜	10+	292	四川	四川
南堂馆	10+	212	四川	四川
锦府盐帮	约 8	123	北京	北京
玉芝兰	约 2	1411	浙江、四川	四川
银芭	约 2	192	四川	四川
柴门荟	约 3	480	四川、上海	四川
宋·川菜	1	272	广东	广东

资料来源：红餐大数据，数据统计时间截至 2025 年 5 月 31 日。

红餐网 | 红餐大数据

与此同时，川渝之外的川菜品牌也在加速崛起。例如，2018 年创立于辽宁的椒爱水煮鱼川菜已在全国 70 余个城市开出了 160 余家门店；同样创立于 2018 年的朝花里青花椒鱼 · 川菜以陕西省为大本营，向甘肃、宁夏、江苏、云南等地区扩张，其在 2024 年新开了 20 余家门店，总门店数超过了 110 家；2017 年创立于北京的全牛匠 · 乐山跷脚牛肉已在全国 30 余个城市开出了 80 余家门店。这些外地川菜品牌的蓬勃发展，不仅为川菜赛道注入了新的活力，也加快了川菜走向全国的步伐。

二、川菜细分化趋势凸显，江湖菜、砂锅菜等表现亮眼

近年来，在餐饮市场竞争日益激烈的背景下，川菜品牌积极寻找差异化的发展路径和新的增长点。同时，产业链上下游各环节也在紧密合作，携手推动川菜产业的繁荣发展。

总体而言，川菜赛道正呈现出细分化、融合化、精致化、国际化和产业化五大发展趋势。其中，细分化、国际化和产业化值得重点关注（见表 2-3）。

表 2-3　2025 年川菜赛道的五大发展趋势

趋势	主要表现	代表品牌 / 企业
细分化	一些主打地方特色菜系的川菜品牌开始崭露头角，如江湖菜、盐帮菜、砂锅菜、乐山菜等	杨记隆府、徐鼎盛民间菜、顺风 123、锦府盐帮、饕林餐厅、辛厨房、秋金川味小炒、陶德砂锅、乐山小院临江鳝丝、烟火川香等
融合化	许多品牌将川菜与其他菜系进行巧妙融合，与传统川菜品牌形成差异化定位	大蓉和、新蓉庭、芸荃、银芭、悦百味 · 品质川菜、南堂馆等
精致化	部分川菜品牌探索精致化发展路线，多家门店上榜“2025 年成都米其林指南”	玉芝兰、柴门荟、许家菜、银锅现代川菜、马旺子、芙蓉凰等
国际化	川菜品牌出海提速，同时一些上游供应链企业也纷纷拓展海外业务	眉州东坡、陈麻婆豆腐、老房子、巴国布衣、川人百味、辛香汇 · 现炒川菜、拈一筷子 · 宜宾菜、秋金川味小炒、成都映象等
产业化	川式调味料、川菜预制菜等上游产业繁荣发展，尤其是预制菜产业发展快速，产值向千亿元冲刺，大单品食材持续被挖掘	王家渡、麻六记、新希望六和、福成五丰、高金食品、守嘴狗食品等

资料来源：公开信息，红餐产业研究院整理。　红餐网 | 红餐大数据

从细分化来看，近年来，川菜市场有不少主打更细分的川菜地方菜品牌冒头，如江湖菜、盐帮菜、砂锅菜、乐山菜、宜宾菜等。

例如，杨记隆府、徐鼎盛民间菜、顺风 123、回水镇 · 江湖川菜等品牌主打重庆江湖菜；锦府盐帮、饕林餐厅、辛厨房、秋金川味小炒等品牌主打自贡盐帮菜；陶德砂锅等品牌主打成都砂锅菜；而在乐山菜中，除了凭借跷脚牛肉大单品迅速向全国扩张的冯四孃跷脚牛肉、全牛匠 · 乐山跷脚牛肉等品牌外，乐山小院临江鳝丝、烟火川香等乐山菜品牌也发展得不错。

在国际化方面，川菜在全国各地方菜系中堪称“走出去”的先行者。早在 2000 年，陈麻婆豆腐就在日本东京开设了海外首店，截至 2025 年 5 月，其在日本的门店数已超过 10 家。眉州东坡、巴国布衣、川人百味、辛香汇 · 现炒川菜、拈一筷子 · 宜宾菜、秋金川味小炒、成都映象等品牌也纷纷在海外布局设点，开设分店。

除了川菜品牌加速出海进程外，不少供应链企业也踏上了出海的步伐，如颐海国际、天味食品等调味料企业已有多款产品畅销海外，颐海国际还在马来西亚、泰国等地设立了工厂。2024 年，新零售企业盒马鲜生正式入驻美国华人连锁超市——大华超市和线上购物平台——亚米网站，其自营产品川式椒麻汁在亚米网站上热卖并一度断货。

川菜不仅在餐饮市场大放异彩，还强势带动产业上下游蓬勃发展，尤其是预制菜领域。红餐产业研究院整理相关信息后发现，截至 2025 年 5 月，四川省已构建起以成都、自贡、遂宁、眉山等市为核心的预制川菜产业集群，拥有约 700 家预制菜生产企业，年产值超 700 亿元，预计到 2025 年四川预制菜产业规模将进一步扩大至 1,000 亿元。

而不少主打川菜预制菜的企业也取得了亮眼的业绩，如新希望集团旗下的预制菜企业美好食品，仅核心产品农家小酥肉年销售额就超过 10 亿元。福成五丰、高金食品、守嘴狗食品等企业推出了多款川菜预制菜，其中，福成五丰的预制菜销售额超过了 10 亿元。同时，一些川菜品牌和川调企业也推出了预制菜产品，如王家渡、麻六记、颐海国际、新雅轩等。

此外，川菜中的一些大单品食材也持续被市场挖掘，如小酥肉、冒节子、川味腊肠等。

当下，川菜这个古老的菜系正以与时俱进的态势，紧随时代潮流，在不断自我革新中蜕变，焕发出新的生机与活力。未来，川菜的市场规模还有望进一步扩大。然而，我们也要看到川菜赛道仍存在一些挑战与难点，如市场教育有待进一步提升、人才培养有待加强、供应链建设有待深化等。这些都是推动川菜持续发展的关键因素，需要行业内外共同努力。

第三节 粤菜：传统与现代的碰撞下，“大单品 +”、粤菜小馆出圈

粤菜作为八大菜系之一，其市场规模仅次于排名第一的川菜。近年来，消费者对市井烟火气和新鲜食材的追求，推动了“山卡拉”农庄的走红，加之粤菜品牌积极布局全国化发展，粤菜的市场规模得到进一步扩容。粤菜凭借独特的风味和饮食文化也迎来了更广阔的市场。

一、全国门店数超 13 万家，粤菜正加速全国化发展

粤菜主要包含广府菜、潮汕菜、客家菜等细分菜系。广府菜以清、鲜、嫩、滑、香为特点，注重原料的季节性，追求食物的原汁原味，代表菜品有白切鸡、烧腊、广式茶点、鱼生等。潮汕菜以生腌、卤水，以及海鲜烹制见长，注重体现鲜味，代表菜品有潮汕砂锅粥、卤狮头鹅、生腌虾等。客家菜则以肉类见长，代表菜品有梅菜扣肉、盐焗鸡、酿豆腐等。

红餐大数据显示，2024 年全国粤菜市场规模为 1,203 亿元，同比增长 3.9%，预计 2025 年市场规模为 1,260 亿元。截至 2025 年 5 月，全国粤菜门店数超过 13 万家，赛道持续扩容。

粤菜在不同的价格带均有不同类型的门店分布，在偏中高端的价格带主要以酒楼、茶楼为主，主打精致餐饮体验；在中等价格带上主要以连锁粤菜小馆等为主，主打品质和性价比；在偏低端的价格带则以大排档为主，主打亲民、性价比和烟火气。当前，在餐饮行业人均消费下行的趋势下，中高端粤菜酒楼 / 茶楼受到了较大的冲击。

据红餐产业研究院不完全统计，2025 年以来，广州、深圳、佛山等地的不少老牌粤菜酒楼相继传出闭店的消息。一方面，这些传统酒楼的商务宴请、婚宴、满月宴、毕业宴等宴请业务需求在减少；另一方面，则是因为这些传统酒楼无论是菜式还是环境均偏保守，运营成本相对高，难以吸引当下的年轻消费者。加之粤菜口味普遍偏清淡，口味穿透力不及重口味菜系，在川菜、湘菜等菜系快速发展的大背景之下，传统粤菜酒楼的生存空间被进一步挤压。

与此同时，一批主打“爆品 + 菜系”和烟火气小炒的粤菜品牌则迎来快速发展。例如，广顺兴、如轩海鲜砂锅粥、

大鸽饭、常来小聚、小荔园 · 粤菜小馆等粤菜品牌，以较传统酒楼更具性价比以及更富现代感的用餐环境，受到消费者的喜爱（见表 2-4）。

表 2-4 2025 年全国部分粤菜品牌发展概况

品牌名称	门店数（家）	人均消费（元）	门店主要分布区域
广顺兴	640+	81	河南、河北、山东等
克茗冰室	140+	47	广东、江苏、山东等
蒸武门 · 中国点心专家	130+	49	广东
啫火啫啫煲	130+	77	广东、福建、北京等
金戈戈香港豉油鸡	120+	35	广东、浙江
蔡澜港式点心	100+	89	广东、上海、北京等
如轩海鲜砂锅粥	100+	67	广东、山西、四川等
文通冰室	90+	43	广东、上海、江苏等
点都德	80+	85	广东、上海、浙江等
客语 · 客家菜	70+	80	广东、广西
顺德佬	70+	92	广东
敏华冰厅	60+	62	中国香港、广东、上海等
避风塘	50+	77	贵州、四川、云南等
潮兴砂锅粥	40+	56	广东、广西、云南
太兴餐厅	40+	69	中国香港、广东、上海
陶陶居	40+	109	广东、上海、北京等
大榕树下	40+	75	广东
武林厨神	40+	53	广东
潮界	30+	90	上海、江苏、浙江等
添好运	30+	82	上海、中国香港、江苏等
稻香酒家	30+	90	广东、中国香港、湖北等
客家班 · 客家菜	30+	65	广东
大树餐厅	30+	99	辽宁、上海、北京等
高第街 56 号餐厅	20+	72	山东、河南
唐宫	20+	145	上海、北京、广东等
广州酒家	20+	119	广东、上海、湖南等
莲香楼酒家	20+	60	广东、浙江、湖北等
翠园	20+	174	中国香港、广东、北京等
金翠河	20+	68	重庆、四川
家府潮汕菜	10+	92	上海、江苏

续表

品牌名称	门店数（家）	人均消费（元）	门店主要分布区域
海门鱼仔 · 潮汕味	10+	100	广东
大鸽饭	10+	92	广东、湖南
利苑酒家	10+	295	中国香港、广东、北京等
常来小聚	10+	61	广东、江苏、安徽等
虁楼	10+	95	广东、上海
小荔园 · 粤菜小馆	10+	78	广东
凤小馆 · 顺德本土菜	10+	78	广东
潮江春	10+	125	广东、中国香港、河南等
粤 · 向群饭店	10+	85	广东
南海渔村	约 9	133	广东
好客家 · 客家菜	约 9	69	广东、重庆、河北
香港富临皇宫	约 9	76	中国香港、广东
万绿东江 · 客家菜	约 9	70	广东
顺意 · 顺德家乡菜	约 9	102	广东、云南
太艮堡毋米粥	约 8	122	广东
炳胜品味	约 7	184	广东
滋粥楼顺德菜	约 7	132	广东、贵州
猪肉婆	约 6	164	广东
粤京熹 · 顺德菜	约 6	101	北京
惠食佳	约 6	157	广东、重庆、广西等
东海海鲜酒家	约 6	178	广东、山西
北京厨房	约 5	221	北京、湖北、陕西等
半岛名轩	约 5	123	广东、海南、江苏等
好友缘酒家	约 5	86	广西
潮上潮	约 4	519	北京、广东
菁禧荟	约 4	908	上海
悦榕庄顺德菜	约 5	87	广东
好酒好蔡	约 3	800	广东、中国香港、浙江
鹅公村	约 2	82	广东

资料来源：红餐大数据，数据统计时间截至 2025 年 5 月 31 日。

从整体来看，粤菜品牌规模化和连锁化程度有待提升，不过门店数在 100 家以上的粤菜连锁品牌多为茶餐厅、啫啫煲以及点心专门店。如图 2-6，红餐大数据显示，截至 2025 年 5 月，门店数在 5 家及以下的粤菜品牌数占比达 98.4%，而门店数在 10 家以上的品牌数占比合计不到 1%。

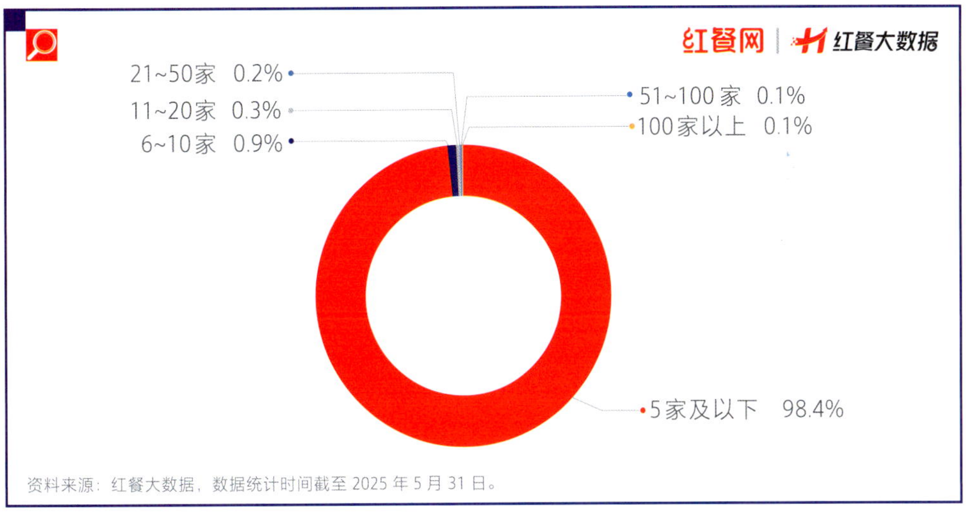

图 2-6　2025 年全国粤菜品牌门店数区间占比分布情况

粤菜讲究食材新鲜，烹饪上追求原汁原味，因此对食材的要求较高，这对品牌的供应链能力提出了更高的要求。另外，粤菜的口味普遍较为清淡，在其他偏好重口味地区的发展会受到一定的限制。这些在某种程度上阻碍了粤菜在全国的扩张。因此，过往粤菜的门店多数集中在华南地区，以及口味较为接近的华东地区。

近年来，粤菜供应链不断完善，为粤菜的全国化发展提供了动力。一方面，随着保鲜技术和冷链物流网络的发展，以及供应链企业供应能力的提升，多数新鲜食材能够实现全国供应，这为粤菜品牌的全国化发展提供了可能。另一方面，近年来一些供应链企业不断对经典粤菜菜品进行标准化探索，一些标准化调味料（如啫啫酱、烧腊汁等）的出现，保证了出品口味的稳定，在加快粤菜标准化的同时，也为粤菜品牌实现降本增效提供了有力支持。

因此，近年来粤菜在华南以外的地区发展态势较好。具体来看，一方面，陶陶居、广州酒家、点都德等本地粤菜品牌加快了外地开店的速度，让粤菜全国化的步伐得以加快。另一方面，广顺兴、潮界等外地粤菜品牌亦在加速崛起。如图 2-7，红餐大数据显示，截至 2025 年 5 月，华南地区的粤菜门店数占比为 44.9%，较 2024 年的 51.9% 明显下降，而华东地区的门店数占比从 2024 年的 23.3% 上升至 26.6%，华中地区的门店数占比也从 2024 年的 8.7% 提升至 10.2%。此外，西南、华北、西北、东北等区域的粤菜门店数占比均有不同程度的提升。

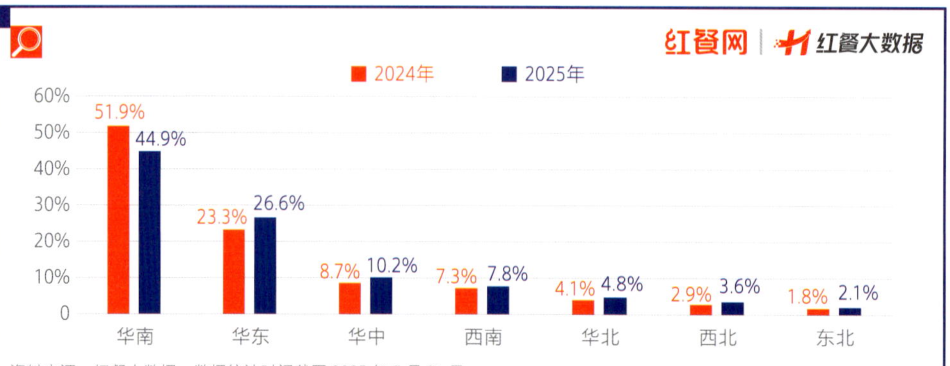

资料来源：红餐大数据，数据统计时间截至 2025 年 5 月 31 日。

图 2-7　2024 — 2025 年全国各区域粤菜门店数占比分布情况

如图 2-8，红餐大数据显示，与 2024 年相比，2025 年粤菜门店数在二线及以下城市的门店数占比明显提升，而一线城市和新一线城市的门店数占比在下降。其中，三线城市和四线城市门店数占比提升幅度较大，三线城市的门店数占比从 2024 年的 22.5% 提升至 2025 年的 24.9%，四线城市的占比从 2024 年的 15.5% 提升至 2025 年的 17.1%。这与一些粤菜品牌的布局有关，比如广顺兴等品牌注重在二、三线城市的新城区或社区周边开设门店，以拉近与消费者的距离。

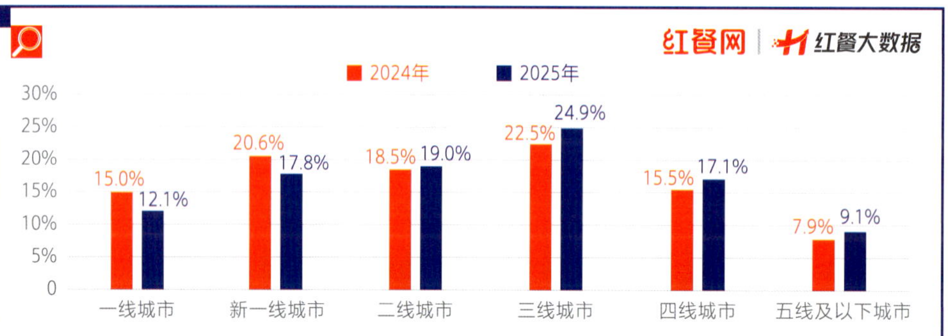

资料来源：红餐大数据，数据统计时间截至 2025 年 5 月 31 日。

图 2-8　2025 年全国粤菜各线级城市门店数占比分布情况

二、怀旧复刻与融合创新并行，粤菜品牌不断推陈出新

近年来，随着餐饮行业对地域美食的挖掘不断深化，地域美食也越来越受消费者的关注，这在一定程度上带动了粤菜中如乳鸽、烧鹅等经典菜品的持续火爆（如图 2-9 所示）。而在烟火气餐饮消费的需求下，强调古法烹饪的顺德干蒸菜热度也在持续上升。

一部分粤菜品牌则通过还原复刻传统菜式和广式点心，以怀旧、经典为卖点，打造差异化，得到了消费者的青睐。还有一部分粤菜品牌通过持续对粤菜菜品进行创新，获得了较高的关注度。例如，锋壹碗·香港名人饭堂在传统技法基础上结合苹果木烟熏推出了“苹果木烟熏烧鹅”；御宝阁潮州酒家将白松露油、金华火腿蓉与西施虾球融合，推出了“白松露油西施虾球”；江山酒家推出了粉丝焗和乐蟹、和乐蟹蒸肉饼等菜品。

同时，潮汕菜、客家菜品牌也一直在菜品创新方面发力。例如，潮澎派·国潮粤味结合黑松露、黄桃等热门食材，推出了黑松露脆皮鸡、古法黄桃咕噜肉等菜品；客语·客家菜结合非遗美食和山野食材，推出老姜生焗鲈鱼、有机笋酸汤双丸煲、金线莲炖土猪汤等新品。

值得注意的是，粤西菜近年来热度也有所上升，湛江鸡、白切鸭、捞粉、簸箕炊、水东芥菜、砂锅杂鱼等菜品也颇受消费者欢迎。一批粤西菜品牌如渔哥·湛江、北部湾湛江渔村、百味馆等也在持续发展。

红餐网 | 红餐大数据

广府菜	潮汕菜	客家菜
红烧乳鸽	卤水拼盘	梅菜扣肉
烧鹅	卤鹅	客家三杯鸭
白切鸡	潮汕砂锅粥	客家酿豆腐
虾饺	生蚝烙	盐焗鸡
干炒牛河	生腌虾	土猪汤
蒸凤爪	卤水猪手	客家盆菜
煲仔饭	卤鹅肝	猪肚包鸡
菠萝包	沙茶牛肉	酿苦瓜
流沙包	潮州牛肉丸	梅菜肉饼
蜜汁叉烧	普宁豆干	东江酥丸
艇仔粥	豆酱鸡	八宝窝全鸭
脆皮烧肉	护国菜（碧绿羹）	煎酿三宝
椒盐濑尿虾	潮式鱼饭	客家蛋饺
萝卜牛腩煲	八宝素菜	
桑拿鸡		
炭烧猪颈肉		
顺德鱼生		
尖椒酿鱼饼		

资料来源：公开信息，红餐产业研究院整理。

图 2-9　粤菜部分细分菜系经典菜品一览

粤菜作为一个兼容并蓄的菜系，在中西融合方面较为成熟。其中，茶餐厅是典型的中西融合产物。茶餐厅的菜单普遍有干炒牛河、烧腊饭等中式菜品，也有西多士、牛油蛋挞、咖喱饭等西式菜品，更有猪扒饭、咖喱牛腩、芝士海鲜焗饭等中西融合菜品。

而新派粤菜则在融合上更进一步。很多定位为新派粤菜的品牌在传统粤菜的基础上，融合国内外各种食材、现代烹饪技艺、健康理念和时尚元素，对传统菜品进行改良和创新。例如，蔡澜港式点心推出了酥皮山楂叉烧包、龙井茶香妙龄乳鸽、鳗鱼香煎糯米鸡等产品，陶陶居推出了梅菜干焖猪手圈、鸡汤白玉藏珍菌等菜品。

从近年粤菜的创新菜品来看，茶是粤菜品牌近年推新品时积极融入的主要元素之一，如龙井茶香乳鸽、龙井清蒸牛腩、避风塘红袍大鬼虾、德庆贡黄茶香鸡等。粤菜厨师通过茶的清香赋予菜品独特的清新自然层次感，形成“茶香入骨”的独特风味，同时又保留了食材的本味，带给消费者独特的味觉体验。

此外，分子料理技术在粤菜中的运用也变得越来越多，如真空低温烹调、液氮冷冻、起泡乳化与逆球化等技术，除了在一些甜品上得到广泛应用外，也开始被运用到粤菜的一些经典菜式中。例如，一些粤菜品牌会利用低温慢煮技术制作白切鸡、叉烧等菜品。

三、“大单品 +”、粤菜小馆等成为品牌转型突破的方向

近年来，烟火气餐饮频频走红，粤菜赛道一些独具烟火气的品类如啫啫煲、砂锅粥以及粤式小炒等持续走红。

其中，啫啫煲作为粤菜中的特色品类，其独特的烹饪方式和“啫啫”声响、浓郁的香味以及丰富的食材搭配深受消费者喜爱。近年来，该赛道呈现出明显的品牌化和创新加速趋势。

一方面，一些专门的啫啫煲品牌不断涌现并迅速扩张，如火啫啫、啫火啫啫煲等品牌的门店数在短时间内快速增长，目前门店数均已经超过 100 家。另一方面，啫啫煲菜品也被品牌不断创新和改良。口味上，除了传统的咸鲜、酱香口味，一些啫啫煲品牌还尝试融入辣味等其他风味元素。菜品上，一些啫啫煲品牌将啫啫煲与其他粤式美食或甜品相结合，如加入潮汕砂锅粥、顺德干蒸排骨 / 牛肉丸系列产品、广式肠粉等，打造出 “啫啫煲 +” 的模式，拓展菜品的丰富度和扩大消费人群的覆盖面。

除了啫啫煲的品牌，不少粤菜品牌也采用“大单品 + 粤菜”的模式，如“乳鸽 +”“烧鹅 +”“潮汕砂锅粥 +”等。不同于综合型的粤菜馆，“大单品 + 粤菜”模式可以让餐厅主打菜品更为突出的同时，还容易形成差异化。例如，一些砂锅粥品牌如如轩海鲜砂锅粥、潮兴砂锅粥、林记砂锅粥等，通过“砂锅粥 + 粤菜”的模式，发展态势较好。

而随着烟火气、有锅气的餐饮品类的持续走红，以粤式小炒等为主打的粤菜小馆亦受到关注，代表品牌有常来小聚、小荔园 · 粤菜小馆、粤 · 向群饭店等。红餐大数据显示，截至 2025 年 5 月，常来小聚、小荔园 · 粤菜小馆、粤 · 向群饭店等品牌均开出了 10 余家门店。

这些粤菜小馆品牌以“小而精”为特点，聚焦广府烧腊、卤水、顺德小炒等经典粤菜品类，通过精简菜单、优化出品速度和提升性价比，吸引年轻消费客群。例如，大榕树下、小荔园 · 粤菜小馆等品牌通过复古与现代融合的装修以及市井文化植入，塑造“怀旧 + 潮流”的融合体验。

此外，还有不少粤菜餐厅推出了副牌，如炳胜旗下的小炳胜、点都德旗下的德小馆，均以“高性价比 + 年轻化”为定位，满足大众化消费群体的消费需求。

当下，粤菜正处于从传统向现代、从区域向全国的发展阶段，啫啫煲的烟火气、潮汕砂锅粥的健康理念、粤菜小馆的市井回归、副牌的平价路线以及融合菜品的创新理念，共同构成粤菜的多维发展态势。随着供应链升级与技术进步，粤菜有望进一步突破地域限制，实现稳步发展。

第四节 湘菜：新质品牌推动赛道高质量发展，湘菜细分菜系逐步崛起

近年来，湘菜凭借其鲜明浓郁的香辣风味、丰富多样的菜品类型以及源远流长的湖湘文化底蕴，成为餐饮行业中令人瞩目的明星赛道。当下，湘菜赛道呈现出细分菜系崛起、回归性价比、三产融合渐深等发展特点。

一、湘菜影响力逐年攀升，占中式正餐的市场份额超 10%

近年来，湘菜的影响力正在不断攀升，其发展备受瞩目。据红餐大数据，2024年全国湘菜市场规模为1,090亿元，同比增长7.9%，增速高于中式正餐整体5.6%的增速。如图2-10所示，此外，湘菜在中式正餐中的市场份额也逐年增长，从2018年的9.1%稳步提升至2024年的10.3%，预计2025年将进一步增长。

图 2-10　2018 — 2024 年湘菜在中式正餐中的市场份额占比情况

在门店数方面，2024年全国湘菜门店数量总体呈增长态势，从1月的10.7万家增长至12月的11.6万家，其间累计增长约1万家，增长率为8.4%。进入2025年，这一增长势头仍在延续，截至2025年5月，全国湘菜门店增长至12.1万家。

湘菜门店数的增长得益于湘菜品牌的稳步扩张。例如，近年来加速全国化扩张的兰湘子·湘菜小炒在2024年1

月至 2025 年 5 月共计开出了超 80 家新店，目前其全国门店数超过 370 家。同期，味派菜园子、杨掌柜辣椒炒肉、费大厨辣椒炒肉、大碗先生等品牌新开门店数均超过 20 家，截至 2025 年 5 月，它们的全国门店数均超过 130 家（见表 2-5）。湘辣辣、绿草地 · 湘菜、胡子大厨、吃饭皇帝大等品牌近年亦在加速门店扩张。这些品牌成为湘菜的新质力量，不仅促进了湘菜赛道扩容，还使湘菜能够触达更广泛的消费群体，进一步加深了消费者对湘菜的了解与认知。

除此以外，还有众多湘菜新秀品牌通过差异化的品牌定位、创新的运营与服务模式、夯实的供应链体系，带领湘菜赛道突破了传统增长路径，迈向高质量发展。例如，晴溪庄园、新长福、喜湘宴等品牌通过高质量的服务理念和优质环境来提升湘菜的整体品质；而王捌院子、隐溪别院等品牌则以院子场景打造沉浸式湘菜体验；徐记海鲜自建了涵盖空运、海运、陆运的冷链配送物流体系，并采取直采模式为消费者提供来自全球各地的优质海鲜食材。

值得注意的是，还有一批主打湘菜家常菜的品牌，通过将自然、新鲜、本味和情感因素融入餐饮消费体验中，如 2021 年创立于广西的廖哥土鲫鱼，它在菜品上聚焦湘式下饭菜，以“现炒家常味 + 极致性价比”为核心，打造出“国民食堂”形象。同时，在就餐环境设计上，它采用了充满市井怀旧气息的风格，通过配置矮桌矮凳、红色桌布、土瓷餐具以及小黑板手书菜单等细节，营造出亲切的就餐氛围，有效拉近了与消费者的距离。此外，在食材供应方面，廖哥土鲫鱼自建供应链体系，能够实现食材本地化直采和高效配送，并通过数字化管理降低食材损耗，保障食材品质稳定性。2025 年，廖哥土鲫鱼通过调整门店成本及费用结构，调整团队预期和提高精细化成本管控能力，落地“冬眠战略”，提升门店抗风险能力，成为广西区域的湘菜头部品牌。据红餐大数据，截至 2025 年 5 月，廖哥土鲫鱼直营门店数超过 170 家，门店逐渐从广西扩张至安徽、湖北、海南、陕西等省份。

表 2-5　2025 年全国部分湘菜品牌发展概况

品牌名称	创立时间（年）	门店数（家）	人均消费（元）	门店主要分布区域
兰湘子 · 湘菜小炒	2019	370+	47	陕西、河南、甘肃等
小食候湘	2017	240+	63	广东、安徽、湖北等
彭厨	2010	170+	62	广东、湖南、湖北等
廖哥土鲫鱼	2021	170+	45	广西、安徽、湖北等
味派菜园子	2014	160+	55	湖南、广东、陕西等
费大厨辣椒炒肉	2016	160+	74	湖南、广东、北京等
大碗先生	2004	150+	37	湖南、广东、江西等
杨掌柜辣椒炒肉	2010	130+	47	河南、安徽、河北等
毛家饭店	1987	110+	63	广东、湖南、山东等
厨嫂当家	2007	100+	63	广东、江西、福建等
胡子大厨	2019	100+	53	上海、江苏、四川
湘阁里辣	2005	100+	49	广东、湖南、福建等
遇见湘 · 地道湖南菜	2015	100+	57	广东
阿瓦山寨	2003	90+	63	山东、山西、江苏等
绿草地 · 湘菜	2000	80+	50	湖南
呈湘 · 湖南菜	2017	80+	57	江苏
农耕记 · 湖南土菜	2017	70+	79	广东、上海、北京等
吃饭皇帝大	2016	70+	75	湖南、浙江、上海等
湘辣辣	2021	70+	75	广东、北京
徐记海鲜	1999	50+	159	湖南、陕西、湖北等
巡湘记	2015	50+	83	上海、江西、安徽等
回家湘	1999	50+	67	广东、湖北、湖南等
湘当有饭剁椒鱼头	2012	30+	56	江苏、湖南、北京等
水墨田塬	2012	30+	62	广东、湖南
佬麻雀 · 新湘菜	2017	20+	79	广东
炊烟小炒黄牛肉	2016	20+	68	湖南、上海
饭菜真湘	2017	20+	46	广东、江西、安徽等
以饭湘许	2015	20+	60	广东、山东
潇湘阁	2012	20+	76	北京、广东、上海等
辣可可 · 小炒黄牛肉	2017	20+	77	广东、北京
壹盏灯	1997	20+	68	湖南、湖北、江苏等
王捌院子	2000	20+	108	湖南、广东、贵州等
粟厨小炒	2002	10+	52	湖南
笨罗卜 · 浏阳菜馆	2015	10+	52	湖南、广东
许爷剁椒鱼头	2011	10+	104	上海

续表

品牌名称	创立时间（年）	门店数（家）	人均消费（元）	门店主要分布区域
湘颂	2018	10+	116	广东
望湘园 · 湖南菜	2002	约 9	91	上海
芙蓉楼 · 健康湘菜	2001	约 8	65	广东、湖南、安徽等
野 · 湖南	2017	约 7	97	广东
晴溪庄园	2010	约 6	181	湖南
湘之荷	2017	约 2	215	浙江

资料来源：红餐大数据，数据统计时间截至 2025 年 5 月 31 日。

二、湘菜细分赛道被深入挖掘，浏阳菜、常德菜受关注

近年来，随着多地文旅产业的发展，消费者对地方特色饮食文化投以较高的关注。在此背景下，越来越多的湘菜细分赛道得到了深入挖掘，多个湘菜细分菜系如浏阳蒸菜、衡阳小炒、湘潭菜、常德钵子菜等，在社交媒体上赢得了消费者的高度关注，而永州菜、宁乡菜等也逐渐步入消费者的视野（如图 2-11 所示）。

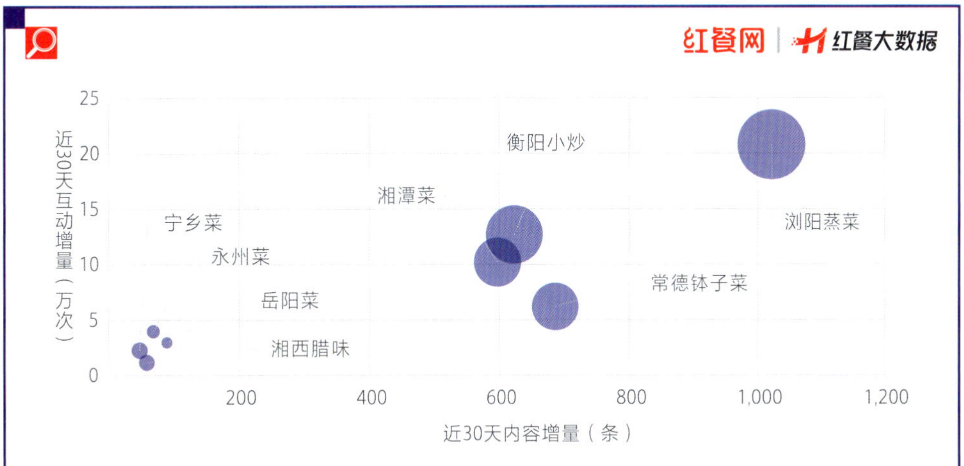

注：气泡大小表示话题总浏览量，气泡越大总浏览量越大。
资料来源：红餐大数据，数据统计时间截至 2025 年 5 月 31 日。

图 2-11　2025 年 5 月各湘菜细分菜系媒体热度情况

这些细分菜系不仅具有浓郁的湖南地方特色，给消费者带来新鲜感，还能迎合大众消费口味，逐渐成为湘菜品牌的新发力点。例如，浏阳蒸菜跑出了蒸

浏记、笨罗卜 · 浏阳菜馆等品牌；主打衡阳小炒的品牌则有费大厨辣椒炒肉、炊烟小炒黄牛肉等。湘菜细分菜系的蓬勃兴起，无疑为湘菜的整体发展注入了新鲜活力。

三、品牌深耕性价比市场，“小而美”湘菜品牌迎发展契机

近年来湘菜的人均消费呈下降趋势。据红餐大数据，湘菜的人均消费从 2023 年 7 月的 73 元降低至 2025 年 5 月的 67.3 元。

从门店端看，湘菜门店的人均消费集中分布于 50~100 元，其次是 25~50 元。然而，近年来，湘菜门店的人均消费逐步向中低价位倾斜。如图 2-12 所示，具体来看，人均消费在 25~50 元的湘菜门店数占比从 2023 年第一季度的 20.3% 逐步增长至 2025 年第一季度的 39.5%；而人均消费在 50~100 元区间的湘菜门店数占比则逐步收缩，从 2023 年第一季度的 62% 降低至 2025 年第一季度的 45.6%。

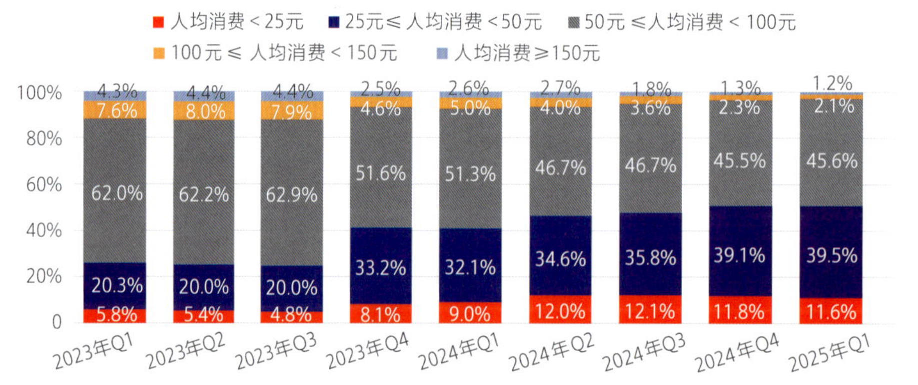

资料来源：红餐大数据，数据统计时间截至 2025 年 3 月 31 日。

图 2-12　2023 年第一季度至 2025 年第一季度全国湘菜门店人均消费价位占比分布情况

在这样的趋势下，部分采取了“小而美”策略的湘菜品牌迎来了发展契机。它们通过轻量化的门店模型、精简聚焦的产品 SKU 和高标准化的出餐流程来降低门店运营成本。这一策略直接惠及消费者，让他们能以相对实惠的价格享受

到出餐效率高且品质在线的正餐服务。

消费者对性价比湘菜的需求持续增长，也吸引了部分中高端湘菜品牌的关注。其中，一些湘菜品牌通过推出平价子品牌来布局平价湘菜市场。例如，曾入选黑珍珠餐厅榜单的墨泉峰味近年推出了子品牌市井峰味，主打旧时流行于长沙街巷的菜品，产品单价在20~70元；高端湘菜品牌宴长沙近年推出子品牌刘大碗下饭菜，该品牌人均消费在30元左右；院里寻菜推出人均消费57元左右的子品牌宴东家。这些湘菜子品牌的推出，不仅填补了主品牌在价格带上的空白，还有效拓宽了品牌矩阵覆盖的消费群体，提升了市场竞争力。

四、三产融合共促湘菜产业发展，产业链年产值超6,000亿元

湖南作为鱼米之乡，其独特的地理环境优势孕育了丰富的食材资源。湘菜作为湖南的美食名片，其产业链涵盖了食材种植、养殖、加工、餐饮服务等多个环节。近年来，湘菜市场的不断扩张，促进了湘菜食材种植、养殖与食品加工、餐饮服务之间的深度融合，使湘菜产业链日趋成熟。据湖南省商务厅数据，目前湘菜产业链年产值已经超过6,000亿元。

在食材种植、养殖方面，在地域文化日益备受瞩目的背景下，消费者对地域美食的正宗味道愈发重视，促使众多湘菜品牌深入挖掘并精选湘菜食材，如，浏阳鸡肠子辣椒、宁乡花猪、怀化腊肉等近年来广受青睐，进而带动了湖南地理标志农产品供应链的发展建设。

在食品加工方面，湘菜的加速发展为湘味调味料企业和湘菜加工企业带来了机会，如湘菜调味料企业味远红芳、汇湘轩、辣妹子、龙牌味业等。其中，辣妹子已经在全国设有24个办事处，销售网络遍布近30个省市；而龙牌味业则针对不同味型的湘菜菜式积极推出了韶山红辣酱、紫苏酱、豉香底味酱、热炒蚝油等多款复合调味酱。此外，聪厨、王栏树、彭记坊等企业深耕湘菜预制菜产业多年，已经形成稳定的渠道布局并占据了一定的市场份额。

在餐饮服务方面，不少湘菜品牌近年来积极搭建供应链体系，如农耕记 · 湖南土菜、兰湘子 · 湘菜小炒、湘辣辣、大碗先生等品牌，它们或与优质食材源头企业建立稳定合作关系，或自建种植基地、食品加工厂，依托强大的供应链体系，为门店精细化运营和降本增效提供助力。

五、湘菜出湘势头依旧迅猛，湘菜出海成热点

随着湘菜逐步走出湖南，广东、上海、北京、陕西等地的湘菜品牌加速崛起，如广东有遇见湘·地道湖南菜、回家湘、湘辣辣、农耕记·湖南土菜等湘菜品牌；上海的望湘园·湖南菜、巡湘记、胡子大厨等；陕西的阿瓦山寨以及广西的廖哥土鲫鱼。这些品牌的创立和扩张，不仅带动了当地及周边省份的湘菜市场发展，还推动了湘菜全国化的普及与发展。

当湘菜在全国高歌猛进的同时，湘菜出海也成为关注热点。不少湘菜品牌正积极布局海外市场，如农耕记·湖南土菜在 2023 年 11 月开出新加坡首店，2024 年 2 月开出马来西亚首店。目前，农耕记·湖南土菜已在海外开设 10 余家门店；2024 年 5 月，彭厨在马来西亚开设了首家海外门店；2024 年 7 月，味上湘菜馆在日本东京的直营门店正式开业。此外，亦有一些在海外诞生的湘菜品牌，在当地也积攒了良好的口碑。例如，成立于新加坡的湘香湖南菜已经在当地开出 10 余家门店。据相关数据，目前境外湘菜馆数量已经接近 2,000 家。

与此同时，出海热潮也席卷了湘菜产业的中上游，聪厨、王栏树、彭记坊等湘菜食材加工企业积极开拓海外销售渠道。其中，聪厨面向海外华人深耕海外零售市场，据了解，其已经与多个东南亚国家和地区建立了稳定的合作关系。而王栏树则主要依托餐饮渠道，伴随着农耕记·湖南土菜等餐饮品牌的海外拓展步伐，将产品成功推向国际市场。

当下阶段，新质湘菜品牌与细分菜系的崛起、产业链的完善发展以及湘菜出湘、出海热潮共同推动了湘菜的稳步增长。然而，我们也要清醒地看到，湘菜赛道目前仍存在品牌同质化、供应链不完善、人才缺乏等痛点。不过，这些痛点也意味着巨大的机遇。那些能够率先在这些方面取得显著成绩的湘菜品牌，将有望脱颖而出。

第五节 本帮江浙菜：宁波干蒸菜异军突起，品牌积极探索融合化、场景化

近年来，以精致高雅闻名的本帮江浙菜市场发展迅猛，诸如苏锡菜、金陵菜、徐海菜、台州菜、宁波菜、绍兴菜、温州菜等细分菜系竞相绽放，市场竞争愈发多元且激烈。与此同时，为应对市场变化，本帮江浙菜品牌积极求变，通过产品创新、场景打造、渠道拓展等方式，推动本帮江浙菜持续焕发生机与活力。

一、细分菜系崛起，宁波干蒸菜成市场新宠

作为中国传统菜系的重要组成部分，本帮江浙菜涵盖了浙菜、苏菜、本帮菜等多个分支，各自具有独特的风味和烹饪特色。

其中，浙菜以鲜嫩软滑、香醇绵糯且清爽不腻的鲜明特质著称，追求食材的新鲜与原汁原味；苏菜擅长用糖调味，形成了“甜出头、咸收口”的独特风格，注重刀工和造型，菜品往往制作精细；本帮菜是上海地区的特色菜系，其融合了苏、浙、皖等多地风味，并吸收海外西餐元素，形成了“浓油赤酱、醇厚鲜美”的特色（见表 2-6）。

表 2-6 本帮江浙菜中三大主要细分菜系的特征与代表菜品

细分菜系	主要特征	代表菜品
浙菜	讲究“清鲜嫩爽、味真形美”，注重食材本味、刀工精细、火候精准，食材以河鲜、湖鲜、海鲜为主，擅长烩、蒸、炖、醉等技法，善用黄酒、醋等调味提鲜	西湖醋鱼、龙井虾仁、干菜焖肉、绍兴醉鸡等
苏菜	追求“鲜甜平和、形味兼美”，注重刀工与造型，烹饪技法以炖、焖、煨、烧等为主，善用糖提鲜而不掩食材本真	松鼠鳜鱼、清炖蟹粉狮子头、盐水鸭、霸王别姬等
本帮菜	融合苏、浙、皖等多地风味，并吸收了西餐元素，形成了“浓油赤酱、醇厚鲜美”的特色，取材广泛，善于运用各种调料，烹饪方式以烧、生煸、滑炒、蒸为主	红烧鳗鱼、八宝鸭、草头圈子、扣三丝等

资料来源：公开信息，红餐产业研究院整理。

红餐网 | 红餐大数据

近年来，本帮江浙菜各细分菜系稳步发展，赛道容量亦不断扩大。红餐大数据显示，2024 年本帮江浙菜市场规模达 1,160 亿元，同比增长 4.2%，在中式正餐市场中占据 11% 的份额。截至 2025 年 5 月，全国本帮江浙菜门店数已经超过 12.7 万家，占中式正餐赛道 9.4% 的门店，预计 2025 年本帮江浙菜市场规模将超过 1,200 亿元。

从市场格局来看，目前，除了浙菜、苏菜和本帮菜三大主要菜系之外，亦有不少细分菜系崛起，如苏锡菜、金陵菜、徐海菜、台州菜、宁波菜、绍兴菜、温州菜、上海菜等，并且这些菜系均孕育出了一批代表品牌（见表 2-7）。

在苏菜体系中，被誉为“国宴担当”的淮扬菜不仅有玉华台饭庄、陈记菜馆等老字号品牌，小厨娘淮扬菜、淮扬府、狮王府、龙吟山房等品牌亦发展良好，还有泊沽庭院、雅融轩等融合型新派淮扬菜品牌如雨后春笋般不断涌现。

创立于 1994 年的南京大牌档主打金陵菜，其门店数已超过百家，覆盖全国 20 余座城市；以苏式点心为特色的苏小柳手工点心已在江浙沪以及安徽等地开出了 50 余家门店；松鹤楼、金海华、江南雅厨等品牌也均开出了 10 余家门店。

表 2-7　2025 年全国部分本帮江浙菜品牌发展概况

品牌名称	门店数（家）	人均消费（元）	门店主要分布区域
绿茶餐厅	480+	62	广东、浙江、北京等
外婆家	100+	67	浙江、北京、上海等
南京大牌档	100+	69	江苏、北京、上海等
新发现	90+	69	浙江、上海、江苏等
江南小厨	90+	56	江苏、浙江、安徽等
東大方	80+	88	浙江
桂满陇	80+	78	上海、北京、广东等
知味观	70+	35	浙江
新白鹿	70+	69	浙江、上海、江苏等
苏小柳手工点心	50+	60	上海、浙江、江苏等
小厨娘淮扬菜	40+	109	江苏、北京
涌上外婆桥	40+	62	浙江
老头儿油爆虾	30+	86	浙江、上海、江苏
佬肥猫	30+	82	上海
去茶去 · 休闲中餐	20+	71	浙江、黑龙江
弄堂里	20+	84	浙江、北京
金时代顺风大酒店	20+	128	上海
楼外楼	20+	52	浙江
和记小菜	20+	109	上海、江苏、浙江等

续表

品牌名称	门店数（家）	人均消费（元）	门店主要分布区域
外婆印象	20+	55	陕西
聚鑫阁江浙菜	20+	93	上海
3 号仓库餐厅	20+	122	浙江、上海、新疆
小吴越	20+	69	江苏、浙江
丰收日	20+	128	上海
上海小南国	10+	156	上海、江苏、广东等
松鹤楼	10+	147	江苏、北京、上海等
新荣记	10+	793	浙江、上海、北京等
香山湖	10+	103	江苏
江南里	10+	82	江苏、上海
小绍兴	10+	64	上海、浙江
甬府	10+	375	上海、江苏、北京等
寻宝记绍兴菜	10+	65	浙江、山西
苏浙徽 · 农家大院	10+	86	江苏、浙江、山东
龙井湖杭帮菜	10+	66	广东
炊江南 · 本帮江浙菜	10+	126	上海
新梅华	10+	90	江苏
荣小馆	10+	162	浙江、北京、上海
狮王府	10+	121	江苏、上海
金海华	10+	176	江苏
江南雅厨	10+	182	江苏、上海、安徽
江宁肚包鸡	10+	75	江苏
阿毛饭店	10+	89	浙江
老鸭集	10+	83	浙江
乾堂里	约 8	70	江苏、浙江
蘭心餐厅	约 7	158	上海
苏浙汇	约 6	188	上海、中国香港
民国红公馆	约 6	226	江苏
稻山村	约 6	68	江苏
溢香厅	约 6	116	浙江
捌佰里	约 6	80	江苏
茶人村	约 5	118	浙江、湖北
醉庐 · 新上海菜	约 5	122	上海
龙吟山房	约 3	336	江苏、上海
苏杭春晓	约 3	115	江苏
人和馆	约 2	185	上海
瓯粤轩	约 2	399	浙江
季家菜温州饭摊	约 2	125	上海
上海和平饭店	1	590	上海
兴兴 · 海派本帮菜	1	170	上海

资料来源：红餐大数据，数据统计时间截至 2025 年 5 月 31 日。

红餐网 | 红餐大数据

浙菜则孕育了绿茶餐厅、外婆家、東大方、江南小厨、新白鹿等一众连锁品牌。其中，绿茶餐厅近年加速拓店，截至 2025 年 5 月，其全国门店数已超过 480 家，并于 2025 年 5 月成功在港交所挂牌上市；外婆家也开出了 100 余家门店。

部分从浙江以外地区起家的浙菜品牌也在逐渐崛起，如创立于广州的龙井湖杭帮菜在广东地区开出了 10 余家门店。

浙菜体系下的台州菜赛道中，新荣记、林家一、顺记等品牌已走出台州，进入上海、北京等地发展。其中，新荣记已开出 10 余家门店，其旗下平价台州菜品牌荣小馆的门店数也超过了 10 家。而绍兴菜赛道的咸亨酒店、寻宝记绍兴菜、小绍兴等品牌也已走出浙江，向省外扩张。

温州菜则孕育出了去茶去 · 休闲中餐、溢香厅、瓯粤轩等品牌。其中，温州老字号品牌溢香厅约 6 家门店；而新派温州菜品牌去茶去 · 休闲中餐在全国开出了 20 余家门店。

在宁波菜赛道中，除了涌上外婆桥、甬府等深耕传统宁波菜的品牌外，一批聚焦宁波干蒸菜的品牌正异军突起，以卞太太老宁波干蒸菜、虎爹 · 干蒸菜、潘抱抱 · 老宁波干蒸菜为代表的宁波干蒸菜品牌均创立于 2024 年下半年，这些品牌门店扩张速度较快。其中，发源于浙江的卞太太老宁波干蒸菜，截至 2025 年 5 月，其已在全国 70 余个城市开出了 230 余家门店；虎爹 · 干蒸菜则以深耕福建地区为主，其门店数超过了 120 家。

本帮菜赛道汇聚了上海和平饭店、人和馆等老字号，以及桂满陇、金时代顺风大酒店、上海小南国等知名餐饮品牌。此外，醉庐 · 新上海菜、兴兴 · 海派本帮菜等新派上海菜品牌逐渐崭露头角，进一步丰富了本帮菜的市场格局，体现了本帮菜兼容并蓄的特征。

不过，值得一提的是，大部分本帮江浙菜品牌主要深耕长三角地区，凭借当地的消费市场和资源优势，不断发展壮大。红餐大数据显示，截至 2025 年 5 月，全国超过 60% 的江浙菜门店集中在长三角地区。

此外，也有部分品牌在积累了一定的经验和实力后，开始全国扩张，甚至探索海外市场，将江浙菜的魅力传播到世界各地。例如，新荣记、甬府、外婆家等品牌均在海外开设了分店。

二、品牌积极谋变，赛道呈融合化、场景化、多元化趋势

近年来，本帮江浙菜品牌在价格策略、产品创新、场景打造、渠道建设等方面展现出了一些亮点（见表 2-8）。

表 2-8 近年本帮江浙菜品牌的主要发展亮点

维度	主要表现	代表品牌
平价化	为了契合性价比的消费需求，一些精致江浙菜品牌推出了平价菜品或平价子品牌	新荣记、淮扬府、金海华、甬府、蘭心餐厅、南簪、西溪别院等
融合化	本帮江浙菜品牌积极吸纳融合其他菜系或外来美食的食材、烹饪技艺与调味精髓，为消费者带来不同的美食体验	绿茶餐厅、外婆家、3 号仓库餐厅、去茶去 · 休闲中餐、佬肥猫、苏浙徽 · 农家大院等
场景化	本帮江浙菜品牌将江南文化与民俗风情融入门店设计与服务之中，为消费者打造沉浸式消费场景	苏杭春晓、江南雅厨、民国红公馆、龙吟山房、如院、桂满陇等
多元化	本帮江浙菜品牌在深耕线下堂食与线上外卖两大主要渠道的同时，还积极探索新零售渠道	绿茶餐厅、小厨娘淮扬菜、南京大牌档、寻宝记绍兴菜等

资料来源：公开信息，红餐产业研究院整理。

红餐网 | 红餐大数据

本帮江浙菜素来以精致高雅著称，新荣记、淮扬府、荣府宴、甬府、苏浙汇、金海华等诸多本帮江浙菜品牌频繁登上各地米其林星级餐厅及黑珍珠餐厅指南榜单。据红餐产业研究院统计，2025 年北京、上海、杭州三个城市的米其林星级餐厅榜单中，本帮江浙菜餐厅占比高达 23.5%。

不过，相较于川菜、湘菜等菜系，本帮江浙菜的人均消费偏高。据红餐大数据，截至 2025 年 5 月，本帮江浙菜的人均消费为 95.3 元，较川菜和湘菜的人均消费分别高出 44.8% 和 49.6%。近年来，为了契合性价比消费需求，一些精致江浙菜品牌也推出了平价菜品或平价子品牌。例如，主打高端台州菜的新荣记不仅推出了人均消费在 180 元左右的荣小馆子品牌，其还于 2025 年推出了 288 元 / 位的午市点心套餐；连续 6 年蝉联米其林一星的淮扬府（安定门店）通过优化菜单结构，将人均消费维持在 190 元左右；而南簪、西溪别院等品牌则主打平价“私房菜”，无固定菜单，强调食材的新鲜与菜品的限量供应，人均消费在 200 元以内。

在产品创新方面，众多本帮江浙菜品牌正积极融合其他菜系或外来美食的食材、烹饪技艺与调味精髓，通过融合创新的思路塑造差异化，同时也为消费者提供不同的美食体验。例如，绿茶餐厅以杭帮菜为本，同时融合了川、粤、鲁以及西餐的烹饪方式与香料运用。2025 年，其推出了东坡肉焗菜饭、酸汤绣球菌小管、石锅紫苏小土豆等新品；主打金陵菜的南京大牌档推出了紫苏炒小螺丝、椒麻炭烤笋干、砂锅黑椒筋头巴脑等川湘口味的新品；温州菜品牌去茶去·休闲中餐在传承生腌熟醉、温州汽锅等传统美食的同时，也推出了紫苏鲜椒牛蛙、酸菜鱼、小炒黄牛肉、韩式烤黄鱼等多款融合菜。

在场景打造方面，本帮江浙菜品牌十分注重挖掘江南深厚的文化底蕴与民俗风情，并将其融合于门店设计与服务之中。例如，徐州的苏杭春晓（晴朗谷 1818PARK 店）采用黑金主色调搭配中式山水元素，通过小鸟灯饰、小鹿雕塑、假山等装饰，营造出自然灵动的氛围；苏州的江南雅厨（李公堤店）则将苏州园林的精巧、昆曲评弹的雅致融入店内，让人仿佛置身于古典江南的诗意画卷；而上海的民国红公馆（长江路店）更是复刻民国宅院风貌，通过留声机、壁炉、复古闹钟等元素交织出一段跨越时空的民国记忆，让消费者在品味美食的同时，也能领略到浓厚的文化氛围与历史韵味。

在渠道建设方面，本帮江浙菜品牌深耕线下堂食与线上外卖两大核心阵地，诸如绿茶餐厅、外婆家、東大方、外婆印象等品牌均推出了外卖业务。其中，绿茶餐厅的外卖业务占比逐年提升，其招股书显示，2024 年绿茶餐厅外卖业务占比已提升至 18.8%；而外婆家则与美团合作开出了专攻外卖业务的“卫星店”。

此外，部分品牌还积极探索新零售渠道，在电商平台、线上商城推出特色糕点、茶叶、黄酒、盐水鸭等江南特产，通过地域美食文化的传播，进一步增强品牌影响力并拓宽业务边界。截至 2025 年 5 月，绿茶餐厅、南京大牌档、寻宝记绍兴菜等品牌均已设立官方线上商城。

总体来看，近年来本帮江浙菜赛道展现出较强的创新活力，但还存在一些挑战需要逐一攻破，如产品标准化难度较大、供应链不完善、人才培育有待加强等。与此同时，在当前消费者愈发注重性价比的市场环境下，人均消费偏高的本帮江浙菜亟须探索更为亲民且高效的运营模式。

第六节 鲁菜：传统与创新交融，品牌加速谋变

近年来，在消费变迁和外部竞争环境的影响下，鲁菜发展呈现新的态势：一方面，通过对零售化等渠道的探索，鲁菜的边界不断被拓宽；另一方面，为迎合新消费需求，鲁菜开始朝着大众化、年轻化方向探索，展现出新的活力。然而，与其他几大菜系相比，鲁菜仍面临创新力不足、技艺传承难、品牌影响力较为局限等挑战。

一、鲁菜新老品牌“同台竞技”，传统与创新交融

鲁菜，起源于山东，以独特风味、丰富的烹饪技艺，以及深厚的文化底蕴而著称。因食材原料多取自山东当地，烹饪技法一脉传承、自成体系，故鲁菜也是典型的自发型菜系。

近几年，鲁菜市场呈现平稳发展态势。如图 2-13 所示，据红餐大数据，截至 2025 年 5 月，全国鲁菜门店数超过 5 万家，但鲁菜的品牌化、规模化程度依然较低，门店数在 50 家以上的品牌占比不足 0.1%。

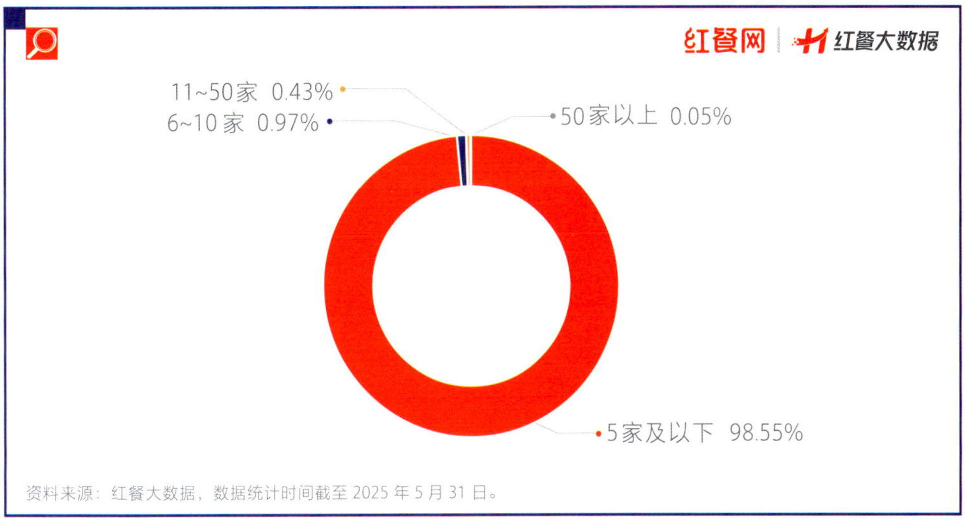

图 2-13　2025 年全国鲁菜品牌门店数区间占比分布情况

从市场具体分布来看，山东仍是鲁菜的主要聚集地。近几年，虽然有部分鲁菜品牌陆续向天津、河北、山西等省市进行扩张，但扩张的势头尚不明显。例如，金春禧、船歌·鱼水饺青岛菜、魁盛居百年鲁菜馆等品牌虽然进入了河北、北京等地开店，但开出的门店还较少。

从市场竞争格局来看，具备深厚基因、传统技艺底蕴的鲁菜老品牌依然主导着鲁菜市场，在消费者心目中有着较高的认知（见表 2-9）。例如，有着 200 余年历史的老字号“同和居”，多次入选《米其林指南》；金春禧、老济南四合院、城南往事、吕氏疙瘩汤等鲁菜老品牌则入选“第六届中国餐饮红鹰奖·2024 年度齐鲁餐饮标杆品牌”。

同时，部分新锐品牌如鲁上鲁、白茸等则凭借场景、营销、产品的创新实现了破圈，形成差异化竞争。当下，新老品牌同台竞技，推动鲁菜的传承与创新，助力鲁菜市场提质扩容。红餐大数据显示，截至 2025 年 5 月，全国鲁菜门店数已达 6.5 万家，占整个中式正餐门店数的 4.8%。

表 2-9　2025 年全国部分鲁菜品牌发展概况

品牌名称	门店数（家）	人均消费（元）	门店主要分布区域
吕氏疙瘩汤	110+	59	山东、天津、山西等
笨鸡小跑	40+	70	山东、北京、河北等
船歌·鱼水饺青岛菜	30+	84	北京、山东
城南往事	20+	86	山东、河北、江苏
双合园·海鲜水饺青岛菜	20+	81	山东、河南、湖北等
金春禧	20+	81	山东、河北
洪兴砂锅	10+	44	山东、广东
粥全粥到·海鲜家常菜	10+	59	山东、河北、江苏等
山东老家	10+	80	广东、四川、浙江等
老济南四合院	10+	85	山东
丰泽园饭店	10+	152	北京
闫府私房菜	10+	87	山东、河北、海南等
前海沿·青岛菜	约 9	68	山东
伊尹海参馆	约 9	335	北京、山东
三人行酱汁鸡	约 9	43	山东、江苏
聚友斋	约 8	66	山东
舜和海鲜	约 8	120	山东
老牌坊	约 7	75	山东、广东、吉林等
魁盛居百年鲁菜馆	约 7	104	山东、北京
鲁采	约 7	329	北京、上海、山东

续表

品牌名称	门店数（家）	人均消费（元）	门店主要分布区域
波螺油子 · 青岛本帮菜	约 7	85	山东
观澜餐厅	约 6	275	北京、山东
金房子炒鸡	约 6	53	山东
胶东人家	约 5	99	山东
同和居	约 5	113	北京、山东
1937 青岛老味道	约 5	59	山东
四季明湖	约 5	198	山东、湖南
开海	约 4	150	山东

资料来源：红餐大数据，数据统计时间截至 2025 年 5 月 31 日。 红餐网 | 红餐大数据

二、鲁菜品牌加速谋变，探索预制化、平替化、年轻化路径

为满足不断变化的消费需求，2024 年以来，鲁菜市场出现了一些微妙变化，不少鲁菜品牌通过对产品、渠道、营销等进行变革，探索创新路径。

首先，诸多鲁菜品牌对预制、零售化产品进行了持续深入的探索（见表 2-10）。山东物产丰富，食材品质精良，为预制菜产业的发展提供了得天独厚的条件，在预制菜全产业链发展方面已形成明显优势。近几年，越来越多的鲁菜品牌也开始加大对预制菜的布局。例如，笨鸡小跑、双合园 · 海鲜水饺青岛菜等，将主打特色菜做成了预制菜肴，并通过顺丰冷链配送至全国，拓宽了产品的销售渠道。

还有部分鲁菜品牌通过自建线上商城，或是在电商平台上开通官方旗舰店来售卖速食冻品、生鲜食品、酱料等零售类产品，探索新的增长路径。例如，丰泽园饭店的线上商城“丰泽园全记货铺”不仅提供烤鸭、酱肉熟食等预制菜肴，还出售糕点零食、酒类、文创周边等。开海的淘宝官方旗舰店则囊括了水饺、酱菜、花生仁等产品。

表 2-10　2024 — 2025 年全国部分鲁菜品牌预制化、零售化方面的探索

品牌名称	预制、零售类产品
吕氏疙瘩汤	一卤鲜海鲈鱼、臻品海鲜酱、蛋黄烧麦、原切谷饲安格斯牛排、战斧鸡腿、船歌鱼水饺、安格斯牛肉芝士卷、速食疙瘩汤等
笨鸡小跑	临沂炒鸡礼盒、临沂炖鸡、香肠猪蹄礼盒、老锅屋烧鸡等
双合园 · 海鲜水饺青岛菜	黄花鱼水饺、墨鱼水饺、海胆水饺、双虾水饺、海鲜酱料等
丰泽园饭店	四喜聚福礼盒、家宴菜食盒、吉祥如意六味礼盒、香酥鸡、酱香猪耳、酱鸭等

续表

品牌名称	预制、零售类产品
老济南四合院	济南特色酥锅、鲍鱼佛跳墙、青椒酱等
洪兴砂锅	年货礼盒
船歌 · 鱼水饺青岛菜	四大当家海鲜水饺礼盒、海胆水饺礼盒、荠菜扇贝水饺礼盒、青岛特色流亭猪蹄、特色海鲜酱等
鲁采	中秋月饼礼盒
开海	麻辣鱼肚、三合一水饺、麻辣鲍鱼仔、墨鱼水饺、翡翠萝卜条等

资料来源：公开信息，红餐产业研究院整理。 红餐网 | 红餐大数据

其次是开启“自我平替”模式，布局高性价比菜品。过去，鲁菜常是高端宴请的首选，但如今伴随商务宴请需求走低，消费者已愈加理性和务实。面对消费观念的改变，一些鲁菜品牌也开始向大众化方向拓展，推出一些平替性菜品，让门店的产品结构更加多元。

例如，伊尹海参馆推出了针对家庭客群的 4 人套餐、6 人套餐，性价比更高；粥全粥到 · 海鲜家常菜则推出了特惠小份菜，将原有的菜品做了大份和小份两种规格，价格上也会有明显区别，能满足更多消费群体的需求。

再次，则是借助“线上 + 线下”多元化宣传，向年轻化、时尚化靠拢。2024 年以来，不少鲁菜品牌尝试用“短视频 + 直播”的形式传播鲁菜菜品及文化观念。例如，老济南四合院强化了短视频运营，在抖音及视频号上持续宣传门店和菜品。船歌 · 鱼水饺青岛菜在新品发布、周年庆等重要节点开启了线上直播，同时还登录了中央电视台《家乡至味 2024》栏目。通过线上传播，品牌的知名度得到了大幅提升。

最后，还有个别鲁菜品牌会在线下开启多样化、有趣味的内容和活动，让大众沉浸式体验鲁菜的文化和特色。典型如鲁采，联动了中国国际工艺创新博览会、全球超模大赛、第十五届北京国际电影节等多项活动，传递鲁菜的文化底蕴，倡导新派鲁菜与生活美学之间的融合。

三、供应链优化、产业升级，鲁菜发展机遇与挑战并存

从总体来看，鲁菜作为中国传统八大菜系之一，近年来一直保持着稳中有进的发展态势，但相较其他几大菜系，鲁菜发展的步伐仍略显迟缓。

例如，味型较为单一，缺乏辨识度；制作工序繁杂，强依赖于手工操作和高水平厨师……鲁菜的这些特点在一定程度上束缚了其规模化发展，使得其连锁化率较低。

不过，随着鲁菜市场不断扩容，鲁菜供应链体系的日臻完善，政策红利的释放，以及与文旅等产业的深度联动，鲁菜产业也在不断升级。

例如，在食材供应方面，山东的海参、海带、海米等特色食材已受到越来越多的消费者青睐，并形成了产业集群，这些农产品的生产、加工、仓储、运输等环节紧密连接，形成了高效的供应链体系，带动鲁菜品牌深入探索鲁菜食材，打造差异化产品（见表 2-11）。

表 2-11　山东部分地域食材产品及其特点

食材	产区分布	产品特色
海参	烟台	体壁肥厚、刺多粗壮、肉质细糯，适合红烧或清炖
海带	威海	藻体宽大、叶片丰厚、营养成分高
萝卜	潍坊	深绿色皮、翠绿肉质，口感香辣脆甜
海米	日照	知名的海味品，由多种海虾加工而成，味道鲜美
章丘大葱	济南	植株高大，葱白长而直，口感脆嫩，且营养丰富
苍山牛蒡	临沂	营养和保健价值较高的蔬菜，有着独特的香气和口感
无棣黑牛 / 无棣驴	滨州	肉质细嫩、鲜美，高蛋白、低脂肪、低胆固醇，是典型的高蛋白低脂肪食物

资料来源：公开信息，红餐产业研究院整理。

红餐网 | 红餐大数据

此外，现代化厨房、智能化设备、大数据、复合调味料等在鲁菜市场的应用也在逐步扩大，推动着鲁菜向标准化、工业化方向发展。例如，山东当地的调味料企业味达美针对鲁菜味型推出了野生海肠粉、蒸鱼鲜豉油等多款调味料，能帮助大厨复刻鲁菜经典；诸如船歌 · 鱼水饺青岛菜、凯瑞集团等鲁菜企业通过打造供应链工厂，实现了从原料精选到冷链运输的全流程标准化，为鲁菜全国化发展奠定了基础。

值得注意的是，山东省有关部门也在推动鲁菜产业的高质量发展，包括发布《关于进一步促进服务消费高质量发展的若干措施》，明确投入超 10 亿元支持鲁菜品牌建设，推动济南“世界美食之都”创建等。

可以预见，通过在技术创新、供应链优化等方面持续深入探索，再叠加政策推动、文化赋能及产业转型的多维联动，未来鲁菜市场有望迎来更大的发展空间。

第七节 徽菜：头部品牌和供应链驱动下，徽菜连锁化程度逐步提升

近年来，徽菜发展相对平稳，全国多地出现了一批徽菜品牌，通过深耕区域、聚焦徽菜特色产品、强化体验等方式，推动徽菜持续发展。同时，徽菜特色食材产业发展趋向完善，为徽菜品牌的发展与多元业务探索以及徽菜的进一步发展提供助力。

一、供应链发展逐步完善，政府推动徽菜影响力提升

徽菜又称皖菜，泛指安徽一带的菜系，包括皖南菜、皖江菜、合肥菜、淮南菜、皖北菜等流派。徽菜重油重色、讲究火功，烹调技法以烧、炖、熏、蒸为主。徽菜中知名度较高的菜品有臭鳜鱼、刀板香、毛豆腐等，这些菜品均通过腌制、焖炖等方式烹制而成。

2024 年，徽菜市场规模呈小幅增长态势，红餐大数据显示，截至 2025 年 5 月，全国徽菜门店数超过 5.5 万家，相较 2024 年，徽菜门店数有所增长。

近年来，徽菜特色食材供应链发展逐渐完善，成为徽菜持续发展的推动力。安徽地处华东腹地，近海邻江，农业资源丰富，孕育出了一批成熟的徽菜特色食材供应链企业，包括黄山徽厨食品有限公司、黄山徽府源食品有限公司、黄山市珍味坊食品有限公司、黄山徽母实业有限公司等。这些供应链企业主营臭鳜鱼、徽州腊味等徽菜特色食材及产品的研发、加工、销售，为徽菜的规模化发展奠定了基础（见表 2-12）。

表 2-12　安徽部分徽菜相关的供应链企业发展概况

企业名称	旗下主要品牌	主要产品
黄山市徽味鲜食品有限公司	老徽乡	徽州臭鳜鱼、清蒸臭鳜鱼、臭鳜鱼全配酱料、徽州卤香鹅等
黄山徽厨食品有限公司	徽厨	臭鳜鱼
黄山徽府源食品有限公司	徽府源	臭鳜鱼、臭黄鱼、香鲜鲈鱼、农家火腿等
黄山市珍味坊食品有限公司	珍味坊食品 / 徽悦	臭鳜鱼、风干土鸡、腊排骨、刀板香等
黄山徽母实业有限公司	徽母	徽母臭鳜鱼、徽州臭鲈鱼、徽州刀板香、徽母风干鸭等

资料来源：公开信息，红餐产业研究院整理。　红餐网 | 红餐大数据

相关政府部门的发力，也是徽菜产业发展的重要推动力之一。安徽省餐饮行业协会发布的信息显示，2024 年，安徽省商务厅等 12 部门印发《安徽省徽菜产业高质量发展三年行动方案（2024—2026 年）》指出，要培育壮大徽菜龙头企业、支持企业连锁经营、强化徽菜宣传推广工作、加强优质食材基地建设、打造徽菜产业链条、推动徽菜菜品创新、注重人才培训激励等。安徽省政府印发的《安徽省“十四五”扩大内需战略实施方案》也提出，要加大徽菜推广力度，支持餐饮企业做大做强，推进“新徽菜·名徽厨”行动，推动徽菜产业高质量发展。

二、头部品牌持续扩张，徽菜品牌区域化特征明显

在产业链逐步完善的背景下，徽菜品牌持续发展，但总体来看，门店数在 100 家以上的徽菜品牌较少，仅小菜园门店数达到 660 余家。红餐大数据显示，截至 2025 年 5 月，门店数在 10 家及以下的徽菜品牌数占比超过 97%。

在扩张节奏方面，近年来徽菜头部品牌保持着较快的扩张势头。例如，总门店数超过 660 家的小菜园，在 2024 年共计开出 130 余家门店，呈现出加速扩张趋势；部分创立多年的徽菜品牌，也在 2024 年提升了扩张速度，如创立于 2018 年的宋徽厨门店数为 30 余家，其中 2024 年新开门店 9 家（见表 2-13）。

表 2-13　2025 年全国部分徽菜品牌发展概况

品牌名称	门店数（家）	人均消费（元）	门店主要分布区域
小菜园	660+	68	江苏、安徽、上海等
同庆楼	50+	115	安徽、江苏、北京
宋徽厨	30+	62	安徽
木桶记臭鳜鱼	30+	72	安徽
徽商故里	20+	111	安徽、北京、浙江等
乐和餐饮	20+	103	江苏、北京
昶丰臭桂鱼	10+	79	陕西
徽三说	10+	73	安徽、河南
刀板香	10+	73	安徽
江君府臭鳜鱼	10+	107	北京
春盛渔府	10+	107	江苏、安徽

续表

品牌名称	门店数（家）	人均消费（元）	门店主要分布区域
杨记兴臭鳜鱼	10+	90	北京
徽州小镇	10+	140	北京、上海、陕西等
皖厨	10+	101	广东
大鱼徽州	10+	93	浙江
徽宴楼	约 9	127	安徽
山里亲戚	约 9	156	上海、安徽、四川
徽兴盛	约 9	97	北京、海南
山里俏	约 9	78	安徽
皖荟 · 徽菜	约 8	97	上海
徽镇小厨	约 8	130	北京
半勺 · 新徽菜	约 8	95	安徽
品徽轩	约 7	84	内蒙古
披云徽府	约 6	138	安徽、浙江、江苏
一楼食业	约 6	72	安徽
小徽舟	约 6	98	北京、辽宁
皖南水乡	约 5	111	北京、河北
璞徽	约 5	289	上海
三河酒家	约 4	87	安徽
老家菜	约 4	76	安徽
徽苑	约 4	162	北京、上海、天津
谢家村 · 一个被遗忘的徽菜	约 4	78	安徽
新皖南 · 皖南菜	约 4	82	安徽
翰林宴	约 3	99	安徽
皖宴	约 3	405	上海、安徽

资料来源：红餐大数据，数据统计时间截至 2025 年 5 月 31 日。

从品牌的门店分布看，徽菜品牌多以区域扩张为主，除小菜园外，少有品牌进行全国化布局。例如，宋徽厨、木桶记臭鳜鱼、徽宴楼、山里俏等徽菜连锁品牌，门店均主要分布于徽菜发源地安徽。

近年来，随着徽菜的影响力逐渐提升，江苏、北京、浙江等地也涌现出一批徽菜连锁品牌。不过，这些品牌均扎根当地发展。例如，大鱼徽州门店数为 10 余家，门店主要分布于浙江；徽镇小厨门店数约 8 家，门店主要分布于北京；皖荟 · 徽菜门店数约 8 家，门店主要分布于上海。

三、产品、场景、渠道多元创新，徽菜影响力有望进一步提升

伴随徽菜的持续发展，一些徽菜品牌对产品、场景和渠道进行创新探索，以提升品牌竞争力，同时也推动了徽菜的进一步发展（见表 2-14）。

表 2-14 近年部分徽菜品牌的创新举措一览

品牌名称	创新举措
小菜园	产品创新：因地制宜调整臭鳜鱼发酵时长，提升大众接受度；推出少油、少盐产品等
同庆楼	渠道创新：成立食品业务公司，通过“线上 + 线下”零售渠道，面向消费者推出臭鳜鱼、双椒鱼头、四喜丸子等预制菜产品
徽商故里	产品创新：对臭鳜鱼进行淡化腌制、分段烧制，提升大众接受度 场景创新：翻新古宅、还原古徽州场景等
皖宴	产品创新：推出蓝纹芝士烧臭鳜鱼、烤和牛 · 梅菜烧汁等融合菜 场景创新：门店设计融合欧式庄园与明清徽派概念，使用中式回流佛龛柜、欧式手绘油画等饰物，打造中西结合的精致餐厅场景

资料来源：公开信息，红餐产业研究院整理。 红餐网 | 红餐大数据

在产品方面，臭鳜鱼是徽菜代表性产品之一，除了在徽菜餐厅作为主打菜品出现，还冒出了一批以臭鳜鱼为卖点将臭鳜鱼融入品牌名称中的连锁品牌。例如，安徽的木桶记臭鳜鱼已开出 30 余家门店，陕西的昶丰臭桂鱼、北京的江君府臭鳜鱼、杨记兴臭鳜鱼均开出了 10 余家门店。

部分连锁品牌还通过对臭鳜鱼的口味、烹饪方式进行创新，以提升臭鳜鱼的大众接受度。例如，小菜园通过针对性地调整发酵时间，来适应不同地区消费者的饮食习惯；徽商故里则在北京的门店通过淡化腌制、分段烧制的方式，提升消费者接受度。部分供应链企业也推出了创新改良的臭鳜鱼产品，例如，徽母通过使用海盐代替矿盐、缩短发酵周期、培养新型发酵菌种等方式，对臭鳜鱼进行“控盐降臭”。此外，徽母还推出了麻辣臭鳜鱼、酱香臭鳜鱼等创新口味的产品。

徽菜具有重油重色的特点，部分徽菜品牌为顺应当前健康饮食消费趋势，对传统徽菜进行创新。例如，小菜园主打新徽菜，采用少油少盐、少用调味料等方式改良产品，推出了焗南瓜、芸豆丝等产品。还有部分品牌通过融合西餐的烹饪方式或食材，推出创意徽菜产品。例如，皖宴推出的蓝纹芝士烧臭鳜鱼、烤和牛 · 梅菜烧汁，徽苑推出的蓝纹芝士鲍鱼烧臭鳜鱼，安徽铜雀台金陵大酒店推出的鱼子酱黄山毛豆腐等。

在体验方面，部分徽菜品牌通过门店造景，在门店装修中融入徽州建筑元素，强化品牌特色。例如，梦都会 · 新派徽菜，通过青砖黛瓦、木雕、绿植、江南庭院等元素，将门店打造为徽州院落；徽商故里（芜湖古城店）则通过对文化古宅进行翻修、还原，将门店打造成兼具现代元素与古徽州实景的餐厅；品粹 1788 则在门店运用了徽雕、徽派屋檐、瓷板画等徽州文化艺术元素。

在渠道方面，徽菜的一些代表性菜品大多使用腌制发酵工艺制作，使得这些菜品具有易于保存的特点，适合研发、制作成预制菜，如臭鳜鱼、毛豆腐等。在此背景下，部分品牌积极布局电商、商超等零售渠道，面向消费者推出了预制菜或其他食品业务。例如同庆楼，在 2021 年成立了食品公司以发展餐饮零售业务，推出了臭鳜鱼、双椒鱼头、四喜丸子等预制菜产品；春盛渔府推出了刀板香、春盛米粉肉等零售产品等。

总的来看，目前徽菜品牌以区域化发展为主，在全国市场仍存在较大的发展空间。随着徽菜供应链进一步发展、政府部门的持续发力以及头部品牌的带动，未来徽菜在全国的影响力有望进一步提升。

第八节 云贵菜：

精致云贵菜成为“新贵”，云贵 Bistro 占领“新风口”

近年来，以酸辣味型出圈的云贵菜，凭借独特的口味和丰富的民族文化内涵，在餐饮市场中独树一帜。

一、全国门店数超 4 万家，云贵菜、云贵 Bistro 相与争锋

近年来，一股“酸汤风”“酸辣风”席卷餐饮赛道。基于此，主打酸辣风的云贵菜的市场热度也在持续攀升。

作为我国地方菜系中具有鲜明特色的一大菜系，云贵菜的食材选取有着“取自山野，讲究绿色、健康、生态化，选材新奇小众”的特征，而在烹饪技法、味型特点、酸味来源等方面，贵州菜和云南菜却有着各自的特色。

例如，云南菜烹饪技法多样，味型多元，酸味多取自果蔬花卉。贵州菜的烹饪技法相对传统，味型以酸辣味著称，其中酸味通常由食材发酵而来。

近年来，两地各具特色的地域性食材纷纷进入大众视野，如贵州酸汤、云南野生菌、云南鲜花、折耳根、刺梨、酸角、云贵野菜等地标性食材成为讨论焦点，一批专业的供应链企业获得了较多的关注。

其中，聚慧餐调、仟味高汤、新雅轩、美鑫餐调、颐海国际、申唐产业、百品日光、川海晨洋、太太乐、玉梦集团等调味料企业积极研发酸汤产品，百兴食品、鸿贵食品等云南野生菌企业稳步发展。

而随着供应链的优化与市场需求的火热，云贵菜热度一路狂飙。据红餐大数据，截至 2025 年 5 月，全国云贵菜门店总数超 4 万家，占全国中式正餐门店总数的 3.1%。

总体来看，云贵菜的规模化程度不高，大多数品牌以单店或小连锁为主，且门店覆盖的城市数不多，全国化扩张脚步偏慢。目前超过 99% 的云贵菜品牌门店数在 5 家以下，门店数超过 100 家的品牌数仅有云海肴云南菜、外婆味道等品牌。

从门店分布来看，云贵本地的云贵菜门店数占比较高，红餐大数据显示，我国超过 50% 的云贵菜门店分布在西南地区，其次有 27.7% 的门店分布在华东地区。近年来，随着云贵本地品牌向

省外扩张开店，其他省份也有一些城市孵化出云贵菜品牌，特别是浙江、广东等地的云贵菜门店数相对较多。

从类别上看，云贵菜可分为云南菜、贵州菜。目前，云南菜与贵州菜品牌的门店数都有一定的规模，如云海肴云南菜、外婆味道以超过 100 家的门店数领跑。

近年来，也出现了一些云贵菜融合餐厅和云贵 Bistro 品牌。不过，这些云贵菜融合餐厅和云贵 Bistro 品牌的门店数相对较少，人均消费相对较高。其中，云贵 Bistro 品牌发展势头较好，如山野板扎 · 云贵川 Bistro、Ameigo 梅果 · 云贵川 bistro 等品牌近年在快速拓店（见表 2-15）。

表 2-15　2025 年全国部分云贵菜品牌发展概况

类别	品牌名称	门店数（家）	人均消费(元)	门店主要分布区域
云南菜	云海肴云南菜	130+	92	北京、上海、江苏等
	外婆味道	100+	51	云南、四川、山东等
	茄子恰恰	40+	56	云南、广东、北京等
	鲜潭蒸汽石锅鱼	30+	109	广东、北京
	陈氏海稍鱼	10+	68	云南
	宣威山野人家	10+	45	云南
	一坐一忘云南菜	10+	119	北京、广东、上海等
	滇铺子	10+	56	云南
	甘思咪哚 · 云南菜	10+	84	广东、云南
	老滇山寨	10+	73	云南、上海
	麦麦山云南菜	10+	112	上海
	纳禾春	10+	69	云南
	滇大池云南菜蒸汽石锅鱼	约 9	194	北京、云南
	回回马帮	约 7	59	云南
	福照楼	约 7	85	云南
	半山腰	约 6	152	广东、北京、上海等
	兰木肆云南菜	约 5	94	重庆、云南、浙江等
	都氏二当家	约 5	125	四川、重庆
	壹霖 · 洱语云南菜	约 5	82	北京、山东

续表

类别	品牌名称	门店数（家）	人均消费(元)	门店主要分布区域
贵州菜	武松醉鹅	80+	59	贵州、湖北、四川等
	丝恋丝娃娃	30+	52	贵州
	山石榴 · 贵州菜	20+	129	上海、江苏、浙江等
	毛辣果虾酸牛肉火锅	20+	79	贵州、上海、福建等
	龙大哥辣子鸡	10+	65	贵州
	黔香阁	10+	152	上海、贵州、广东等
	老凯俚酸汤鱼	10+	75	贵州、云南
	树厨贵州菜	10+	73	贵州
	黔渔翁豆花渎鱼	约 9	64	贵州、浙江
	柒食 · 贵州小炒	约 7	55	贵州
	豪丽酒楼	约 7	65	贵州
云贵 Bistro	Ameigo 梅果 · 云贵川 bistro	40+	97	江苏、浙江、安徽等
	野果 yeego	30+	120	江苏、浙江、湖北等
	山野板扎 · 云贵川 Bistro	30+	125	浙江、江苏、上海等
	坠入 CHEF'S	10+	161	上海、江苏、浙江等
	Anaago 安纳果云南菜 bistro	约 6	112	重庆、贵州、四川等

资料来源：红餐大数据，数据统计时间截至 2025 年 5 月 31 日。　红餐网 | 红餐大数据

除了口味独特、食材多样化之外，云贵菜的高性价比也是其近年热度飙升的重要因素。据红餐大数据，截至 2025 年 5 月，有 38.5% 的云贵菜门店人均消费在 50~80 元。人均消费不到 80 元的云贵菜门店数占比近六成。

二、赛道呈现六大发展特征，云贵小炒实现另类突围

云贵菜以突出的地方风味出圈，同时也呈现出六大主要发展特征，即区域化、多元化、酸辣风、精致化、民族风、Bistro 风（见表 2-16）。

表 2-16　云贵菜赛道的六大发展特征

发展特征	主要表现	代表品牌
区域化	在云南和贵州之外，北京、上海、广州等地都有发展较好的云贵菜品牌，它们基本扎根当地市场，也有的尝试向其他城市开出了门店	北京的滇大池云南菜蒸汽石锅鱼、云尊府云南菜、半山腰，上海的山石榴 · 贵州菜、麦麦山云南菜，广州的甘思咪哚 · 云南菜，重庆的兰木肆云南菜，深圳的上山下山贵州菜等
多元化	云贵菜品牌将特色小吃、特色饮品等加入菜单，丰富产品结构。折耳根、刺梨、酸角、蕨菜、鸡枞菌、草果等云贵特色食材被挖掘	云海肴云南菜、福照楼、丝恋丝娃娃、山石榴 · 贵州菜、黔香阁等
酸辣风	酸汤味型爆火，主打酸辣、香辣味型的云贵小炒加速发展	树厨贵州菜、柒食 · 贵州小炒、龙大哥辣子鸡、茄子恰恰、外婆味道、万福贵昆明小炒、宣威山野人家等
精致化	一些云贵菜走精致化路线，这些品牌的门店数普遍较少，菜品较为精致，人均消费从 200 元到 1,000 多元不等，餐厅环境讲究格调	钤徕 · 贵州料理、半山腰、坠入 CHEF'S、1877 · 黔、醉贵 · 现代贵州菜等
民族风	云贵菜品牌通过门店装修、主题活动、主题店等来推广云贵当地的特色文化，如傣族赶摆、非遗手工、苗族蜡染、苗族银饰、长桌宴等	黔香阁、山石榴 · 贵州菜、老凯俚酸汤鱼等
Bistro 风	在“微醺经济”的潮流下，云贵川 Bistro 凭借精致的出品、松弛的用餐氛围、好出片的装修环境受到消费者喜爱	野果 yeego、山野板扎 · 云贵川 Bistro、Ameigo 梅果 · 云贵川 bistro、Anaago 安纳果云南菜 bistro 等

资料来源：公开信息，红餐产业研究院整理。

红餐网 | 红餐大数据

其中，云贵小炒和云贵 Bistro 的发展值得关注。

其一，随着消费者对“烟火气”的追逐，强调新鲜现炒、西南特色味型的云贵小炒获得了市场青睐。

和其他地方小炒相比，云贵小炒的味型酸辣交织，善用新鲜的山珍野味，运用风干腌制手法制作肉类、菌类等，同时融合了少数民族菜系的特色，其风格独树一帜。云贵小炒的招牌菜品有贵阳辣子鸡、糟辣脆皮鱼、云南小炒鸡、傣味包烧等，代表品牌有树厨贵州菜、柒食 · 贵州小炒、茄子恰恰、外婆味道、万福贵昆明小炒等。

其二，云贵菜与西餐、洋酒的渊源较深，与西餐烹饪技法、小酒馆相融合的云贵 Bistro“乘风而起”。

云贵菜的山野珍稀食材资源丰富，当地厨师善于运用炖、煮、烤等经典技法，同时喜欢用香草和香料为菜品增香增色。此外，云贵菜餐厅在摆盘、装修和服务等方面都有考究，显现出浓郁的地方特色与民族风情。云贵菜的这些特征与西餐不谋而合，加上近年来“微醺经济”崛起，云贵 Bistro 成为餐饮市场的“新宠”。

在北京、上海、杭州、重庆、南京、武汉、昆明等地，一些云贵 Bistro 发展较好。例如，山野板扎 · 云贵川 Bistro 凭借云贵空运的新鲜食材、高颜值的饮品吸引消费者，当前其已在北京、杭州、苏州等多个城市开出门店。Ameigo 梅果 · 云贵川 bistro 的拓店速度也较快，在大多数云贵 Bistro 呈现单店经营、门店覆盖城市不多的背景下，截至 2025 年 5 月，其最近一年的新开门店数超 30 家。

回顾近两年云贵菜的发展历程，其完成了从“小众”到“网红”的身份转变。酸辣味型、特色食材、地域风情是云贵菜的突出特点，但同时也存在一些痛点，如食材的运输成本高、酸辣味型的普及度不高、云贵菜品牌效应不足等。

未来，期待云贵菜品牌能更加重视品牌建设，注重供应链的打磨，将短处补足，将长处发扬光大，将云贵菜发展成为地方菜系中的佼佼者。

第九节 东北菜：借势文旅热潮加速走向全国，地域特色成发力重点

东北菜历来以量大实惠著称，多个品牌结合东北地区的食材特色，通过产品创新、门店场景打造、融入地域文化等进一步提升性价比，不断丰富菜系内涵，强化情感共鸣。近年来，随着冰雪文旅的火爆，持续带动了东北餐饮文化出圈，铁锅炖、锅包肉等菜品成为旅游打卡的符号，东北菜加速走向全国。

一、东北菜全国化进程加速，铁锅炖品类引领潮流

红餐大数据显示，截至2025年5月，全国东北菜门店数已达10.3万家，占整个中式正餐门店数的比例达到7.6%。

东北菜门店数量众多，2024年以来，全国化进程加快（见表2-17）。一方面，扎根本土的东北菜品牌，加速南下。例如，奉天小馆2025年1月在北京开出了首店，此前其在沈阳、长春、西安、深圳等城市已开设门店；黑龙江本土品牌九转小磨，2024年10月将门店开到了海南；同合居的门店版图则从哈尔滨扩张到绥化、上海等地。

另一方面，众多外地起家的东北菜品牌也纷纷走出本区域。例如，上海起家的关东小磨东北菜2024年以来先后进入南京、合肥，分别开出了6家和2家门店；创立于广州的北方家宴在广东省内加速扩张，2024年年底进入珠海等城市开店；北京的金掌勺东北菜2024年在西安、北京、太原等城市新开11家门店；门店主要位于苏浙沪地区的东北风，2024年10月进军甘肃兰州，开出了西北首店。

此外，不少以铁锅炖为主打的品牌，通过加盟的方式加速在全国拓展门店。例如，起源于黑龙江的山河屯铁锅炖，目前已南下到广东、浙江、福建等省开店，红餐大数据显示，截至2025年5月，其门店数已有260余家；来自辽宁的咱妈烀饼铁锅炖这两年也在江苏和海南开出门店；发迹于黑龙江哈尔滨的灶座小锅烀饼，目前门店已拓展至山东、江苏、山西、上海、广东等地。

铁锅炖受益于炖菜本身量大实惠、围桌的就餐形式，以及可以通过不同食材搭配、与不同菜系交融的特点，近年来发展迅速。部分东北菜品牌还通过打造铁锅炖副牌、开新店等方式，探索这

一赛道。例如，以东北家常菜为主打的李家小馆，2024 年 8 月开出了李小禄东北铁锅炖首店；冰城老于家也在上海开出了一家铁锅炖门店。

表 2-17 2025 年全国部分东北菜品牌发展概况

品牌名称	门店数（家）	发源地	人均消费（元）	门店主要分布区域
黑土风情铁锅炖	300+	河南	54	河南、山东、安徽等
咱屯子锅台鱼	300+	吉林	61	吉林、辽宁、内蒙古等
山河屯铁锅炖	260+	黑龙江	70	黑龙江、北京、辽宁等
咱妈烀饼铁锅炖	200+	辽宁	53	辽宁、内蒙古、河北等
灶座小锅烀饼	150+	哈尔滨	54	黑龙江、河北、内蒙古等
村职书铁锅炖	80+	山西	55	山西、河北、河南等
老昌春饼	80+	黑龙江	52	黑龙江、吉林、广东等
门家大院铁锅炖	60+	辽宁	71	辽宁、天津、黑龙江等
厨创	40+	浙江	71	浙江、上海
老韩杀猪菜	40+	黑龙江	57	黑龙江、内蒙古、吉林等
满园烤鸭 · 春饼	30+	辽宁	59	辽宁、河北、山西等
东北风	30+	浙江	59	浙江、江苏、上海等
金掌勺东北菜	30+	北京	76	北京、陕西、山西等
姚稷大铁锅	20+	浙江	100	上海、江苏、山西等
关东小磨东北菜	20+	上海	76	上海、江苏、安徽等
九转小磨	20+	黑龙江	57	黑龙江、吉林、海南等
北方家宴	20+	广东	67	广东、贵州
满汉楼	10+	黑龙江	61	黑龙江、河南、辽宁等
同合居	10+	黑龙江	57	黑龙江、内蒙古、上海等
马丫 · 东北饭儿	10+	浙江	70	浙江
奉天小馆	10+	辽宁	108	辽宁、广东、陕西等
王厚元饺子	10+	辽宁	72	辽宁
百富源 · 海鲜辽菜	10+	辽宁	130	辽宁
雪乡情东北菜	10+	广东	65	广东
老厨家	约 8	黑龙江	75	黑龙江
那家老院子东北菜	约 8	辽宁	66	辽宁
冰城老于家	约 8	上海	77	上海
喜鼎	约 7	辽宁	150	北京、辽宁、上海等
辽河渡口	约 6	辽宁	178	北京、辽宁、广东
李家小馆	约 5	黑龙江	48	黑龙江
俏东北	约 4	北京	156	北京、山西
村口二叔家大馆子	约 4	上海	79	上海
鹿鸣春饭店	约 2	辽宁	150	辽宁
止观小馆	1	辽宁	800	北京

资料来源：红餐大数据，数据统计时间截至 2025 年 5 月 31 日。

红餐网 | 红餐大数据

二、高性价比契合当下消费趋势，品牌强化地域文化属性突围

东北菜给人豪放量大的印象，不少热销菜品都是以肉类为主，如锅包肉、杀猪菜、铁锅炖等，给消费者较强的价值感。从东北菜门店人均消费来看，30~50 元区间和 50~80 元区间的门店占比最多，均超过三成（如图 2-14 所示）。

为了放大和强化东北菜这一特点，部分东北菜餐厅通过推出套餐、免费小菜等形式，进一步放大性价比。例如，李家小馆推出南方游客套餐“199 元 6 人餐”，包含锅包肉、炖土鸡、熏酱双拼等特色东北菜。

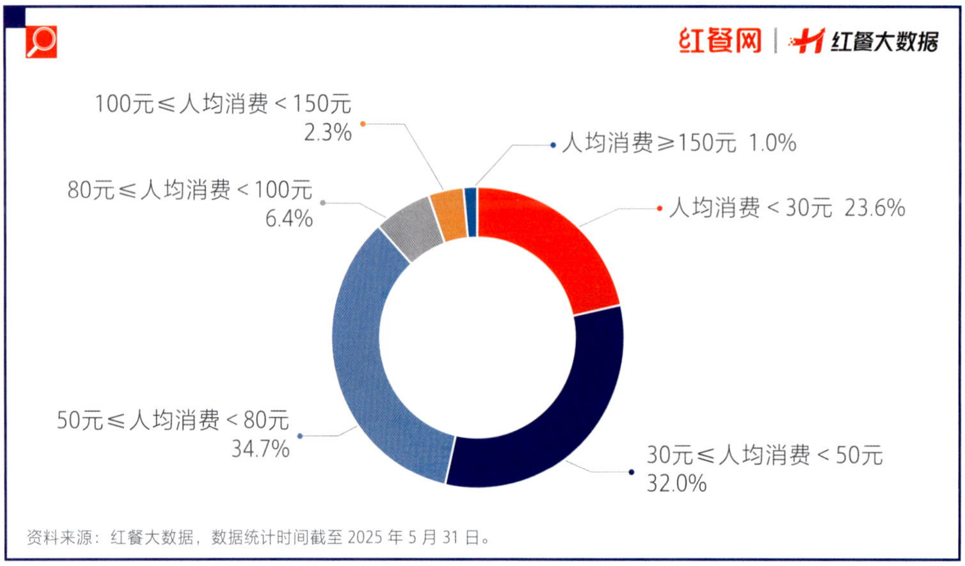

图 2-14　2025 年全国东北菜门店人均消费价位占比分布情况

在“便宜大碗”的固有印象上，不少东北菜品牌也在逐渐摆脱粗犷豪放的标签，通过产品创新、门店环境设计、更丰富的文化体验等打造精致品质。

在产品方面，不少东北菜品牌对经典菜式的口味、技法等方面进行融合创新。像马丫 · 东北饭儿推出了气泡锅包肉、蓝莓锅包肉；止观小馆将东北传统熏酱以潮流的石灼方式呈现，打造了石灼熏酱肥肠；同合居的招牌菜品干炸丸子，采用“拇指挑丸”的非遗技法，并通过举办非遗技艺体验活动，进一步放大菜品的价值感。

在门店环境打造上，品牌对过去常见的“农家大院”风格进一步升级，对场景的挖掘更加细分。例如，老厨家、

辽河渡口等东北菜品牌，通过打造博物馆式餐厅，让食客沉浸式体验当地的历史文化和民俗风情。还有一些东北菜品牌通过提供具有东北特色的表演，如二人转、扭秧歌、转手帕等，或是 DIY 特色菜品等互动活动，进一步凸显地域文化特色。

三、地域食材特色被进一步放大，供应链助东北菜标准化提升

依托东北地区肥沃的黑土地、丰富的森林和水资源优势，东北菜在食材方面具有一定的特色。例如，长白山的榛蘑、猴头菇、人参等，辽河流域及渤海湾的河鲜、海鲜等，再往北，黑龙江的大马哈鱼等冷水鱼，以及酸菜、冻豆腐等食材构成东北菜的核心原料库。

部分东北菜品牌以“不时不食、不地不食”为理念，强调食材的在地属性，进一步彰显东北菜的地域特色（见表 2-18）。

表 2-18　东北地区地域食材在部分东北菜品牌中的应用

品牌名称	地域食材
老厨家	呼兰双井韭菜等
俏东北	长白山蝲蛄、丹东黄蚬子、牡丹江林口大鹅等
喜鼎	马粪海胆、丹东东港飞蟹、大连渤海湾活刺参、大连长海县鲜鸟贝和鲍鱼等
奉天小馆	乌苏里江白鱼、依安大鹅、长白山人参、丹东草莓等
辽河渡口	蟹田大米、盘锦碱地柿子、大连早春樱桃、二界沟虾酱、盘锦蒲笋等
村口二叔家	刺嫩芽、长白山野生菌等

资料来源：公开信息，红餐产业研究院整理。

红餐网 | 红餐大数据

与此同时，不少东北菜品牌开始布局预制菜，进行零售化方面的探索。例如，奉天小馆、满汉楼等均打造了网上商城，售卖山珍水产等特色食材以及熏酱类的熟食产品等；还有部分品牌推出了节日礼盒。

一批食材供应链企业也开始发展壮大，让更多东北特色食材能够被稳定输送到全国，提升了东北菜标准化、工业化程度，帮助东北菜获得更大的市场空间（见表 2-19）。

表 2-19 东北地域食材一览

分类	特色简介	代表企业
肉禽类	自然散养的“笨鸡”“笨鹅”“笨猪”等常用于小鸡炖蘑菇、铁锅炖大鹅、东北熏酱等经典菜，肉禽生长周期长、口感相对更佳	大庄园集团、元盛食品、皓月集团、禾丰股份、鸿兴鹅业、鹅香久、厚德食品等
水产类	松花江、鸭绿江、辽河等流域的河鲜、江鲜，以及渤海湾的海参、生蚝、藻类等海鲜	天正实业、生蚝小镇、光合蟹业、海宝股份、海洋岛集团等
米面粮油类	玉米、高粱、小米等粗粮占主导，米面制品得益于肥沃的黑土地、较长的生长周期，也培育了不少优良品种	北大荒米业、十月稻田、华昌米业、金禾米业、龙王豆浆等
蔬菜及其他	以土豆、白菜、萝卜等耐寒蔬菜为主，酸菜是灵魂食材，依靠山林资源，野菜、菌菇种类丰富	榆园食品、朱老六等

资料来源：公开信息，红餐产业研究院整理。 红餐网 | 红餐大数据

总的来看，东北菜借势冰雪旅游热出圈，品牌及供应链企业迎来了新的发展机遇，但在发展的过程中也面临着不少挑战。例如，部分东北菜品牌在东北之外的地区价格偏高、分量变小，与消费者对于东北菜的传统认知和心理预期存在一定的差距，影响了消费欲望和复购率；铁锅炖等“硬菜”，新鲜现做等待时间长，一定程度上导致餐厅翻台率偏低等。未来，东北菜品牌及供应链企业在连锁化、标准化上仍需进一步努力，方能推动东北菜走向更广阔的市场。

第十节 闽菜：连锁品牌扩张提速，闽南菜等地方菜逐渐崛起

近年来，在政府部门、文旅产业、餐饮品牌的共同作用下，闽菜影响力逐渐提升，市场规模有所扩大。与此同时，闽菜赛道跑出一批潜力品牌，闽南菜、闽北菜等细分菜系的品牌开始冒头。此外，还有一部分闽菜品牌持续进行精致化探索……闽菜正朝着多元化方向发展。

一、闽菜影响力提升，连锁品牌扩张提速

闽菜主要以福州菜为基础，又包含闽东、闽南、闽西、闽北、莆田等地方菜系。福建依山傍海，故闽菜多以山珍海味为主，形成了清鲜、和醇、荤香以及汤路广泛的特点（见表 2-20）。

表 2-20 闽菜特色一览

主要选材	烹饪技法	味型特点	代表菜品
海鲜、猪肉、猪杂、鸡肉、鸭肉、牛肉、姜、面食、米粉等	以煨、炒、氽、蒸、焖等传统烹调方式为主	海鲜烹饪讲求原汁原味，调味相对简单，味型清鲜；汤路广泛，以各类海鲜、禽类、排骨吊汤，出品和醇、荤香；对各种肉类、内脏多用相对丰富的调味，如姜、糖醋等	佛跳墙、荔枝肉、鸡汤氽海蚌、爆炒双脆、姜母鸭等

资料来源：公开信息，红餐产业研究院整理。 红餐网 | 红餐大数据

近几年，闽菜整体发展相对稳定，红餐大数据显示，截至 2025 年 5 月，全国闽菜门店数超过 3 万家，相较 2024 年，闽菜门店数在中式正餐门店数中的占比有所提升。

闽菜品牌的快速成长也得益于当地相关政府部门的助力。2023 年 11 月，福建省人民政府办公厅印发的《福建省加快新闽菜创新发展三年行动方案（2023 — 2025 年）》指出，到 2025 年，福建要重点培育 8 家全国知名龙头餐饮企业，形成一批跨省、跨境经营的闽菜连锁企业。厦门市人民政府办公厅印发的《厦门市加快新闽菜创新发展三年行动方案（2024 — 2026 年）》也指出，支持厦门餐饮企业在市外或境外连锁经营、开设餐饮门店，不断扩张厦门餐饮版图。

不过，总体来看，闽菜品牌的规模化程度相对较低，红餐大数据显示，截至 2025 年 5 月，门店数在 10 家及以下的闽菜品牌占比约 96%。具体来看，除醉得意·家常菜的门店数突破了 360 家以外，其他闽菜连锁品牌的全国门店数均在百家以内（见表 2-21）。

从品牌的门店分布来看，闽菜品牌布局多以福建省内为主，也有部分品牌将门店拓展至省外，主要为邻近福建以及饮食习惯相对接近的江苏、浙江、上海等地区，如宴遇、四道菜·福建菜馆、荣先森·福建小馆等均有在江苏开店。

表 2-21　2025 年全国部分闽菜品牌发展概况

品牌名称	门店数（家）	人均消费（元）	门店主要分布区域
醉得意·家常菜	360+	45	福建、湖北、山东等
四道菜·福建菜馆	40+	64	福建、江苏、陕西等
莆田餐厅	30+	126	北京、上海、广东等
荣先森·福建小馆	20+	83	上海、福建、江苏等
破店	20+	65	福建
醉逍肴·闽菜馆	20+	45	福建
宋小谨·泉州菜	20+	92	福建
临家闽南菜	10+	125	福建、上海、浙江
回魏大排档	10+	76	福建
食为记	10+	65	福建
老福洲	10+	93	福建
街小坐闽南小牌档	10+	63	福建
斯丹姜母鸭	10+	74	福建
福子家·闽北光泽菜	10+	80	福建
宴遇	约 9	234	福建、四川、北京等
鸭三甲·姜母鸭	约 8	59	福建
闽和南	约 8	164	福建、广东、江苏等
CHIC1699 远洋私厨	约 7	267	福建、上海、广东等
味友·厦门味	约 7	103	福建
闽上鲜·福建菜	约 7	86	浙江
满香舒·漳州小馆	约 7	48	福建
友德·赏味	约 7	80	福建
百家春好德来姜母鸭	约 7	54	福建
洪溪社	约 5	84	福建
三生石	约 5	130	福建

续表

品牌名称	门店数（家）	人均消费（元）	门店主要分布区域
乡里八闽 · 福州乡土菜	约 5	75	福建
紫阳海鲜楼 · 传承闽味	约 5	128	福建
安泰楼	约 5	78	福建
堂宴 · 老厦门私房菜	约 5	100	福建
八闽小聚	约 4	110	福建、上海、广东
建州宴 · 鲜辣闽北味	约 4	111	福建
左稻	约 4	137	福建
遇外滩	约 3	918	上海
聚春园	约 3	295	福建、上海
兴仙饭店	约 3	101	福建
私厦里	约 3	171	福建
宣和苑	约 2	317	福建
同安饭店	约 2	121	福建
文儒九号	1	487	福建
鲜承	1	500	福建

资料来源：红餐大数据，数据统计时间截至 2025 年 5 月 31 日。

红餐网 | 红餐大数据

二、首版福建米其林指南发布，闽菜精致化迎来进一步发展

近年来，闽菜餐厅在精致化探索方面取得了一定的成绩，伴随首版福建米其林指南发布，闽菜在全国的影响力得到进一步提升。在“2025 福建省米其林指南”中，共有 5 家餐厅上榜米其林一星餐厅，其中包含 3 家闽菜餐厅，分别为文儒九号、宴遇、鲜承。这些餐厅主要选址于中高端购物中心、商务区或知名景区，它们通过对空间设计和产品、服务进行升级，在福建当地以及上海、杭州等城市打出了名气。

例如宴遇集团旗下的遇外滩，人均消费超过 900 元，已在上海开出了 3 家门店，近年获评米其林一星、黑珍珠二钻等荣誉。据了解，遇外滩以闽菜中知名度较高的沙茶面、海蛎煎为主打，通过对食材和烹饪手法上的传承与创新，得到了不少消费者的认可。

还有获得“2025 福建米其林指南 · 一星餐厅”的文儒九号，人均消费近 500 元，选址于福州知名景点三坊七巷，门店空间围绕古建筑进行升级装饰，通过传统、高品质的闽菜，赢得市场认可。

三、大众化品牌扩张提速，闽菜细分菜系逐步冒头

近年来，部分走大众化路线的闽菜连锁品牌扩张速度有所提升。例如，创立于 2013 年的醉得意·家常菜总门店数超过 360 家，其 2024 年新开门店 60 余家；创立于 2009 年的四道菜·福建菜馆总门店数为 40 余家，其 2024 年新开了 10 余家门店；荣先森·福建小馆的总门店数超 20 家，2024 年也新开了 10 余家门店。

与此同时，部分主打闽南菜、闽北菜、福州菜等细分菜系的品牌，规模化程度亦有所提升。例如，主打莆田菜的莆田 PUTIEN 餐厅，在全球开出了 100 余家门店；主打闽南风味的闽和南，目前约 8 家门店，分布于福建、广东、江苏和上海等地区；主打闽北风味的福子家·闽北光泽菜，已开出 10 余家门店。

此外，为了进一步突出宴会特色，部分连锁品牌通过在品牌名称中加入后缀或开设子品牌的方式，突出宴会产品特点，如临家闽南宴、闽和南·欢席、三生石·福宴等。据了解，在福建的餐饮消费中，宴会占据重要地位。当地根据不同的菜系、特色菜品和风俗文化，形成了一批具有一定特色的“宴席”，如泉州宴、文公宴、佛跳墙宴、妈祖宴等。

近年来，还有一批品牌以“大单品 + 菜系”模式快速崛起，在当地享有一定的知名度。例如，以姜母鸭为大单品的品牌鸭三甲·姜母鸭、百家春好德来姜母鸭、斯丹姜母鸭等。不过，除斯丹姜母鸭外，其他主打姜母鸭的品牌的门店数多在 10 家以内。此外，还有以佛跳墙、蹄膀为大单品的品牌，如和谐苑·佛跳墙、郑春发佛跳墙、朱紫坊蹄膀·福州菜等。

四、闽菜食材供应产业发展成熟，助力闽菜发展

海鲜是闽菜的主要食材之一，而福建具有依山靠海的地缘优势，当地也跑出了一批成熟的水产供应链企业，为闽菜的发展打下了基础。

以闽菜佛跳墙中的主要食材之一的鲍鱼为例，据《福建日报》报道，福建是我国养鲍第一大省，鲍鱼年产量占全国市场的 80%。在此背景下，福建跑出了一批成熟的鲍鱼养殖、加工企业，包括福建沣运鲍业有限公司、福建海汇鳞食品有限公司、福建海文铭海洋科技发展有限公司等。

黄鱼也是闽菜的主要食材之一，不少闽菜品牌均在门店推出黄鱼相关产

品，如临家闽南宴的手打黄鱼海鲜羹、宣和一味的三鲜烧黄鱼、三生石的古法野化黄鱼汤、闽和南的黄鱼蟹肉酸辣羹等。而福建也是黄鱼养殖大省，据《闽东日报》报道，2024年，福建宁德市大黄鱼产量为21.5万吨，占全国黄鱼产量的80%以上。近年来，福建也发展起来一批知名的黄鱼养殖、加工企业，包括福建三都澳食品有限公司、福建省银成食品有限公司等（见表2-22）。

在一众食材供应链企业的加持下，闽菜品牌得以跨区域发展，也为闽菜走向全国打下了坚实的基础。

表2-22 福建部分闽菜供应链企业发展概况

企业名称	企业简称	主要产品
福建沣运鲍业有限公司	沣运鲍业	带壳去肚鲍鱼、黑边鲍鱼肉、盐磨鲍鱼肉、金汤佛跳墙礼盒等
福建海汇鳞食品有限公司	海鳞源	冻煮鲍鱼肉、黄金鲍鱼、原壳鲍鱼、溏心鲍等
福建海文铭海洋科技发展有限公司	海文铭	黑松露味鲍汁鲍鱼、活冻深海鲍鱼、佛跳墙礼盒、鲍鱼捞汁、鲍鱼捞饭等
安井食品集团股份有限公司	安井食品	嫩鱼丸、包心贡丸、黑虎虾滑、酸菜鱼、藤椒鸡排等
福建圣农发展股份有限公司	圣农发展	冰鲜琵琶腿、冰鲜翅中、冰鲜全鸡等
海欣食品股份有限公司	海欣食品	灌汤福州鱼丸、海胆仙桃、-36°鲜鱼籽包、鱼极龙虾球等
福建省银成食品有限公司	银成食品	大黄鱼等
福建三都澳食品有限公司	三都澳	野化大黄鱼、三去黄花鱼、无刺黄花鱼柳、有机大黄鱼、有机海鲈鱼等

资料来源：公开信息，红餐产业研究院整理。

成熟的食材产业也让闽菜预制菜产业得以发展壮大。据不完全统计，福建拥有数家知名度较高的预制菜企业，如安井食品、圣农发展、绿进食品、海欣食品等。一些食材企业基于自身的供应优势，也趁机推出了佛跳墙等闽菜爆款预制菜，在B端、C端均享有较高的口碑。得益于此，部分闽菜餐饮品牌亦布局预制菜赛道，发展预制菜零售业务。

例如，聚春园与京东、永辉超市等平台合作，推出佛跳墙等零售产品。临家闽南菜则通过官方小程序销售佛跳墙、香煎荷田鸡、姜母正番鸭等预制菜。

总的来看，近年来闽菜发展相对平稳，品牌大多以区域发展为主。这或与闽菜宴会模式较重，复制成本较高，以及缺乏全国化的闽菜头部品牌引领等因素有关。未来，随着相关政策的出台、文旅产业带动，以及闽菜品牌自身不断探索，闽菜或有望在全国市场迎来进一步发展。

第十一节 京菜：

多点扩散、消费分级，在守正与创新间寻求平衡

京菜，作为北京本土饮食文化的核心载体，近年来，在文旅融合、供给创新等多重因素的推动下，一批京菜品牌发展提速，京菜的市场认可度也在不断提升。

一、多点扩散、消费分级，京菜加速向全国市场扩张

京菜，以选料考究、制作精细而著称，虽不在八大菜系之列，却博采众长、兼容并蓄，近几年呈现出稳定的增长势头。

红餐大数据显示，截至 2025 年 5 月，全国京菜门店数已达 5.8 万家，在整个中式正餐门店数的占比约 4.3%。

在大盘稳增长的同时，京菜的市场影响力也在不断走高。2024 年以来，京菜品牌的连锁化程度不断提升，包括紫光园、大鸭梨等京菜品牌都有扩大门店规模，开出 10 余家新店。还有一些传统京菜品牌选择了主动“出京”。例如，小吊梨汤在西安、苏州、上海等地布局了门店，青年星厨在上海、合肥开出新店，四季民福烤鸭店则将 2 家新店落地上海。这些京菜品牌的门店区域分布呈现出“核心聚集、多点扩散”的特征，在向外拓展的过程中，优先向华南、华东等地渗透（见表 2-23）。

此外，一批起源于外地的京菜品牌，诸如柿合缘新京菜、京味张 · 北京烤鸭等也在加快拓店，进一步推动了京菜在北京以外市场的普及。

表 2-23　2025 年全国部分京菜品牌发展概况

品牌名称	门店数（家）	人均消费（元）	门店主要分布区域
守柴炉烤鸭	310+	58	四川、陕西、甘肃等
紫光园	190+	52	北京、河北、山东
全聚德	70+	118	北京、江苏、山东等
大鸭梨	70+	95	北京、四川、河北等
青年公社 / 星厨	70+	101	北京、天津、上海等

续表

品牌名称	门店数（家）	人均消费（元）	门店主要分布区域
张记北京烤鸭	60+	37	河南、河北、江苏等
小吊梨汤	50+	98	上海、北京、山东等
富贵春饼·烤鸭	40+	61	山东、甘肃
京味轩春饼烤鸭	40+	42	四川、山东、山西等
京广德北京烤鸭	30+	42	广东、江苏、广西等
便宜坊	30+	92	山东、北京、河北等
吉祥春饼·烤鸭	20+	65	北京、天津、山东等
羲和雅苑烤鸭坊	20+	128	上海、北京、陕西等
那家小馆	20+	91	上海、北京、山东等
四季民福烤鸭店	20+	169	上海、北京
旺顺阁	20+	130	北京、广东、河北等
小大董	20+	116	上海、北京、浙江等
北平食府·北京烤鸭	20+	124	北京、安徽
大董	20+	403	上海、北京、四川等
京味斋·北京牡丹烤鸭	10+	96	北京、四川、山西等
京味张·北京烤鸭	10+	96	广东
提督·TIDU	10+	231	上海、北京、江苏
花家怡园	10+	168	云南、北京、内蒙古
全福德烤鸭店	10+	57	北京、山东、广东等
局气	10+	88	北京
范家小馆	10+	63	北京、河南、浙江等
四世同堂	10+	137	北京、河北
玉林烤鸭店	10+	96	北京、广东、河北
姥姥家春饼店	10+	71	北京
北平楼	约 6	94	北京
大碗居	约 6	64	北京、天津

资料来源：红餐大数据，数据统计时间截至 2025 年 5 月 31 日。　红餐网｜红餐大数据

京菜在向全国扩张的同时，京菜的竞争格局开始出现两极分化态势：一方面，以大董、厉家菜、提督·TIDU 等人均消费多在 200 元以上的京菜品牌依然凭借创意菜、宫廷菜等精致化菜品吸引着众多消费者。

另一方面，京菜大众化趋势渐显。包括张记北京烤鸭、便宜坊、范家小馆、

局气、京味斋·北京牡丹烤鸭在内的大部分京菜品牌的人均消费都在下滑，守柴炉烤鸭、京广德北京烤鸭、全福德烤鸭店等品牌还推出了双人餐、三人餐、家庭套餐等多种套餐，满足大众日常用餐需求。如图 2-15，红餐大数据显示，截至 2025 年 5 月，人均消费低于 90 元的京菜门店数占比已达 64.1%。

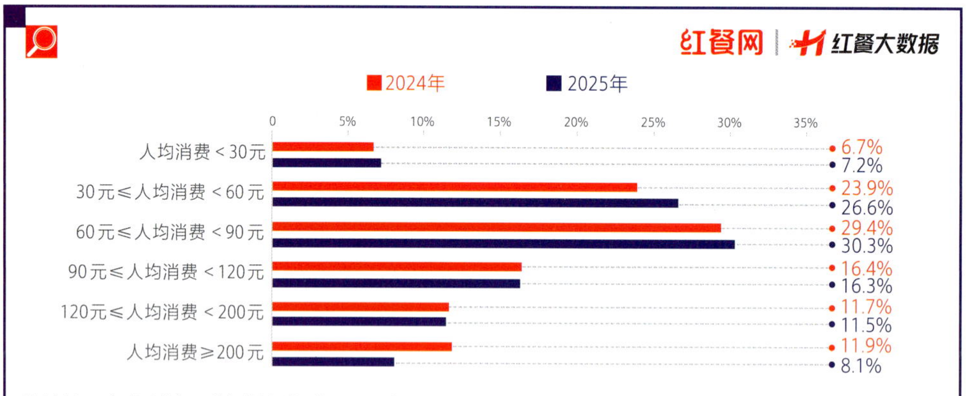

资料来源：红餐大数据，数据统计时间截至 2025 年 5 月 31 日。

图 2-15　2024 — 2025 年全国京菜门店人均消费价位占比分布情况

在京菜赛道不断发展的同时，京菜供应链体系也日益完善。

一方面，京菜的标准化、工业化程度在不断提升。据红餐产业研究院不完全统计，截至 2025 年 5 月，京菜团体标准已累计发布 5 批共 100 项，包括酱爆鸡丁、酱汁鳜鱼、京酱肉丝在内的大部分京菜在烹饪技艺、用料用量，以及出品质量方面都已有相关的规范和标准。

另一方面，京菜产业上游供应链也在快速发展。诸如甜面酱、京酱肉丝调味料等京菜调味料已愈发普及；还有一些生产企业，围绕烤鸭鸭胚、春饼、鸭饼等京菜半成品深耕，实现了批量、标准化供应。

上下游协同作业，让京菜整个产业链日臻成熟，为京菜出“京”提速，实现规模化发展夯实了基础。

二、深挖菜品、模式、渠道，京菜探索新增长模式

京菜在传承与变革之间，展现出了强大韧性。这背后离不开一众京菜品牌的努力和探索。近年来，部分京菜品牌在运营上做了一系列的探索，通过在菜

品、模式、渠道等方面不断调整，取得了一些新的成效。

例如，在菜品方面，部分京菜品牌对烤鸭大单品做了进一步的深挖。一些京菜品牌通过对烤鸭的配料、食材、技法进行改良，让烤鸭这道传统菜品展现出更丰富的内涵。典型如大董，从创立初期主打的传统烤鸭，到后来的“低脂少油”的酥不腻烤鸭、酥不腻小雏鸭、香茅草烤小雏鸭，再到如今的“片片鸭”，大董通过改变原料、创新吃法、工艺改良，对烤鸭进行多次迭代，实现了烤鸭的差异化。

还有守柴炉烤鸭推出的黑烤鸭，将黑茶、黑豆、黑芝麻等五类黑色食材做成酱汁，提升烤鸭的口感层次，形成了独特风味。

在升级烤鸭等传统大单品的同时，部分京菜品牌还会推出一些创新菜品来吸引消费者关注。例如，上新特色的饮品和小吃甜品、根据时令推出新菜以及融合混搭创新菜等。

例如，紫光园就通过对牛奶进行提纯和发酵，将奶皮的绵密与酸奶的醇厚相结合，推出了具有独特口感的奶皮子酸奶。之后其又通过与国潮 IP “宫里的世界”联名，把奶皮子酸奶打造成北京地标美食。青年公社烤鸭根据春季时令推出了油菜苔土锅巴、香椿炒土鸡蛋等菜品。京味张 · 北京烤鸭则上新了香椿拌柴火豆腐、油焖时令春笋等季节限定菜品，满足了消费者的尝鲜需求。

还有一些京菜品牌通过食材混搭，实现菜品的焕新。例如，花家怡园推出的茄子烧海参、捞汁海蜇石斛花、云腿百合甜豌豆等，利用食材的创新融合，赋予了京菜更丰富的内涵（见表 2-24）。

表 2-24　2024 — 2025 年部分京菜品牌产品上新概况

品牌名称	上新的部分菜品
紫光园	奶皮子酸奶等
青年公社烤鸭	腌笃鲜、油焖春笋、油菜苔土锅巴、香椿炒土鸡蛋等
小吊梨汤	茉莉烤鸭、大白梨咖啡、茉莉洛神花冰茶、京味酪酸奶、便携式茶包、山楂糕等
局气	五彩拉皮、青椒酱春笋、油醋汁樱花虾拌芥兰丝、香椿炒鸡蛋、白灼丝瓜尖、巧克力冰山熔岩冰糖葫芦、猫山王榴莲冰糖葫芦、阿方索芒果冰糖葫芦等
花家怡园	红豆沙青团、鱼子酱酥皮香椿豆腐、菘菜脆海蜇、茄子烧海参、捞汁海蜇石斛花、云腿百合甜豌豆、春笋尖竹林鸡等
京味张 · 北京烤鸭	米汤野生山药、酥皮虾、酱肉卷饼、芝麻丸子、香锅鸭头、香椿拌柴火豆腐、油焖时令春笋、春韭炒鲜河虾等
全福德烤鸭店	开胃酸菜酥肉煲、砂锅千叶豆腐烧肥肠、沙煲肉酱小土豆、北派腌笃鲜、椿芽桃仁、虫草花菠菜塔等

资料来源：公开信息，红餐产业研究院整理。

在渠道方面，部分京菜品牌通过多点布局，在预制化、零售化方面持续探索，进一步扩大了消费群体（见表2-25）。

例如，大董旗下的新零售品牌“董到家”在开辟C端渠道之后，又开辟了烤鸭B端业务。四季民福烤鸭店则扩充了线上“零售商城”的产品种类，新增鸭货零食等产品，覆盖更广的市场受众。

表 2-25　近年部分京菜品牌在预制化、零售化方面的布局概况

品牌名称	渠道拓展策略
全聚德	持续发力休闲食品和预制菜赛道，与7-ELEVEN、大润发、好邻居等知名商超、便利店达成合作，拓宽市场份额；还在天猫、京东等平台的全聚德官方旗舰店和自建的官方商城“全记货铺”销售多款预制菜产品
小吊梨汤	官方微信上搭建了“小吊商城”，出售礼盒礼包、周边等产品
大董	旗下的新零售品牌“董到家”开辟了烤鸭B端业务，向餐饮店、便利店提供烤鸭产品
旺顺阁	官方微信上搭建了“甄选商城”，出售零售、生鲜果蔬、礼盒、预制菜等
四季民福烤鸭店	官方微信上搭建了“零售商城”，出售酱料、鸭货零食、周边、茶叶等

资料来源：公开信息，红餐产业研究院整理。　红餐网 | 红餐大数据

此外，京菜品牌近年来也在持续开拓海外市场。京菜的独特魅力和文化底蕴，使得京菜品牌在海外扩张的过程中，让消费者产生更强的认同感，影响力也会更大，这些都为京菜走向海外市场打下了良好的基础。

从长远来看，京菜未来的发展依然可期。京菜品牌如果能够抓住政策红利与消费趋势，在菜品、模式创新、渠道拓宽和文化赋能等方面深化、打磨，将有机会让京菜实现规模化突破，从“城市名片”升级为“全球餐饮符号”。

CHINA CATERING

第三章 小吃快餐

第一节 综述：赛道保持高速增长，西式快餐、米饭快餐等表现亮眼

小吃快餐市场凭借其刚需属性强、消费频次高和广泛的受众基础，成为 2024 年餐饮市场中除饮品外增长最快的细分品类。与此同时，中式汉堡、中式炸鸡、薯条、生烫牛肉米线等细分赛道表现亮眼，上游供应链体系亦同步壮大，赛道焕发出勃勃生机。

一、小吃快餐连锁化进程加快，西式快餐市场规模增速最高

近年来，在消费分级趋势下，兼具刚需属性和高性价比的小吃快餐赛道延续高速增长态势。如图 3-1，红餐大数据显示，2024 年小吃快餐市场规模达到 10,075 亿元，同比增长 7.5%，增速在餐饮九大细分赛道中位居第二，仅次于饮品赛道。截至 2025 年 5 月，全国小吃快餐总门店数已超过了 360 万家，预计 2025 年小吃快餐市场规模将增长至 10,800 亿元。

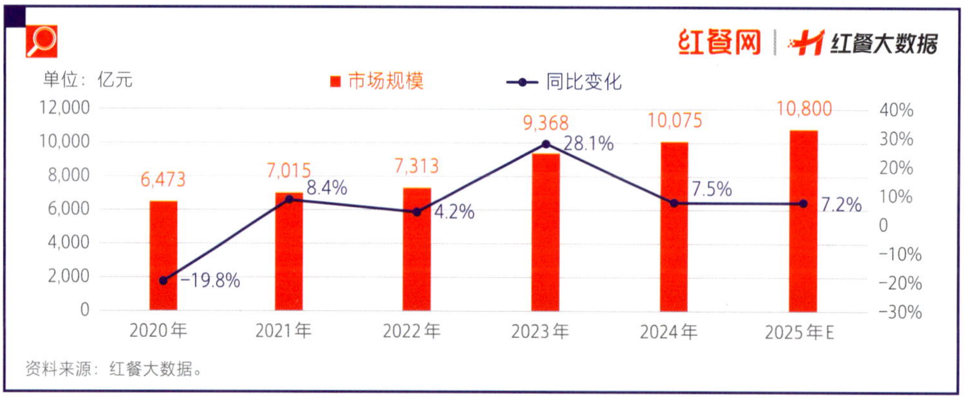

图 3-1　2020 — 2025 年全国小吃快餐市场规模概况

从细分赛道来看，米饭快餐、面馆和米粉这三个细分赛道占据了小吃快餐一半以上的门店数量。其中，米饭快餐门店数占比最高，占比为 26.4%；面馆、米粉的门店数占比分别为 18.6% 和 9.5%；西式快餐门店数位列第四，占比为 9.1%。此外，卤味熟食、特色小吃、麻辣烫冒菜、饺子馄饨、包点、饼类、粥品等细分赛道均占有一定的市场份额（如图 3-2 所示）。

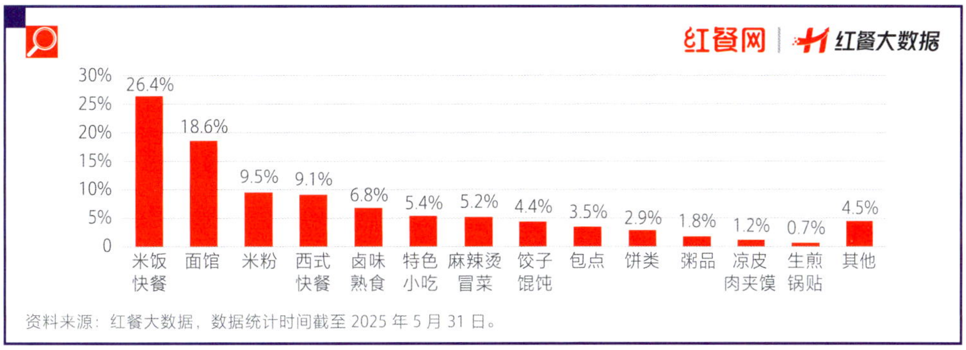

图 3-2　2025 年全国小吃快餐各细分赛道门店数占比分布情况

如图 3-3 所示，从细分赛道的市场规模增速来看，2024 年，西式快餐的市场规模增速最快，达到了 11%；其次是米饭快餐，其增速超过了 10%；米粉、面馆、饺子馄饨等赛道也表现较为亮眼，增速均超过了餐饮大盘（5.3%）。

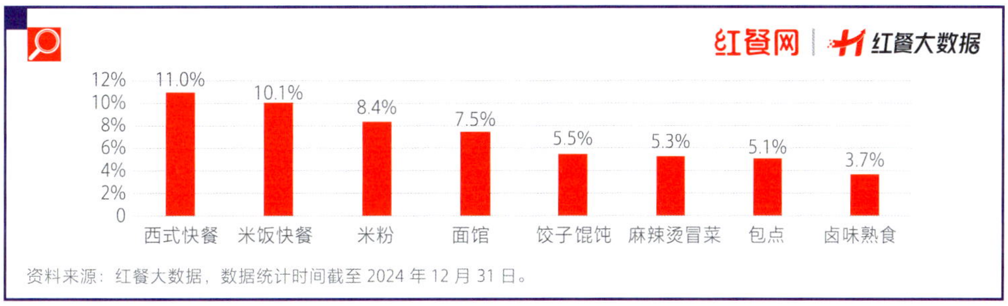

图 3-3　2024 年小吃快餐部分细分赛道市场规模增速情况

近年来，随着餐饮从业者品牌化意识的日益增强，小吃快餐赛道的连锁化程度得到了显著提升。美团数据显示，2024 年小吃快餐赛道的连锁化率达到了 29%，高于餐饮大盘连锁化率（23%）6 个百分点。目前，小吃快餐赛道拥有华莱士、绝味鸭脖、正新鸡排和肯德基 4 个万店品牌，而塔斯汀、麦当劳、杨国福麻辣烫等品牌也均已开出数千家门店，正朝着万店规模的目标迈进。

与此同时，一些品牌通过聚焦更为细分的赛道进行差异化突围。在西式快餐领域，一批主打中式汉堡与薯条专门店的品牌异军突起。其中，塔斯汀凭借现烤堡胚的独特口感吸引了大量消费者，其门店网络迅速铺展至全国，截至 2025 年 5 月，其门店数已经超过 9,000 家；源自菲律宾的薯条专门店品牌 Potato Corner 在全国已开出了 120 余家门店。

在米饭快餐领域，诸如现炒快餐、砂锅菜、石锅拌饭、猪脚饭、手抓饭等细分赛道的热度也较高，其中，主打石锅拌饭的米村拌饭在全国迅速拓店，截至 2025 年 5 月，其门店数超 1,800 家。

粉面赛道则涌现了一批深耕地方特色粉面的品牌，如重庆小面、武汉热干面、陕西油泼面、新疆炒米粉、南昌拌粉、生烫牛肉米线等。其中，生烫牛肉米线赛道表现尤为突出，孕育了多个门店数突破百家的品牌。

在特色小吃赛道，诸如中式炸鸡、炸串、臭豆腐、锅贴、饼类等小吃产品均已逐步发展成独立的细分赛道。例如，截至 2025 年 5 月，炸串赛道的夸父炸串、喜姐炸串均已开出了 2,000 余家门店；饼类赛道的中原大刀鲜汁肉饼、阿甘锅盔、伍学长羊肉串夹烧饼等品牌的门店数均超过了 300 家。

中式炸鸡赛道发展也较快，红餐大数据显示，截至 2025 年 5 月，全国中式炸鸡总门店数已超过 2 万家。目前，中式炸鸡赛道已涌现多个连锁品牌，部分品牌的门店数已达到数百家。为了塑造差异化，中式炸鸡赛道的各大品牌在食材、烹饪工艺上进行创新和改良，力求形成独具特色的产品口味与记忆点。

以老韩煸鸡为例，其巧妙地将川菜经典菜品干煸辣子鸡的做法与炸鸡结合，研发出了“三炸一煸”的烹饪工艺，同时对传统辣子鸡的块状大小进行升级改良，使得鸡肉呈现外焦里嫩、麻辣椒香的口感。在产品结构上，老韩煸鸡不仅挖掘鸡食材的不同部位，推出了招牌干煸辣子鸡贝贝、干煸脆脆骨等产品，获得沙利文颁发的“中国辣子鸡贝贝首创者”“中国连锁辣子鸡小吃开创者”两项权威认证，而且还构建了“招牌干煸辣子鸡 + 小食 + 饮品”的产品矩阵，满足消费者的多元化需求。

此外，老韩煸鸡还十分重视供应链与数智化建设，其分别在武汉和南京两地建有分仓，可以满足华中、华东、华北等多个地区门店的原材料供应，并通过自动干煸机，提升出餐效率。红餐大数据显示，截至 2025 年 5 月，老韩煸鸡在江苏、湖北、上海等地开出了 300 余家门店。

二、品类融合趋势加深，全时段运营盛行

近年来，面对瞬息万变的市场环境，小吃快餐品牌积极应对，从产品创新、渠道拓展、经营模式探索、海外市场开拓到数智化建设等多维度持续发力，不断寻求新的突破与发展路径。当前，小吃快餐赛道正呈现出融合化、全时段、智能化的发展趋势。

其中，品类融合的趋势尤为明显，不少聚焦于细分品类的小吃快餐品牌积极拓宽产品线，丰富产品结构，以覆盖家庭聚会、多人聚餐等消费场景。例如，霸蛮湖南米粉、米村拌饭、大师兄、鱼

你在一起等品牌从产品、装修、服务等方面升级，探索轻正餐模式，拓展消费场景。而中式正餐、火锅、烤肉等赛道的品牌则通过推出“一人食”套餐、外卖等产品，乃至打造快餐子品牌，积极向小吃快餐领域渗透。

与此同时，为了寻找门店营收增长的新路径，越来越多的品牌探索全时段经营模式。例如，老乡鸡、永和大王、遇见小面、超意兴等品牌推出了24小时营业门店；南城香将门店营业时间延长至16个小时，还推出了早餐自助；袁记云饺则推出了“饺子与酒”门店模型，覆盖下午茶与夜宵场景。

此外，随着经营成本的逐年上升，品牌日益重视数字化工具的应用和智能化设备的升级，以提升门店运营效率。例如，老乡鸡、肯德基、夸父炸串等品牌搭建了联通多方的数字化系统；小女当家、霸碗盖码饭、乡村基等品牌引入了智能蒸菜机、智能炒菜机、智能投料机等智能设备，降低现炒快餐对厨师的依赖，实现菜品质量与效率的双提升；煲仔饭品牌煲仔正自主研发了全自动煲仔炉，在保证明火现煲工艺的同时，提高煲仔饭的出餐效率。

三、上游供应链日渐壮大，调味料与智能设备表现突出

在上游领域，小吃快餐曾长期依赖于与其他赛道共享供应链资源。然而，随着近年来小吃快餐赛道的迅猛发展，越来越多的上游企业开始将目光聚焦于此，推动小吃快餐供应链不断壮大。

目前，在产业链的上中下游各环节均涌现出了一批具有专业性和代表性的企业。例如，在食材领域，蜀海供应链、千味央厨、安井食品、美好食品、圣农发展、国联水产等食材企业均可为小吃快餐品牌提供丰富多样的食材产品，而雪川农业集团、麦肯食品、凯达恒业等企业则专攻冷冻薯条食材。

在调味料领域，很多上游企业针对小吃快餐的不同细分赛道、不同产品推出了专门的复合调味料，甚至提供定制化、个性化的解决方案，以满足下游餐饮品牌实现产品的差异化创新，如仟味高汤、颐海国际、新雅轩、川海晨洋等。

在智能化设备领域，诸如长膳智能、拓邦厨纪、优特智厨、橡鹿科技、爱餐、云嵩智能等企业研发的智能炒菜机器人、万能蒸烤箱等设备，为小吃快餐门店的标准化出餐、效率提升提供了有力支撑，推动了赛道的智能化升级。

未来，随着性价比消费需求的持续攀升，小吃快餐赛道有望继续保持快速增长。同时，在供应链标准化与数智化的推动下，小吃快餐赛道将进入“精耕细作”阶段，差异化定位与高效运营将成为品牌市场竞争的核心要素。

第二节 中式米饭快餐：赛道竞争加剧，品牌多元化发展寻求突围

近年来，中式米饭快餐在“现炒锅气”盛行、后厨智能化提速与产业链提效等多重因素推动下，实现持续扩容。品牌在“全时段、多人群”策略驱动下加快布局，中式米饭快餐正迈向品质升级与模式革新并行的新阶段。

一、中式米饭快餐市场保持高速增长，品牌竞争格局悄然演变

作为大众餐饮消费最重要的餐饮品类之一，中式米饭快餐在智能化、产业链成熟和性价比驱动下继续扩张。据红餐大数据，截至 2025 年 5 月，全国中式米饭快餐门店数达到 88 万家。

同时，得益于品牌全时段及多人群策略深化、线上外卖渠道持续放量等因素，中式米饭快餐的市场规模保持高速增长。如图 3-4 所示，据红餐大数据，2024 年全国中式米饭快餐市场规模达到 2,770 亿元，同比增长 10.2%。这一增长速度远超米粉（8.4%）、面馆（7.5%）、饺子（5.7%）、麻辣烫冒菜（5.3%）、包点（5.1%）、馄饨（5.0%）等一众中式快餐品类。

此外，随着消费者的外食需求持续释放，刚需型餐饮消费需求持续增长，叠加品牌侧不断迭代产品体验与标准化运营能力，中式米饭快餐品类的市场规模有望进一步增长。据红餐产业研究院测算，2025 年中式米饭快餐市场规模有望突破 3,000 亿元。

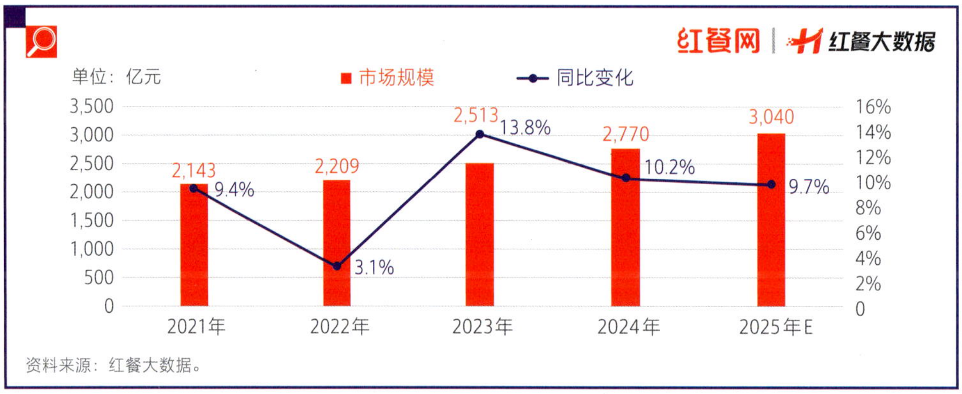

图 3-4　2021 — 2025 年全国中式米饭快餐市场规模概况

近年来，消费者对中式米饭快餐的消费需求升级与价值感重构，让中式米饭快餐的品牌竞争格局悄然演变。那些早年间已发展出较多门店数却缺乏品牌意识和系统管理的中式米饭快餐品牌，其门店规模正逐渐缩减。与此同时，那些专注于品牌建设、致力于优化消费体验的中式米饭快餐品牌逐渐成为新的市场主力（见表 3-1）。

例如，鱼你在一起、米村拌饭、老乡鸡近年拓店速度较快，三者门店数截至 2025 年 5 月，分别超过 2,400 家、1,860 家和 1,530 家。乡村基自 2024 年开放品牌加盟后，门店实现扩张提速，全国门店数超过 660 家；而大米先生凭借新鲜现炒这一卖点同样加速扩张，全国门店数超过 770 家。

此外，永和大王近年推出了健康豆食系列，以植物蛋白新主张回应健康饮食浪潮，受到消费者的喜爱。据红餐大数据，截至 2025 年 5 月，其全国门店数超过 470 家。南城香、超意兴、犟骨头超级排骨饭等中式米饭快餐品牌依然保持着稳健的发展态势。

表 3-1　2025 年全国部分中式米饭快餐品牌发展概况

品牌名称	门店数（家）	人均消费（元）	门店主要分布区域
鱼你在一起	2,400+	33	江苏、陕西、浙江等
杨铭宇黄焖鸡米饭	2,330+	20	山东、江苏、浙江等
米村拌饭	1,860+	31	山东、江苏、河北等
老乡鸡	1,530+	24	安徽、江苏、上海等
朴大叔拌饭	840+	27	江苏、河南、广东等
大米先生	770+	23	湖北、上海、湖南等
超意兴	720+	15	山东、北京、天津等
乡村基	660+	21	重庆、四川、江苏等
膳当家黄焖鸡米饭	600+	20	江西、陕西、湖南等
犟骨头超级排骨饭	580+	27	山东、天津、北京等
晨曦炖品	570+	50	广东、浙江、上海等
霸碗盖码饭	570+	20	湖南、广东、湖北等
永和大王	470+	23	上海、浙江、江苏等
猪角	470+	27	福建、湖北、浙江等
真功夫	450+	27	广东、北京、上海等
小鱼号酸菜鱼	430+	24	福建、浙江、广东等
罗妈砂锅	410+	30	河北、山东、江苏等
老娘舅	390+	27	浙江、江苏、上海等
香他她煲仔饭	380+	24	湖南、湖北、江西等

续表

品牌名称	门店数（家）	人均消费（元）	门店主要分布区域
大家乐	360+	40	广东、中国香港、中国澳门
谷田稻香	250+	33	上海、江苏、广东等
煲仔正	250+	25	广东、海南、广西等
煲仔皇	230+	36	北京、江苏、上海等
南城香	190+	28	北京、上海
半亩良田	190+	25	黑龙江、吉林、辽宁等
和合谷	170+	26	北京、河北、山西等
创膳金牌烧鹅	130+	25	广东
米多面多	120+	21	河南、陕西、山西等
都城快餐	100+	24	广东
小女当家	40+	28	江西、广东

资料来源：红餐大数据，数据统计截至 2025 年 5 月 31 日。

红餐网 | 红餐大数据

同时，随着中式米饭快餐赛道热度持续攀升，火锅、烤肉、中式正餐、粉面等不同品类的品牌纷纷进入中式米饭快餐领域。例如，湘菜品牌宴长沙推出了人均 30 元左右的刘大碗下饭菜；西塔老太太泥炉烤肉、和府捞面相继推出了拌饭子品牌西塔老太太拌饭、和府大师拌饭；三两粉、大师兄、紫燕百味鸡、喜家德等小吃快餐品牌相继推出米饭套餐产品。这些品牌的加入，使中式米饭快餐赛道的竞争进一步加剧。

二、平价快餐、社区食堂抢占市场，连锁品牌“负重前行”

近年来，随着消费者对高性价比快餐需求的持续增长，平价中式米饭快餐门店的市场热度显著提升。2024 年以来，在广州、深圳、北京、武汉等一线及新一线城市，一批以“10 元自选快餐”“12 元套餐”为卖点的平价中式米饭快餐门店如雨后春笋般涌现。据红餐大数据，截至 2025 年 5 月，全国人均消费在 15 元以下的中式米饭快餐门店数有 23 万家，同比增长 6%。

这些平价中式米饭快餐店的人均消费在 15 元以下，以“经济实惠、菜品丰富”为特色，且讲究荤素搭配，精准契合了当下消费者对“质优价廉”餐饮消费的核心诉求，吸引了众多消费者前往消费。在小红书、抖音等社交媒体平台上，消费者自发分享打卡的平价中式米饭快餐门店相关内容层出不穷，并引发了广泛的讨论。

2024 年以来，随着越来越多的社区食堂逐步从仅面向老年群体的“老龄食堂”升级至面向大众的“全龄食堂”，社区食堂也凭借高性价比、便捷性显著、卫生健康保障到位等优势，逐渐赢得广大消费者的喜爱。例如，截至 2024 年年底，杭州市 80% 的社区老年食堂已经转型升级为面向全体市民的社区食堂，广州、北京、武汉等城市的老年食堂也逐步向大众消费者开放。而随着运营服务不断完善，越来越多社区食堂成为大众消费者解决日常用餐需求的可选方案之一，这也在一定程度上挤压了中式米饭快餐品牌的生存空间。

在多方争夺之下，为了应对激烈的市场竞争，一众中式米饭快餐连锁品牌近年来逐步深化价格策略。例如，乡村基、南城香、老乡鸡、老娘舅等品牌纷纷采取单品定向降价、套餐价格分层或线上低价团购的策略来吸引消费者，进而扩大客源（见表 3-2）。

表 3-2　2024 年至 2025 年 5 月全国中式米饭快餐品牌价格策略一览

策略	品牌案例
单品定向降价	乡村基在 2024 年 6 月宣布其门店的川式小煎鸡饭等 4 款产品单价下调 3.01 元至 4.01 元不等，降价幅度在 19%~25%
套餐价格分层	南城香不仅推出 3 元主食自助，还在午餐时段推出“随心拼”模式，设置 6 元档与 12 元档双价位选择，消费者可在同价位菜品中自由组合搭配
线上低价团购	老乡鸡在上海、北京、深圳门店的团购套餐定价在 20 元上下，其中最低价位套餐仅售 17.9 元

资料来源：公开信息，红餐产业研究院整理。

红餐网 | 红餐大数据

然而，这一“以价换量”的举措加剧了中式米饭快餐品牌的经营压力。据了解，尽管南城香 2024 年的总流水同比增长 9%，但其单店流水同比下降了 14%，且利润同比下降了 35%。此外，老娘舅 2024 年上半年净利润同比下降 76.3%，而老乡鸡 2024 年前三季度的期内利润同比增长仅有 3.3%。

由此可见，在激烈的市场竞争和“微利周期”的双重压力下，中式米饭快餐连锁品牌正负重前行，如何在保障品质的前提下实现盈利增长，成为它们亟待解决的关键问题。

三、需求持续升温与前后端技术升级，现炒快餐全面开花

近年来，在“反预制”消费情绪下，消费者对新鲜、现炒、烟火气的重视程度持续上升。如图 3-5 所示，从数据上看，在抖音平台上，“现炒快餐”的话题热度指数近年呈现出逐年攀升的走势。尤其是进入 2025 年，该话题的热度更是加速上升，形成多个热度波峰点。

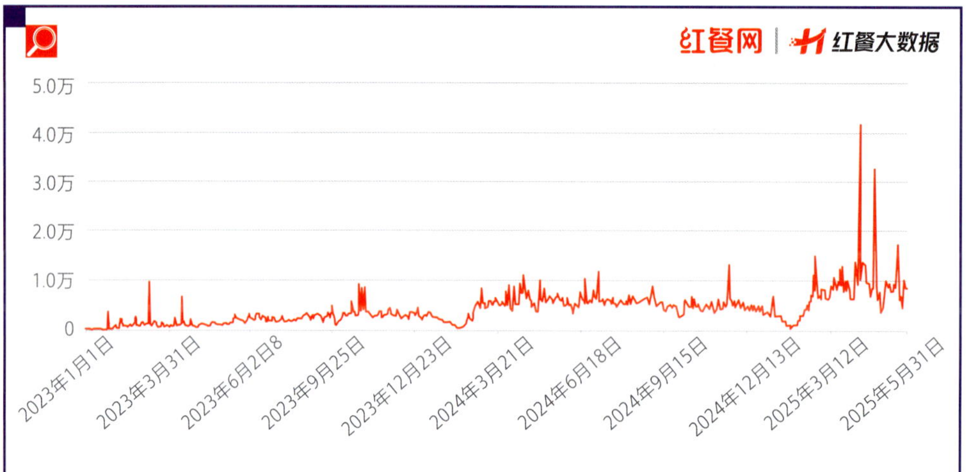

资料来源：巨量算数，红餐产业研究院整理，数据统计时间截至 2025 年 5 月 31 日。

图 3-5　2023 年 1 月至 2025 年 5 月抖音平台“现炒快餐”关键词热度指数

在这一舆论与消费趋势的共振之下，2024 年以来，现炒快餐全面开花。一方面，江西小炒、湘式小炒、广西爆炒生料等特色地域小炒的市场关注度显著提升，以此为核心产品线的中式米饭快餐品牌加速扩张。以近年率先出圈的湘式小炒为例，据红餐大数据，2024 年 1 月至 2025 年 5 月，主打湘式小炒的霸碗盖码饭新增门店数超过 100 家。截至 2025 年 5 月，其全国门店数超过 570 家。同时，还有盖帮主 · 长沙现炒盖码饭、良社 · 长沙盖码饭 · 小菜小炒等新品牌不断涌现。据红餐大数据，截至 2025 年 5 月，两者均开出了 8 家左右的门店（见表 3-3）。

此外，小江溪 · 江西小炒、蓝边碗、湘饱饱爆炒生料 · 湖南下饭菜等正餐品牌，通过“30 元吃饱，50 元吃好”的定价策略，覆盖单人简餐与多人聚餐等消费场景，正逐步向中式米饭快餐品类渗透。

另一方面，为契合消费者需求，众多中式米饭快餐品牌积极引入现炒模式。例如，老乡鸡门店内超七成菜品为

餐厅现场烹制，且在菜品标价牌上以绿、黄、红三色标识，清晰告知消费者菜品是餐厅现做、半预制还是复热预制的。永和大王亦加大现炒快餐的布局力度，推出了“永和大王小厨”明档现炒自选门店新模型。此外，小汤总·现炒大碗饭、小女当家等原本定位现炒小炒快餐的品牌，门店数亦保持稳步增长。

表 3-3　2025 年全国部分现炒快餐品牌发展概况

品牌名称	门店数（家）	人均消费（元）
大米先生	770+	23
乡村基	660+	21
霸碗盖码饭	570+	20
小汤总 · 现炒大碗饭	90+	23
小女当家	40+	28
饱李李现炒	10+	19
吾虎将	10+	26
宴小碗	10+	15
两餐秀	10+	25
良社 · 长沙盖码饭 · 小菜小炒	约 8	33
盖帮主 · 长沙现炒盖码饭	约 8	32

资料来源：红餐大数据，数据统计时间截至 2025 年 5 月 31 日。　红餐网 | 红餐大数据

由此可见，“现炒”模式正从个别品牌的差异化尝试，逐渐演变为中式米饭快餐品牌的重要突围路径之一。而这一变化的背后，暗藏着中式快餐在前端门店、后端供应链的深刻变革。

首先，前端门店技术层面的革新升级，正逐步迈向标准化与智能化发展轨道。近年来，南城香、大米先生、煲仔正、乡村基等众多品牌纷纷引入智能化设备，如炒菜机器人、智能炒锅等。伴随智能化烹饪设备与 AI 算法、物联网技术、自动化控制系统等深度融合，智能炒菜机器人已在连锁餐饮、外卖厨房、社区食堂等多场景实现落地应用。据了解，橡鹿科技旗下美膳狮智能炒菜机以及拓邦股份旗下的厨纪智能炒菜机器人均已覆盖超千家餐饮门店。佛山饪芯机器人有限公司所研发的炒菜机器人，订单量在 2024 年突破 3,000 台，2025 年以来订单量持续攀升。

其次，随着第三方供应链企业发展逐步成熟，中式米饭快餐品牌后端供应链正经历从自建闭环向社会化协同供应的结构性转型。食材供应链的短链化、平台化与智能化，正成为品牌提升效率和产品竞争力的关键支点，更为现炒快

餐这种对食材鲜度、周转速度、品质稳定性要求更高的快餐模式提供了助力。

以南城香为代表的一批中式米饭快餐品牌，开始大力发展“冷链鲜配”模式，通过本地采购、当日配送，打造短链、高频、高保鲜的食材流通体系。这一模式有效压缩了运输链条的环节，也减少了中转时间，确保菜品的品质。而乡村基则在2024年选择关闭中央厨房，转而与第三方供应链企业达成合作，打造“从农场到餐桌”的采购供应模式，提升食材的新鲜度和配送效率。

最后，调味料领域企业亦积极助力现炒快餐模式发展。仟味高汤、卡夫亨氏等调味料企业推出“一酱成菜”复合调味料，并针对“智能化 + 现炒”模式，研发适配智能设备的调味解决方案，为现炒快餐的发展推波助澜。

总体来看，从消费端“反预制”情绪带动现炒热度上升，到前端门店技术的标准化升级，以及后端供应链的系统性优化，现炒快餐已具备规模化发展的多重基础。

四、品牌深耕人群与场景，通过低价早餐、儿童餐争夺市场

当下，中式米饭快餐的消费群体正发生改变。据红餐产业研究院调研，2025 年中式米饭快餐消费者中，男性占比达到 54.1%，女性消费者则占 45.9%。如图 3-6 所示，从年龄结构来看，2025 年有 75.2% 的中式米饭快餐消费者在 19~35 岁，构成了该品类的主要消费群体；35 岁以上的消费者占比也达到 22.8%，并相比 2024 年上升了 1.5 个百分点。

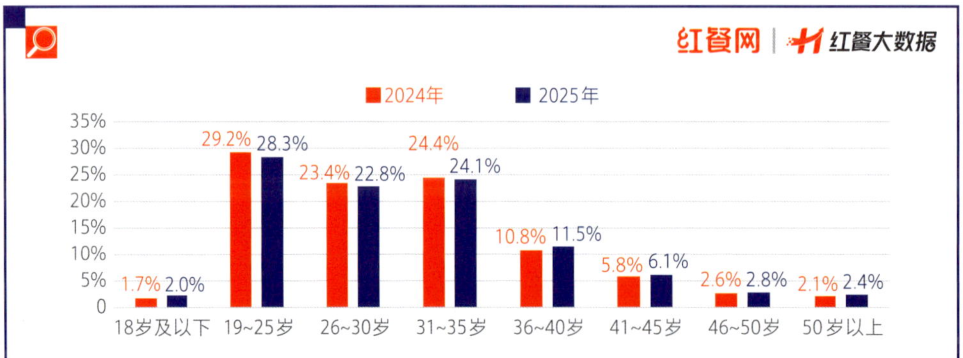

资料来源：红餐产业研究院“2024 年餐饮消费大调查”“2025 年餐饮消费大调查”。

图 3-6　2024 — 2025 年中式米饭快餐消费者年龄分布情况

人群结构的多样化，使得以午餐、晚餐为主的传统快餐模式已经难以满足不断细化的消费需求。为此，中式米饭快餐品牌近年正围绕更加多元的消费人群，展开有针对性的产品和场景创新。

在产品上，众多中式米饭快餐品牌通过丰富菜单结构来满足不同客群的需求。据红餐大数据，截至 2025 年 5 月，中式米饭快餐样本品牌的平均产品数量为 45.1 个，其中，小吃、粉面、包点饼类、饮品等产品的占比达到 50.8%。菜单的丰富让中式米饭快餐品牌打破了传统就餐时段的局限。如图 3-7 所示，据红餐大数据，2025 年 5 月，在 14 点至 17 点、22 点至次日 6 点的非正餐时段，监测的中式米饭快餐门店订单总量占比均较 2024 年同期有所上升。

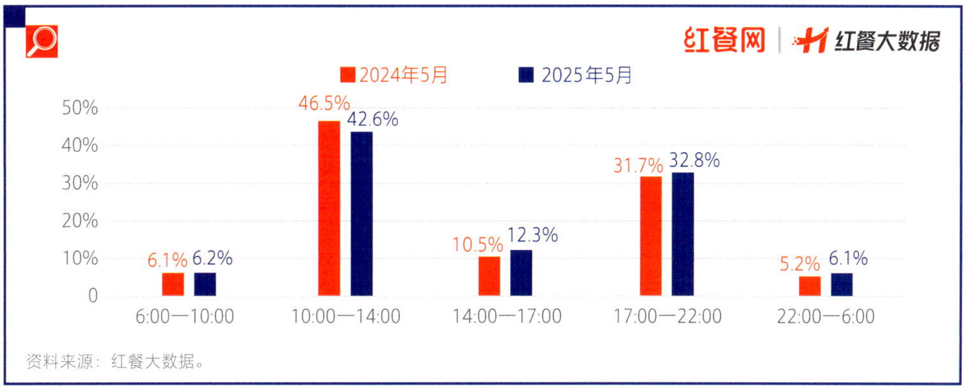

图 3-7　2024 年 5 月与 2025 年 5 月各时间段监测的中式米饭快餐门店订单总量占比分布情况

在场景方面，近年来，一众中式米饭快餐品牌开始在早餐、亲子就餐、聚餐等更细分的消费场景中寻找新增量。

以早餐消费场景为例，2024 年以来，不少中式米饭快餐品牌集中推出“3 元自助早餐”，掀起了一股低价早餐的热潮（见表 3-4）。据红餐产业研究院不完全统计，“3 元自助早餐”所覆盖的产品主要以粥品、汤品以及饮品为主，形成“高性价比 + 基础口味覆盖”的供餐模型。

事实上，粥品、汤品以及饮品在食材采购成本方面相对可控，加工制作流程亦较为简易，且契合大众消费者的早餐饮食偏好。部分中式米饭快餐品牌以此作为引流产品，在提升早餐时段的进店人流量之余，还能带动鸡蛋、油条、包点等产品的消费，从而提升客单价和门店在早餐场景的盈利能力。更重要的是，在“高频 + 刚需”的早餐场景中建立品牌心智，可以逐步培养消费者固定的品牌就餐习惯。

表 3-4　2024 年至 2025 年 5 月全国部分售卖“3 元自助早餐”的中式米饭快餐品牌一览

品牌名称	不限量供应的产品
南城香	皮蛋瘦肉粥、小米粥、酸辣汤、纯牛奶、现磨豆浆、橙汁等
大米先生	小米南瓜粥、皮蛋瘦肉粥、现磨豆浆、纯牛奶、醪糟汤圆等
永和大王	红运满满八宝粥、骨汤皮蛋瘦肉粥、大磨王现磨豆浆等
红功夫	小米南瓜粥、皮蛋瘦肉粥、元气八宝粥、酸辣汤、疙瘩汤、现磨豆浆等
和合谷	皮蛋粥、青菜瘦肉粥、香菇鸡肉粥、白粥、柠檬茶、热豆浆等
田老师红烧肉	绿豆粥、八宝粥、小米南瓜粥、胡辣汤、鸡蛋汤、豆浆等
菜手食堂	南瓜粥、皮蛋瘦肉粥、胡辣汤、豆浆、纯牛奶、玉米汁等

资料来源：公开信息，红餐产业研究院整理。

红餐网 | 红餐大数据

此外，亲子人群逐步成为中式快餐新的战略争夺对象。近年来，老乡鸡、乡村基、米村拌饭、永和大王等品牌相继推出儿童餐产品，借助可爱化、低盐低油、定量配比等设计，契合亲子家庭对于“安全、健康、便利”的消费需求。儿童餐的推出，进一步丰富了中式米饭快餐品牌的消费场景承载能力，使得中式米饭快餐逐步从以效率为核心的单人快餐，向家庭型、亲子型消费场景扩充。

通过菜单结构的扩展和场景的多元化，中式米饭快餐品牌正逐步从聚焦刚需温饱到“全时段、多人群”的品牌定位转变。这一变化不仅是中式米饭快餐品牌面向消费者多元化的应对策略，更揭示了中式米饭快餐品类在产品与服务逻辑上的深层次重构。未来，中式米饭快餐品牌需要在更细分的消费市场中深耕，才能在激烈的市场竞争中获得持续的增长和竞争优势。

五、木桶饭、排骨饭焕新回暖，激发品类新生长力

近年来，中式米饭快餐竞争持续升温，在众多细分品类产品趋于同质化的背景下，一些原本较为传统、发展较为缓慢的细分品类，正在通过产品焕新、品牌升级和场景创新实现焕新回暖。其中，木桶饭与排骨饭便是典型代表，它们正在“老品类新打法”的路径下，探索差异化竞争策略，重塑市场竞争力。

相关数据显示，木桶饭门店早在 2014 年便已实现全国 80% 城市的广泛覆盖，但近年来那些传统的木桶饭品牌发展势头略显疲态。与此同时，诸如勇

大厨现炒木桶饭、黄大妈超级木桶饭、佰大叔·木桶饭等新式木桶饭品牌，通过融入特色小炒、品牌升级和提供增值服务等创新举措吸引了市场的广泛关注，并带动了木桶饭这一细分市场的回暖趋势（见表 3-5）。

表 3-5 2025 年全国部分木桶饭品牌发展概况

品牌名称	门店数（家）	人均消费（元）
一品湘木桶饭	690+	18
逍肴厨子木桶饭	510+	20
黄大妈超级木桶饭	400+	19
勇大厨现炒木桶饭	270+	19
小湘厨木桶饭	250+	30
佰大叔·木桶饭	20+	21
湘口福 12 道湘式现炒木桶饭	约 9	16

资料来源：红餐大数据，数据统计时间截至 2025 年 5 月 31 日。 红餐网 | 红餐大数据

相较于传统木桶饭，这些新式木桶饭品牌具有更强的品牌力，并在核心卖点、定价策略、品牌形象及服务体验等多个维度上展现出显著差异。它们精准捕捉了当下的消费需求转变，通过现炒工艺、高性价比和场景升级，将传统品类重新包装为符合现代消费需求的快餐解决方案。

此外，随着用户对快餐的“满足感”和“品质感”的追求不断提升，排骨饭作为兼具营养价值高、饱腹感强与风味特色的中式米饭快餐细分品类，近年再度受到消费者喜爱。犟骨头超级排骨饭、半亩良田排骨米饭、一小子·排骨咸饭等排骨饭品牌通过产品创新、工艺升级进一步深耕此细分赛道（见表 3-6）。

表 3-6 2025 年全国部分排骨饭品牌发展概况

品牌名称	门店数（家）	人均消费（元）
犟骨头超级排骨饭	580+	27
鲜骨道酱烧排骨饭	200+	26
半亩良田排骨米饭	190+	25
一小子·排骨咸饭	150+	26
万和春排骨砂锅米饭	70+	30

资料来源：红餐大数据，数据统计时间截至 2025 年 5 月 31 日。 红餐网 | 红餐大数据

以犟骨头超级排骨饭为例，其正是凭借对产品力的持续打磨与品牌策略的精准定位，成为近年排骨饭细分赛道中值得关注的品牌之一。据红餐大数据，截至 2025 年 5 月，犟骨头超级排骨饭的全国门店数超过 580 家，覆盖山东、北京、天津、黑龙江、江苏等 10 余个省份 80 余个城市。

值得注意的是，在近年来中式快餐连锁化进程加快、头部品牌快速下沉、同质化竞争日趋激烈的市场背景下，犟骨头超级排骨饭仍保持了较为稳健的扩张节奏。据红餐大数据，2024 年 1 月至 2025 年 5 月，犟骨头超级排骨饭门店增长超过 50 家。同时，犟骨头超级排骨饭的门店闭店率仅有 10%，展现出品牌良好的门店运营稳定性。近年来，犟骨头超级排骨饭在产品和供应链上持续发力，不断夯实门店经营基础，也为其稳健扩张提供了有力支撑。

在产品策略上，犟骨头超级排骨饭通过主打酱香排骨套餐、搭配小锅菜与东北炖菜，打造出量大实惠、好吃不贵的消费体验，精准切中大众快餐消费者对高性价比与地道风味的双重需求。此外，犟骨头超级排骨饭还积极推进产品结构创新，在原有排骨套餐基础上，新增“面食 + 酱骨”组合产品，丰富消费者对不同主食的需求。同时，犟骨头超级排骨饭还以东北炖菜、卤味搭配现有酱骨做产品创新，推出了多种搭配的产品，定价上则主要向 15~20 元的价格带产品进行延伸，满足更多消费者的用餐需求。

在供应链和标准化上，犟骨头超级排骨饭坚持“老汤现炖”作为品牌核心风味支撑，通过全国加盟门店落地统一的现炖工艺，保障了不同城市、不同门店菜品风味的一致性和出餐品质的稳定性。其现炖工艺不仅提升了菜品的“锅气”和新鲜感，也成为品牌区别于传统排骨饭“重油重加工”印象的重要卖点，成功让犟骨头超级排骨饭在消费者心智中形成差异化认知。

总体来看，犟骨头超级排骨饭不仅

在排骨饭这一细分赛道中形成了较为稳固的品牌认知，还凭借其对产品、供应链、标准化的深耕，逐步构建起可复制、可持续的扩张模型。在快餐品牌迈入精细化运营的新阶段，犟骨头超级排骨饭这种“产品有特色、运营有体系、增长有节奏”的中式快餐品牌，正在成为引领中式米饭快餐品类升级的重要力量。

木桶饭与排骨饭的回暖并不是个例，这折射出中式米饭快餐正在同质化竞争中向“品类力＋品牌力”双轮驱动的战略演进。未来，在强调现炒与锅气的消费新趋势下，具备鲜明品类标签和高复购模型的细分品类，将成为品牌在激烈的竞争中脱颖而出的新解法。

整体来看，中式米饭快餐在现炒热潮带动下正迎来增长“窗口期”。然而，中式米饭快餐品类也面临着低价竞争加剧、产品趋同、利润承压等挑战。展望未来，随着中式米饭快餐品类供应链整合进程的不断加快，智能化设备应用步伐有望进一步提速，品类精细化竞争态势将迎来全面深化。在此背景下，品牌唯有在运营效率、消费体验与产品竞争力三大维度构筑可持续优势，方能在行业分化格局中脱颖而出。

第三节 粉面：

赛道向品牌化方向升级，“现炒”“生烫”受关注

作为小吃快餐领域门店数超百万家的大赛道，粉面正从传统的夫妻店模式向品牌化、规模化方向发展，赛道持续扩容和细分，诸如重庆小面、陕西面、新疆炒米粉、南昌拌粉、生烫牛肉米线等细分品类快速崛起。与此同时，上游供应链体系不断完善，为粉面品牌产品的标准化生产和门店的快速复制提供支撑。

一、地方粉面品牌崛起，上游供应链助力粉面赛道升级

在我国丰富多样的饮食文化中，粉面作为具有代表性的地方特色快餐品类，占据着举足轻重的地位。红餐产业研究院“2025 年餐饮消费大调查”显示，67.3% 的消费者每周至少消费 1 次米粉，而每周至少消费 1 次面条的消费者占比则达到了 71.2%。

得益于刚需属性强、性价比高的优势，粉面赛道呈现出蓬勃发展的态势。一方面，随着全国餐饮行业品牌化、连锁化程度不断提升，粉面赛道亦逐步从传统的夫妻店模式向品牌化、规模化方向发展。另一方面，一些聚焦细分赛道的地方粉面品牌加速崛起，诸如重庆小面、武汉热干面、陕西面、苏式面、生烫牛肉米线、柳州螺蛳粉、湖南米粉、南昌拌粉、新疆炒米粉、潮汕粿条、贵州羊肉粉等逐渐从区域化走向全国化，促使整个粉面赛道进一步扩容（见表 3-7）。

表 3-7　全国部分粉面细分赛道及代表品牌概况

细分赛道	代表品牌
重庆小面	遇见小面、秦云老太婆摊摊面、五味小面等
武汉热干面	常青麦香园、蔡林记、蔡明纬、武小五热干面等
兰州牛肉面	马记永 · 兰州牛肉面、陈香贵 · 兰州牛肉面、张拉拉兰州手撕牛肉面等
陕西面	老碗会 · 陕西手工面、大师兄、陕味食族油泼面等
苏式面	松鹤楼面馆、吴茂兴本帮面、裕兴记等
云南米线	蒙自源、阿香米线、大鼓米线、胖大碗小锅米线、乔杉杉生烫牛肉米线、窄巷口生烫牛肉米线等

续表

细分赛道	代表品牌
广西米粉	融柳大铁牛螺蛳粉、小蛮螺螺蛳粉、螺鼎记螺蛳粉、尝不忘桂林米粉等
湖南米粉	三两粉、霸蛮湖南米粉、大弗兰、赵发达砍肉粉、山水至尊杀猪粉等
江西米粉	子固路老南昌拌粉、周真真江西米粉、李大叔南昌拌粉等
新疆米粉	花小小新疆炒米粉、辣风芹、吴佳拌米粉等
广东米粉	荔银肠粉、银记肠粉、千韧 · 潮汕牛肉粿条、潮汕第壹粉 · 手工粿条粉等
贵州米粉	闵四遵义羊肉粉、贵凤凰贵州羊肉粉等

资料来源：公开信息，红餐产业研究院整理。

红餐大数据显示，2024 年全国粉面市场规模达 2,275 亿元，同比增长 7.8%。截至 2025 年 5 月，全国粉面门店数已经超过 100 万家，占小吃快餐赛道的 28.1%，预计 2025 年粉面市场规模将超过 2,400 亿元。

1. 产品创新迭代加速，品类融合趋势日益凸显

随着餐饮市场的竞争日益激烈，近年来粉面品牌纷纷加快了产品创新迭代的步伐，以提升自身的市场竞争力。据红餐大数据，2024 年 11 月至 2025 年 5 月，监测的 61 个粉面样本品牌累计推出了超 500 款新品。

从这些新品的所属类别来看，粉面赛道呈现出显著的品类融合趋势。粉面样本品牌推出的新品中，不仅有米粉、面条，还有米饭简餐、粥品、特色菜、小吃、饮品、甜品等产品（如图 3-8 所示）。其中，汤粉 / 面的占比最高，为 27.5%；特色菜紧跟其后，占比为 20%；拌 / 炒粉 / 面、小吃等产品的占比均超过了 10%。

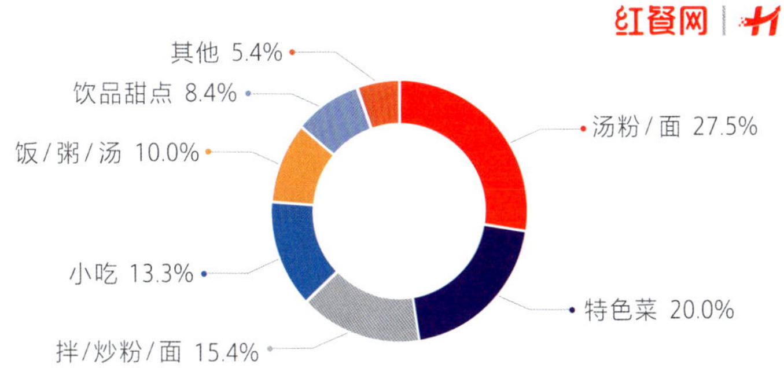

资料来源：红餐大数据，数据统计时间截至 2025 年 5 月 31 日。

图 3-8　2024 年 11 月至 2025 年 5 月粉面样本品牌的新品类别占比情况

值得一提的是，为了提升产品的价值感与消费者就餐体验，一些粉面品牌还推出了现炒浇头、现炒盖码饭、特色小炒、砂锅菜、小锅冒菜等更具有烟火气的产品，进一步丰富了粉面赛道的产品内涵与消费场景（见表 3-8）。

表 3-8　2024 年 11 月至 2025 年 5 月部分粉面品牌推出的现炒 / 砂锅菜新品一览

品牌名称	现炒 / 砂锅菜新品
五爷拌面	爆炒肉末茄子浇头面、螺丝椒爆炒肉丝浇头面等
遇见小面	安格斯肥牛小锅冒菜、软骨丸子小锅冒菜等
大师兄	西北羊锅锅、缸缸羊杂等
蒙自源	砂锅辣椒小炒肉、砂锅酱香肥牛煲等
大弗兰	现炒安格斯肥牛粉、18 秒爆炒鲜黄牛肉粉等
万利记	湘辣小炒鸡粉、湘辣小炒鸡盖码饭等
三品王	现炒酸菜牛肉盖饭、现炒香菇牛肉盖饭等
谭仔米线	酷辣肥牛飘香锅、沙姜鸡扒浓香锅等

资料来源：公开信息，红餐产业研究院整理。　　红餐网 | 红餐大数据

2. 粉面供应链体系持续升级，上游企业主动洞察市场趋势

在供应链方面，粉面赛道的快速成长也吸引了越来越多上游企业的关注，为粉面品牌构建起更为坚实且多元的供应链支撑体系。

一方面，粉面品牌能够借助火锅、烧烤、饮品等赛道的成熟供应链体系，为产品的标准化出餐奠定基础；另一方面，随着粉面市场的逐渐细分，一些上游企业专门针对粉面赛道量身定制精准的产品与服务。这些企业通过深入了解粉面赛道的特性与需求，从面条、米粉的原材料筛选与加工工艺优化，到契合粉面口味风格的汤底、酱料研发，再到与粉面搭配的特色小吃、配菜、饮品等原材料的供应，都进行了深入研究。

例如，仟味高汤的高效率现熬高汤解决方案，依托其全国 20 多个研创中心、超 50 人的研发团队，经过反复试验，找到了保留食材本味的秘诀，通过鸡汤、骨汤、牛肉汤三大真材实料的全能基础汤加持门店现熬，让门店“用标准化仟味高汤，做出没有工业化味道的现熬汤底”成为可能。同时，为了更好地服务餐饮品牌，仟味高汤还针对不同区域、不同类型的品牌门店，精准提供现熬解决方案。通过“仟味工厂规模化熬汤 + 餐饮店现熬现做场景 + 标准化调味”的高效率现熬高汤解决方案，粉面门店可

以比传统现熬汤节省 50% 的食材成本，缩短 70% 的熬汤时间，轻松实现“现熬烟火气”和降本增效。

此外，仟味高汤还有 7 大风味汤和 5 大绝配特色调味品。通过这些丰富的产品组合，粉面品牌可以轻松创新菜品、升级菜单、打造招牌爆款，在激烈的市场竞争中脱颖而出。

在消费趋谨慎的背景下，消费者在追求性价比的同时，对品质追求也并没有下降。粉面消费者外出更渴望吃到现熬现做、有烟火气的美食，追求好味道和性价比。餐饮品牌既要提高效率快速出餐，又要保证口味的稳定和减低成本，这些离不开专业供应链企业的加持。

二、面馆：重庆小面、陕西面等赛道扩张，品牌探索场景创新

面馆占据粉面赛道近七成的市场份额，也是小吃快餐赛道的第二大细分领域。近年来，在连锁化水平提升与产品创新的驱动下，面馆赛道保持平稳增长的发展态势。如图 3–9，红餐大数据显示，2024 年全国面馆市场规模达到 1,500 亿元，同比增长 7.5%。在门店数量方面，截至 2025 年 5 月，全国面馆门店超过 66 万家，较 2024 年同期增长了 1 万余家门店。预计 2025 年面馆市场规模有望突破 1,600 亿元。

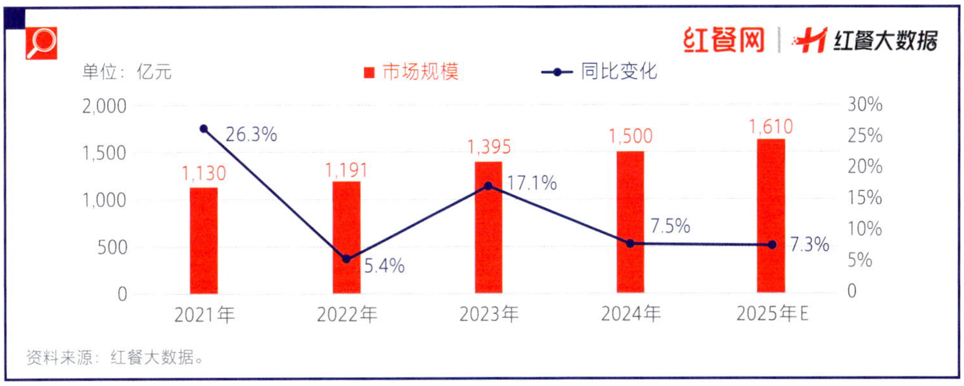

图 3–9　2021 — 2025 年全国面馆市场规模概况

1. 连锁化进程加速，重庆小面等赛道迈向品牌化升级

此前，面馆赛道的参与者以夫妻店、街边店为主，近年来随着从业者品牌化意识的提升，面馆赛道的连锁化率逐年提升。红餐大数据显示，截至 2025 年

5 月，门店数在 50 家以上的面馆品牌占比达到了 3.5%，同比提升了 0.2 个百分点。

在这样的背景下，面馆赛道孕育出了一批规模化程度较高的品牌，诸如五爷拌面、李先生牛肉面大王、和府捞面、味千拉面等品牌的门店数均超过了 500 家。与此同时，一些地方特色面馆品牌也在加速崛起（见表 3-9）。

例如，重庆小面赛道的秦云老太婆摊摊面、遇见小面、渝味重庆小面等品牌均超过了 300 家。其中，遇见小面于 2025 年 4 月凭借超 10 亿元的年度营收规模率先向港交所提交了上市申请。红餐大数据显示，截至 2025 年 5 月，全国重庆小面门店数超过了 3 万家。

武汉热干面赛道有常青麦香园、蔡林记、蔡明纬等品牌，门店数均超过 200 家。其中，深耕武汉大本营的常青麦香园已开出 700 余家门店，老字号蔡林记更是走出湖北向上海、河南、新疆、陕西等地区以及海外市场扩张。

兰州牛肉面赛道则涌现了马记永 · 兰州牛肉面、陈香贵 · 兰州牛肉面、张拉拉兰州手撕牛肉面、东方宫、西部马华等一系列品牌。其中，张拉拉兰州手撕牛肉面通过加盟模式快速扩张，其在 2024 年 5 月至 2025 年 5 月净增 100 余家门店，总门店数突破 220 家；而马记永 · 兰州牛肉面同期新增 70 余家门店，总门店数增至 360 余家，业务版图已扩展至全国 20 余个城市。

陕西面赛道同样孕育了多个发展势头强劲的品牌，包括老碗会 · 陕西手工面、大师兄、陕味食族油泼面和面巷等。其中，发源于广东深圳的老碗会 · 陕西手工面逐渐扩张至上海、江苏、浙江等地，截至 2025 年 5 月，其全国门店数已超过了 400 家。

表 3-9　2025 年全国部分面馆品牌发展概况

品牌名称	门店数（家）	人均消费（元）	门店主要分布区域
李先生牛肉面大王	830+	28	辽宁、山东、吉林等
五爷拌面	780+	21	黑龙江、山东、吉林等
常青麦香园	740+	10	湖北、河南、广东等
和府捞面	570+	33	上海、江苏、北京等
味千拉面	570+	43	上海、广东、江苏等
渝味重庆小面	470+	19	浙江、江苏、上海等
阿利茄汁面	440+	18	河南、陕西、河北等
老碗会 · 陕西手工面	410+	36	广东、上海、浙江等

续表

品牌名称	门店数（家）	人均消费（元）	门店主要分布区域
秦云老太婆摊摊面	400+	17	重庆、四川、西藏等
遇见小面	390+	28	广东、北京、上海等
马记永·兰州牛肉面	360+	34	上海、江苏、北京等
蔡明纬	350+	11	湖北、河南、江苏等
醉面	310+	21	北京、河南、山东等
陈香贵·兰州牛肉面	270+	32	上海、江苏、广东等
老城街小面	270+	21	河北、天津、江苏等
蔡林记	260+	15	湖北、广东、河南等
张拉拉兰州手撕牛肉面	220+	29	北京、上海、江苏等
东方宫	160+	24	北京、甘肃、山东等
陕味食族油泼面	140+	24	北京、江西、河北等
兵哥豌豆面	120+	21	四川、山西、浙江等
大师兄	110+	35	广东
松鹤楼面馆	100+	67	上海、北京、广东等
西部马华	80+	36	北京、河北、陕西
吴茂兴本帮面	80+	25	上海、辽宁、浙江等
康师傅私房牛肉面	70+	43	上海、天津、北京等
裕兴记	70+	55	上海、辽宁、江苏
面巷	50+	21	广东
五味小面	30+	20	广东、安徽、江苏等

资料来源：红餐大数据，数据统计截至 2025 年 5 月 31 日。

红餐网 | 红餐大数据

此外，苏式面、安徽板面、北京炸酱面等赛道也涌现出了一些连锁品牌。这些品牌或深耕区域市场，或逐步向外埠扩张，共同推动着面馆赛道的多元化发展。

2. 产品创新维度升级，品牌通过“面条 +”探索多元消费场景

随着入局者的增多，面馆赛道的竞争日益激烈。面对消费迭代、成本攀升以及客单价下滑的多重压力，众多面馆品牌从产品创新、经营模式、渠道建设、品牌营销等方面积极突围，以保持市场竞争力（见表 3-10）。

表 3-10　近年面馆品牌的主要发展亮点

维度	主要表现	代表案例
产品创新	品牌升级面条产品提升价值感，并以“面条+”策略拓展多元场景，满足消费者的多元化需求	在产品升级方面，遇见小面将其番茄汤底系列升级为阳光番茄；味千拉面对其经典拉面升级，叉烧分量增大50%，厚度增厚30%；和府捞面推出了养生草本汤系列产品。 在“面条+”方面，和府捞面推出了黑塌菜卤肉砂锅饭、长寿乡拌豆干、樱花蜜桃米麻薯等新品；陈香贵兰州牛肉面推出了西北牛肉凉皮、脆爽土豆丝、枸杞果仁拌蔬菜、冰糖雪梨汤等产品
经营模式	部分品牌探索全时段经营模式，以提升门店经营效率	遇见小面于2018年推出了24小时营业门店，目前其24小时营业门店近50家。2025年，其不仅在早餐时段推出了免费粥品与豆浆，还推出了“好搭下午茶”“冒菜撸串小夜市”系列产品。 常青麦香园将门店模型升级为5.0版本，通过“三餐分区”实现全时段覆盖
渠道建设	品牌深耕堂食与外卖两大核心渠道的同时，将业务拓展至团餐和零售领域	蔡林记、常青麦香园、松鹤楼面馆、遇见小面等品牌在天猫、京东等平台以及官方小程序推出了零售产品。 蔡林记、老碗会·陕西手工面等品牌承接了多项大型活动及赛事订单
品牌营销	品牌通过跨界联名、造节、社交媒体互动等多元化的方式，提升消费者黏性与品牌影响力	遇见小面与卡皮巴拉小海豚、《斗破苍穹》、《和平精英》、舒肤佳等IP及品牌进行多次联名，并在小红书推出了“街头暗号”活动。 和府捞面与开心麻花的《出马》联名推广新品黄金番茄肥牛面，此外，其还推出了“和府央厨一日老板”线下活动。蔡林记与益禾堂、自如等品牌进行了联动

资料来源：公开信息，红餐产业研究院整理。

在产品创新维度，一方面，品牌通过对面条、汤底、浇头等元素进行升级，提升产品的价值感，同时塑造差异化。例如，2024年，遇见小面不仅将其番茄汤底升级为阳光番茄，还推出了安格斯肥牛系列，通过高价值食材提升消费者体验；和府捞面推出了养生草本汤系列产品，以满足消费者对健康养生的需求。

另一方面，为了满足消费者的多元化需求，很多面馆品牌不仅在菜单中设置了多种面条口味供选择，如清汤口味、酸汤口味、番茄汤口味、麻辣口味等，还在菜单中加入了米饭简餐、烧烤、特色小吃、凉菜、冒菜、饺子馄饨、饮品、甜品等产品。例如，陈香贵·兰州牛肉面在2024年11月至2025年5月推出了西北牛肉凉皮、脆爽土豆丝、枸杞果仁拌蔬菜、冰糖雪梨汤等新品。

凭借“面条+”的产品策略以及经营模式的调整，一些面馆品牌已实现了多时段多场景的覆盖。例如，遇见小面自2018年推出了24小时营业门店，2025年，其不仅在早餐时段推出了免费粥品与豆浆，还推出了“好搭下午茶”“冒菜撸串小夜市”系列产品。截至 2025 年 5 月，遇见小面的 24 小时营业门店已增至近 50 家。

在品牌营销维度，面馆品牌通过跨界联名、造节、社交媒体互动、线下“一日老板”等多元化的营销方式，提升消费者黏性与品牌影响力。

总体来看，面馆赛道仍呈现出较强的发展活力与增长潜力，但同时也面临着多重挑战：其一，地域口味差异导致面条产品的标准化难度较大，同时也制约品牌的全国化扩张；其二，手工现制面条对人工的依赖程度较高，不仅门店复制成本较高，现制工艺与品控稳定性的平衡也是一大难题；其三，面条作为基础主食已在消费者心中形成了较为固化的价格认知，使得面馆品牌在探索高价格带产品时面临着较大困难。

未来，整个面馆赛道的升级与可持续发展之路依然漫长而艰巨。面馆品牌还需在产品、模式、营销、供应链等方面持续创新，方能在激烈的市场竞争中谋求更为长远的发展。

三、米粉：地方米粉赛道持续细分，生烫牛肉米线走红

近年来，随着市场对地方米粉的不断挖掘以及品牌连锁化程度的提升，米粉赛道持续扩容。如图 3-10，红餐大数据显示，2024 年全国米粉市场规模达到 775 亿元，同比增长 8.4%。截至 2025 年 5 月，全国米粉门店超过 34 万家，较 2024 年同期增长了 4 万余家门店，预计 2025 年全国米粉市场规模将继续增长至 830 亿元。

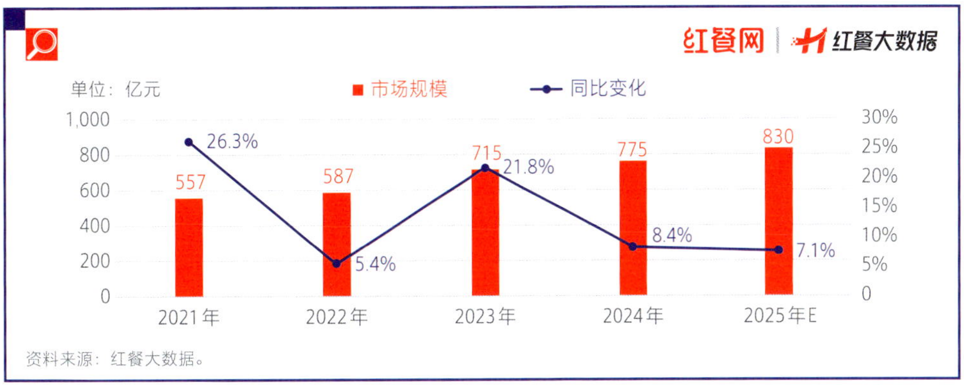

图 3-10　2021 — 2025 年全国米粉市场规模概况

1. 赛道持续细分，生烫牛肉米线异军突起

我国米粉细分赛道众多，包括广西米粉、云南米线、湖南米粉、广东米粉、江西米粉、贵州米粉、新疆米粉、川渝米粉等。每种地方米粉都凭借其独具特色的口感与风味，在竞争激烈的市场中占据了一席之地。

如图 3-11，红餐大数据显示，截至 2025 年 5 月，广西米粉、云南米线、湖南米粉、广东米粉、江西米粉以及贵州米粉的门店数占比均超过了 5%。

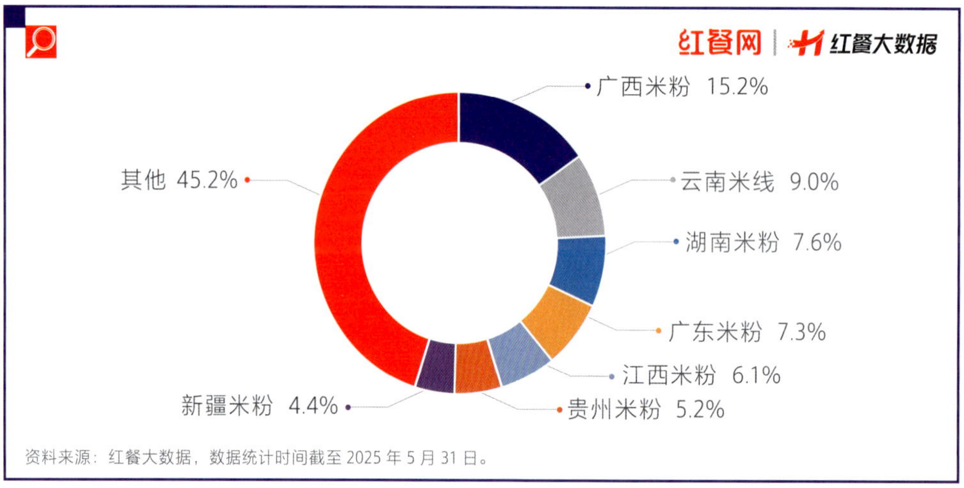

图 3-11　2025 年全国米粉细分赛道门店数占比情况

随着连锁化进程的加速推进，各米粉细分赛道均涌现出了一批规模可观、影响力渐长的连锁化品牌。同时，赛道细分趋势日益明显，一批专注于更细分的地方特色米粉的品牌崭露头角（见表 3-11）。

例如，在新疆米粉领域，花小小新疆炒米粉、辣风芹、啊臻味道米粉等品牌专攻新疆特色炒米粉。其中，花小小新疆炒米粉凭借高效的运营模式，实现了门店的快速扩张。红餐大数据显示，2024 年 5 月至 2025 年 5 月，花小小新疆炒米粉净增门店数量 1,000 余家，总门店数超过 2,400 家。

广西米粉领域则孕育了柳州螺蛳粉、桂林米粉等细分赛道。其中，柳州螺蛳粉赛道的融柳大铁牛螺蛳粉在 2024 年 5 月至 2025 年 5 月净增门店 300 余家，总门店数超过 1,600 家；小蛮螺螺蛳粉、柳螺香、螺鼎记螺蛳粉等品牌的门店数均超过了 400 家。桂林米粉赛道的尝不忘桂林米粉的门店数已超过了 230 家。

云南米线领域不仅培育出了蒙自源、阿香米线、大鼓米线等实力品牌，还进一步细分出过桥米线、云南小锅米线、生烫牛肉米线等赛道。其中，生烫牛肉米线凭借“现切生烫”工艺在2024—2025年掀起消费热潮，乔杉杉生烫牛肉米线、霸舌生滚牛肉米粉、窄巷口生烫牛肉米线等品牌迅速崛起。

表 3-11　2025 年全国部分米粉品牌发展概况

品牌名称	细分赛道	门店数（家）	人均消费（元）	门店主要分布区域
五谷渔粉	鱼粉	2,500+	15	广东、河南、湖北等
花小小新疆炒米粉	新疆米粉	2,400+	18	山东、河北、河南等
融柳大铁牛螺蛳粉	柳州螺蛳粉	1,600+	17	浙江、江苏、河南等
蒙自源	云南米线	1,500+	22	广东、福建、江苏等
无名缘米粉	—	1,300+	17	黑龙江、辽宁、内蒙古等
小蛮螺螺蛳粉	柳州螺蛳粉	790+	19	山东、河南、河北等
曾三仙米线	川渝米线	630+	24	江苏、四川、安徽等
阿香米线	云南米线	580+	29	山东、江苏、浙江等
乔杉杉生烫牛肉米线	生烫牛肉米线	520+	22	江苏、浙江、上海等
柳螺香	柳州螺蛳粉	480+	14	广西、广东、湖南等
啊臻味道米粉	新疆米粉	450+	22	新疆、广东、天津等
螺鼎记螺蛳粉	柳州螺蛳粉	430+	15	湖南、四川、江西等
莱得快酸辣粉	酸辣粉	400+	17	重庆、四川、湖南等
辣风芹	新疆米粉	400+	20	新疆、四川、江苏等
姐弟俩土豆粉	砂锅土豆粉	390+	26	河南、河北、陕西等
吴佳拌米粉	新疆米粉	380+	19	新疆、甘肃、河南等
窄巷口生烫牛肉米线	生烫牛肉米线	330+	21	广东、上海、福建等
魔都三兄弟	酸辣粉	310+	22	江苏、河北、上海等
霸舌生滚牛肉米粉	生烫牛肉米线	290+	21	陕西、浙江、河南等
周真真江西米粉	江西南昌拌粉	280+	18	江西、浙江、广东等
三品王	广西牛肉粉	270+	15	广西、广东、上海等
大鼓米线	云南米线	250+	28	上海、浙江、江苏等
尝不忘桂林米粉	广西桂林米粉	230+	13	广西、广东、江西等
阿佑鲜烫牛肉米线	生烫牛肉米线	180+	21	上海、浙江、江苏等
小淮娘鸭血粉丝	鸭血粉丝	170+	21	江苏、浙江、江西等
千韧 · 潮汕牛肉粿条	潮汕粿条	170+	25	北京、上海、天津等
荔银肠粉	广式肠粉	160+	23	广东、广西、北京等
李大叔南昌拌粉	江西米粉	160+	19	广东、浙江、上海等
子固路老南昌拌粉	江西米粉	150+	24	浙江、北京、上海等
云阿蛮生烫牛肉米线	生烫牛肉米线	130+	27	云南、上海、北京等
小满手工粉	湖南米粉	110+	34	上海、北京、浙江等
万方圆拌粉瓦罐汤	江西米粉	110+	20	江西、江苏、湖北等
三两粉	湖南米粉	100+	25	广东、福建、上海等

续表

品牌名称	细分赛道	门店数（家）	人均消费（元）	门店主要分布区域
周成芝螺蛳粉	柳州螺蛳粉	100+	16	广东、上海、四川
霸蛮湖南米粉	湖南米粉	100+	33	北京、河北、山东等
银记肠粉	广式肠粉	80+	23	广东、上海、北京等
胖大碗小锅米线	云南米线	80+	17	云南、山东、广西等
红荔村肠粉	广式肠粉	80+	23	广东、广西、湖南
肥汁米蘭香港米线	港式米线	80+	40	上海、湖北、江苏等
赵发达砍肉粉	湖南米粉	70+	20	广东
桥香园云南过桥米线	云南米线	70+	36	云南、内蒙古、山西等
拌粉君	江西米粉	70+	24	广东、上海、湖南等
甘食记成都肥肠粉	肥肠粉	60+	23	四川、广东、河南等
大熊熊螺蛳粉	柳州螺蛳粉	50+	17	广西、广东、黑龙江等
万利记	湖南米粉	50+	27	广东、陕西、江苏等
灵芝妹子海鲜米线	海鲜米线	50+	27	辽宁
大弗兰	湖南米粉	50+	29	广东、湖南、湖北等
闵四遵义羊肉粉	贵州羊肉粉	30+	20	贵州、四川、北京等
厨曲水城羊肉粉	贵州羊肉粉	20+	26	广东、北京、浙江
FAT PHO 大發越南粉	越南粉	20+	69	上海、江苏、浙江等
谭仔米线	云南米线	10+	34	广东
孔雀记忆 PHO 越南粉	越南粉	10+	38	北京、上海
潮汕第壹粉·手工粿条粉	潮汕粿条	10+	19	广东
贵凤凰贵州羊肉粉	贵州羊肉粉	10+	35	北京、广东、贵州
蔡澜越南粉	越南粉	10+	51	广东、陕西
苗阿妹贵州羊肉粉	贵州羊肉粉	10+	27	北京、吉林、河北
山水至尊杀猪粉	湖南米粉	10+	19	广东、安徽、湖南

资料来源：红餐大数据，数据统计截至 2025 年 5 月 31 日。 红餐网 | 红餐大数据

湖南米粉领域除了拥有大弗兰、霸蛮湖南米粉、三两粉、万利记、小满手工粉等连锁品牌外，还形成了津市牛肉粉、郴州杀猪粉、砍肉粉等多个具有鲜明特色的地域细分赛道，赵发达砍肉粉、百春原湖南牛肉粉、山水至尊杀猪粉等品牌开始崭露头角。

江西米粉市场则以南昌拌粉为核心发展出了多个连锁品牌，如周真真江西米粉、李大叔南昌拌粉、子固路老南昌拌粉、万方圆拌粉瓦罐汤等品牌纷纷加速全国化布局。

而广东米粉领域的广式肠粉、潮汕粿条等细分赛道也表现得较为亮眼。其中，创立于 2018 年的荔银肠粉在广东、广西、北京等地开出了 160 余家门店；主打潮汕牛肉粿条的千韧·潮汕牛肉粿条从北京起家，已在全国开出了 170 余家门店。

此外，一些主打越南粉的品牌开始冒头，如蔡澜越南粉、FAT PHO 大發越南粉、孔雀记忆 PHO 越南粉等。这些

品牌不仅提供各种口味的越南米粉，还会提供东南亚特色的菜品、小吃以及饮品，如绿咖喱牛肉、香茅秘烤猪颈肉、越式炸春卷、泰式柠檬茶等，人均消费通常高于粉面赛道均值。

2. 品牌持续加码烟火气，“现炒”“生烫”模式受关注

随着地方米粉品牌的增多，米粉赛道的竞争也日趋白热化。为了在激烈的市场竞争中脱颖而出，各米粉品牌正从产品创新、渠道拓展和供应链建设等维度进行升级。

在产品层面，为了满足消费者对新鲜健康饮食的追求，一些品牌通过“现制”“现炒”“现切”的烹饪形式，提升产品的价值感。例如，三两粉、甘食记成都肥肠粉、小满手工粉等品牌主打“现制鲜粉”，它们通过门店的明档厨房进行鲜粉制作展示；蒙自源、大弗兰、三品王、霸蛮湖南米粉等品牌则通过现炒浇头、现炒菜品、现炒砂锅饭/盖浇饭等具有烟火气的产品，提升消费者体验。

与此同时，随着生烫牛肉米线的走红，“现切生烫”这一模式在米粉赛道蔓延开来。蒙自源、魔都三兄弟、三品王、肥汁米蘭香港米线等品牌均推出了生烫牛肉米线系列产品，部分品牌甚至将“现切生烫”模式应用到其他产品上，如曾三仙米线推出了生烫牛肉小面等。

此外，品牌还将米饭简餐、面条、特色菜、特色小吃、饮品、甜品等产品纳入菜单中，拓宽产品线，以满足消费者日益多元化的需求。

在渠道层面，阿香米线、贵凤凰贵州羊肉粉、三品王、大弗兰等品牌积极探索团餐业务；霸蛮湖南米粉、甘食记成都肥肠粉、啊臻味道米粉、吴佳拌米粉等品牌则在零售渠道发力。这些品牌通过多元化的渠道布局，拓展发展边界。

在供应链层面，蒙自源、阿香米线、花小小新疆炒米粉等品牌均在上游的原材料种植/采购、食品加工、仓储物流等方面进行了布局。其中，阿香米线新建总面积达2.9万平方米的中央食品加工厂已于2025年年初全面投产。

虽然当前米粉赛道呈现出稳定增长的态势，但仍面临着一系列亟待解决的挑战。例如，米粉产品的同质化问题愈发显著，现炒现制类产品在品质把控和出餐效率方面对门店提出了更高的要求，米粉消费场景较为单一等。未来，米粉品牌若想在激烈的市场竞争中脱颖而出，需要持续不断地进行创新与优化，积极探索差异化发展路径，以适应不断变化的市场环境与消费者需求。

第四节 卤味：品类市场规模增速放缓，品牌多策略寻求业绩增长点

近年来，随着入局者的增加，卤味赛道的竞争日益激烈。加之“卤味产品价格过高”等话题屡屡引发消费者热议，卤味品牌正面临前所未有的压力。为探寻新的业绩增长点，提升品牌市场竞争力，卤味品牌采取构建多元化产品矩阵、开展跨界投资、推进年轻化营销等多种策略。

一、卤味赛道参与者众多，品类市场规模增速放缓

卤味在中国拥有较为悠久的历史。在唐朝，文人在吟诗会友之际，就常用卤味下酒。历经千年传承，如今卤味的消费场景变得更加多元化，不仅是消费者在追剧、观赛时的休闲零食，还是他们餐桌上的配菜、凉菜。经过多年的发展，卤味已经形成了庞大且较为稳定的消费群体。红餐产业研究院“2025 年卤味消费者行为与偏好调查”显示，超九成受访者在日常生活中有吃卤味的习惯。

消费群体稳定加上卤味的标准化生产与预制加工技术也较为成熟，降低了卤味赛道的准入门槛。基于此，卤味赛道吸引了众多参与者，从头部连锁品牌到夫妻店、路边摊等各类经营主体，均在售卖卤味产品。与此同时，其他餐饮赛道品牌、零食、预制菜企业等近年也纷纷跨界布局卤味领域。

参与者众多，叠加消费渐趋谨慎等多重因素的影响，卤味赛道市场竞争日趋激烈，近年卤味品类的市场规模增速也有所放缓。如图 3-12，红餐大数据显示，2024 年，全国卤味品类市场规模为 1,573 亿元，同比增长 3.7%，同比增速下降了 1.1 个百分点。虽然市场规模增速放缓，但得益于庞大的消费群体，预计 2025 年卤味品类市场规模仍有望增至 1,620 亿元。

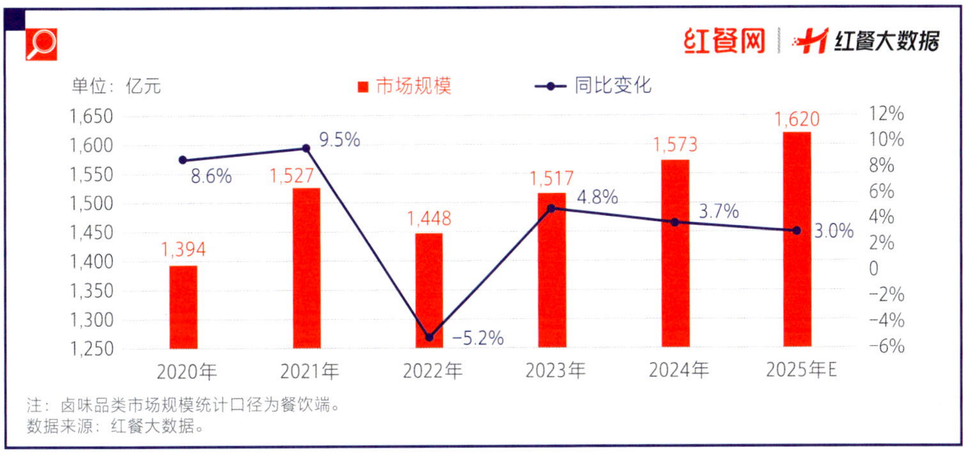

图 3-12　2020 — 2025 年全国卤味品类市场规模概况

从市场竞争格局来看，目前卤味赛道规模化水平仍有待提升。红餐大数据显示，卤味品牌以小型连锁品牌为主。截至 2025 年 5 月，全国门店数在 50 家及以下的卤味品牌占比超过 85%，而门店数在 500 家以上的卤味品牌占比不足 2%。

近年来，为了应对来自各方的竞争压力以及巩固已有的市场，部分卤味品牌从激进扩张转向稳健发展，门店扩张节奏放缓，部分卤味品牌的门店数甚至出现了收缩的情况。红餐大数据显示，目前仅绝味鸭脖、紫燕百味鸡、周黑鸭、煌上煌、窑鸡王、九多肉多、久久丫等卤味品牌门店数量突破千家。其中，绝味鸭脖以超万家门店，稳居第一；紫燕百味鸡门店超过 5,800 家，位列第二；周黑鸭以超过 2,700 家的门店，位列第三（见表 3-12）。

表 3-12　2025 年全国部分卤味品牌发展概况

品牌名称	门店数（家）	人均消费（元）	门店主要分布区域
绝味鸭脖	12,000+	26	广东、浙江、湖南等
紫燕百味鸡	5,800+	29	江苏、安徽、湖北等
周黑鸭	2,700+	31	湖北、广东、湖南等
煌上煌	2,000+	27	江西、广东、福建等
窑鸡王	1,800+	38	广东、江苏、福建等
九多肉多	1,500+	13	河南、陕西、山西等
久久丫	1,200+	29	江苏、浙江、北京等
栖头鸭	800+	18	广东、广西、湖南等

续表

品牌名称	门店数（家）	人均消费（元）	门店主要分布区域
卤江南	750+	30	江苏、上海、浙江等
李华泽热卤鸭货	700+	27	吉林、辽宁、黑龙江等
廖记棒棒鸡	630+	28	四川、湖北、重庆等
麻爪爪	500+	21	重庆、四川、广东等
洪濑鸡爪	450+	23	福建、江西、广东等
留夫鸭	400+	29	浙江、上海、江苏等
德州扒鸡	400+	35	山东、河北、北京等
精武鸭脖	400+	19	浙江、湖北、山东等
辣小鸭	300+	23	吉林、辽宁、黑龙江等
卤三国	250+	20	河南、河北、山东等
菊花开手撕藤椒鸡	250+	25	河南、山东、河北等
盛香亭热卤	220+	22	湖南、广东、江西等
超浔黑鸭	160+	19	甘肃、辽宁、内蒙古等
小胡鸭	160+	25	湖北、河北、广东等
物只卤鹅	80+	27	广东、江苏、浙江等
研卤堂香糯热卤	30+	23	湖北、广西
热卤食光	30+	22	上海、江苏、浙江等

资料来源：红餐大数据，数据统计截至 2025 年 5 月 31 日。

红餐网 | 红餐大数据

二、卤味品牌进入精细化运营阶段，多策略提升品牌竞争力

近年来，经历了前期高速发展阶段，众多卤味品牌逐步转入精细化运营阶段，通过探索多品类经营、布局跨界投资、强化年轻化营销等策略，持续提升品牌竞争力，谋求新的业绩增长点。

1. 卤味品牌持续深化“卤味 +”策略，探索多品类经营

在产品维度上，除加快卤味产品上新步伐外，卤味品牌积极将卤味与其他餐饮品类结合，即深化“卤味 +”策略，丰富门店的产品矩阵，增强卤味产品的刚需属性。

据红餐产业研究院观察，当前“卤味 +”主要有“卤味 + 主食”“卤味 + 甜品”“卤味 + 饮品”“卤味 + 小吃”

等多种组合（见表 3-13）。其中，“卤味＋主食”通过将卤味与主食搭配，拓展午餐、晚餐等消费场景，探索快餐化。这种组合早期常见于佐餐卤味品牌、热卤品牌中，近两年煌上煌、久久丫、麻爪爪等休闲卤味品牌逐渐也加入进来。

值得注意的是，为优化门店营收结构，饮品逐渐成为卤味门店的常见配置。众多卤味品牌会在门店推出奶茶、柠檬茶、椰子水、可乐等解辣解腻饮品，既满足了消费者的即时需求，又通过产品类别的扩充提升了客单价。

表 3-13　近年部分卤味品牌的“卤味＋”策略一览

类型	主要特点	代表案例
卤味＋主食	将卤味与米饭、粉面、粥等主食结合，拓展午餐、晚餐等消费场景，探索快餐化	久久丫部分门店推出了卤香鸡腿米饭套餐、热卤猪肘米饭套餐等多种主食简餐；煌上煌江西部分门店推出了风味酱肉脯饭、香卤牛肉饭等卤香盖饭产品
卤味＋甜品	将卤味与甜品结合，拓展下午茶场景	盛香亭热卤门店在售卖各类卤味的同时，也提供了龟苓膏、蜜酿玫瑰冰凉粉等多种甜品；一心一味 2024 年对门店进行了升级，新门店主打热卤快餐、糖水
卤味＋饮品	将卤味与饮品结合，中和消费者的口腔刺激，以解辣型饮品为主	除了提供“半只窑鸡＋腊味饭＋可乐”单人套餐外，窑鸡王的门店还配备了啤酒、椰子汁等多种饮品；周黑鸭饮料品牌“丫丫椰”推出的首款单品“鲜萃粉椰水”，从 2025 年 1 月开始陆续在周黑鸭全国门店售卖
卤味＋小吃	将卤味与各类小吃互补，实现口感的互补、风味叠加	除了川卤产品、米饭之外，廖记棒棒鸡的门店还出售藤椒鱿鱼串、藤椒鹌鹑蛋串等多种冷锅串串产品；研卤堂香糯热卤的部分门店提供了热卤、甜品、小吃、卤肉饭等多种产品

资料来源：公开信息，红餐产业研究院整理。　红餐网 | 红餐大数据

2. 头部品牌通过孵化或投资其他赛道品牌，寻找业绩增长点

在跨界投资上，相较于自行孵化子品牌，卤味品牌更倾向于通过投资和扶持同赛道品牌，同时也会通过跨界布局，向孵化平台转型，以此开拓新的业绩增长点（见表 3-14）。

例如，绝味通过旗下子公司“网聚资本”，已对外投资涵盖原料供应、冷链物流等产业链上下游企业，以及廖记棒棒鸡、卤江南、盛香亭热卤等卤味品牌，形成多元化的产业投资矩阵。周黑鸭近年来亦在探索多元化布局，其在 2025 年初推出饮品品牌“丫丫椰”之后，又于 2025 年 3 月与四川申唐产业集团达成战略合作，双方成立合资公司四川周黑鸭食品科技有限公司，共同开发周黑鸭“嘎嘎香”系列复合调味料及方便速食产品。

表 3-14　部分卤味品牌近年来的投资动向一览

品牌名称	生产端	流通端	餐饮端
绝味鸭脖	肉鸭生产企业：塞飞亚	调味品企业：幺麻子、美鑫食品、仟壹生物、雪麦龙 冷链物流企业：快行线冷链物流、江西阿南物流、江西鲜配物流 预制菜供应企业：绝洽食品	卤味品牌：廖记棒棒鸡、卤江南、盛香亭热卤、精武鸭脖、舞爪、帝煌烤卤 其他餐饮品牌：蛙来哒、和府捞面
紫燕百味鸡	肉鸡生产企业：思玛特禽业	—	卤味品牌：赛八珍 其他餐饮品牌：老韩煸鸡、燕小二、冯四孃跷脚牛肉、椒言椒语
周黑鸭	小龙虾生产企业：聚一虾	调味品企业：四川周黑鸭食品科技	其他餐饮品牌：丫丫椰
煌上煌	—	预制菜供应企业：新煌厨餐饮	其他餐饮品牌：真真老老、煌家徐妈卤汁拌粉

资料来源：公开信息，红餐产业研究院整理。

红餐网 | 红餐大数据

3. 品牌深耕年轻化战略，强化与年轻群体的情感共鸣

随着生活节奏加快和压力增大，“情绪消费”“悦己消费”在年轻消费群体中成为一种潮流。

为了迎合当下年轻消费者的喜好，绝味鸭脖、周黑鸭、煌上煌等多家卤味品牌持续深化年轻化的策略，通过围绕年轻群体需求，构建线上线下融合的营销矩阵，深化品牌与年轻消费群体的情感共鸣。

例如，2024 年，绝味鸭脖推出新的品牌口号“敢辣，才绝味”，将产品层面的辣味符号升级为“敢于挑战、释放激情”的青年态度表达。同时，绝味鸭脖还同步焕新品牌 logo 与 IP 形象，并签约首位全球品牌代言人，借助明星效应强化年轻化的品牌形象。此外，绝味鸭脖还围绕“你的脖子才是我的绝味”热梗发起线下快闪活动，以趣味互动深化消费者记忆。

周黑鸭创始人周富裕从 2024 年开始通过抖音平台塑造个人 IP，拉近了品牌与年轻消费者的距离。煌上煌则除了在线上直播之外，还与多地音乐节、运动会展开跨界联名，通过在现场开展“免费吃手撕酱鸭”“现场打卡赢取礼物”等活动，以味觉体验与趣味互动结合的形式，强化了年轻消费者对品牌的记忆点，并借助音乐节、运动会的流量效应，提升了品牌的曝光度。

三、卤味消费者价格敏感度高，卤味的卫生、口味最受关注

对消费者行为的演变轨迹进行深度洞察分析是卤味品牌构建发展战略、制定决策的核心依据。为了更深入地了解卤味消费者的消费情况，红餐产业研究院特开展了“2025 年卤味消费者行为与偏好调查”。

从卤味消费者年龄来看，追求个性和时尚的年轻人是当下卤味消费的主力军。红餐产业研究院“2025 年卤味消费者行为与偏好调查”显示，卤味消费者的年龄集中在 19~35 岁，该年龄段的消费者占整个卤味消费群体的 76.7%。其中，年龄在 19~25 岁、26~30 岁的消费者占比超过一半（如图 3-13 所示）。

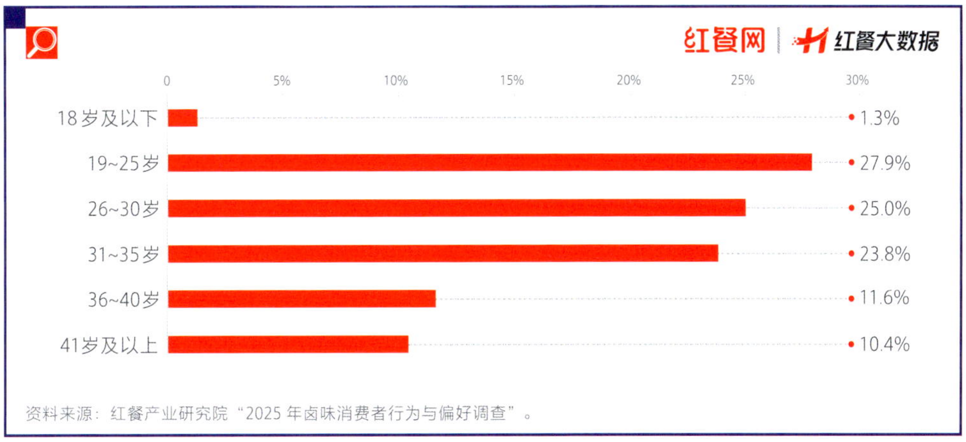

图 3-13　2025 年卤味消费者的年龄分布情况

近年来，由于卤味产品销量减少，部分卤味品牌陷入营收下滑、盈利难度增加的困境。产品销量减少，往往是多重因素交织作用的结果。红餐产业研究院“2025 年卤味消费者行为与偏好调查”显示，食品安全（卫生状况与食材新鲜度）、味觉体验、价格 / 性价比、品牌口碑及促销活动等因素，均能影响消费者对卤味产品的购买（如图 3-14 所示）。

其中，有 69.7% 的受访消费者表示关注卤味产品的卫生状况，另有 57.3% 的受访消费者关注食材新鲜度。在食品安全之外，许多消费者也比较看重产品口味、价格 / 性价比。其中，有 67.4% 的受访消费者表示关注卤味产品的口味，57.3% 的受访消费者关注卤味产品的价格 / 性价比。

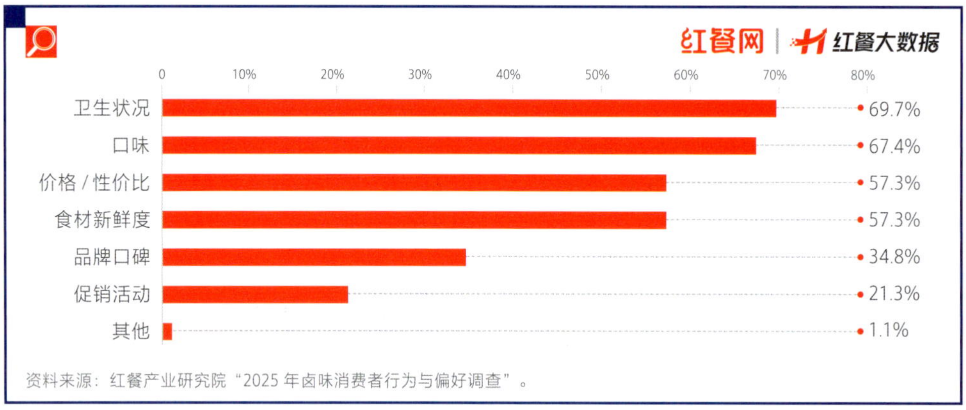

图 3-14　2025 年卤味消费者购买卤味产品时关注的因素

从购买渠道来看，卤味消费者的购买渠道呈现多元化的特点。无论是标准化运营的卤味连锁品牌门店、独具特色的独立门店，还是充满烟火气的路边摊，均有其相应的消费人群。

如图 3-15，红餐产业研究院“2025 年卤味消费者行为与偏好调查”显示，偏好在连锁品牌门店购买卤味的消费者比例最高，达到 33.7%。此类消费者看中的是连锁品牌店的信誉可靠、口味稳定、卫生较有保障等优势。32.6% 的受访消费者偏好在线下卤味个体店购买，这一比例接近于连锁品牌店。

卤味路边摊亦颇受消费者青睐，其多分布在社区、夜市、地铁口等人流量大的区域，靠近消费人群。25.6% 的受访消费者偏好在路边摊 / 菜市场摊位购买卤味。偏好在路边摊购买卤味的消费者，主要看重路边摊购买方便、价格实惠、新鲜现制、市井烟火气等特点。

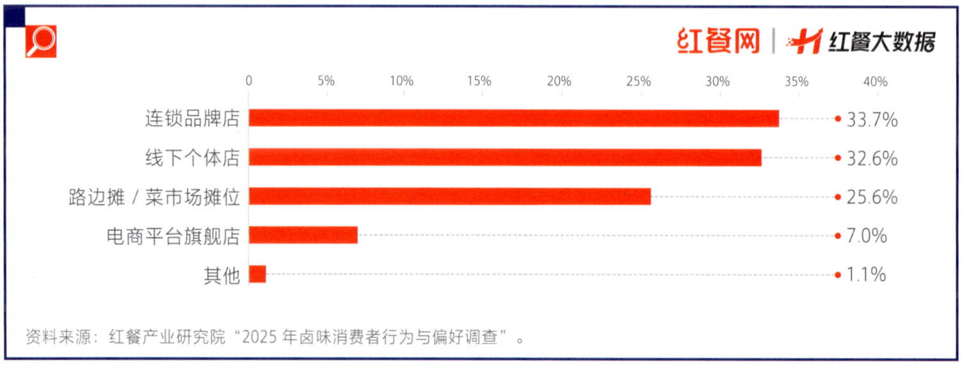

图 3-15　2025 年卤味消费者购买卤味的渠道偏好情况

近年来，“卤味产品价格过高”等相关话题频繁引发消费者热议，例如，2024年，“卤味三巨头为什么失宠”话题冲上微博热搜，目前此话题阅读量已超过1亿次。尽管如此，卤味消费群体仍展现出较强的稳定性。

红餐产业研究院“2025年卤味消费者行为与偏好调查”显示，在最近一年里，51.7%的受访消费者购买卤味的频次未出现明显变化，且购买频次增加的消费者比例与购买频次减少的消费者比例相近。

值得注意的是，在消费者消费态度渐趋谨慎的背景之下，卤味消费者对价格有着较高的敏感度。如图3-16，红餐产业研究院“2025年卤味消费者行为与偏好调查”显示，在卤味消费者能接受的单次人均消费金额方面，接受单次卤味人均消费金额在20~30元的消费者占比最高，达到42.7%；其次是接受单次卤味人均消费金额在10~20元的消费者，占比为23.6%；接受单次卤味人均消费金额在30~40元的消费者比例为21.3%，位列第三。

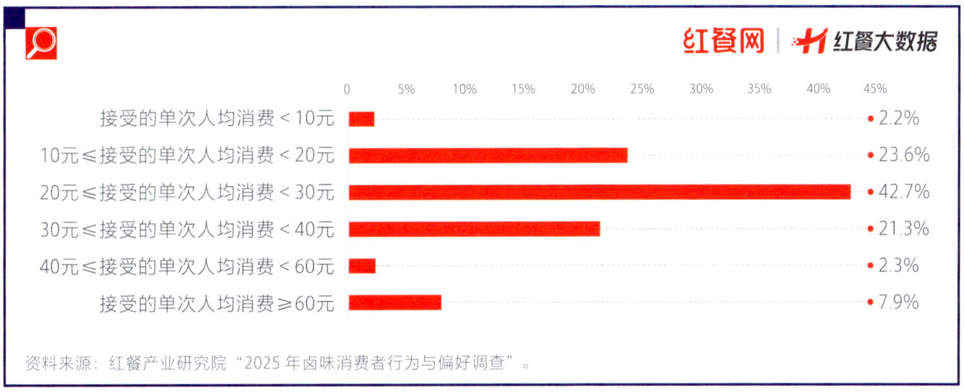

图3-16　2025年卤味消费者能接受的单次人均消费金额

特别是当卤味产品涨价10%以上时，有47.2%的受访消费者表示会减少购买，另外有11.1%的受访消费者会拒绝购买或者转向其他低价平替产品。值得注意的是，也有25.8%的受访消费者表示在产品质量好的前提上，能接受卤味产品适当涨价。此类消费者更注重产品的品质而非价格。卤味品牌或可通过建立分级定价策略，对更看重品质的消费群体提供定制化、高附加值服务来吸引此类消费者。

总的来看，尽管卤味赛道拥有庞大的消费群体，但目前卤味赛道正面临着众多挑战，如市场份额被其他赛道蚕食、产品同质化严重、产品溢价高及价值感不强等。在此背景下，卤味品牌要想在激烈的竞争中突围，持续拓展消费场景边界、深化产品差异化创新，将成为实现增长破局的关键。

第五节 西式快餐：细分赛道崛起，现制饮品与中式小吃成创新发力点

近年来，西式快餐品类在我国呈现出蓬勃发展的态势，赛道持续扩容且不断细分。其中，中式汉堡、薯条专门店等细分赛道表现较为亮眼，成为西式快餐品类的新亮点。此外，头部品牌将联名营销升级为常态化运营策略，还积极探索微短剧等新兴营销方式。

一、赛道呈现高速增长态势，中式汉堡、薯条专门店表现亮眼

近年来，部分原本依赖进口的食材，逐步实现了本土化生产，其中冷冻薯条与奶酪的本土化进展尤为显著。据联合国商品贸易统计数据库，2022 年我国冷冻薯条的出口量就已超过了进口量，成为净出口国。红餐大数据显示，2024 年全国冷冻薯条产量约为 50 万吨。此外，作为西式快餐的重要原料，我国奶酪的年产量也呈逐年增长态势，农业农村部数据显示，预计到 2027 年全国奶酪总产量将达到 30 万吨。

目前，西式快餐已逐渐形成了高度专业化、分工精细的供应链体系，覆盖上下游全链条，各细分领域均涌现了一批规模化的代表企业（见表 3-15）。

例如，在肉类食材及加工领域，圣农发展、凤祥食品、泰森食品等企业构建了完整的产业链布局；在冷冻薯条领域，既有麦肯食品、蓝威斯顿、爱味客、辛普劳等国际薯条供应商的本土化布局，也有雪川农业集团、凯达恒业等本土企业的崛起；在烘焙食材领域，跨国企业宾堡集团旗下子品牌怡斯宝特、曼可顿为诸多西式快餐品牌提供汉堡胚，我国本土品牌古船面包、西厨贝可在该领域也占有一定的市场份额；乳制品和西式调味料领域则聚集了安佳专业乳品、三元食品、味好美、基快富食品、宝立食品、卡夫亨氏、联合利华饮食策划、丘比食品等一批实力颇为雄厚的供应商。

表 3-15　全国西式快餐供应链代表企业一览

细分领域	代表企业 / 品牌
肉类食材	圣农发展、凤祥食品、泰森食品、大成食品、元盛食品等
冷冻薯条	麦肯食品、蓝威斯顿、爱味客、辛普劳、雪川农业集团、凯达恒业等
烘焙食材	宾堡集团、古船面包、西厨贝可、嘉顿等
乳制品	安佳专业乳品、三元食品、百吉福等
调味料	味好美、卡夫亨氏、联合利华饮食策划、基快富食品、宝立食品、麦味宝、日辰股份、丘比食品、雀巢（Nestlé）、百利食品、富琳特等

资料来源：公开信息，红餐产业研究院整理。　红餐网 | 红餐大数据

这些供应链企业不仅提供标准化、定制化产品，还主动洞察市场趋势，为餐饮品牌提供一站式产品创新解决方案，推动了西式快餐赛道的蓬勃发展。

在下游消费市场，西式快餐已从昔日高端的“洋快餐”转变成为我国消费者日常饮食构成中的重要组成部分。据红餐产业研究院“2025 年餐饮消费大调查”，55.8% 的消费者每月至少消费两次西式快餐，消费需求较为旺盛。

在市场竞争格局方面，西式快餐呈现出高连锁化率、高规模化、高市场集中度的特征。红餐大数据显示，截至 2025 年 5 月，西式快餐赛道中门店数在 500 家以上的品牌数占比从 2024 年的 2.6% 提升到 2.8%，5 家及以下门店的品牌数占比则从 23.5% 降至 18.5%。2025 年第一季度，全国西式快餐门店数 TOP10 品牌占据了全国西式快餐门店总量的 24%。从企业营收来看，2024 年全国西式快餐赛道年度营收规模前五企业的市场份额占比达到 44%，彰显出头部品牌的强势地位。

近年来，西式快餐在我国持续细分，汉堡、比萨、三明治、炸鸡、塔可、薯条等赛道不断崛起，并孕育出了一些代表品牌（见表 3-16）。

表 3-16　2025 年全国部分西式快餐品牌发展概况

品牌名称	门店数（家）	人均消费（元）	门店主要分布区域
华莱士	19,900+	17	广东、山东、江苏等
肯德基	11,800+	31	广东、江苏、浙江等
正新鸡排	11,400+	14	浙江、江苏、湖北等
塔斯汀	9,500+	19	广东、浙江、湖南等

续表

品牌名称	门店数(家)	人均消费(元)	门店主要分布区域
麦当劳	7,000+	27	广东、江苏、浙江等
必胜客	3,800+	56	广东、江苏、浙江等
享哆味	2,900+	16	四川、重庆、贵州等
尊宝比萨	2,800+	32	广东、福建、湖南等
德克士	2,400+	28	四川、河南、内蒙古等
派乐汉堡	1,400+	18	湖北、吉林、河北等
汉堡王	1,400+	28	江苏、广东、上海等
牛约堡	1,200+	26	江苏、上海、浙江等
达美乐	1,100+	57	广东、北京、上海等
赛百味	860+	30	上海、北京、广东等
芝根芝底	650+	26	江苏、福建、安徽等
百基拉	600+	24	江苏、浙江、安徽等
萨莉亚	490+	47	广东、上海、北京等
玛格利塔	350+	26	福建、山东、安徽等
棒！约翰	290+	58	上海、北京、江苏等
乐凯撒披萨	150+	62	广东、上海、湖北等
汉唐春中国堡	120+	18	河南、山东、河北等
Potato Corner	120+	30	江苏、浙江、广东等
慕玛披萨	90+	35	江苏、浙江、内蒙古等
燃熊中国汉堡	90+	17	天津、河北、山东等
Shake Shack	40+	68	上海、北京、广东等
putoto	40+	27	江苏、湖北、上海等
塔可钟	20+	34	上海、北京、江苏等
popeyes	20+	44	上海
磁食汉堡	10+	38	上海、浙江、四川
Pelicana	约 8	33	广东、安徽

资料来源：红餐大数据，数据统计时间截至 2025 年 5 月 31 日。

红餐网 | 红餐大数据

例如，在汉堡赛道中，肯德基与麦当劳两大巨头加速扩张，它们在 2024 年 5 月至 2025 年 5 月的净增门店均超过了 1,000 家；本土品牌华莱士以近 2 万家的门店数稳居门店规模榜首；中式汉堡品牌塔斯汀的门店规模也在不断扩大，其在 2024 年 5 月至 2025 年 5 月净增门店 2,000 余家，总门店数超过 9,500 家。值得注意的是，大多数中式汉堡品牌扩张相对缓慢，部分品牌甚至出现了门店缩减的情况。

在比萨赛道中，必胜客、尊宝比萨、达美乐等品牌的门店数已超过了千家。三明治赛道的赛百味在 2024 年 5 月至 2025 年 5 月净增门店 130 余家，门店数超过了 860 家。来自菲律宾的薯条专门店品牌 Potato Corner 总门店数已超过了 120 家；国内薯条专门店品牌 putoto 已拓展到 40 余家门店。

在上游供应链持续完善、下游消费需求旺盛以及品牌扩张加速的驱动下，西式快餐赛道整体呈现高速增长的态势。如图 3-17，红餐大数据显示，2024 年全国西式快餐市场规模达到 2,975 亿元，同比增长 11%，增速居小吃快餐各细分赛道之首，预计 2025 年还将保持 10% 以上的市场规模增速。

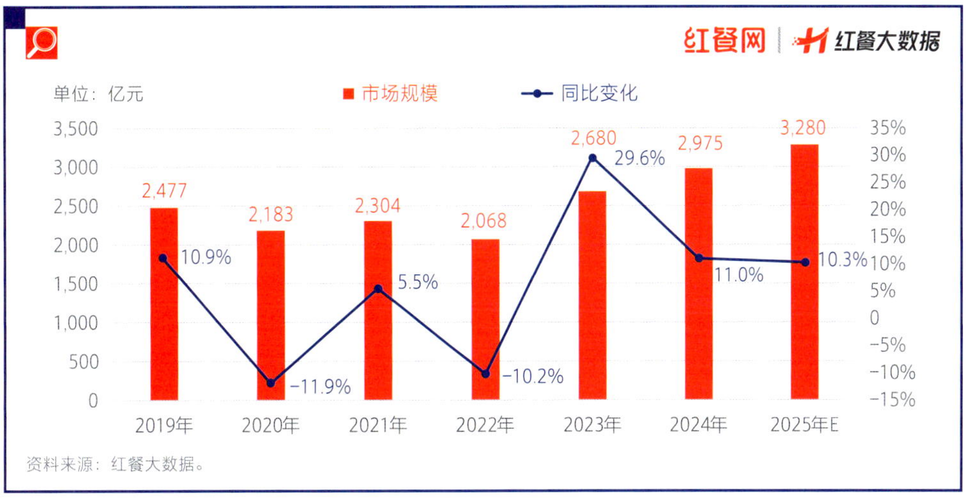

图 3-17 2019 — 2025 年全国西式快餐市场规模概况

二、产品创新迭代加速，现制饮品与中式小吃上新频率高

近年来，西式快餐品牌加速产品创新迭代，以持续提升市场竞争力。据红餐大数据，2024 年 1 月至 2025 年 5 月，监测的 45 个西式快餐样本品牌累计推出新品超 1,200 款。

1. 饮品创新成为品牌创新的发力点，中式小吃等产品受青睐

从红餐产业研究院监测的西式快餐样本品牌上新的产品种类来看，2024 年 1 月至 2025 年 5 月，现制饮品以 19.5% 的占比位列第二，超过了传统汉堡 / 卷 / 三明治的占比（如图 3-18 所示）。这一数据表明，饮品创新已成为西式快餐品牌发展的重要发力点，“餐”与“饮”正在加速融合。

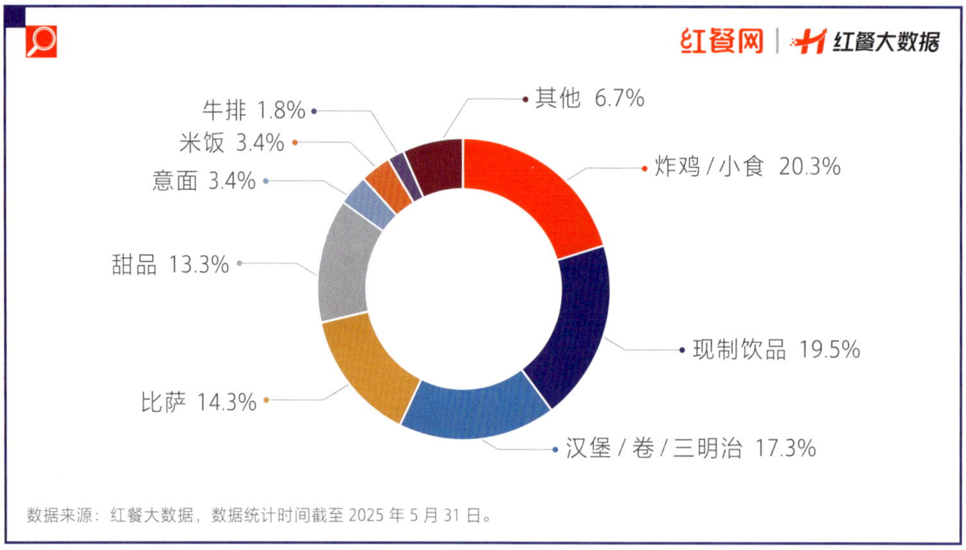

图 3-18　2024 年至 2025 年 5 月西式快餐样本品牌新品种类分布情况

此外，西式快餐品牌也在加快推进产品的本土化创新，中式小吃、中式米饭简餐、粥品、中式粉面等产品不断被加入产品矩阵中。例如，肯德基推出了炸串、包点、粥品等产品，派乐汉堡推出了多款炸串新品，百基拉推出了汤面、炒面、炒饭等产品。

2. 品牌从风味、馅料到堡胚全方位探索，产品创新维度逐步升级

为了在竞争激烈的市场中吸引更多的消费者，西式快餐品牌对其主打产品的创新维度持续升级，以寻求差异化的发展路径。其中，风味、馅料、堡胚是产品创新的主要维度（见表 3-17）。

表 3-17　近年西式快餐品牌产品创新的主要维度

维度	主要表现	代表案例
风味创新	西式快餐整体呈现“西式风味主导、多元风味并存”的产品创新格局。其中，中式风味的表现日益突出	在中式风味方面，肯德基推出了泡椒三绝鸡排饼汉堡、辣条风味大鸡肉条等，华莱士推出了鱼香肉丝风味鸡腿堡等，塔斯汀推出了香酥酸菜鱼排中国汉堡等，德克士推出了灯影牛肉风味圈圈薯等。 在其他风味方面，比萨玛尚诺推出了韩式泡菜牛肉比萨等，达美乐推出了新加坡砂煲风味腊肠鸡肉比萨等
馅料配菜创新	汉堡、比萨等传统西式快餐主食的馅料配菜日渐丰富，诸如猪肉、鸭肉、海鲜水产、蔬菜、水果、蛋类等食材被不断融入其中	必胜客推出了香菜猪耳披萨、鎏金咸蛋黄南美白虾披萨等，麦当劳推出了鲜蔬蛋沙拉叠叠卷等，肯德基推出了香辣拌小龙虾烤鸡腿堡等，塔斯汀推出了嘎嘎双料鸭中国汉堡等
堡胚创新	堡胚的创新与升级也受到品牌重视，诸如现烤堡胚、鸡蛋堡胚、可颂堡胚、布里欧修堡胚、馒头堡胚、牛油果堡胚等创新型堡胚层出不穷	塔斯汀、肯德基、派乐汉堡等品牌推出了现烤堡胚，汉堡王、牛约堡等品牌推出了无面包的鸡蛋堡胚，磁食汉堡、DQ 旗下的子品牌 DQ 汉堡推出了布里欧修堡胚

资料来源：公开信息、红餐大数据，红餐产业研究院整理。　红餐网 | 红餐大数据

在风味创新方面，尽管传统西式风味仍是西式快餐产品的主流，但品牌也在积极融合中式风味及全球各地的独特风味，其中，中式风味表现尤为突出。红餐大数据显示，2025 年 1 — 5 月，监测的西式快餐样本品牌上新的汉堡 / 比萨 / 三明治中，中式风味的占比已达到了 30.4%，较 2024 年（26.7%）提升了 3.7 个百分点。这一变化趋势鲜明地体现出了西式快餐品牌在产品本土化战略上的持续深耕。

在馅料配菜创新方面，西式快餐品牌正不断拓展食材范围。除了传统的鸡肉、牛肉食材外，品牌也在探索以猪肉、鸭肉、海鲜水产（鱼 / 虾 / 蟹等）、蛋类、乳制品及植物性食材（水果 / 蔬菜 / 芋泥等）等为主要食材的馅料，为消费者提供更加丰富的产品选择。

在堡胚创新方面，面对市场竞争的加剧和消费者需求的多元化，西式快餐品牌对汉堡堡胚的创新也愈加重视，现烤堡胚、鸡蛋堡胚、可颂堡胚、布里欧修汉堡胚、馒头堡胚、牛油果堡胚等创新型堡胚层出不穷。例如，塔斯汀、肯德基、派乐汉堡等品牌推出了现烤堡胚；磁食汉堡、DQ 旗下的子品牌 DQ 汉堡推出了布里欧修堡胚等。

3. 品牌发力“健康化”新品，满足消费者的健康饮食需求

近年来，随着消费者对食物营养与健康的关注程度日益提升，西式快餐品牌也推出了更多低脂、低盐、高蛋白的健康产品。

例如，肯德基推出了轻食子品牌“KPRO”，主打沙拉轻食类产品，截至 2025 年 5 月，KPRO 已在全国开出了 10 多家门店；必胜客推出了暖食能量碗系列产品，并标注每份的能量；达美乐推出了全素食的什锦荟萃比萨。

此外，部分品牌还对现有的产品食材和烹饪工艺进行升级。如麦当劳将其经典产品板烧鸡腿堡升级为整块原切鸡腿肉，并采用“0 油添加烹饪”，同时将玉米面包和蔬菜也进行了升级，提升了产品的整体口感与营养成分。

三、“小门店”助力品牌下沉，微短剧成品牌营销“新宠”

近年来，西式快餐品牌不仅在产品创新方面表现活跃，还在门店模型迭代、运营模式优化、品牌营销以及供应链建设等维度做出了许多新探索（见表 3-18）。

表 3-18　近年西式快餐品牌的主要发展亮点

维度	主要表现	代表案例
门店模型	不少品牌通过推出较小的门店模型，以降低加盟商的投资门槛，从而加速向下沉市场渗透	肯德基推出了“KFC 小镇 Mini 餐厅模式”，将开店成本降至普通店型的三分之一；必胜客推出了“Pizza Hut Wow 乐享店”，主打“一人食”消费场景；比萨玛尚诺推出了特许经营新模型——加盟 MINI 店
运营模式	品牌探索全时段运营模式，西式快餐消费场景被拓宽	肯德基、麦当劳、必胜客、汉堡王等品牌推出了限时早餐产品、下午茶限定套餐等产品。针对夜宵市场，肯德基推出了灵魂宵夜系列，主打炸串、炸鸡架等产品；塔斯汀推出了炸鸡架、脆骨鸡等产品；派乐汉堡推出了炸串系列
品牌营销	品牌跨界联名常态化，微短剧成营销热点	肯德基先后与三丽鸥、泡泡玛特、海绵宝宝、蛋仔派对等知名 IP 展开了多次联名营销；麦当劳、华莱士等品牌与故宫、三星堆等传统文化 IP 展开创新联动。微短剧方面，肯德基推出了《重生之吃货皇后惹不起》《闪婚男神之周末请和我恋爱》《周末疯狂奇旅》3 部微短剧；麦当劳推出了《重生之我在麦当劳修炼魔法》微短剧；汉堡王推出了《这个堡总不好惹》微短剧
供应链建设	品牌通过优化供应链管理，提升门店运营效率	麦当劳在湖北建立的麦当劳中国供应链智慧产业园在 2024 年 7 月正式投产；肯德基、必胜客等品牌在门店后厨推广 i-kitchen 系统管理系统

资料来源：公开信息，红餐产业研究院整理。

红餐网 | 红餐大数据

从门店模型维度来看，不少西式快餐品牌通过推出较小的门店模型，降低加盟商的投资门槛，从而实现向下沉市场加速渗透的目的。例如，肯德基在 2024 年推出了“KFC 小镇 Mini 餐厅模式”，通过简化菜单和优化设备，将 KFC 小镇 Mini 餐厅的开店成本降至普通店型的三分之一；必胜客于 2024 年 5 月推出了“Pizza Hut Wow 乐享店”（简称 Wow 店），主打“一人食”消费场景，单品价格低至 10 元以下，截至 2025 年 5 月，必胜客已在全国开出了 200 余家 Wow 店，不仅覆盖广州、上海、北京等一线城市，同时也向三线、四线城市以及县域市场渗透。

在品牌营销维度，众多西式快餐品牌在“会员日”“买一赠一”“超值套餐”等多元化促销活动的基础上，积极开展跨界联名活动。部分头部品牌甚至将联名营销升级为常态化运营策略，例如，2024 年 1 月至 2025 年 5 月，肯德基先后与三丽鸥、泡泡玛特、海绵宝宝、蛋仔派对等知名 IP 开展了 20 余次联名活动；麦当劳、必胜客、华莱士、塔斯汀、赛百味等品牌也与知名 IP、游戏、动漫、影视 IP 等开展了多次联名。

此外，随着网络微短剧的火爆，西式快餐品牌纷纷推出了品牌定制短剧或自制短剧，通过冷幽默、玩梗等场景化植入替代硬广，迎合年轻人的喜好。例如，2024 年 7 月至 2025 年 5 月，肯德基推出了 3 部微短剧，必胜客推出了 2 部微短剧，麦当劳、华莱士、汉堡王等品牌各推出了 1 部自制短剧。中国互联网络信息中心数据显示，截至 2024 年 12 月，微短剧用户规模已达 6.62 亿人，网民使用率为 59.7%。未来，微短剧或将成为西式快餐品牌重要的营销方式。

总体而言，西式快餐赛道品牌创新活力四射，市场需求持续旺盛，产品本土化进程不断深化，赛道预计还将继续保持快速增长的态势。然而值得注意的是，赛道也正面临一些挑战。例如，产品的同质化现象愈发显著，市场竞争日趋激烈等。未来，西式快餐品牌还需在产品创新、门店运营、品牌营销、供应链管理等方面持续发力，以保持市场竞争力，实现可持续发展。

第六节 比萨：产品创新维度升级，风味、配料和饼底成关键创新点

近年来，比萨品类在我国餐饮市场迅速崛起，市场规模接近 500 亿元。与此同时，众多比萨品牌展现出强劲的创新活力，在产品创新维度上不断突破，持续对风味、配料及饼底进行创新。此外，比萨品牌还在门店模型、经营模式、品牌营销以及渠道建设等方面持续发力，推动着比萨赛道的发展与升级。

一、比萨人均消费持续下滑，下沉市场将成为“新战场”

比萨作为西式休闲餐饮的典型代表，在中国市场经历了多年的发展，逐渐呈现出“休闲场景社交化 + 快餐场景功能化”的双重消费特征。这一演变既源于比萨高度标准化的制作流程，也得益于国内比萨供应链的日渐成熟。从冷冻面团、预拌粉、芝士，到各式配料酱、调味料，乃至专业的比萨烤炉，均有一批供应链企业在深耕细作，为比萨市场的发展提供了坚实的支撑（见表 3-19）。

表 3-19　全国比萨供应链代表企业一览

细分领域	代表企业
冷冻面团 / 预拌粉	洲际食品、宝浓食品、益海嘉里、广州百粤食品等
食材及配料	山东新和盛、裕农食品、荷尔美、亚洲渔港、安佳专业乳品、三元食品、妙可蓝多等
调味料	味好美、宝立食品、日辰股份、中粮屯河番茄、卡夫亨氏、联合利华饮食策划、丘比食品、雀巢 (Nestlé)、百利食品、富琳特等
烤炉	上海强安、PCM 玛尔迪等

资料来源：公开信息，红餐产业研究院整理。　红餐网｜红餐大数据

例如，杭州的洲际食品、上海的宝浓食品等企业聚焦比萨等西式餐饮品类的全产业链业务；粮油巨头益海嘉里成立了烘焙渠道事业部，推出了比萨预拌粉、比萨配料等产品；山东新和盛、裕农食品、荷尔美、亚洲渔港等企业凭借在食材领域的积累，为比萨品牌提供了丰富的配料食材；安佳专业乳品、三元食品、妙可蓝多等乳制品企业则提供多种乳制品选择，为比萨产品增添了更多

层次的风味；调味料领域汇聚了味好美、宝立食品、日辰股份、中粮屯河番茄、卡夫亨氏、联合利华饮食策划、丘比食品、雀巢（Nestlé）等专业化西式酱料供应商；而上海强安、PCM 玛尔迪等企业则专注于提供高效、专业的比萨烤炉与烤箱设备，确保了比萨制作的效率与品质。

在下游消费市场，近年来随着比萨价格的日渐亲民，消费者对比萨的消费频次也随之增多，据红餐产业研究院“2025 年餐饮消费大调查”，26.2% 的消费者每月至少消费两次比萨。

在消费需求的强劲推动下，比萨赛道快速扩张。如图 3-19，红餐大数据显示，2024 年全国比萨市场规模达到 480 亿元，同比增长 10.3%。截至 2025 年 5 月，全国比萨门店已超过 4 万家，预计 2025 年市场规模将超过 500 亿元。

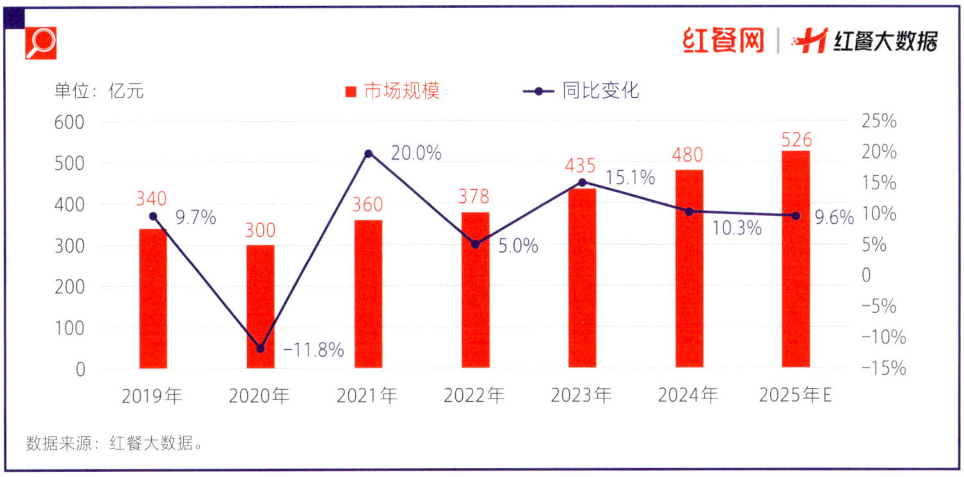

图 3-19　2019 — 2025 年全国比萨市场规模概况

目前，比萨赛道已形成了休闲餐饮类和快餐类两大品牌阵营。其中，休闲餐饮类的比萨品牌以家庭聚餐、商务聚餐等场景为主，产品结构丰富。除了比萨产品外，还提供牛排、意面、沙拉、焗饭等产品，人均消费也相对较高，代表品牌有必胜客、乐凯撒披萨、比萨玛尚诺等。

快餐类的比萨品牌主打外卖、外带、“一人食”等消费场景，人均消费多在 20~40 元区间，性价比较高，代表品牌有尊宝比萨、达美乐、芝根芝底、棒！约翰、玛格利塔、三只熊比萨、慕玛披萨等。例如，主打比萨外送的达美乐在 2024 年 5 月至 2025 年 5 月净增门店 200 余家门店。截至 2025 年 5 月，其总门店数超过了1,100家，其财报数据显示，2024年达美乐在中国市场已实现了盈利（见表3-20）。

此外，比格比萨自助、好伦哥等品牌则专注比萨自助模式。这些比萨品牌在产品定位、消费场景、经营模式等方面各具特色，形成差异化竞争的局面。

总体来看，比萨赛道的整体市场集中度较高。红餐产业研究院测算，2024年必胜客、达美乐、尊宝比萨三大品牌的年度营收占据了比萨赛道47.3%的市场份额。不过，目前大多数比萨品牌主要以区域发展为主。

表3-20　2025年全国部分比萨品牌发展概况

品牌名称	门店数(家)	人均消费(元)	门店主要分布区域
必胜客	3,800+	56	广东、江苏、浙江等
尊宝比萨	2,800+	32	广东、福建、湖南等
达美乐	1,100+	57	广东、北京、上海等
披萨速递	670+	23	四川、云南、重庆等
芝根芝底	650+	26	江苏、福建、安徽等
至尊比萨	630+	29	广东、湖南、湖北等
玛格利塔	350+	26	福建、山东、安徽等
三只熊比萨	350+	26	四川、甘肃、陕西等
棒！约翰	290+	58	上海、北京、江苏等
比格比萨自助	270+	70	北京、河北、山东等
City1+1城市比萨	150+	39	吉林、内蒙古、黑龙江等
乐凯撒披萨	150+	62	广东、上海、湖北等
慕玛披萨	90+	35	江苏、浙江、内蒙古等
好伦哥	60+	55	北京、河北、山西等
牛男手造比萨	60+	40	江西、吉林、江苏等
瓦萨里	60+	28	山东、辽宁、河北等
乐芝乐滋披萨	50+	33	江苏、浙江、广东等
米斯特比萨	50+	69	天津、辽宁、山东等
Tubestation站点比萨	40+	83	北京、山东、上海等
比萨玛尚诺	30+	92	上海、广东、北京等

资料来源：红餐大数据，数据统计时间截至2025年5月31日。　红餐网 | 红餐大数据

近年来，随着入局者的增多以及头部品牌的快速扩张，比萨赛道的市场竞争愈发激烈。众多品牌纷纷推出了“买一送一”“会员专享折扣”“特价套餐”等促销活动，部分比萨单品价格甚至下探至 20 元以下。在这样的趋势下，比萨赛道人均消费出现持续下滑。

如图 3-20，红餐大数据显示，2023 年至 2025 年 5 月，人均消费在 30 元以下的比萨门店数占比从 39.3% 升至 47.9%，提升了 8.6 个百分点；而人均消费在 50~80 元的比萨门店占比则从 27.9% 降至 22.6%，下降了 5.3 个百分点。

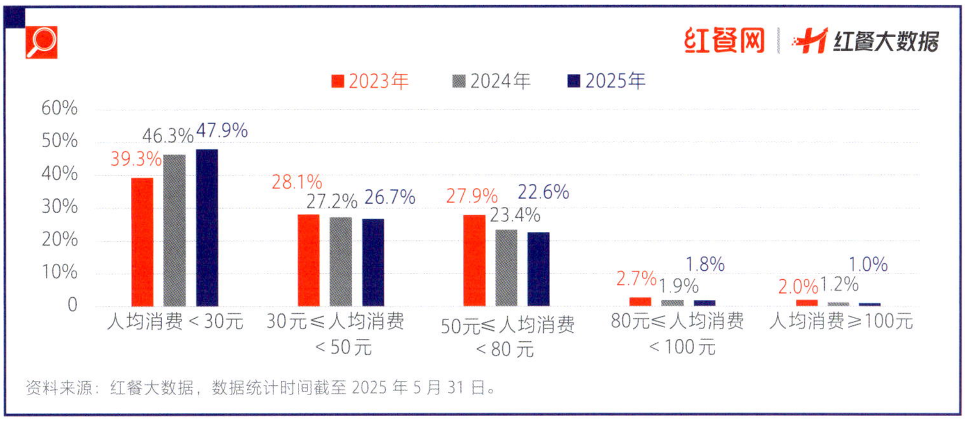

图 3-20 2023 — 2025 年全国比萨门店人均消费价位占比分布情况

与此同时，众多比萨品牌将目标瞄向下沉市场，以寻找新的增长点。如图 3-21，红餐大数据显示，2023 年至 2025 年 5 月，三线及以下城市的比萨门店数占比在逐步上升。其中，三线城市的比萨门店数占比从 15.9% 升至 19.6%，提升了 3.7 个百分点；四线、五线及以下城市的比萨门店占比也有所提高，而一线、新一线和二线城市的比萨门店数占比均在下降。

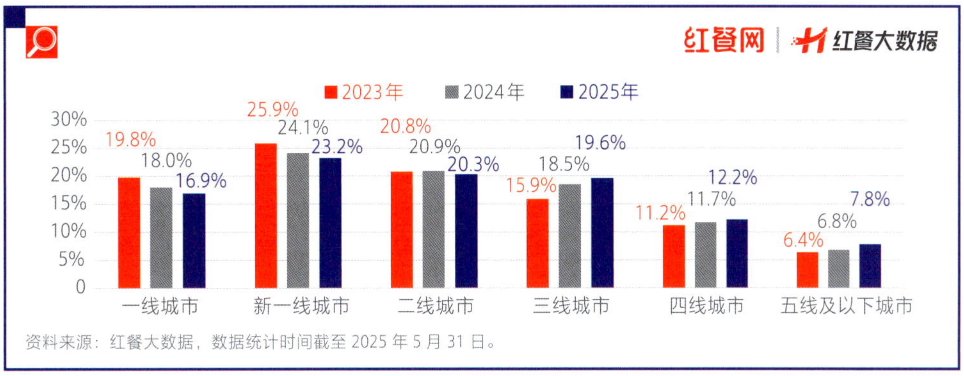

图 3-21 2023 — 2025 年全国各线级城市比萨门店数占比分布情况

二、产品创新维度升级，风味、配料和饼底成品牌关键创新点

近年来，比萨品牌对产品、门店模型、经营模式、品牌营销以及渠道建设等多个维度进行创新探索，以提升市场竞争力（见表 3–21）。

表 3–21　近年比萨品牌的主要发展亮点

维度	主要表现	代表案例
产品创新	品牌围绕产品的风味、配料、饼底等多个维度进行产品创新；同时，品牌还对产品线进行优化和扩充，满足消费者的多元化需求	风味创新方面，必胜客推出了得克萨斯风味烤肉披萨、夏威夷风情嫩鸡披萨、新奥尔良风情烤牛肉披萨等；棒！约翰推出了啫啫牛肉烟花鸡丝披萨；比格比萨自助推出了韩式泡菜牛肉比萨等。 配料创新方面，必胜客推出了香菜猪耳披萨；乐凯撒披萨推出了海底总动员披萨；尊宝比萨推出了海盐芝士烤椰比萨；比格比萨自助推出了咸蛋黄芋泥比萨等。 饼底创新方面，必胜客推出了金奖奶香芝士卷边、榴梿糯糯卷边等新款饼底；达美乐推出了火山饼底、可可熔岩芝士流心卷边等；比格比萨自助推出了底特律比萨饼底等
门店模型	品牌积极探索更为紧凑高效的小门店模型，以提升经营效率	必胜客推出了“Pizza Hut Wow 乐享店”，主打“一人食”消费场景；比萨玛尚诺推出了特许经营新模型——加盟 MINI 店
经营模式	品牌迎合性价比消费趋势，自助模式受关注	必胜客在 2024 年至 2025 年 5 月多次推出了限时自助套餐；此外，上海、长春、青岛等城市也出现了一些比萨自助门店
品牌营销	从短视频、直播、联名到微短剧，比萨品牌营销呈现多元化趋势	必胜客与《蔚蓝档案》《鸣潮》《魔道祖师》《蜡笔小新》《王者荣耀》《梦幻西游》等知名 IP 进行了多次联名，同时还推出了《逆袭之百亿豪门恩怨》《锦鲤少女的必胜攻略》2 部微短剧；棒！约翰先后与 RiCO、《雄狮少年 2》、《长相思 2》、《逆行人生》等 IP 进行了联动
渠道建设	品牌不仅深耕线下堂食与线上外卖两大核心渠道，还通过推出快手菜、冷冻比萨等产品进军新零售领域	必胜客推出了牛排、意面等多款快手菜产品；比格比萨自助推出了主打早餐场景的 MINI 缤纷比萨系列；慕玛披萨则推出了专注新零售业务的半成品比萨品牌慕玛星厨，目前慕玛星厨已入驻京东、天猫等主流电商平台

资料来源：公开信息，红餐产业研究院整理。　红餐网 | 红餐大数据

在产品创新层面，品牌围绕产品的风味、配料、饼底等多个维度进行产品创新与升级。其中，在风味创新上，品牌在挖掘经典西式风味的基础上，还推出了本土化的中式风味甚至是异域风味。例如，2024 年 1 月至 2025 年 5 月，必胜客推出了夏威夷风情嫩鸡比萨、得克萨斯风味烤肉比萨、辣条鸡肉比萨、

新奥尔良风情烤牛肉比萨等不同风味的比萨新品；达美乐推出了意式雪球芝士多肉多芝比萨、新加坡砂煲风味腊肠鸡肉比萨等新品；比格比萨自助推出了照烧肥牛薯粒比萨、韩式泡菜牛肉比萨等新品。

在配料创新上，品牌不局限于牛肉、鸡肉、培根、香肠等传统食材，还将小龙虾、腊肠、海鲜、菌菇、芋泥等多样化的食材融入比萨中，为消费者提供更加丰富的味觉体验。

在饼底创新上，饼底的形状、厚度、卷边等元素成为产品差异化的重要突破点。例如，2024 年 1 月至 2025 年 5 月，必胜客推出了多款卷边饼底，包括金奖奶香芝士卷边、榴梿糯糯卷边、开年开心卷边等新款饼底；达美乐推出了火山饼底、可可熔岩芝士流心卷边；比格比萨自助推出了主打焦香酥脆饼底的方形底特律比萨。除了比萨产品的创新加速，品牌还对门店的产品线进行优化和扩充，在菜单中加入牛排、意面、汤、焗饭、炸鸡小食、现制饮品等产品，满足消费者的多元化需求。

在门店模型层面，面对日益激烈的市场竞争，部分比萨品牌积极探索更为紧凑高效的小门店模型。例如，必胜客于 2024 年推出了“Pizza Hut Wow 乐享店”，主打“一人食”消费场景；乐凯撒披萨、比萨玛尚诺等品牌也推出了小门店模型。这种小门店模型不仅降低了品牌的运营成本，还便于品牌向下沉市场拓展。

在经营模式层面，随着消费者对性价比餐饮的需求日益增强，自助模式席卷整个餐饮行业，自助比萨品牌迎来了发展机遇。例如，比格比萨自助已在全国开出了 270 余家门店。同时，一些非自助的比萨品牌也紧跟风潮，推出了自助模式。例如，必胜客自 2024 年起多次推出了限时自助套餐。此外，上海、长春、青岛等城市也出现了一些比萨自助门店。

在渠道建设方面，比萨品牌不仅深耕线下堂食与线上外卖两大核心渠道，同时还依托自身的供应链，推出快手菜、冷冻比萨等半成品，积极探索新零售业务，拓宽品牌发展边界。

目前，比萨品类在我国经历了多年发展后，已逐渐形成了较为完善的产业链和多元化的消费场景。然而，随着市场环境和消费者需求的不断变化，比萨品牌也面临着诸多挑战，如中外饮食习惯的差异、高度标准化带来的产品同质化，以及其他赛道品牌的跨界涌入等。因此，比萨品牌仍需在产品、门店、经营模式、渠道、供应链等方面不断创新和调整策略，方能保持市场竞争力。

第七节 包点：手工现制持续引领潮流，包点消费场景多元化趋势凸显

近年来，包点产业加速升级，从粗放式的小作坊、夫妻店模式向标准化、规模化、连锁化方向转型，展现出强劲的发展潜力。与此同时，部分包点品牌回归手工现制，通过现包现蒸的方式还原包点的地道口感和现制风味，为消费者打造更具温度和品质的就餐体验。

一、包点产业规模日益壮大，品牌发展呈现区域化特征

包点是我国传统主食的重要组成部分，产业链条绵长复杂，涵盖了原材料供应、生产加工、半成品制造、终端消费等多个环节。近年来，伴随消费市场的迭代升级与生产加工技术创新的持续赋能，包点产业链各环节涌现出一批优秀的代表企业，推动了行业的快速发展。

在上游原材料领域，除了面粉、植物油、酵母等核心基础原料外，部分调味料企业也积极跟进包点企业的需求，不仅推出了提升包点风味口感的各类调味产品，甚至开发出“一料成馅”的便捷产品，拓宽了包点制作的创意边界与效率提升空间（见表 3-22）。

表 3-22　全国包点上游供应链代表企业一览

原材料	代表企业 / 品牌
面粉	五得利、中粮集团、金沙河等
植物油	益海嘉里、鲁花、中粮集团等
酵母	安琪酵母、乐斯福集团、丹宝利酵母等
调味料	海天味业、联合利华饮食策划、太太乐、李锦记、味好美、仲景食品等

资料来源：公开信息，红餐产业研究院整理。　红餐网 | 红餐大数据

在生产加工及半成品领域，安井食品、三全食品、思念食品、千味央厨等龙头企业凭借规模化生产和品牌优势，占据了市场主导地位；皇家小虎、头厨等新兴速冻包点企业迅速崛起，为行业注入新鲜活力。与此同时，诸如巴比、

和善园、广州酒家、陶陶居、同庆楼等餐饮品牌均推出了速冻包点类产品，而其他领域的企业如湾仔码头、必品阁、光明乳业、壹号土猪、盒马鲜生、小象超市、1号店等也纷纷布局包点业务，进一步丰富了产业生态，推动了品类的多元化发展（见表3-23）。据红餐产业研究院测算，目前全国冷冻包点产量超过50万吨。

表3-23 全国包点半成品代表企业一览

企业类型	代表企业/品牌
包点类食品企业	安井食品、三全食品、思念食品、千味央厨、皇家小虎、头厨等
其他食品企业	湾仔码头、必品阁、光明乳业、壹号土猪等
餐饮企业	巴比、和善园、广州酒家、陶陶居、同庆楼等
零售/电商平台	山姆会员店、盒马鲜生、小象超市、1号店等

资料来源：公开信息，红餐产业研究院整理。 红餐网 | 红餐大数据

在下游消费市场，包点是我国消费者早餐消费的主要产品之一，具有需求量大、消费频次高的特点。据红餐产业研究院“2025年餐饮消费大调查”，超过六成的消费者每周至少消费一次包点类产品，每周消费2次以上的消费者占比也超过了四成。

目前，包点行业已形成餐饮、商超零售、团餐和电商零售四大主要销售渠道。其中，餐饮端消费占比近一半。如图3-22，红餐大数据显示，2024年全国包点市场规模达到了704亿元，截至2025年5月，全国包点门店数近13万家，预计2025年市场规模将达到740亿元。

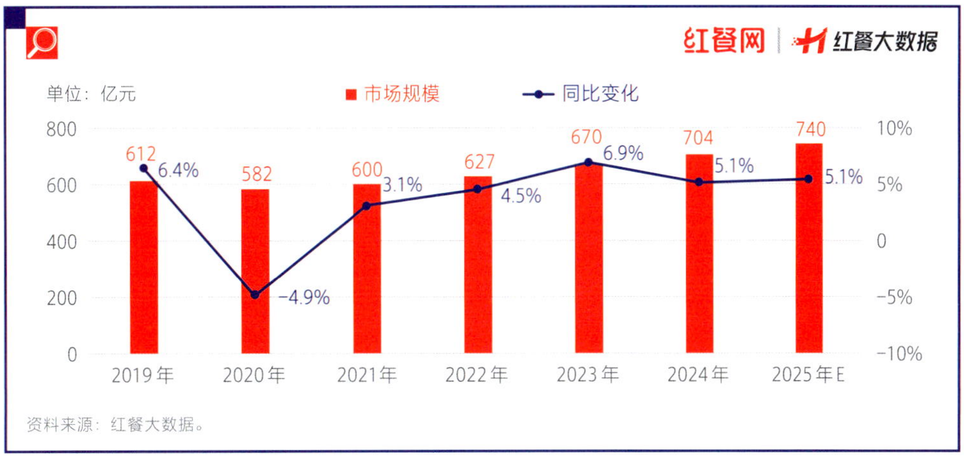

图3-22 2019—2025年全国包点市场规模概况

当下，包点赛道已涌现了一批颇具规模的连锁品牌，诸如三津汤包、巴比、早阳肉包、老台门汤包、和善园等品牌的门店数均已超过了1,000家（见表3-24）。在2024年至2025年5月，不少包点连锁品牌在加速拓店，以抢占市场份额。其中，三津汤包净增门店2,000余家，总门店数超过4,300家；早阳肉包净增门店1,300余家，总门店数超过2,800家；蒸旺和沈老头包子的净增门店超过100家，总门店近千家。

与此同时，一些地方特色的包点品牌和新中式馒头品牌也在加速崛起，如蜀食一家五馅包、小杨生煎、包子客牛肉汤包、湘十二·炒码包子铺、偶遇楼兰新疆烤包子、宫门口馒头铺等。

表 3-24　2025 年全国部分包点品牌发展概况

品牌名称	门店数（家）	人均消费（元）	门店主要分布区域
三津汤包	4,300+	8	广东、湖南、江西等
巴比	3,000+	8	上海、江苏、浙江等
早阳肉包	2,800+	10	浙江、广东、北京等
老台门汤包	1,700+	10	山东、浙江、广西等
和善园	1,000+	7	江苏、上海、湖北等
蒸旺	960+	9	广东、湖北、福建等
沈老头包子	920+	12	辽宁、吉林、黑龙江等
包道	580+	12	广东、广西、海南等
小霞包点	570+	8	广东、湖南、上海
蜀食一家五馅包	510+	9	四川、新疆、贵州等
包子客牛肉汤包	490+	12	山东、河北、山西等
青露馒头	470+	7	江苏、安徽、浙江等
李与白包子铺	420+	13	四川、新疆、江苏等
小杨生煎	330+	25	上海、江苏、浙江等
金早绿点	300+	8	广东、上海
庆丰包子铺	200+	23	北京、河北、内蒙古等
湘小笼	160+	15	湖南、江西、贵州等
老盛昌汤包	140+	23	上海、浙江、江苏等
熊猫包点	110+	10	浙江、江西、安徽等
包馔·夜包子	100+	17	四川、广东、江苏等
肚子里有料	90+	10	福建、浙江、广东等
包客里	80+	8	浙江、湖南、四川等
宫门口馒头铺	80+	19	北京、河北
甘其食	70+	8	浙江、江苏、北京等
偶遇楼兰新疆烤包子	50+	13	山东、河北、河南等
堂上堂	20+	10	安徽
湘十二·炒码包子铺	10+	10	湖南
窝窝店包子	10+	20	四川

资料来源：红餐大数据，数据统计时间截至 2025 年 5 月 31 日。

红餐网 | 红餐大数据

值得注意的是，由于全国各地的饮食文化差异，这些包点品牌多以深耕区域为主，如巴比的门店主要集中在长三角地区，该地区的门店数占比超过了八成；三津汤包在广东和湖南两省的门店数占比超过了七成；庆丰包子铺深耕华北地区，其北京的门店数占比超过了七成；沈老头包子在东北地区的门店占比超过了九成。

二、手工现制仍是卖点，包点出海正当其时

近年来，包点赛道发展较为平稳，尽管部分高端包点品牌受市场环境的影响，门店有所收缩，但众多包点品牌在产品创新、消费场景、渠道建设、供应链建设和海外拓展等方面持续突破，积极探索新的增长路径（见表 3–25）。

表 3–25 近年包点赛道的主要发展亮点

维度	主要表现	代表案例
产品创新	品牌加速产品创新，一方面推出时令新品、地域风味馅料、创意馒头等产品，满足消费者的多元化需求；另一方面则通过采用高价值感食材、增加馅料分量以及手工现包的方式对产品进行升级，提升消费者体验	巴比、和善园、小杨生煎、老盛昌汤包、青露馒头等品牌均推出了多款时令新品，如蒲公英荞麦包、秧草野菜包、荠菜肉包、马兰头笋丁鲜肉青团、蟹黄鲜肉汤包等。 和善园推出了黑猪肉香菇大包；巴比推出了麻辣小龙虾包、香辣牛肉包等产品；庆丰包子铺对包子馅料分量增多 20%，同时还原以笼屉为容器的出品方式
消费场景	品牌通过丰富产品矩阵、升级门店形象、创立子品牌等方式，实现包点产品由单一早餐场景向午晚餐、下午茶、夜宵等多元场景的拓展	和善园推出了子品牌小诚面食手作店，产品包含手工饺子、云吞、锅贴、面条、卤味等；庆丰包子铺对原有门店进行升级，并推出了多款锅气十足的小炒菜；蜀食一家五馅包推出了定位于三餐小食堂的 SM 新店型
渠道建设	一些包点品牌探索外卖、商超、便利店、电商、团餐等销售渠道，拓宽品牌发展边界	巴比、宫门口馒头铺、和善园、包道等品牌已入驻多个电商平台，推出零售产品；老盛昌汤包不仅携手上海全家便利店，成功打开零售新渠道，还入驻华为练秋湖研发中心食堂
供应链建设	品牌重视供应链建设，在保障自身原材料供应的同时，积极向产业链上游拓展业务	2025 年 3 月，巴比食品武汉智能制造中心正式投产，该中心的包点类产品年产能将达到 2.6 万吨；蒸旺对其佛山美福益生产工厂进行数智化升级，引入了全智能化生产机器，提升产品品质与生产效率
海外拓展	上游企业与下游品牌均在积极探索海外市场	2024 年 2 月，四川绵阳地标美食窝窝店包子海外首店在新加坡开业；同年 8 月，李与白包子铺在美国纽约开设了新店。 部分上游企业也在积极拓展海外市场，如嵊州小笼包、扬州包子等产品均已出口到海外

资料来源：公开信息，红餐产业研究院整理。

红餐网 | 红餐大数据

在产品创新维度，包点品牌紧跟季节变化，推出时令新品，以满足消费者吃新、吃鲜的需求。例如，2024 年 1 月至 2025 年 5 月，巴比、和善园、小杨生煎、老盛昌汤包、青露馒头等品牌推出了多款春季新品、夏季新品以及秋冬新品（见表 3-26）。

表 3-26　2024 年 1 月至 2025 年 5 月部分包点品牌的新品情况

品牌名称	春季新品	夏季新品	秋冬新品
巴比	蒲公英荞麦包	麻辣小龙虾包、海带菌菇包等	酱香茄子包、香辣藕丁包、冬笋雪菜肉包等
和善园	秧草野菜包、黑猪肉香菇大包、青团系列等	肉肉花卷、香辣茄子包、香辣龙虾包、黑胡椒彩椒牛肉锁汁包等	鲜肉生煎包、奶香芋泥包、冰糖燕麦南瓜馒头、金蛇包等
小杨生煎	荠菜生煎、藤椒大虾生煎等	海鲜冬阴功生煎、大肉粽、蜜枣红豆粽等	—
老盛昌汤包	马兰头笋丁鲜肉青团、豆沙青团等	藤椒鸡冷面、茭白肉丝冷面等	蟹黄鲜肉汤包、现煮砂锅等
青露馒头	荠菜肉包、荠菜馄饨、荠菜煎饺、豆沙青团等	香辣海带包、辣味多肉花卷、酸菜饺子、牛肉包等	荷叶饭团

资料来源：公开信息，红餐产业研究院整理。　红餐网 | 红餐大数据

除时令新品外，包点品牌还通过推出不同地域的口味馅料，如奥尔良鸡肉包、藤椒大虾生煎、咖喱鸡丁包等，或者将地方菜作为包子的馅料，如梅干菜烧肉大包、酱香茄子包、鲜辣小炒肉包等，丰富产品风味。

与此同时，包点品牌还通过对馅料食材、制作工艺进行升级，提升消费者体验和增强价值感。例如，一部分品牌选用牛肉、黑猪肉、小龙虾等高价值感食材制作馅料，凸显产品的品质；另一部分品牌则采用手工现包、原笼屉蒸制等传统工艺，还原包点的地道口感和现制风味，为消费者带来更具价值感的用餐体验。

由于速冻包点与现包现蒸的包点在口感上存在明显差异，手工现包现蒸仍是当下市场的重要卖点。例如，和善园、堂上堂等品牌均采用手工现包的模式，通过明档厨房、现场手工制作和原笼屉蒸制，较大程度地保留包点的鲜嫩口感和现制风味。老字号品牌老台门汤包也推出了主打手工现包的子品牌——熊猫包点，目前其已在浙江、广西、安徽、江西等地开出了 110 余家门店。这种手工现包的模式不仅提升了产品的口感与

品质，为消费者带来了更具温度和品质的用餐体验，也进一步增强了品牌的吸引力和市场竞争力。

在消费场景上，众多包点品牌通过丰富产品矩阵、升级门店形象、创立子品牌等方式，成功推动包点产品从单一的早餐场景向午晚餐、下午茶、夜宵等多元场景延伸。例如，和善园推出了子品牌“小诚面食手作店”；庆丰包子铺对原有门店进行升级，推出锅气十足的小炒菜和小火锅等产品；湘小笼在主打杂粮小笼包的基础上，增加了粉面、馄饨、现炒盖码饭等产品；蜀食一家五馅包推出了定位于“三餐小食堂”的SM新店型，并在菜单中新增了牛肉面、肥肠粉等产品，满足消费者全天候消费需求。

而受益于华人在海外市场的宣传推广，中式包点在海外的接受度越来越高。近年来，众多包点品牌和上游企业纷纷加快出海步伐。据红餐产业研究院不完全统计，甘其食、庆丰包子铺、李与白包子铺、窝窝店包子等品牌均已在海外开设门店，将中式包点推向全球。此外，诸如嵊州小笼包、扬州包子等地方特色包点也成功出口到海外，进一步丰富了中式包点的海外版图。

尽管包点是一个刚需属性强、消费频率高的大赛道，但也必须正视赛道当前存在的一些痛点，如手工现制与效率难以兼顾的矛盾、速冻包点口感欠佳、地域口味多元导致区域品牌拓展受限，以及产品同质化问题。展望未来，期待包点产业的上下游企业能够紧密合作，共同破解这些难题，推动包点产业迈向更加多元化和高质量的发展阶段。

第八节 麻辣烫与冒菜：国内市场需求稳健但增速放缓，品牌加速海外扩张

近年来，麻辣烫与冒菜品类展现出了需求稳定但增速温和放缓的发展趋势。具体来看，据红餐大数据，截至2025年5月，全国麻辣烫、冒菜的消费人口（消费人口指在某一特定品类中，具备实际购买行为的人群总量）同比增长5.7%。

与此同时，麻辣烫、冒菜的市场规模持续稳步增长，但增长速度有所放缓。如图3-23所示，据红餐大数据，2024年麻辣烫与冒菜品类的市场规模达到1,488亿元，同比增长5.3%。这一发展势头有望在2025年得以保持，红餐产业研究院预估，2025年麻辣烫与冒菜品类的市场规模将攀升至1,560亿元。

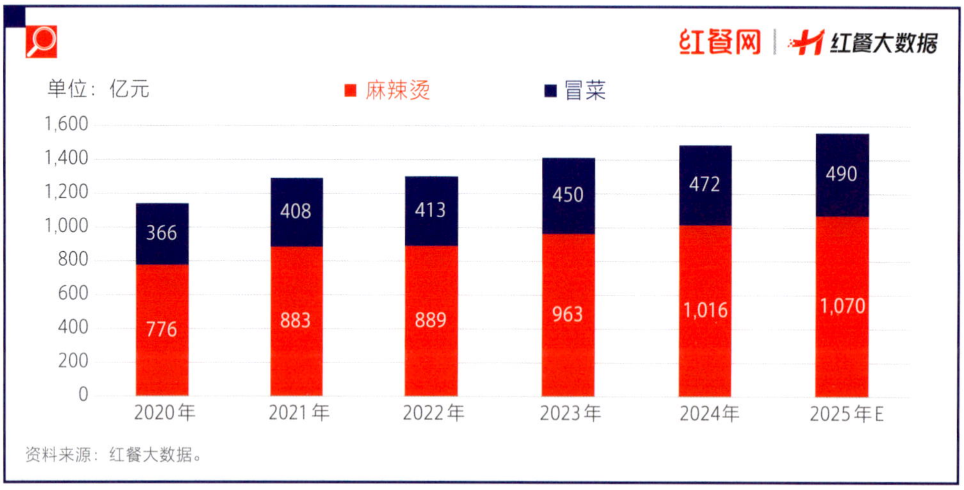

图 3-23　2020—2025年全国麻辣烫品类与冒菜品类的市场规模概况

尽管麻辣烫品类与冒菜品类发展趋于平稳，但近年来，众多品牌通过产品创新与融合、提升性价比和价值感、优化供应链、开拓海外市场等方式，积极寻求新的增长点与发展机遇。

一、麻辣烫：人均消费下滑，市场规模缓慢增长

近年来，餐饮消费需求逐步转向性价比，麻辣烫品类的人均消费逐渐下降。与此同时，不少麻辣烫品牌通过产品创新、开拓海外市场来寻求突破。

1. 全国门店近 15 万家，麻辣烫品牌竞争格局逐步稳定

麻辣烫品类经历了全国化扩张阶段、多元化创新阶段，目前赛道整体步入平稳发展阶段，市场规模增长速度逐步放缓。据红餐大数据，2024 年麻辣烫市场规模为 1,016 亿元，同比增长 5.5%。红餐产业研究院预估，2025 年麻辣烫市场规模或将达到 1,070 亿元。

在门店数方面，麻辣烫全国市场容量整体呈现波动式增长态势。具体来看，全国麻辣烫门店数从 2023 年 12 月的 13.8 万家上升至 2024 年 9 月的 15.7 万家，随后有所下滑，截至 2024 年 12 月，全国麻辣烫门店数达到 15.1 万家。进入 2025 年，麻辣烫门店数略有收缩，截至 2025 年 5 月，全国麻辣烫门店数降至 14.9 万家。

随着麻辣烫品类进入平稳发展期，麻辣烫品牌之间的竞争格局逐步稳定（见表 3-27）。其中，杨国福麻辣烫、张亮麻辣烫是第一梯队的麻辣烫品牌，据红餐大数据，截至 2025 年 5 月，两者在全国的门店数分别超过 5,900 家和 5,800 家，远超其他麻辣烫品牌。其中，杨国福麻辣烫近年加强了品牌文化建设，通过视觉设计升级、品牌周边等提升品牌形象。而张亮麻辣烫则开展联名营销，拉近与年轻消费者的距离。

刘文祥麻辣烫、小谷姐姐麻辣拌麻辣烫则位于第二梯队，截至 2025 年 5 月，两者在全国的门店数分别为 1,600 余家、1,000 余家。其中，小谷姐姐麻辣拌麻辣烫近年来通过差异化的产品定位、高效的运营体系、逐步完善的供应链布局及系统化的管理体系，构建出独具竞争力的品牌优势，迅速在市场上脱颖而出。在产品层面，其聚焦麻辣烫、麻辣拌、铁板香锅三大核心产品类型，突破传统品类局限，凭借多品类组合、免费米饭等品牌特色，全方位提升消费者用餐体验。在运营层面，小谷姐姐麻辣拌麻辣烫通过外卖与堂食精细化双体系、独立团队支撑及千店实战经验，有力推动门店快速复制与落地。在供应链方面，其积极自建常温供应链体系，并稳步推进冷链覆盖范围，为品牌扩张提供坚实的食材供应保障。此外，在管理体系建设

上，小谷姐姐麻辣拌麻辣烫通过企业大学、组织架构重塑及数字化系统引入，持续夯实团队基本功，为品牌的高质量扩张打下了坚实基础。

此外，还有川天椒麻辣烫、觅姐、刁四藤椒麻辣烫等品牌也开出了数百家门店。老街称盘麻辣烫、辣盘盘麻辣烫、超级泰泰式麻辣烫、福客麻辣烫等品牌则通过优质的服务、多样化的产品形式或差异化的口味特点，锚定 30 元以上的人均消费，近年来门店数也有不同程度的增长。

表 3-27　2025 年全国部分麻辣烫品牌发展概况

品牌名称	门店数（家）	覆盖城市数（个）	人均消费（元）
杨国福麻辣烫	5,900+	331	25
张亮麻辣烫	5,800+	324	26
刘文祥麻辣烫	1,600+	191	21
小谷姐姐麻辣拌麻辣烫	1,000+	185	24
川天椒麻辣烫	670+	105	16
吉阿婆麻辣烫	530+	119	24
刁四藤椒麻辣烫	510+	85	24
觅姐	440+	124	24
马玉涛麻辣烫	420+	86	22
老街称盘麻辣烫	360+	161	33
李海龙麻辣烫	340+	82	21
汤火功夫	320+	77	21
张十三 · 益阳麻辣烫	210+	24	27
每味每客 · 重庆麻辣烫	170+	45	29
小蛮椒麻辣烫	130+	39	26
超级泰泰式麻辣烫	40+	27	32
福客麻辣烫	40+	5	34
辣盘盘麻辣烫	30+	36	33

资料来源：红餐大数据，数据统计时间截至 2025 年 5 月 31 日。

红餐网 | 红餐大数据

2. 麻辣烫“刺客”属性下降，近七成门店人均消费低于 25 元

随着众多麻辣烫品牌在产品质量、服务体验及就餐环境等方面的全面升级，麻辣烫品类的人均消费一度逐步上探。近年来，部分麻辣烫连锁品牌因其人均消费超出消费者的认知范围，被冠以“麻辣烫刺客”的称号。

2024 年以来，随着消费者越来越重视餐饮消费性价比，麻辣烫门店的人

均消费有所变化。如图 3-24，红餐大数据显示，2024 年第一季度至 2025 年第一季度，人均消费在 25 元及以上的麻辣烫门店数占比逐渐下降，而 25 元以下的麻辣烫门店数占比均有不同程度的增长。据红餐大数据，截至 2025 年第一季度，68.4% 的麻辣烫门店人均消费低于 25 元。值得注意的是，人均消费在 15 元以下和 15~20 元区间的麻辣烫门店数增长速度较快。

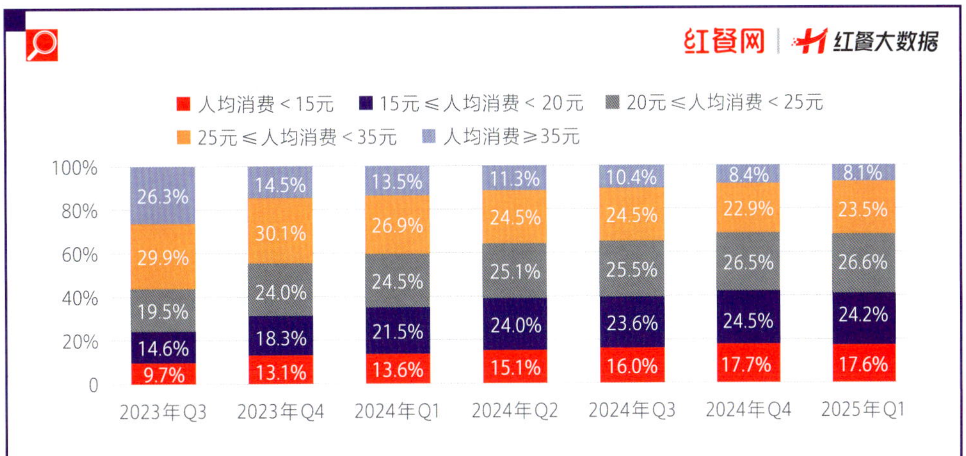

资料来源：红餐大数据，数据统计时间截至 2025 年 3 月 31 日。

图 3-24　2023 年第三季度至 2025 年第一季度全国麻辣烫门店人均消费价位占比分布情况

红餐大数据显示，2025 年第一季度，23.5% 的麻辣烫门店数人均消费在 25~35 元，人均消费在 35 元及以上的麻辣烫门店数占比则从 2023 年第三季度的 26.3% 逐步下降至 2025 年第一季度的 8.1%。

此外，一些人均消费较高的麻辣烫品牌开始从细节处增强消费体验的价值感。例如，有些麻辣烫品牌会通过免费的小料、菜品、饮料、主食等附加服务，提升就餐价值感和消费者满意度，从而弥补性价比优势不足和解决吸引力下降的问题。

3. 养生风潮推动麻辣烫食材升级，麻辣烫跨品类融合趋势渐显

随着消费者对健康养生理念的日益重视，麻辣烫因其食材的多样性和均衡配比，被冠以“中式轻食”与“热沙拉”的称号，麻辣烫品类随即掀起了养生风

潮。一些品牌抓住机遇，纷纷推出富含营养、低脂等元素的健康产品，以强化麻辣烫中式养生、健康属性的品类认知。2024 年 4 月，刁四藤椒麻辣烫在部分门店推出轻食鸡胸暖沙拉。2024 年 6 月，杨国福麻辣烫推出了黑麦荞麦面、魔芋黑糕、轻食鸡胸肉等产品。2024 年 7 月，吉阿婆麻辣烫推出了招牌筒骨。

在锅底口味方面，部分品牌积极进行口味创新，以满足市场更加多元化的口味需求。例如，福客麻辣烫推出了岭南清补凉锅、螺蛳粉味酸辣锅，而每味每客 · 重庆麻辣烫则推出了麻辣香锅汤底，杨国福麻辣烫在部分地区的门店推出了东北黏糊麻辣烫。此外，麻辣烫品牌还紧跟消费市场热点，进行口味创新，如随着天水麻辣烫火速出圈，多个品牌推出天水麻辣烫口味的产品；在酸汤热度飙升时，多个麻辣烫品牌及时跟进上新酸汤口味的麻辣烫产品等。

与此同时，麻辣烫跨品类融合的趋势日渐明显。在产品融合方面，部分麻辣烫品牌积极尝试跨品类融合策略，通过引入不同类型的产品如沙拉、砂锅菜、麻辣香锅、铁板烧等，满足消费者多样化的就餐需求，从而拓宽目标群体的范围，提升品牌市场竞争力。

模式上，面对称重麻辣烫被冠以“餐饮刺客”的称号，部分麻辣烫品牌为了提升消费性价比，相继推出了自助餐形式，以部分产品“不限量”的用餐体验，赢得了消费者的喜爱。

4. 麻辣烫产业链逐步完善成熟，供应链整合与协同趋势明显

麻辣烫赛道的活力和韧性，吸引了众多上游供应链企业的目光，进而推动了麻辣烫产业链的持续发展。在此过程中，涌现出了一批专为麻辣烫品类定制产品与服务的供应链企业。比如，新雅轩、川海晨洋等调味料企业通过快速捕捉消费者对新口味的偏好，推出当下颇为热门的口味底料，快速响应市场的需求。

同时，食材供应链企业近年来不断深化与麻辣烫品牌的合作，通过柔性定制，满足麻辣烫品牌的产品创新需求。2024 年，这一趋势更为显著，比如在天水麻辣烫火热之际，安井食品积极与甘肃地区的麻辣烫门店协同，专门供应适配麻辣烫场景的丸滑类食材，并在门店宣传“品天水麻辣烫，吃安井火锅丸”，有效提升品牌曝光度，推动销量增长。不仅如此，安井食品在“全面拥抱大 B 端，全面推进定制化”的策略下，与张亮麻辣烫达成战略合作关系，在联合研发、产品服务、品牌推广、渠道建设等

方面为张亮麻辣烫赋能。

此外，众多麻辣烫品牌也在积极建设供应链体系，优化物流配送和原料采购流程，确保食材新鲜和成本可控。

从调味料企业紧跟市场热度到食材供应企业积极推进定制化，再到麻辣烫品牌加强供应链建设，麻辣烫品类的供应环节呈现出整合与协同的趋势。

5. 日本、韩国等地的麻辣烫市场热度上升，品牌加速布局海外市场

近年来，麻辣烫品牌积极开拓海外市场，并凭借其独特的口味和健康均衡的食材搭配收获一众外国消费者的追捧。韩国农水产食品流通公社公布的资料显示，2022 年韩国麻辣烫的市场规模约为 1,000 亿韩元（约合 5.14 亿元人民币），比上一年增加了约 20%，并预计 2024 年麻辣烫的市场规模将接近 2,000 亿韩元。此外，杨国福麻辣烫在北美的 4 家门店，70% 以上的消费者非华人；而张亮麻辣烫在日本的心斋桥门店，在日常排队的消费者中，70% 以上为日本人。

红餐大数据显示，截至 2025 年 5 月，杨国福麻辣烫、张亮麻辣烫海外门店数均超过 100 家。刁四藤椒麻辣烫、吉阿婆麻辣烫、汤火功夫等麻辣烫品牌海外门店已经覆盖了多个国家和地区。

值得注意的是，与国内麻辣烫相比，麻辣烫在海外市场的产品售价翻倍，成为“高端”餐饮。以杨国福麻辣烫为例，同样是 100 克食材，美国门店的售价最高，是国内门店的 4 倍（如图 3-25 所示）。其次是日本、新加坡、印度尼西亚等国家。在计费模式方面，大多数麻辣烫的海外门店保留称重模式，而张亮麻辣烫和杨国福麻辣烫在日本门店采取按份计价的模式。

图 3-25　杨国福麻辣烫部分海外门店及中国门店的食材售价情况

此外，在门店选址方面，海外麻辣烫门店倾向于选择经济较为发达城市中的学校、CBD（中央商务区）、商场等点位。食材和汤底方面则整体与国内门店相差不大，但会根据当地消费者偏好进行适当调整。而经营模式方面，海外门店以加盟模式和联营模式为主。

二、冒菜：赛道处于格局重塑期，品牌多方面寻求新增长路径

2024 年以来，冒菜市场规模增速放缓，品牌竞争格局迎来重塑期。为保持竞争力，冒菜品牌积极通过挖掘地域风味、产品融合策略来拓宽品类边界，寻求新的增长点。

1. 市场规模增速有所放缓，冒菜赛道正面临新一轮的格局重塑

冒菜作为四川传统小吃，凭借融合了多种食材和极具“侵略性”“成瘾性”的麻辣口味，受到了广大消费者的喜爱。据红餐大数据，截至 2025 年 5 月，全国冒菜门店达到 3.9 万家。

然而，随着市场竞争加剧、产品同质化问题日益凸显，冒菜品类发展势能略有下滑。冒菜品类整体增速呈现出放

缓趋势。据红餐大数据，2024 年冒菜市场规模达到 472 亿元，同比增长 4.9%，预计 2025 年或缓慢增长至接近 500 亿元。

同时，冒菜的品牌竞争格局近年逐步发生变化。从门店数分布上看，创立于 2018 年的冒大仙冒菜成为目前门店数最多的冒菜品牌。据红餐大数据，截至 2025 年 5 月，冒大仙冒菜全国门店数超过 1,400 家。同样门店数超过千家的品牌还有川魂帽牌货冒菜，近年来，其全国门店数稳定维持在千家以上，截至 2025 年 5 月，其全国门店数超过 1,100 家。

芙蓉冒菜、冒菜西施的门店数近年来稳定在 500~600 家。而巴老冒豆花冒菜等品牌近年来门店规模均出现不同程度的收缩。

此外，还有部分冒菜品牌积极扩充门店覆盖版图，如三五筷伴市井冒菜自 2024 年以来，新开拓城市超过 20 个，截至 2025 年 5 月，其全国门店数为 240 余家；成都你六姐牛肉冒菜门店数从 2024 年 6 月的 130 余家增加至 2025 年 5 月的 170 余家（见表 3-28）。

表 3-28　2025 年全国部分冒菜品牌发展概况

品牌名称	门店数（家）	人均消费（元）	门店主要分布区域
冒大仙冒菜	1,400+	22	四川、云南、广东等
川魂帽牌货冒菜	1,100+	26	四川、云南、江苏等
三顾冒菜	650+	29	四川、江苏、陕西等
芙蓉冒菜	550+	26	四川、重庆、云南等
冒菜西施	540+	21	四川、重庆、江西等
巴老冒豆花冒菜	480+	25	四川、陕西、云南等
黄手艺冒菜	270+	29	四川、浙江、广东等
三五筷伴市井冒菜	240+	29	江苏、浙江、上海等
冒二麻一麻辣香锅冒菜	220+	25	辽宁、山东、天津等
成都你六姐牛肉冒菜	170+	44	上海
芙蓉橙都·火锅冒菜	170+	26	湖南
毛记冒菜	160+	28	陕西、四川、安徽等
冒胖子·市井火锅冒菜	140+	29	广东、湖南、广西等
广福记冒菜	130+	29	西藏、安徽、四川等
小龙门原味火锅冒菜	90+	21	四川
冒拾川·火锅冒菜	80+	26	浙江、贵州、广西等
冒发发·大盆冒菜	20+	56	福建

资料来源：红餐大数据，数据统计时间截至 2025 年 5 月 31 日。　红餐网 | 红餐大数据

2. 品牌深入挖掘地方风味，突破食材类型和口味单一痛点

红油麻辣汤底作为冒菜的标志性特征，使消费者形成“成瘾效应”。然而，这种单一而鲜明的麻辣口味特色，在吸引消费者的同时，也成了制约冒菜品牌进一步发展的因素。特别是当下，消费者需求变得多样，冒菜单一的麻辣口味难以满足他们多元化、健康化的餐饮消费需求。

为了突破这一制约，部分冒菜品牌近年来积极进行产品创新，融入更多地域特色（见表 3-29）。一方面，冒菜品牌在汤底口味上积极挖掘地域风味，如推出贵州红酸汤、麻酱干拌、牛肉汤底等口味，突破了冒菜口味单一、选择有限的痛点。

表 3-29　近年部分冒菜品牌进行产品创新的主要方式

创新方式	具体做法	代表品牌
挖掘地域风味	推出贵州红酸汤、番茄汤底、麻酱干拌、牛肉汤底、金汤等不同地域风味的汤底	冒大仙冒菜、川魂帽牌货冒菜、芙蓉冒菜等
挖掘地域食材	推出面藕、香碗肉、牛杂、蹄花、麻吉烧、东北白木耳等	冒菜西施等

资料来源：公开信息，红餐产业研究院整理。

红餐网 | 红餐大数据

另一方面，冒菜品牌通过在食材上融合地域特色，推出地域特色食材，丰富冒菜的食材种类。例如，冒菜西施自 2024 年以来推出了面藕、四川香碗肉、台湾麻吉烧、东北白木耳等地域食材，为消费者带来新鲜感，增强了品牌的吸引力。

3. 冒菜品牌通过“冒菜 +”策略，不断拓宽品类边界

近年来，冒菜市场竞争日益激烈，促使众多冒菜品牌积极探索产品线的多元化拓展，满足当下消费者多样化的餐饮消费需求（见表 3-30）。

其中，部分品牌选择与麻辣烫、小火锅、麻辣香锅等“近亲”品类进行融合，以打破冒菜单一品类的界限。比如，随着天水麻辣烫火速出圈，三五筷伴市井冒菜

推出了新品甘肃天水麻辣烫；冒胖子·市井火锅冒菜则以“火锅+冒菜+米饭”的形式推出了冒菜小火锅；三顾冒菜则推出了土家风味的麻辣香锅。

表 3-30 近年部分冒菜品牌推行“冒菜+”策略的主要方式

“冒菜+”的方向	具体做法	代表品牌
冒菜+“近亲”品类	推出麻辣烫、小火锅、麻辣香锅等产品	冒胖子·市井火锅冒菜、三五筷伴市井冒菜、三顾冒菜等
冒菜+其他餐饮品类	推出水煮鱼、米饭快餐、粉面、饮品、甜品甜点等产品	川魂帽牌货冒菜、三顾冒菜、冒菜西施、成都你六姐牛肉冒菜等

资料来源：公开信息，红餐产业研究院整理。

红餐网 | 红餐大数据

此外，还有部分冒菜品牌近年逐步将产品融合的范畴拓宽至更多餐饮品类。例如，川魂帽牌货冒菜通过“冒菜+甜品”的策略，在2024年推出了玫瑰雪燕银耳羹、杨枝甘露冰豆花等多款特制甜品。三顾冒菜则在近年推出了酸甜番茄鱼、木姜子柠檬金汤鱼、金汤酸菜渣渣牛肉、川式水煮鱼等菜品。

冒菜品牌的这些产品融合策略不仅丰富了品牌的产品线，还提升了品牌的产品组合优势。

三、赛道痛点：品牌消费吸引力下降，面临“近亲品类”竞争

麻辣烫与冒菜，作为深受消费者喜爱的餐饮品类，已经在餐饮市场上占据了一席之地。然而，随着品类的不断扩张，制约其进一步发展的痛点也日益凸显。

首先是同质化竞争，市场上的麻辣烫与冒菜门店从汤底口味、食材选择和计费模式等方面趋于相似，难以形成显著的差异化，品牌面临较大的竞争压力。同时，火锅、串串香、小火锅、麻辣香锅等“近亲”品类也对麻辣烫、冒菜带来了一定的竞争压力，进一步挤压了市场空间（如图 3-26 所示）。

品类	状态	是否带汤	是否带签	谁来煮
火锅	热的	带汤	不带签	自己煮
串串香	热的	带汤	带签	自己煮
麻辣烫	热的	带汤	不带签	别人煮
冒菜	热的	带汤	不带签	别人煮
冷锅串串	冷的	看情况	带签	别人煮
钵钵鸡	冷的	看情况	带签	别人煮

资料来源：公开信息，红餐产业研究院整理。

图 3-26 火锅、麻辣烫、冒菜等品类的主要特征一览

其次是麻辣烫、冒菜连锁品牌的性价比优势逐渐消退。与价格亲民、性价比高的个体经营门店相比，连锁品牌门店对消费者的吸引力正在下降。

以麻辣烫为例，据红餐大数据，截至 2025 年 5 月，麻辣烫连锁品牌门店的平均人均消费为 32.1 元，高于麻辣烫总体门店的 23.8 元。可见，随着连锁品牌的扩张和标准化运营成本的增加，连锁品牌门店的价格优势并不明显。同时，小火锅作为竞争品类，其人均消费（39.5 元）与麻辣烫连锁品牌相差不大，消费者转向小火锅的成本相对较低。

最后，供应链及食品安全问题的管控难度较大也是制约麻辣烫与冒菜品类发展的关键因素。麻辣烫、冒菜品类食材丰富多样，其中新鲜蔬菜与各类肉类占据较大比例。这就要求品牌从食材采购到加工制作，每一个环节都需严格把控，以防范食品安全风险。特别是随着品牌规模的持续扩大，这一挑战也将愈发艰巨。

针对以上痛点，麻辣烫、冒菜品牌或可从产品、品牌文化建设、完善供应链体系、增加价值感等多方面入手，打造差异化、个性化的竞争优势。

尽管麻辣烫、冒菜品类面临诸多挑战，但赛道发展依旧呈现出积极的态势。未来，供应链的专业化与定制化、出海热潮持续高涨以及地域风味创新将成为麻辣烫、冒菜品类的关键驱动力，为麻辣烫、冒菜品类带来新的增长机遇。

CHINA
CATERING

第四章 火锅

第一节 综述：酸汤火锅引领地域热点，产品创新推动产业发展

近年来，火锅赛道热点频现，如贵州酸汤火锅、云南酸菜牛肉火锅等热点交替火爆，但同时竞争也日益激烈。一方面，火锅品牌在口味、食材上不断挖掘地域特色，非遗美食、小众食材的上新速度越来越快。另一方面，火锅赛道人均消费下行，经营压力大幅增加。在这样的背景下，一批主打性价比的火锅品牌正在快速增长，为火锅赛道带来活力。

一、2024 年市场规模突破 6,000 亿元，热点驱动赛道增长

如图 4-1 所示，据红餐大数据，2024 年，我国火锅市场规模达到 6,175 亿元，同比增长 5.6%，略高于餐饮大盘的增速（5.3%）。预计 2025 年火锅赛道市场规模稳步增长，有望达到 6,500 亿元。截至 2025 年 5 月，全国火锅门店总数已经超过 49 万家。

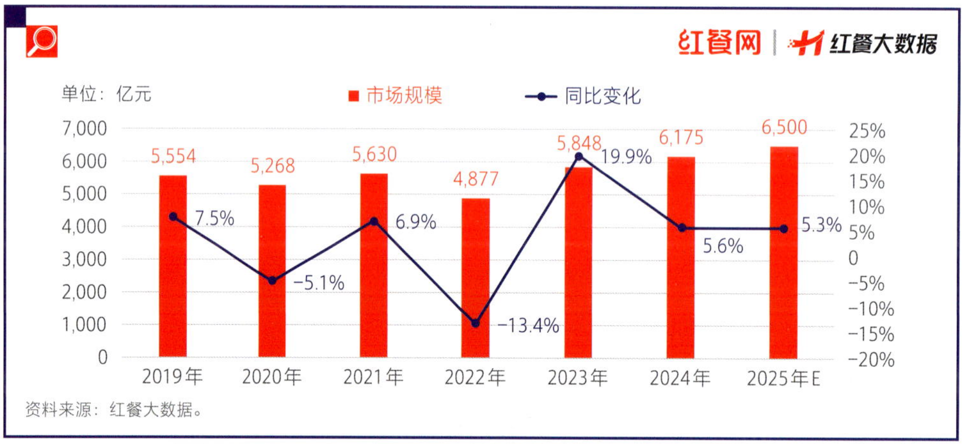

图 4-1　2019 — 2025 年全国火锅市场规模概况

如图 4-2 所示，近年来，我国火锅赛道的人均消费价格持续下行，一方面是消费者越来越注重性价比；另一方面是主打性价比的火锅门店数快速增长，在结构上拉低了火锅品类整体的人均消费金额。

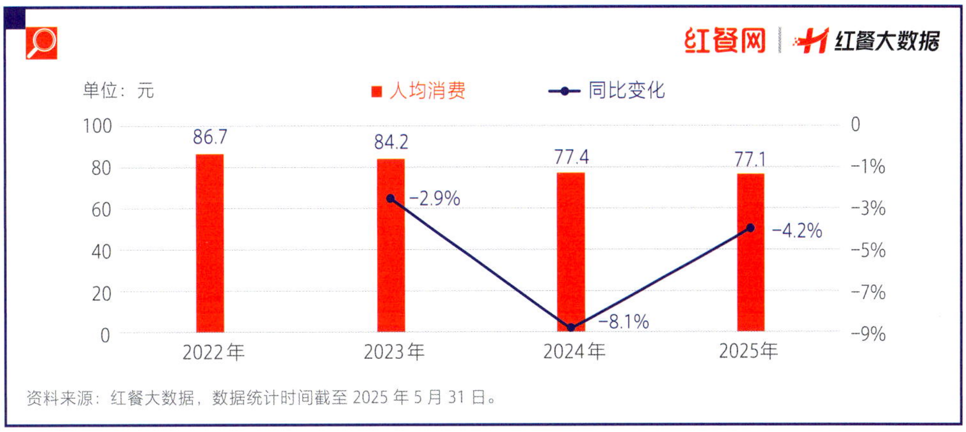

图 4-2　2022 — 2025 年全国火锅门店人均消费情况

随着火锅赛道的进一步发展以及竞争的加剧，连锁品牌在竞争中优势更为明显，连锁化率不断提升，据红餐大数据，50 家以上的火锅品牌数占全国火锅品牌数的占比，从 2024 年 1 月的 13.1% 提升至 2025 年 5 月的 15.3%，表明头部火锅品牌越来越强势，占据了更多的市场份额（如图 4-3 所示）。

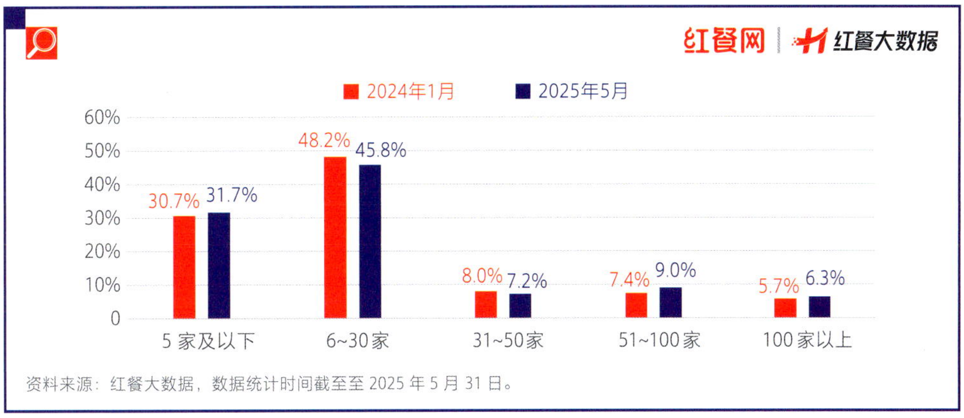

图 4-3　2024 年 1 月与 2025 年 5 月全国火锅品牌门店数区间占比分布情况

如图 4-4 所示，从火锅细分赛道构成来看，川渝火锅、北派火锅、粤式火锅依然是占比最大的三大细分品类，其中川渝火锅门店数最多，占比为 31.3%；紧接其后的是北派火锅，占比为 14.4%；粤式火锅则保持稳定，占比为 10.9%；云贵火锅在贵州酸汤火锅、云南酸菜火锅、菌菇火锅等细分赛道的带动下，也有较好的发展，占比为 2.5%。

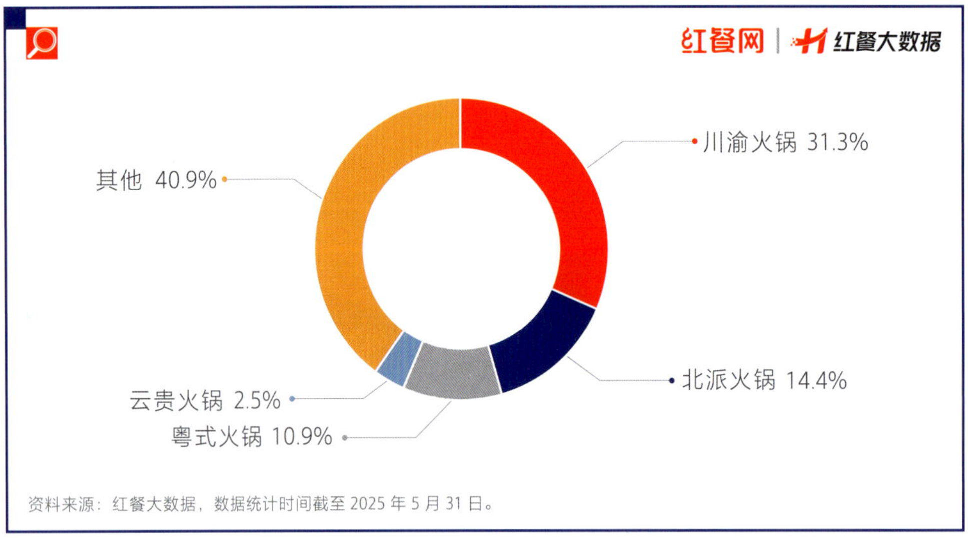

图 4-4　2025 年全国火锅各细分赛道门店数占比分布情况

在线级城市分布方面，火锅赛道整体延续下沉的态势。如图 4-5，红餐大数据显示，截至 2025 年 5 月，三线及以下城市占比为 52.3%，较 2024 年 1 月提升 1.3 个百分点。同时，下降最为明显的是新一线城市，从 2024 年 1 月的 23.5% 下降至 2025 年 5 月的 22.2%。

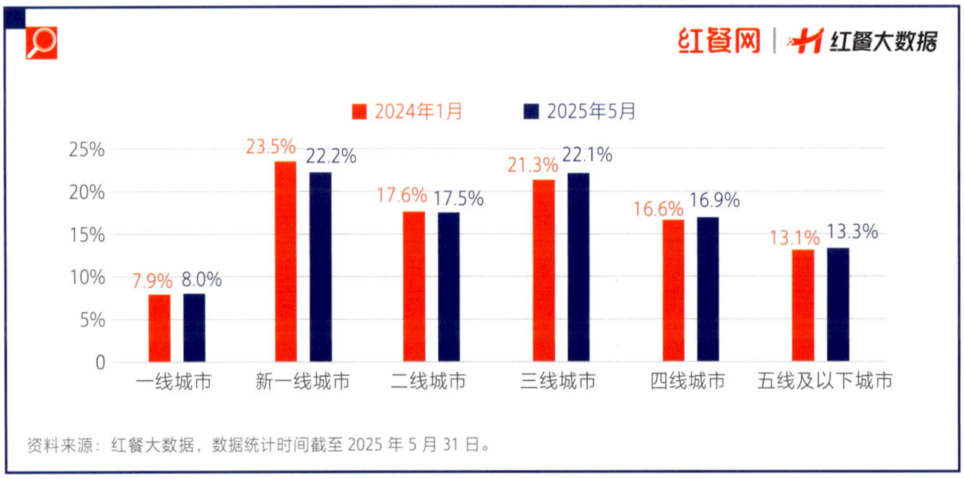

图 4-5　2024 年 1 月与 2025 年 5 月全国各线级城市火锅门店数占比分布情况

近年来，火锅市场热点层出不穷。一方面，火锅品牌快速跟进上新；另一方面，火锅供应链企业也顺应市场的变化进行快速迭代。例如，火锅底料供应商迅速研制并推出贵州酸汤火锅等热门锅底，食材供应链企业开拓了内蒙古牛羊肉、山野食材、非遗食材等，为火锅品牌的创新提供了强有力的支持。

二、求新、求鲜、追求性价比、重视体验，火锅赛道亮点多

据红餐产业研究院“2025 年火锅消费调研”，食材新鲜度、菜品多样/选择丰富是消费者选择品牌/门店的最重要因素（如图 4-6 所示）。

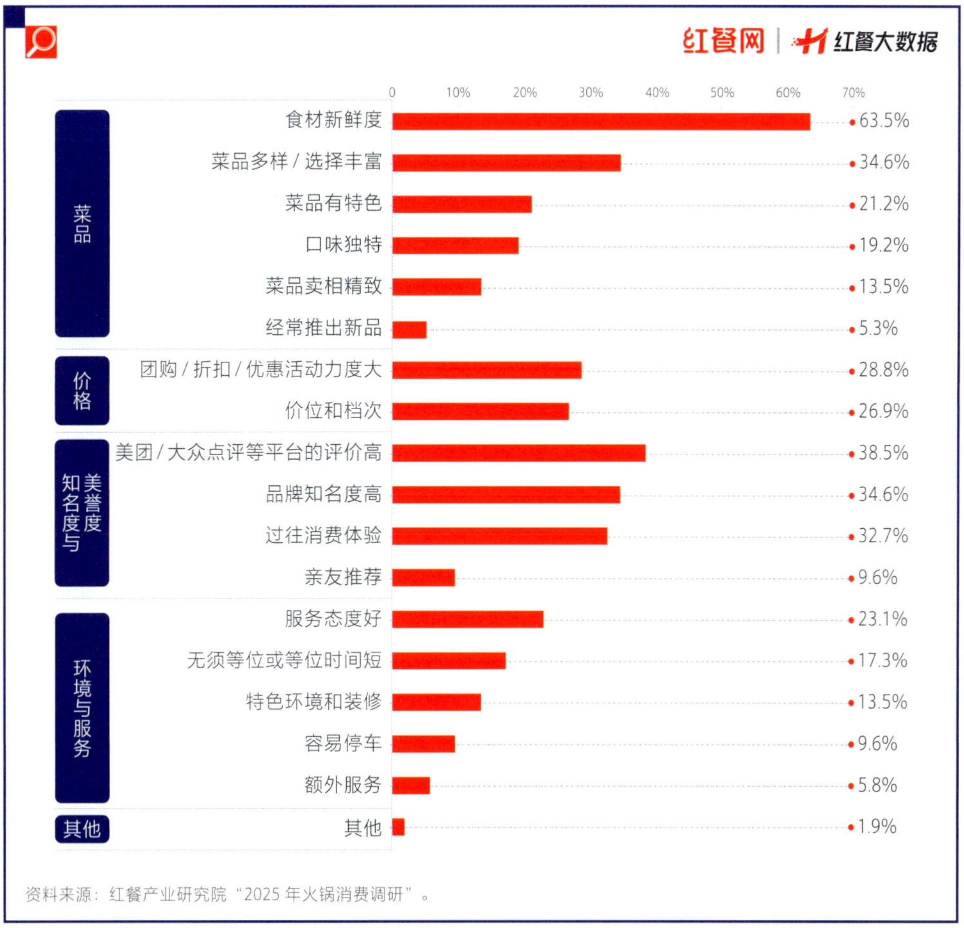

图 4-6　2025 年火锅消费者选择品牌 / 门店的影响因素

这是因为随着火锅赛道的发展，火锅品牌从各个方面积极创新，给消费者带来了越来越丰富的体验。同时，随着消费者对火锅的认知越来越深入，火锅消费者的要求也越来越高。如今，火锅消费者不仅注重产品的创新、食材的新鲜度，还十分在意性价比以及整体消费体验。

为了更好地契合火锅消费者的消费需求，火锅品牌纷纷从求新、求鲜、打造性价比和提升体验等四个方面进行变革。求新方面，火锅品牌深入挖掘新食材、新口味，加快上新速度；求鲜方面，一批以“鲜”为卖点的火锅细分赛道获得快速发展；性价比方面，一些主打性价比的火锅品牌、小火锅、自助火锅发展势头较猛；消费体验方面，随着消费者越来越重视体验，注重情绪价值，火锅品牌持续在服务和场景打造上发力。

例如，消费者对新鲜的追求推动了鲜牛肉火锅、鲜切鸡煲火锅、猪杂火锅、山野火锅等以“鲜”为核心的细分赛道风靡，其中鲜切牛肉自助火锅和山野火锅较为火热。鲜切牛肉自助火锅凭借“短视频营销 + 鲜切 + 性价比”的模式实现门店数的快速增长，山野火锅则致力于打造大自然的氛围以及食材的新鲜健康，迎来了发展。

一些主打性价比的火锅品牌门店数近年来亦获得了快速发展，如熊喵来了火锅、季季红火锅、围辣小火锅等品牌。特别是在小火锅这一细分赛道中，人均消费在 40 元以下的品牌成为这一细分赛道增长的主要驱动点。

在消费体验方面，火锅品牌积极从消费体验上迎合年轻人的“新五感”，提供情绪价值。比如地摊火锅带来的松弛感，山野火锅的原生感，品牌 IP 和 IP 联名带来的存在感，“火锅 +KTV”等方式提升火锅餐厅的社交属性，以及歌舞表演提供的氛围感等。同时，火锅品牌还在服务、蘸料等方面积极加码，以让消费者有更好的体验。

此外，火锅品牌还在不断开发地域风味，如酸辣结合的贵州酸汤火锅、云南特色酸菜牛肉火锅、讲究本味的广东粥底火锅、去腥提鲜的海南糟粕醋火锅等。

除地域火锅以外，创意口味、健康养生、复合锅底也是火锅锅底创新的主要方向（如图 4-7 所示）。

地域口味	创意口味	健康养生	复合锅底
贵州酸汤锅底	牛奶黄油锅底	草本牛骨汤锅底	番茄酸汤锅底
黄柿子酸汤锅底	葱香牛油锅底	药膳锅底	红菇豆腐筒骨汤鸳鸯锅底
云南现春锅底	榴梿锅底	豆浆锅底	乌鸡及墨鱼美式锅底
云南菌菇锅底	香菜锅底	……	蜜桃乌龙牛油红锅
海南糟粕醋锅底	酸笋臭豆腐锅底		海南酸汤椰子鸡鸳鸯锅底
……	……		……

资料来源：公开信息，红餐产业研究院整理。

图 4-7　近年火锅锅底的主要创新方向一览

食材方面更是火锅品牌上新的重点，据红餐大数据，2024 年监测的样本火锅品牌新品中，火锅配菜占比高达 44.5%，远高于其他类别。如图 4-8 所示，从上新的细分类别来看，火锅食材创新主要在于地域食材、非遗食材、小众食材三大方向，不少头部品牌都上新了内蒙古牛羊肉、云南菌菇、竹笋、香菜等相关新品。

地域食材	非遗食材	小众食材
内蒙古牛羊肉	非遗雷山鱼酱酸	香菜
黄土高原滩羊肉	非遗宣威火腿	折耳根
云南野生菌菇	本溪黑豆花	黑虎虾滑
冒节子	武隆非遗羊角香干	皱皮菜
香格里拉莴笋尖	非遗手作小香肠	鞭炮笋
云南高山茭白	简阳非遗羊汤	石花菜
山东寿光青萝卜	非遗龙须笋	海鸭蛋
乳山大生蚝	……	……
……		

资料来源：公开信息，红餐产业研究院整理。

图 4-8　近年火锅食材主要的创新方向一览

三、火锅品牌创新提速，供应链扮演着重要角色

近年来，火锅品牌在新品挖掘上越来越广、越来越深。据红餐产业研究院不完全统计，头部品牌如海底捞、呷哺呷哺、湊湊火锅、巴奴毛肚火锅、捞王锅物料理、珮姐重庆火锅等，平均每1~2个月上新一轮新品。要保持如此高的上新频率和新品数量，火锅品牌需要一套体系来支持创新研发，同时也需要供应链的支撑。

一方面，火锅品牌和供应链企业更广泛、更深入地挖掘食材，掌握上游食材供应来源，实现产地直采和就地加工。例如，蜀海供应链帮助海底捞发掘和实现内蒙古牛羊肉、菌菇、竹笋、速冻鲜鸭血、海带苗等产品的直采和加工。另一方面，火锅品牌需要有完善的创新机制作为支撑，如海底捞内部建立了完善的创新机制。以一道新品的诞生为例，海底捞内部会通过消费者洞察、新品概念生成、食材源头选择、菜品研发、多轮内外部测试等环节，选定最符合消费者偏好的新品上市。上市前还会做好供应方案，确保供应各环节达到标准。新品上市时还会配合宣发动作，短时间内快速提升新品声量，让新品更好地切入市场。

火锅上新频率提升，需要供应链企业进行共创或者引领创新，即从支持者的角色转变为共创者甚至引领者。部分食材供应链企业积极在大单品上优化创新，如美好食品的小酥肉、亲热集团的调理猪肚和鸭肠；又如专注做虾滑的逮虾记，不仅与熊喵来了火锅共创推出了黑金黑虎虾滑，还与珮姐重庆火锅合作推出了马蹄虾滑等。

完善的供应方案和物流配送体系是实现原材料新鲜到店的关键，一方面是针对不同类型的食材制定相对应的供应方案；另一方面是加强冷链物流体系和监控体系的建设，如蜀海供应链拥有4,000余辆常温/冷链物流车，实行多温仓管理，可以实现生鲜到店日配。

在口味上的创新，也需要供应链企业的定制和共创支持，如仟味高汤、聚慧餐调、川海晨洋等企业均有定制和研发共创服务，可以帮助火锅品牌研发出新口味产品。

以仟味高汤为例，仟味高汤是源自

广东的高汤调味品企业。其凭借遍布全国20多个爆品菜研创中心、40多个旗舰体验店、几十人的应用厨务，构建起强大的行业趋势捕捉网络，助力火锅品牌实现菜品创新、口味升级。不管是粤式养生火锅、川渝麻辣火锅、北派清汤火锅，还是泰式冬阴功火锅、韩式部队火锅、日式寿喜锅等国外风味火锅，仟味高汤都能提供爆款锅底解决方案，让产品口味更出众。

比如2025年年初，仟味高汤率先察觉到现春山野火锅在江浙沪萌芽，迅速组织团队奔赴云南，通过深入当地探店调研，挖掘品类背后的潜力与机会点，成功复刻出适合全国流行的现春山野火锅出品方案。同时，仟味高汤的全国研创中心同步联动，发挥各自专长，围绕地域口味差异，对现春山野火锅进行属地化口味创新、场景化营销设计、专题爆品体验活动等，为餐饮品牌提供了现春山野火锅的一体化解决方案。

还有，针对鲜切鸡煲的餐饮热点，仟味高汤凭借强大的资源整合能力，携手清远鸡头牌——天农清远鸡，共创了“仟味高汤 × 天农清远鸡煲联合推荐菜单”，从汤底选择，到不同鸡肉的选择，从药食同源的食材搭配，再到标准化做法，提供一站式解决方案，为很多传统火锅餐饮老板提供了转型商机以及落地方案。

在蘸料方面，一批深耕细分领域的蘸料供应链企业快速发展，如主打豆瓣酱的丹丹郫县豆瓣和鹃城牌豆瓣，主打黄豆酱的佐香园和香其酱业，主打芝麻酱的正庭香，主打火锅油碟的馨田火锅油碟，这些企业的产品正逐步占据火锅门店的小料台（见表4-1）。

表4-1 部分代表企业/品牌及火锅蘸料产品一览

类型	企业/品牌	核心产品
辣椒酱	老干妈	油辣椒、豆豉酱等
	辣妹子	辣椒酱等
	利民	蒜蓉辣酱等
	川娃子	烧椒酱等
豆瓣酱	丹丹郫县豆瓣	豆瓣酱等
	鹃城牌豆瓣	郫县豆瓣酱等
黄豆酱	佐香园	黄豆酱、酱油等
	香其酱业	香其酱、黄豆酱等
芝麻酱	正庭香	正庭香麻酱
火锅油碟	馨田火锅油碟	火锅油碟

资料来源：公开信息，红餐产业研究院整理。 红餐网 | 红餐大数据

第二节 川渝火锅：赛道进入十字路口，品牌通过新品和门店模型突围

川渝火锅是火锅领域中规模最大、门店数最多的细分赛道。2024 年川渝火锅市场规模达 2,530 亿元，门店数超过 16 万家。与此同时，川渝火锅赛道竞争激烈，产品同质化严重，一些品牌发展进入瓶颈期，传统的经营模式和产品特色或已难以满足消费者日益多样化的需求。

为了突破这一困境，一些品牌积极探索产品创新之路，力求通过独特的菜品研发和口味升级，实现品牌的差异化突围。还有一些品牌尝试推动社区门店转型，通过深入社区、贴近消费者，增强品牌与消费者之间的黏性。此外，凭借精准的市场定位和高性价比策略，一些新锐火锅品牌崭露头角，为川渝火锅赛道注入了新的活力。

一、赛道发展放缓，众多川渝火锅品牌积极提质增效

经历了早年的高速增长后，川渝火锅赛道整体进入常态化发展阶段。在这个阶段，川渝火锅赛道的入局者日益增多，竞争日益激烈。在此背景之下，近年不少品牌积极提质增效，以应对激烈的市场竞争。例如，海底捞 2024 年门店数虽然略有下降，但通过营销活动、产品迭代、体验创新、运营提效等方式实现了翻台率的提升，从而实现门店日均销售额的提升，最终实现了营业收入和净利润的增长。

而小龙坎火锅则把经营重点从门店快速扩张转向“质效双升”，以“麻辣牛油火锅头部品牌”为核心品牌定位。一方面，小龙坎聚焦拳头产品“麻辣牛油锅底”，深耕经典口味产品。另一方面，其积极开发新产品，如 2024 年推出非油炸“火锅面”系列产品，抢占方便速食赛道。此外，小龙坎还推出了 3.0 门店模型，该店型为面积在 300~350 平方米的商场店模型，采用模块化装修与智能设备，可将启动投资成本压缩至百万元以内。

在运营方面，小龙坎注重精细化运营与数字化赋能，如提供选址评估、营销支持等全周期服务，以及全国统一运营、营销、产品、数字化的“四统”策略，并结合平台互通的会员体系，从而实现运营效率的提升以及会员复购率的提升。同时，小龙坎推动全球化 2.0

战略，通过吸引海外资本共建生态，缩短建店周期至3个月，并通过供应链赋能，实现“全球统一锅底”与本地化灵活供应的平衡。

此外，也有不少新锐川渝火锅品牌崛起，如熊喵来了火锅、笨姐居民楼火锅等近年实现了快速增长（见表4–2）。熊喵来了火锅注重打造质价比，不仅投入大量时间和精力去寻找优质食材，而且积极升级产品以及推出创意新品，还采用“升级不升价”的策略，始终保持较高的质价比。谭三娘鲜切牛肉自助火锅则采用“鲜切牛肉+性价比自助”的定位，同样实现了门店的快速扩张。

表4–2　2025年全国部分川渝火锅品牌发展概况

品牌名称	门店数（家）	人均消费（元）	门店主要分布区域
海底捞	1,350+	99	广东、江苏、浙江等
袁记串串香	730+	56	河北、河南、内蒙古等
小龙坎火锅	520+	82	安徽、四川、山东等
郭淑芬鲜切牛肉自助老火锅	510+	78	浙江、江苏、安徽等
马路边边	350+	67	河北、四川、江苏等
蜀大侠火锅	350+	81	四川、陕西、江苏等
德庄火锅	350+	76	河南、江苏、安徽等
熊喵来了火锅	340+	70	山东、河北、辽宁等
楠火锅	320+	83	四川、河南、广东等
徐升记不改良老火锅	300+	68	山东、河北、河南等
二当家牛肉串串火锅	280+	67	江苏、广东、宁夏等
谭三娘鲜切牛肉自助火锅	270+	99	安徽、四川、河北等
笨姐居民楼火锅	260+	80	江西、广东、浙江等
萍姐火锅	230+	91	江苏、山东、安徽等
刘一手重庆火锅	230+	79	安徽、湖北、江苏等
大斌家串串火锅	230+	70	湖南、广东、江西等
朱光玉火锅馆	220+	90	江苏、安徽、湖北等
朝天门	210+	75	河南、浙江、江苏等
赵美丽火锅	200+	77	浙江、重庆、四川等
郭铁柱·泥炉老火锅	190+	74	江苏、安徽、浙江等
湊湊火锅	170+	113	广东、上海、江苏等
钢管厂五区小郡肝火锅串串香	160+	67	四川、湖北、广东等
巴庄重庆火锅	150+	76	河南、河北、山东等
大龙燚火锅	140+	80	广东、安徽、四川等

续表

品牌名称	门店数（家）	人均消费（元）	门店主要分布区域
巴奴毛肚火锅	140+	132	河南、江苏、北京等
大渝火锅	140+	96	浙江、江苏、云南等
怂火锅厂	80+	93	广东、上海、福建等
后火锅	50+	85	西藏、重庆、新疆等
珮姐重庆火锅	30+	105	广东、浙江、上海等

资料来源：红餐大数据，数据统计时间截至 2025 年 5 月 31 日。

二、从菜品到口味创新，品牌通过新品迭代实现差异化突围

川渝火锅发展时间长，无论是锅底还是配菜均存在较为明显的同质化问题。为了实现差异化，诸多的火锅品牌在新品创新上非常积极。据红餐大数据监测，26 个川渝火锅样本品牌在 2025 年 1 月至 5 月上新超过 200 款新品，其中海底捞、蜀大侠火锅、朱光玉火锅馆、湊湊火锅等品牌实现了每月上新。

如图 4-9 所示，从新品分类来看，火锅配菜是上新的主要方向，占比达到 46.2%。其中，火锅配菜上新主要分为三类：一为地域食材，如洪湖莲藕、云南姜柄瓜、乌珠穆沁草原羔羊排肉、山野菌菇、乳山生蚝、安吉野生笋等；二为鲜切食材，如鲜切清远鸡、鲜切山羊肉、鲜切吊龙、头牌黄牛肉等；三为小众与特色食材，如黄瓜嫩苗、傣味现拌牛肉、冰激凌萝卜、荠菜鸡肉滑、荠菜马蹄丸子等（如图 4-10 所示）。

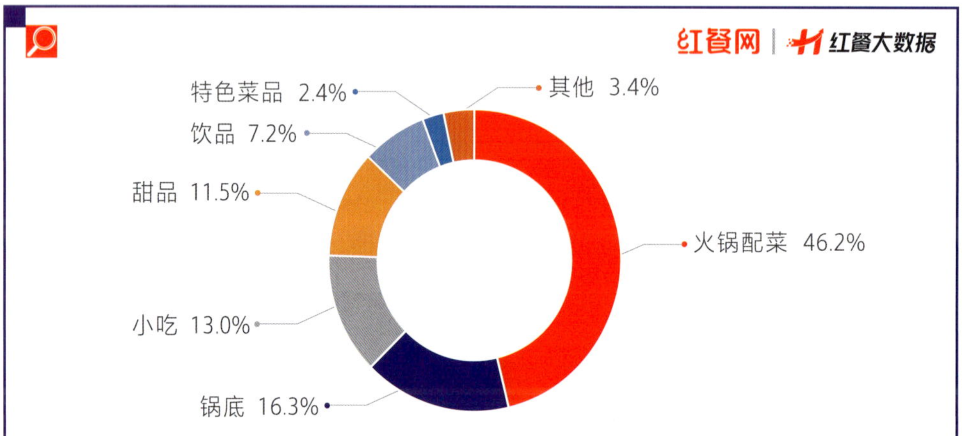

资料来源：红餐大数据，数据统计时间截至 2025 年 5 月 31 日。

图 4-9 2025 年 1 月至 5 月川渝火锅样本品牌各类新品占比分布情况

红餐网 | 红餐大数据

地域食材	鲜切食材	小众与特色食材
伊比利亚黑猪梅花肉	鲜切清远鸡	精品耗儿鱼
乌珠穆沁草原羔羊排肉	鲜切山羊肉	暴打鱼皮虾卷
安吉野生笋	鲜 · 头牌黄牛肉	冰激凌萝卜
乳山生蚝	鲜 · 限量雪花黄牛肉	羊肚菌啵啵鱼豆花
浦江雷竹笋	鲜切吊龙	橙 C 毛肚
云南姜柄瓜		鳕鱼玫瑰
洪湖莲藕		荠菜马蹄丸子
		糖蒜牛肉
		黄瓜嫩苗

资料来源：公开信息，红餐产业研究院整理。

图 4-10　2025 年 1 月至 5 月川渝火锅样本品牌推出的火锅配菜新品

在锅底创新方面，除了在经典麻辣、香辣、牛油、清油锅底上加码以外，川渝火锅品牌也在积极探索不同风味和底料的融合。例如，海底捞推出了海鲜粥锅底、鲈鱼汤三鲜火锅等海鲜锅底；凑凑火锅采用茶叶与锅底结合，推出大红袍茶香麻辣锅底；朱光玉火锅馆、德庄火锅跟上地域风味的热度，推出了酸汤锅底。此外，养生滋补也是锅底创新方向，如凑凑火锅推出的浓郁暖羊锅底以及蜀大侠火锅推出的滋补汤锅人参鸳鸯锅底等（如图 4-11 所示）。

红餐网 | 红餐大数据

地域风味	风味 / 底料融合	养生滋补
云南现舂红酸汤锅底	春蔬海味腌笃鲜	滋补汤锅人参鸳鸯锅底
贵州酸汤锅底	海鲜粥锅底	浓郁暖羊锅底
	鲈鱼汤三鲜锅底	
	大红袍茶香麻辣锅底	
	蟹粉黄鱼锅底	
	猪肚鸡牛油辣锅底	
	菌菇牛油辣锅底	

资料来源：公开信息，红餐产业研究院整理。

图 4-11　2025 年 1 月至 5 月川渝火锅样本品牌推出的锅底新品

此外，川渝火锅品牌也在积极通过“火锅+”来扩充产品线。川渝火锅口味相对重，与能够解辣解腻的甜品饮品的匹配度较高，因此各类茶饮、豆花、汤圆、慕斯、冰激凌等纷纷被推出。同时，各类小吃产品也是受青睐度较高的选择。例如，海底捞推出了酒酿糍粑和芝麻饼，朱光玉火锅馆推出了黑松露鲜虾灌汤烧麦和綦江土包子，蜀大侠火锅推出日进斗金原切麻辣板筋和开工暴富抓钱爪等。这些川渝火锅品牌通过不同的新品上新策略实现了产品的差异化突围。

三、离消费者更近，社区门店成为川渝火锅的轻量化方向

近年来，在餐饮消费性价比趋势推动下，不少川渝火锅品牌也在尝试调整门店模型，在实现降本增效的同时，通过折扣和套餐的形式匹配性价比的需求。

例如，珮姐重庆火锅通过优化其标准店模型，将开店成本从约 500 万元降到约 200 万元，门店面积从约 170 平方米减到约 120 平方米。据了解，其在深圳的三家标准店月坪效超 1 万元。同时，珮姐重庆火锅还推出社区店模型，选址从商圈转向社区，开店成本进一步降至约 70 万元。

由于社区门店具有“小而美”的店铺形态、“接地气”的产品价格和贴近社区居民生活的服务特点，因此，也有不少品牌直接定位为社区火锅品牌，如笨姐居民楼火锅、张崇会火锅等。

这些火锅社区门店通常面积在 100~300 平方米，相较于传统的大型火锅店，具有较小的店铺规模和较低的租金成本，能够更加灵活地选址布局，提高门店的覆盖率和便利性。

在产品方面，这些火锅社区门店不仅菜单相对简洁，主要聚焦于川渝火锅的经典菜品和特色小吃，如毛肚、鸭肠、郡肝、牛肉片、酸菜鱼等，可以通过优化采购渠道和供应链管理，降低产品成本。而且还能在通过不同的套餐实现高性价比的同时，满足社区居民日常就餐、家庭聚会等不同场景的需求。

在经营模式方面，除了传统的堂食服务外，川渝火锅社区门店还会积极拓展外卖、自提、火锅食材零售等多种经营渠道，实现了线上线下融合发展。消费者可以通过外卖平台下单，享受便捷的送餐上门服务；也可以提前预订菜品自提，节省等待时间；此外，门店还销售火锅底料、食材套餐、特色调料等零售产品，满足消费者在家吃火锅的需求的同时，增加门店营收。

在营销方面，社区门店注重通过优质的产品和服务打造良好的口碑。与商场店更依赖商场客流不同，社区门店主要服务周边顾客，更注重口碑与社区营

销。除此以外，社区门店的环境通常也更加休闲亲民，还可以开展各类社区营销活动，如举办会员日活动、亲子美食课堂、社区文化活动等。

除了社区门店模型，菜市场火锅也是近年较为热门的模式，如成都的九门红菜市场火锅、重庆观窑菜场火锅等均受到了较多关注。菜市场火锅的走红，一方面是菜市场火锅具有食材新鲜和高性价比的特点；另一方面则是多地对农贸市场进行了升级改造，打造了众多网红菜市场，使得菜市场火锅这种新模式迅速走红。

四、川渝地区产业集群化特征突出，赋能火锅供应链创新升级

川渝地区作为川渝火锅的发源地，拥有众多知名的火锅品牌和供应链企业，形成了完整且成熟的火锅产业链。目前，川渝两地依托地理优势与政策支持，形成了多个火锅产业集群，推动“种植—加工—消费—文旅”全链条融合。例如，德阳广汉火锅产业集群、合川火锅食材产业园、武胜火锅产业园、成都郫都区豆瓣产业园等，通过产业集群促进三产合作和提升供应链效率，满足川渝地区以及全国各地的需求。

鉴于火锅食材在口感体验与食品安全等方面的特殊要求，火锅品牌和供应链企业经过长期实践与探索，逐步构建起一套精细化、规范化的标准体系。以川渝火锅必点菜品毛肚、黄喉为例，火锅品牌和供应链企业对其清洗、发制、保鲜等流程进行严格标准化操作，在确保食品安全的同时，较好地保持毛肚等菜品入口时的爽脆口感。同时，对蔬菜类食材也制定了严格的农残检测标准与分级标准，保证蔬菜的安全、新鲜。

而为保持关键食材原料的品种与品质稳定，企业往往通过自建或固定合作种植基地的方式，从源头把控质量，如德庄火锅、翠宏食品拥有辣椒种植基地，百品日光拥有自有番茄园等。

火锅底料是川渝火锅重要的组成，近年来火锅底料生产企业的研发重点集中在传统风味的复刻改良，以及新风味的实现。川渝火锅底料的原料种类繁多，处理方式多样，配比复杂，炒制工艺和温控要求高，过程烦琐。聚慧餐调、天味食品等底料供应链企业通过工业化生产代替传统手工生产，采用自动化生产线，实现精准配料、标准化炒制，从而实现口味的标准化（见表 4-3）。

牛油作为川渝火锅底料的重要成分之一，对底料口味起着关键作用，同时也是锅底香气的重要来源。以森态牛油为例，其味极香酶解牛油首次将酶解工艺应用于牛油的加工生产，利用生物酶分解脂肪组织与分割油中的蛋白成分，产生大量多肽和小分子氨基酸，进而通过美拉德反应促使牛油 2 倍生香。

森态牛油作为酶解牛油开创者，拥有授权专利 70 余项，并拥有行业首家工业 4.0 版智慧化工厂和行业首家通过 CNAS 认证的实验室。除味极香酶解牛油以外，森态牛油还推出精制牛油、老火锅牛油、森态锅锅香、专享定制牛油、液态牛油等各类火锅牛油产品，生产工艺、工程设备、设计产能、研发技术处于国内行业领先水平。森态牛油重在“可控可持续”，即以可控的原料、可控的生产、可控的服务和味控创新技术，为火锅企业、底料生产商提供高品质的火锅牛油和应用服务。

表 4-3　2025 年全国部分川渝火锅相关供应链企业概况

产品类型	代表企业	主营产品
火锅底料、蘸料等	颐海国际	火锅底料与蘸料、小龙虾调料、家常菜调料包等复合调味料，以及自热火锅等速食产品
	聚慧餐调	火锅底料与蘸料、酱料、汤料、烧烤调料、小吃快餐调料等
	天味食品	火锅底料与蘸料、鱼调料系列、香肠腊肉调料、鸡精、酱料等
	川海晨洋	川式火锅底料、汤料、火锅油碟系列、调味油系列、酱料、腌制料等
	圣恩股份	各式火锅汤料、底料、蘸料、川菜调料、卤料、烧烤料、小吃调味料等
	百品日光	番茄锅底、菌汤锅底及其他各式火锅底料，以及米面线调料等
	森态牛油	森态味极香牛油、锅锅香牛油、老火锅牛油系列产品、精制牛油系列产品等
	牧哥食品	牧哥老火锅牛油等牛油系列、火锅底料、牧哥酸菜鱼调料、牧哥青花椒嫩鱼调料等
	张兵兵火锅牛油	老火锅牛油、老火锅盆盆牛油、太火多肽浓香牛油、尊品牛油、心形打锅牛油等
	申唐产业	牛油火锅底料、清油火锅底料、串串香底料、粉面调味料、麻辣烫底料等
	美鑫餐调	阳光鲜番茄汤底等特色火锅汤底系列、火锅底料、香辣酱等火锅蘸料、烤鱼系列调料等
	澄明食品	七个番茄一锅汤火锅底料等火锅底料，以及蘸料、汤料、番茄烤鱼酱料等酱料

续表

产品类型	代表企业	主营产品
火锅底料、蘸料等	翠宏食品	特辣辣椒面等辣椒面系列、烤肉蘸料等香辣蘸料系列、香辣红油等辣椒红油系列等
	草原红太阳	火锅底料与蘸料、烧烤调料类、红焖牛羊肉调味料、奥尔良腌料等
	六婆	火锅底料、辣椒面蘸料、烧烤料、钵钵鸡调料、小龙虾调料等
	馨田火锅油碟	纯芝麻油碟、植物调和油碟等
	川娃子	烧椒酱、拌饭酱等调味酱、火锅底料、钵钵鸡调味料等
	川崎	火锅蘸料、鲜香鸡汁味等
	红九九	牛油火锅底料、海鲜味火锅底料、麻辣烫底料等
火锅食材、火锅周边等	蜀海供应链	笋类、豆制品、菌菇、魔芋制品、牛羊类、水产类等
	盖世食品	海藻类、芥末章鱼等
	国联水产	生熟虾类、小龙虾、烤鱼、黑鱼片等
	逮虾记	虾滑类、猪肉滑等
	鲜美来	虾滑类、虾仁等
	海欣食品	鱼丸、虾滑、龙虾球、牛肉丸等
	安井食品	速冻鱼糜制品、火山石烤肠、撒尿牛肉丸、虾滑等
	美好食品	火腿肠、美好农家小酥肉、美好嫩滑牛肉片等
	亲热集团	亲热猪肚条、亲热冰鲜鸭肠、亲热毛肚等
	玖嘉久	北海青虾滑、鱼籽福袋、深海鱼丸等
	三旋供应链	虎皮凤爪、茉莉花香牛肉、肥肠等
	康乐汇	卤鸭血、牛奶滑鸭血等

资料来源：公开信息，红餐产业研究院整理。

此外，川渝地区也涌现了一批生产火锅蘸料相关产品的企业，其中部分企业近年来发展势头较好。

川渝火锅的发展带动了川渝火锅供应链的发展，而供应链企业通过新品研发和产品迭代赋能川渝火锅的发展，助力了火锅品牌实现更高的供应链效率、口味的标准化，最终实现火锅产业的可持续发展。

从整体来看，作为最早完成全国市场布局的火锅派系，川渝火锅正处于发展的十字路口，增长红利消退、产品同质化严重、市场竞争激烈等因素正阻碍赛道的进一步发展。因此，产品创新、模型调整、供应链升级等成为川渝火锅提质增效的主要方式，这意味着川渝火锅将告别野蛮生长阶段，进入以高质价比和高效率为核心的新阶段。

第三节 北派火锅：赛道稳健扩容，老北京火锅凭借“非遗”突围

作为火锅赛道的第二大细分领域，北派火锅凭借鲜明的地域特色持续获得市场的认可。同时，为了提升市场竞争力，近年来北派火锅品牌在产品、场景、经营模式、供应链等方面积极迭代创新，为赛道注入了新的活力。

一、赛道持续细分，老北京火锅、内蒙古肥羊火锅等势头好

北派火锅以其粗犷豪迈的吃法、浓郁鲜香的汤底和极具地域特色的食材闻名，是中国火锅文化中不可或缺的组成部分。相较于川渝火锅的麻辣鲜香和粤式火锅的精致考究，北派火锅更注重原汁原味与滋补养生，同时融合了北方各地的饮食文化精髓。

红餐大数据显示，截至 2025 年 5 月，全国北派火锅门店数超 7 万家，占火锅大盘的 14.4%，仅次于川渝火锅，稳居细分赛道第二名。在市场规模方面，2024 年全国北派火锅市场规模为 865 亿元，同比增长 5.5%，预计 2025 年将突破 900 亿元。

目前，北派火锅已经形成了老北京火锅、内蒙古肥羊火锅、羊蝎子火锅、东北酸菜白肉火锅、肥牛火锅、沧州火锅鸡等众多细分赛道（见表 4-4）。这些细分品类不仅传承了北方各地的饮食传统，更孕育出一批具有代表性的连锁品牌。

表 4-4　部分北派火锅细分赛道的主要特征与代表品牌

细分赛道	主要特征	代表品牌
老北京火锅	采用炭火铜炉锅具，锅底多为清水，加葱姜、枸杞等简单调味。食材以鲜切羊肉为主，搭配麻酱、腐乳、韭菜花、香菜末、糖蒜等蘸料食用	东来顺、聚宝源、阳坊涮肉等
内蒙古肥羊火锅	食材以草原特色羔羊肉为主，汤底多采用口味清淡的羊骨汤，突出羊肉的天然奶香，搭配蘸料有麻酱、韭菜花酱等	小肥羊、额尔敦传统涮、小尾羊等
羊蝎子火锅	以带肉羊脊椎骨（形似蝎子）为核心食材，汤底分为红汤（辣）和白汤（原味），通常是先吃羊蝎子后涮菜	老诚一锅、蝎王府羊蝎子等
东北酸菜白肉火锅	选用东北酸菜铺在猪骨汤锅底，主打食材是经煮制过的切片五花肉，利用酸菜的自然酸味中和白肉的油腻，搭配蒜泥酱、韭菜花酱等蘸料食用	万福楼铜锅等

资料来源：公开信息，红餐产业研究院整理。　红餐网 | 红餐大数据

例如，内蒙古肥羊火锅赛道的313羊庄凭借“现切羊肉+蒙式装修”在全国开出了410余家门店，洞氮胡记羊肉馆、小肥羊等品牌的门店数均超过了110家；老北京火锅赛道的东来顺依托百年老字号的文化底蕴与“非遗技艺”在全国开出了170余家门店，聚宝源、阳坊涮肉、京门老爆三等品牌的门店数也有数十家；主打羊蝎子火锅的老诚一锅、蝎王府羊蝎子等品牌均从北京大本营向周边省市扩张；主打汆锅底的东北酸菜白肉火锅品牌万福楼铜锅深耕东北市场，其门店数已超过60家；主打肥牛火锅的鲁西肥牛火锅也在四川、河北、重庆等地开出了50余家门店。此外，内蒙古冰煮羊、乌拉满族火锅、陕派酸菜火锅等细分赛道均有一些品牌冒头（见表4-5）。

表4-5　2025年全国部分北派火锅品牌发展概况

品牌名称	门店数（家）	人均消费（元）	门店主要分布区域
313羊庄	410+	93	浙江、江苏、北京等
洞氮胡记羊肉馆	230+	66	湖南、江西、浙江等
东来顺	170+	93	北京、河北、山东等
老诚一锅	140+	82	北京、山西、河北等
小肥羊	110+	75	陕西、甘肃、山东等
额尔敦传统涮	70+	100	内蒙古、辽宁、河南等
蝎王府羊蝎子	70+	86	北京、陕西、河北等
聚宝源	70+	116	北京、河北、山东等
九府羊鲜羊火锅	60+	86	山东、河北、江苏等
万福楼铜锅	60+	58	黑龙江、吉林、内蒙古等
阳坊涮肉	60+	110	北京、河北、上海等
鲁西肥牛火锅	50+	74	四川、河北、重庆等
0317火锅鸡	50+	52	河北、天津、北京等
聚京宴老北京铜锅涮	50+	83	广东
京门老爆三	40+	94	北京、河北、辽宁等
天骄功勋冰煮羊	40+	76	内蒙古、河北、辽宁等
泽成冰煮羊	30+	83	内蒙古、山西、河北等
快乐小羊	30+	84	内蒙古、山西、河北等
羊莊胡同酸菜铜锅涮肉	30+	70	陕西、河南、甘肃等
小尾羊	30+	75	内蒙古、江苏、山东等

续表

品牌名称	门店数（家）	人均消费（元）	门店主要分布区域
老门框爆肚涮肉	30+	123	上海、北京、江苏等
常赢三兄弟	20+	115	北京、上海、河北等
百草滩羊	20+	89	宁夏、甘肃、陕西等
隐酌火锅鸡	20+	45	河北、北京
匹夫涮肉城	10+	92	北京、山西、河北等
芦月轩	10+	70	北京、河北

资料来源：红餐大数据，数据统计时间截至 2025 年 5 月 31 日。

红餐网 | 红餐大数据

不过，这些北派火锅品牌大多以区域发展为主。红餐大数据显示，截至 2025 年 5 月，华北、华东、东北三大地区占据全国超过七成的北派火锅门店数。

从人均分布来看，由于北派火锅的食材以牛羊肉为主，人均消费稍高于火锅大盘。红餐大数据显示，截至 2025 年 5 月，44.5% 的北派火锅门店人均消费在 80 元以上，较火锅大盘在该人均消费区间的占比 (27.6%) 高出 16.9 个百分点。

二、从产品、场景、模式到供应链，品牌加速转型升级

近年来，为了更好地适应日益变化的市场环境与消费需求，北派火锅品牌在产品创新、场景打造、经营模式探索、供应链建设等方面积极谋变，以提升市场竞争力。

在产品层面，众多品牌积极挖掘具有地域特色的食材、锅底、菜品以及饮品，在满足消费者多元化需求的同时，塑造品牌差异化。例如，阳坊涮肉打造非遗食材系列，推出了内蒙古鲜切香草羊肉与孜然羊肉两款非遗新品，同时还推出了产自云南的大荠菜、姜柄瓜、鲜茨等特色产品；小肥羊推出了宁夏盐池滩羊肉；京门老爆三推出了老北京豆汁奶茶、二八酱奶茶等特色饮品。此外，还有品牌围绕特色羊肉食材，研发多元化的产品，如烤全羊、烤羊排、烤羊肉串、羊肉包子等，以拓宽消费场景。

在视觉层面，北派火锅品牌除了选用标志性的铜锅外，还会在菜品摆盘、门店装修等方面凸显草原风情与少数民族特色，打造“沉浸式北派文化”体验。例如，313 羊庄主打内蒙古草原风情，门店设计中融合了蒙古包穹顶结构、牧野风光壁画、蒙古服饰等元素，还原草原生活场景，同时其还在门店内设置了

明档厨房，展示鲜羊肉现切的全过程；主打满族火锅的千亿来乌拉火锅，其门店运用了灰瓦屋檐、八旗挂帘、满文篆体、海东青雕塑等宫廷元素，增强消费者的消费体验。

在经营模式层面，面对日益激烈的市场竞争，北派火锅品牌也在积极探索多元化的经营模式。例如，额尔敦传统涮在部分门店推出单人自助套餐，小肥羊则将部分门店改造成回转小火锅。

在供应链层面，北派火锅品牌通过垂直整合与全产业链布局，构建从牧场到餐桌的闭环供应体系，在保障食材品质的同时提升运营效率。例如，额尔敦传统涮在锡林郭勒盟拥有 20 平方千米的专属牧场，确保核心原材料乌珠穆沁羊、苏尼特羊的供应，其还通过旗下额尔敦羊业公司整合养殖、屠宰、精细加工等多个环节，减少中间损耗，降低生产成本；主打盐池滩羊肉的百草滩羊则在宁夏建立了一家集自有牧场养殖、肉类加工、冷链配送、产品研发等于一体的供应链综合体。

当前，北派火锅赛道挑战与机遇并存。从挑战维度来看，其一，北派火锅特有的地域性风味和食材偏好，一定程度上制约了品牌的全国化扩张步伐；其二，相较于火锅第一大细分赛道的川渝火锅，北派火锅缺乏具有全国影响力的领军品牌，市场推广尚待进一步普及；其三，冷链物流的持续完善和供应链的不断升级，食材地域性流通壁垒被不断打破，草原牛羊肉这一核心资源优势逐渐被川渝、粤式等火锅品类所共享，市场竞争格局日趋激烈。

不过，伴随着消费升级和餐饮文化多元化的发展趋势，市场对特色地域美食的需求持续升温，这也为深耕北方饮食文化的北派火锅品牌创造了新的发展契机。一方面，品牌可立足原产地优势，通过牧场直供、工艺升级等强化食材品质护城河；另一方面，品牌还可通过口味创新、场景升级等方式寻找差异化的发展路径。

第四节 粤式火锅：“求鲜”趋势下，粤式火锅正走向全国

粤式火锅作为中国火锅赛道的第三大派系，2024 年市场规模超 600 亿元，发展态势较为稳定。“鲜”是粤式火锅的共同特征，追求食材原汁原味，产品新鲜。在“鲜”的追求下，粤式火锅多采用现切牛肉、新鲜鸡肉和时令海鲜等新鲜食材。同时，为了体现食材本味，粤式火锅的锅底通常较为清淡，主要通过高汤发挥食材的鲜美。

一、“求鲜”推动粤式火锅稳步发展，细分赛道发展各异

粤式火锅主要的细分赛道包括潮汕牛肉火锅、椰子鸡火锅、猪肚鸡火锅以及港式火锅等。其中，潮汕牛肉火锅和椰子鸡火锅稳步发展，但猪肚鸡火锅和港式火锅发展趋缓。此外，还有一些细分赛道如粥底火锅、海鲜集市火锅、牛腩牛杂火锅、鲜切鸡火锅、炭炉鸡煲等成为局部热点，推动着粤式火锅的发展。

粤式火锅追求食材新鲜，对供应链的要求比较高，部分食材的运输配送往往受到限制。另外，因粤式火锅口味偏清淡，在口味较重的地区推广相对较慢，因此除华南地区（粤闽桂琼）以外，其主要在口味同样较为清淡的华东地区（苏浙沪）发展得较好（如图 4-12 所示），如捞王锅物料理、左庭右院等品牌以华东为中心，广顺兴则以华北为中心发展（见表 4-6）。

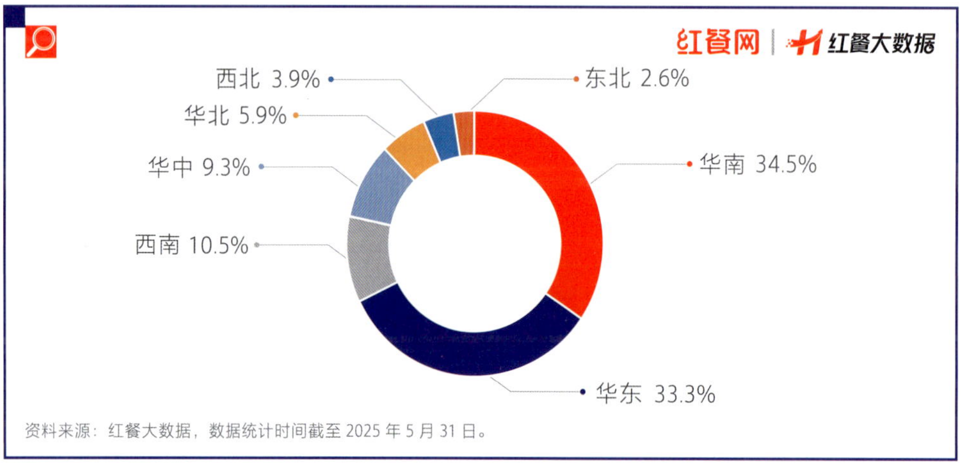

图 4-12 2025 年全国各区域粤式火锅门店数占比分布情况

粤式火锅的口味相对清淡，这对于其他区域消费者来说或存在一定的壁垒。为此，粤式火锅品牌在粤闽桂琼以外地区发展时，会在口味上做调整，甚至重新搭配锅底，如左庭右院除了熬制更浓郁的牛骨汤锅底以外，还推出口味相对重的麻辣火锅、冬阴功锅底、酸汤锅底、牛杂锅底等，以满足不同人群口味的需求。

表 4-6　2025 年全国部分粤式火锅品牌发展概况

品牌名称	门店数(家)	细分品类	门店主要分布区域
广顺兴	640+	猪肚鸡火锅	河南、河北、山东等
沙胆彪炭炉牛杂煲	230+	牛杂牛腩火锅	江苏、四川、北京等
八合里牛肉火锅	200+	潮汕牛肉火锅	广东、福建、上海等
潮正和	200+	潮汕牛肉火锅	河北、广东、福建等
淼鑫猪肚鸡	160+	猪肚鸡火锅	广东、广西、江苏
左庭右院	140+	潮汕牛肉火锅	上海、江苏、浙江等
捞王锅物料理	110+	猪肚鸡火锅	江苏、浙江、上海等
古乐牛香	100+	牛杂牛腩火锅	江苏、福建、江西等
同仁四季椰子鸡	90+	潮汕牛肉火锅	广东、江苏、浙江等
潮发	90+	潮汕牛肉火锅	广东
阿润传统打边炉	70+	港式火锅	河南、上海、江苏等
牛很鲜	70+	潮汕牛肉火锅	浙江、湖北
陈记顺和	70+	潮汕牛肉火锅	广东、江苏、浙江等
四季椰林	60+	椰子鸡火锅	广东、海南
三个椰子原生态椰子鸡	60+	椰子鸡火锅	广西、云南、四川等
福合埕牛肉火锅	50+	潮汕牛肉火锅	广东、福建
海银海记潮汕特色牛肉火锅	50+	潮汕牛肉火锅	广东、云南、天津等
牛小灶	30+	牛杂牛腩火锅	广东
椰妹原生态椰子鸡	20+	椰子鸡火锅	广东、广西
润园四季椰子鸡	20+	椰子鸡火锅	广东
煲大王猪肚鸡 · 椰子鸡	约 9	猪肚鸡 / 椰子鸡火锅	湖南

资料来源：红餐大数据，数据统计时间截至 2025 年 5 月 31 日。　红餐网 | 红餐大数据

二、潮汕牛肉火锅：供应链升级，推动品类加速走向全国

潮汕牛肉火锅起源于广东潮汕地区，突出牛肉的本味、现切现卖，对牛肉部位划分和烹饪时间都有细致的讲究。在蘸料上，潮汕牛肉火锅通常会搭配沙茶酱，有些消费者在食用时还会加入炸蒜末、芹菜粒等增加风味。

潮汕牛肉火锅强调现宰现切，因此对供应链的要求极高，导致潮汕牛肉火锅品牌向广东以外区域发展时会受到限制。不过，随着供应链的发展以及品牌积极搭建供应链体系，潮汕牛肉火锅正逐步突破地域的限制。例如，八合里牛肉火锅在贵州、内蒙古、宁夏有优质肉牛养殖地；潮发也在自建养牛场的同时建立自有的冷链运输系统，确保牛肉能在较短的时间内配送到店。

与此同时，为了迎合消费者更多元的需求，潮汕牛肉火锅品牌正积极挖掘新食材新菜品。如左庭右院专门研发了牛杂鸳鸯锅，鲜牛肉做成藤椒铁板烧、牛肉串、牛肉炒饭、牛肉煎饺等；八合里牛肉火锅黑金店推出了牛肉拼盘和海鲜拼盘、铁板烧和牛肉料理等菜品，以给消费者提供更多样化的消费体验。

随着潮汕牛肉火锅走向全国，鲜切牛肉也开始在全国风靡，一批鲜切牛肉自助火锅崛起，川渝火锅、云贵火锅等其他火锅派系也以鲜切牛肉作为核心产品之一，再次拉高了潮汕牛肉火锅的热度。此外，鲜切鸡火锅、鲜切猪杂火锅等其他“鲜切”赛道也火热起来。

三、椰子鸡火锅：人均消费小幅下降，仍有较大的市场空间

椰子鸡火锅的锅底主要是鲜鸡和鲜椰水，讲究现开现煮，因其健康养生的属性受到消费者的喜爱。

不过因为椰子鸡火锅对于食材较为讲究，所以椰子鸡火锅人均消费金额较高。红餐大数据显示，椰子鸡火锅头部品牌的人均消费多数集中在100~120元以及80~90元两个区间。虽然近年来火锅品类整体人均消费处于下行趋势，但椰子鸡火锅受到的影响较小，人均消费仅微幅下行。从头部品牌来看，过去两年人均消费在100元及以上的椰子鸡火锅品牌门店数增长快于人均消费100元以下的品牌（如图4-13所示）。

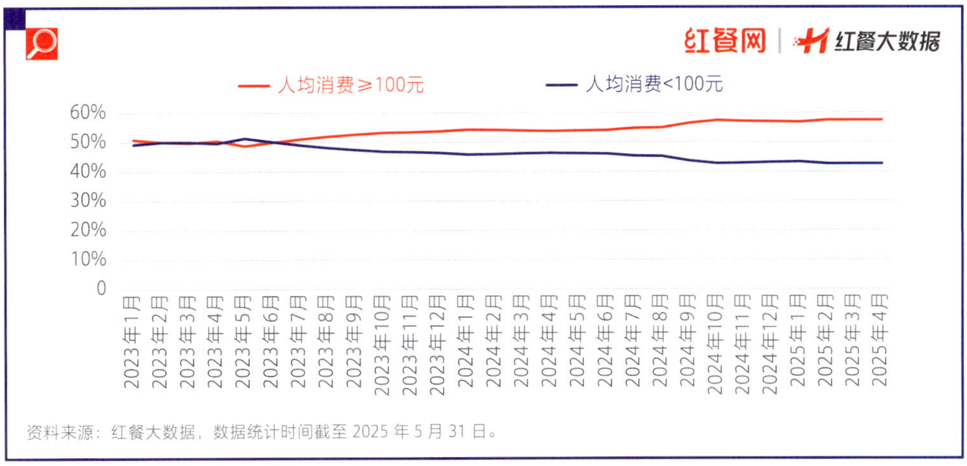

图 4-13　2023 年 1 月至 2025 年 4 月部分椰子鸡火锅品牌的门店人均消费价位占比分布情况

椰子鸡火锅通常采用海南或东南亚的椰子，以及海南的文昌鸡或者广东的清远鸡，对椰子和鸡的品种以及活鸡屠宰后的保存时长有严格要求，导致其对供应链要求很高。这在一定程度上限制了椰子鸡火锅的发展。此外，受口味的影响，椰子鸡火锅主要集中在粤桂琼地区发展。红餐大数据显示，粤桂琼地区的椰子鸡火锅门店数在全国的占比超过2/3，并且有持续走高的趋势。

当下，椰子鸡火锅的门店密度不高。以门店数分布较多的广东和广西地区来看，这两个地区每消费万人营业门店数仅 10~11 家，相比其他火锅细分赛道的门店数，该数值处于偏低水平，因此粤桂琼地区发展空间依然很大。未来，随着椰子鸡火锅的进一步发展，这些地区的椰子鸡火锅门店数有望进一步加密。

四、猪肚鸡火锅：品类融合加速，品牌用“猪肚鸡 +”拓宽边界

猪肚鸡火锅的发展时间较为悠久，不同区域呈现出不同的发展特点。其中，华南地区以淼鑫猪肚鸡、淼福猪肚鸡等高性价比定位的品牌为主，门店主要开设在商业区、社区街铺。华东地区则发展出捞王锅物料理等品牌，主要开设在商场，标准化程度高。华北地区则以广顺兴为代表，广顺兴是猪肚鸡与粤菜融

合的代表性品牌。

近年来，猪肚鸡火锅赛道整体发展处于下行的趋势，市场规模、门店数以及人均消费均有所下行。一方面，猪肚鸡火锅菜品相对单一，对消费者的吸引力有限；另一方面，猪肚鸡火锅的食用具有季节性，这会导致冬季以外的其他季节消费不足，营收受限。因此，很多猪肚鸡火锅品牌采用扩张品类的方式来扩大受众群体，比如煲大王猪肚鸡·椰子鸡、鼎凰花胶鸡·椰子鸡火锅等品牌采用“猪肚鸡+椰子鸡”的双主打模式，也有不少品牌推出鸳鸯锅，即猪肚鸡加上牛油锅、番茄锅等，以满足不同消费者的多种口味。此外，与菜系结合也是当下猪肚鸡火锅品牌的策略，如广顺兴将猪肚鸡和粤菜结合在一起，丰富了产品矩阵，也扩充了消费人群。另外，增加烧烤、小吃等菜品，也是猪肚鸡火锅品牌拓展菜单的常见方式。

五、其他粤式火锅：牛杂牛腩火锅、粥底火锅、鲜切鸡煲受关注

牛杂牛腩火锅这类发源于广东地区的特色火锅，近年来也在全国多地开始冒头，如沙胆彪炭炉牛杂煲、牛小灶等品牌就处于不错的发展势头之中。但由于品类单一，牛杂牛腩火锅也面临类似猪肚鸡火锅的困境，探索“品类+”成为必要手段。不过，近年来潮汕牛肉火锅品牌也在积极做产品扩充，如左庭右院也推出牛杂鸳鸯锅，这一定程度上蚕食了牛杂牛腩火锅的市场。

在火锅赛道“求鲜”的趋势下，粤式火锅中的粥底火锅、海鲜火锅、鲜切鸡煲火锅等主打“鲜”的细分赛道也受到一定关注，如太艮堡毋米粥在广佛地区稳定发展，潮汕创新土鸡火锅在潮汕地区热度较高。但这些细分赛道多数局限在区域发展，目前仍未有强势品牌出现，需要持续观察。

当下，粤式火锅发展的挑战主要还是集中在供应链的限制、口味限制，以及餐饮追求性价比的趋势下带来的人均消费下行的压力。未来，粤式火锅品牌需要进一步放大粤式火锅鲜与本味的内核，在保留传统风味的基础上不断创新，以满足不同区域的消费者需求，并加强供应链体系的全国化建设，补齐短板。

第五节 云贵火锅：赛道迎来“风口期”，门店在全国多地开花

近年来，以性价比为撒手锏，凭借差异化口感和山野松弛场景大火的云贵火锅成为餐饮市场关注的焦点。一批云贵火锅品牌在全国多地崛起，云贵火锅赛道正在迎来发展的“黄金期”。

一、乘上酸汤“东风”，云贵火锅打开全国知名度

近年来，酸汤在餐饮市场的热度渐升。截至2025年5月，抖音平台关于“酸汤”话题的视频播放量达到了4.2亿次，“酸汤火锅”话题的视频播放量则达到了11.4亿次。

不少餐饮品牌也跟进这股风潮，推出了云贵酸汤火锅相关产品，如海底捞的红酸汤锅底和雷山酸汤锅、刘一手重庆火锅的凯里红酸汤新品、槐店王婆大虾的辣子鸡虾酸汤锅等。

与此同时，从云贵山野食材入手的山野火锅赛道也逐渐兴起。其凭借高颜值菜品、生态食材、山间林野风的松弛感就餐场景等优势，在上海、杭州、广州、武汉、南京等地引发了“排队潮”，如三出山火锅、山缓缓火锅等。

酸汤火锅、山野火锅的走红，让云贵火锅的热度飙升，成为火锅赛道当下热门的细分赛道。

云贵火锅又分为贵州火锅和云南火锅。在贵州当地，除了已经被大众熟知的酸汤火锅外，还有豆米火锅、辣子鸡火锅等特色火锅。在云南当地，除了已经拥有一定知名度的酸菜牛肉火锅、野生菌火锅之外，还有腊排骨火锅、彝族羊肉火锅等多种火锅类别（见表4-7）。

表4-7 云贵火锅的部分细分类别

细分类别	具体的划分
贵州火锅	酸汤火锅（含酸汤牛肉火锅、酸汤鱼火锅、夺夺粉酸汤火锅等）、豆米火锅、豆花渎鱼火锅、肉饼鸡火锅、辣子鸡火锅、豆豉火锅、地摊火锅等
云南火锅	酸菜牛肉火锅、野生菌火锅、酸汤猪脚火锅、腊排骨火锅、彝族羊肉火锅、漆油鸡火锅、铜锅鱼火锅、老火腿火锅等

资料来源：公开信息，红餐产业研究院整理。

红餐网 | 红餐大数据

当前，云贵火锅赛道正在加速发展。据红餐大数据，截至 2025 年 5 月，全国的云贵火锅门店数超 1.2 万家，在全国火锅门店总数中的占比为 2.5%。

在云贵火锅品牌中，钱摊摊安顺夺夺粉火锅、笔记安顺夺夺粉火锅、滇牛云南酸菜牛肉火锅等品牌的全国门店数超百家，黔夺夺贵州酸汤火锅、王奋斗贵州酸汤牛肉火锅、红灯记贵州酸汤牛肉火锅、傣妹火锅、菌彩野生菌火锅等品牌亦在稳步拓店。例如，以长沙为大本营的红灯记酸汤牛肉火锅，已将门店开到广州、武汉等地，其采用“小吃集合店 + 酸汤牛肉火锅”的模式，凭借较高的性价比赢得了不错的口碑。与此同时，黔豆园豆米火锅野菜馆、新大新豆米火锅、读书铺酸笋鸡、阿婆情腊排骨火锅等云贵特色火锅品牌也展现了不错的发展势头（见表 4-8）。

表 4-8　2025 年全国部分云贵火锅品牌发展概况

类别	品牌名称	门店数（家）	人均消费（元）	门店主要分布区域
贵州火锅	钱摊摊安顺夺夺粉火锅	200+	51	重庆、四川、河南等
	笔记安顺夺夺粉火锅	140+	60	北京、贵州、河北等
	黔夺夺贵州酸汤火锅	70+	76	江苏、安徽、四川等
	王奋斗贵州酸汤牛肉火锅	60+	83	上海、河北、山东等
	黔三一夺夺粉酸汤火锅	60+	58	四川、云南、北京等
	黔川川夺夺粉火锅	40+	53	四川、广东、重庆等
	黔豆园豆米火锅野菜馆	40+	47	贵州、云南
	红灯记贵州酸汤牛肉火锅	30+	74	湖南、海南、湖北等
	贵厨酸汤牛肉	20+	61	贵州、广东
	山外面贵州酸汤火锅	20+	89	广东、福建、海南等
	毛辣果虾酸牛肉火锅	20+	79	贵州、上海、福建等
	老凯俚酸汤鱼	10+	75	贵州、云南
	新大新豆米火锅	10+	60	云南
	舒兴裕丰豆米火锅	10+	50	贵州
	顾少棠酸汤火锅	约 5	63	河南、四川、山东等
云南火锅	滇牛云南酸菜牛肉火锅	100+	86	浙江、江苏、上海等
	傣妹火锅	50+	63	上海、江苏、安徽等
	芸山季 · 云南野生菌火锅	40+	119	广东、上海、江苏等
	菌彩野生菌火锅	20+	96	云南、四川
	响滇云南酸菜牛肉火锅	20+	70	河南、四川、河北等
	洱火云南酸菜火锅	20+	90	北京、山东、河北等
	读书铺酸笋鸡	10+	57	云南、河南
	爱尚菌野生菌火锅	10+	106	浙江、云南、四川等
	阿婆情腊排骨火锅	约 7	60	云南、山东
	望滇山 · 云南酸汤牛肉火锅	约 5	101	上海

资料来源：红餐大数据，数据统计时间截至 2025 年 5 月 31 日。

红餐网 | 红餐大数据

二、云贵火锅品牌定位多元，凭借高性价比和特色食材突围

为了更好地适应消费者日益增长的多元化需求，提升品牌影响力与市场份额，云贵火锅品牌正凭借对市场的敏锐观察力，采取一系列新策略，以展示品牌的独特性。

在定位上，贵州火锅品牌以高性价比抢占消费者心智，不少云南火锅品牌则以健康养生为卖点。

贵州酸汤火锅以其独特的酸辣口感闻名，因其制作工艺较为传统且成本相对较低，使得它在市场上具有较高的性价比优势。

与贵州酸汤火锅相比，云南火锅更注重健康养生的理念。云南因其地理环境多样，拥有丰富的天然食材资源，如野生菌类、草本植物等，这些食材往往被认为具有滋补身体的功效。云南火锅品牌通常会使用这些天然食材作为锅底的主要成分，强调“原汁原味”。例如，菌彩野生菌火锅以野生菌火锅和高山黄牛肉为主打产品，挖掘了黑松露、松茸、牛肝菌、羊肚菌、鸡枞菌等珍稀野生食材，用真材实料的干制野生菌熬成养生菌汤锅底。此外，腊排骨火锅品牌、彝族羊肉火锅品牌等也提供口味清淡、滋补暖身的火锅产品。

除了在定位和口味上打造差异化，云贵火锅品牌还发挥了自身的食材优势和文化优势来凸显品牌的独特性。

在产品结构上，云贵火锅品牌大多会添加云贵地区的特色小吃、甜品等产品以丰富产品线，并采用当地的多种特色食材。例如，黔三一夺夺粉酸汤火锅的贵州特色洋芋粑粑、贵阳烟熏糯米肠，贵厨酸汤牛肉的手工酸奶、青岩小豆腐、苗家糯米糍粑，滇牛云南酸菜牛肉火锅的炸乳扇、丽江现烤罐罐奶茶等。这些产品不仅体现了云贵特色，与火锅产品适配度高，而且摆盘呈现小清新风，满足了消费者的多样化需求和社交需求。

在食材的选择上，云贵火锅品牌也会侧重选择当地的特色食材。据红餐产业研究院不完全统计，云贵火锅品牌的菜品中，包含了野生菌菇、野菜、果蔬、香料等多种云贵当地的特色食材，如毛辣果、木姜子、折耳根、酸角、滇橄榄、大理乳扇、蒙自饵块、黑松露、牛肝菌、竹荪、云南米布等。

在场景上，云贵火锅品牌会选择凸显云贵地域风情和少数民族特色的装修或布景，在传播上也会以民族文化和非遗文化为宣传卖点。例如，滇牛云南酸菜牛肉火锅在门店设置了云南食材集市，展示食材的新鲜度与差异化，同时采用竹编、雨林等元素布置门店，打造了沉浸式的就餐场景。

与此同时，云贵火锅也引起了餐饮上游供应链企业的关注。为了将云贵特色风味带到全国，餐饮上游的不少调味料企业、食材企业等积极研发并推出了云贵火锅底料产品，取得了不错的市场反响。例如，聚慧餐调的贵州红酸汤、仟味高汤的益生菌发酵红酸汤、美鑫餐调的贵州木姜子酸汤、玉梦集团的玉梦酸汤、海天味业的云贵酸汤风味火锅底料等。这些底料产品的推出，不仅丰富了消费者的选择，也进一步推动了云贵火锅产品的标准化，促进了云贵特色火锅文化的传播与发展。

当下，云贵火锅已经成为火锅赛道上冉冉升起的“新星”，不过需要注意的是，云贵的独特风味是特色也是限制。酸辣这种地域化的味型限制了其消费群体的扩展，尤其是在口味偏好差异较大的地区，酸辣口味的市场推广面临较大的挑战。同时，当前较多云贵火锅品牌的名称、产品模式、门店风格相似度较高，难以在消费者心中建立清晰的认知，同质化“魔咒”亟须打破。此外，云贵地区的特色食材在外地难以寻觅，食材采购和运输成本较高，市场的采购需求较分散，云贵火锅品牌的供应链建设仍然存在瓶颈。

如何抓住市场的热度，实现整个赛道从“网红”到“长红”的转变，是云贵火锅品牌需要面对的下一个课题。

第六节 特色火锅：

小火锅、鲜切火锅、山野火锅成赛道热点

热闹的火锅赛道，除了川渝火锅等主流火锅能获得进一步发展外，近年来一些细分特色火锅如小火锅、鲜切牛肉自助火锅、山野火锅等也迎来了快速发展。

一、小火锅：借力“高性价比 + 自助”，赛道迎来高速发展

近年来，消费者的餐饮消费习惯正在发生变化，一方面，无论是商务宴请还是亲友聚餐均在减少；另一方面，“一人食”的频率正在提升。据红餐产业研究院“2025 年餐饮消费大调查”，25.3% 的消费者表示“单独吃饭的频率增加”，21.3% 的消费者表示“比上一年更加倾向于一人食套餐”。而这些变化让既有高性价比，又契合“一人食”场景的小火锅赛道再次火热起来。

红餐大数据显示，2024 年小火锅的市场规模达到 351 亿元，同比增长 18.5%。2025 年小火锅将延续增长态势，其市场规模有望增至近 400 亿元。与此同时，在“性价比驱动”“加强品类融合”“经营模式多元”“快餐化”等举措下，一批主打性价比的小火锅品牌如围辣小火锅、尚百味旋转小火锅、仟味一鼎自助小火锅、老马扎市井小火锅的品牌门店数自 2023 年以来实现了快速增长（见表 4-9）。

表 4-9　2025 年全国部分小火锅品牌发展概况

品牌名称	门店数（家）	人均消费（元）	门店主要分布区域
围辣小火锅	1,000+	24	河南、山西、河北等
呷哺呷哺	770+	62	北京、河北、天津等
尚百味旋转小火锅	330+	36	浙江、上海、江苏等
仟味一鼎自助小火锅	330+	33	江苏、河北、河南等
健晟星期天火锅	230+	55	辽宁、黑龙江、吉林等
农小锅	230+	35	北京、河南、河北等
老马扎市井小火锅	200+	47	福建、广东、山西等
涮涮演绎自助小火锅	200+	24	黑龙江、辽宁、吉林等
龍歌自助小火锅	170+	58	山东、江苏、河北等
北家姓转转小火锅	130+	45	甘肃、青海、新疆等
轩于鲜旋转小火锅	100+	35	江苏、浙江、上海等
串士多回转小火锅	90+	49	陕西、甘肃、北京等
盛香亭转转热卤	80+	44	湖南、广东、江西等
苏小北回转小火锅	80+	30	黑龙江、山东、河南等
小鱼儿鲜鱼自助火锅	80+	42	河北、山东、陕西等

资料来源：红餐大数据，数据统计时间截至 2025 年 5 月 31 日。

其中，性价比是小火锅赛道快速发展的重要驱动力。如图 4-14 所示，据红餐大数据，2023 年第一季度，人均消费在 50 元以下的小火锅门店数占比为 45%，而到了 2025 年第一季度，这个占比已经提升至 77.7%。众多小火锅品牌通过投入较轻的门店模型和较低的人均消费，实现了门店的快速复制和品牌的规模化扩张。例如，人均消费在 50 元以下的品牌如围辣小火锅、尚百味旋转小火锅、仟味一鼎自助小火锅等在近年增长较好，门店规模持续提升。

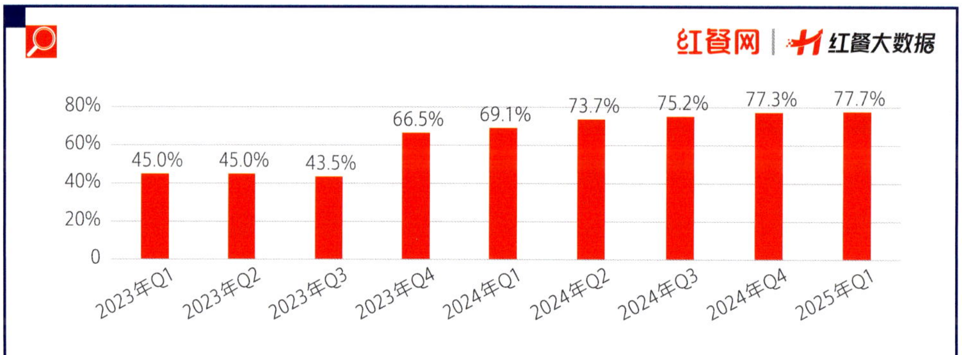

资料来源：红餐大数据，数据统计时间截至 2025 年 3 月 31 日。

图 4-14　2023 — 2025 年全国人均消费在 50 元以下的小火锅门店数占比分布情况

在模式方面，不少小火锅品牌结合自助模式，以“低价 + 自助”的高性价比组合获得了消费者的青睐。例如，仟味一鼎自助小火锅、农小锅、龍歌自助小火锅等品牌均采用这种模式。

另外，还有一些小火锅门店采用旋转吧台的形式，在减少人力成本的同时，通过菜品不断在消费者面前出现，引导消费者消费不同的菜品。例如，串士多回转小火锅、盛香亭转转热卤、一围肥牛小火锅等品牌采用的就是旋转吧台自行取菜，但是按菜品收费的自取模式。不过，也有部分旋转小火锅品牌采用灵活自助模式，如围辣小火锅、尚百味旋转小火锅等。

自助小火锅的火热也带动了其他非自助品牌“爆改自助”，众多火锅品牌对原有门店和模式进行改造，推出自助套餐，尝试火锅自助模式。例如，海底捞推出的主打性价比的沸派 · 甄鲜小火锅就是自助小火锅的模式。此外，也有一些品牌推出半自助模式，如小嗨火锅推出自助小料畅吃等。

在产品方面，为了满足消费者更加多元的需求，小火锅品牌通过扩充产品线，在产品上增加了“小吃小喝”类产品，丰富消费者选择，如龍歌自助小火锅增加了章鱼小丸子、各类冰激凌、糯葫芦等，盛香亭转转热卤推出各种冰粉、豆花、糖水等甜品，满足消费者不同类型的需求。部分品牌还通过借鉴自助餐品牌涮烤一体锅的形式，推出烤涮一体服务，满足消费者一边涮火锅、一边吃烤肉的需求。

此外，一部分小火锅品牌还积极探索小火锅快餐化，即通过下饭火锅菜的形式，由后厨煮好食材连小火锅一起呈现给消费者，或以外卖的形式配送给消费者，如海底捞的外卖套餐、左庭右院的烫捞杯等。

二、热门特色火锅：鲜切牛肉自助火锅、山野火锅相继出圈

除小火锅以外，鲜切牛肉自助火锅、山野火锅自 2024 年以来热度上升也较快。其中，鲜切牛肉自助火锅品牌通过“短视频营销 + 鲜切 + 性价比”的模式迅速出圈。

鲜切牛肉火锅品牌以抖音为核心主战场，建立“自播 + 达人 + 明星合作”的直播矩阵，通过明厨明档、现点鲜切的直观展示和高性价比的价格，实现快速增长。红餐大数据显示，鲜切牛肉火锅的定价普遍在 70~100 元，其品类丰富，除火锅以外还有甜品、水果、烧烤、小吃等菜品，配合自助模式，对消费者来说价值感很强。

近年来，随着“自然”“户外”的生活方式受到青睐，别具一格的“山系”概念迅速走红，也带火了山野火锅的概念。

山野火锅品牌致力于将大自然带入门店之中，通过门店装修、布置和餐具营造出自然的山野环境和氛围；在食材上，则以各式野菜、菌菇、野果作为主打食材，强调自然、新鲜、健康，给消费者带来大自然的体验。这种健康、自在、松弛的用餐氛围和场景，让一批主打山野火锅概念的品牌如山缓缓火锅、芸山季 · 云南野生菌火锅、三出山火锅等品牌门店数持续增长（见表 4-10）。此外，其他非山野火锅的品牌也在跟进这一风潮，如大龙燚火锅就将部分门店升级为旷野鲜火锅店。

表 4-10　2025 年全国部分鲜切牛肉自助火锅和山野火锅品牌发展概况

类型	品牌名称	门店数（家）	人均消费（元）	门店主要分布区域
鲜切牛肉自助火锅	郭淑芬鲜切牛肉自助老火锅	510+	78	浙江、江苏、安徽等
	谭三娘鲜切牛肉自助火锅	270+	99	安徽、四川、河北等
	郝阿娘鲜牛肉自助火锅	230+	77	山东、河南、江苏等
	李三孃鲜切牛肉自助老火锅	40+	85	陕西、江苏、山东等
山野火锅	山缓缓火锅	70+	135	浙江、江苏、安徽等
	芸山季 · 云南野生菌火锅	40+	115	广东、上海、江苏等
	三出山火锅	30+	148	上海、浙江、江苏等

资料来源：红餐大数据，数据统计时间截至 2025 年 5 月 31 日。

红餐网 | 红餐大数据

不过，与鲜切牛肉自助火锅主打性价比不同，山野火锅主打的是“自然、新鲜”的概念，因此其人均消费相对较高，多数在 120~150 元。

三、其他特色火锅：地摊火锅以“性价比 + 烟火气”成为黑马

除小火锅和鲜切牛肉火锅、山野火锅持续火热以外，其他特色火锅如鱼火锅、虾蟹火锅、地摊火锅、市井火锅等均有一定的热度。

其中，鱼火锅品牌通过强调鲜鱼现杀，采用“合鲜混吃”的模式，即一锅混合不同种类的鲜鱼，让消费者感觉到高性价比。虾蟹火锅品牌则积极拓展食材种类，除了传统的虾、蟹食材，一些品牌还引入了更多种类的海鲜食材，如鲍鱼、贝类、鱼籽等，丰富了虾蟹火锅的食材选择。此外，“虾蟹 + 烧烤”的组合也成为一大亮点。

而地摊火锅、市井火锅通过“烟火

气”“怀旧感”“松弛感”给消费者带来放松休闲的体验，热度也持续攀升。这些特色火锅品牌的定价策略普遍偏向高性价比，多数在人均 30~60 元的区间（见表 4-11）。

表 4-11 2025 年全国部分特色火锅品牌发展概况

类型	品牌名称	门店数（家）	人均消费（元）	门店主要分布区域
鱼火锅	鱼多米多纸包鱼	260+	30	山东、河南、江苏等
	齐祺渔锅	160+	58	河南、山东、安徽等
	咧妞豆花鱼火锅	160+	46	河北、山西
	李二鲜	150+	56	山东、湖北、陕西等
	小小河边鱼	120+	66	河南、江苏、内蒙古等
	匠岳 · 王宝器椒麻鱼	120+	75	四川、陕西、云南等
虾蟹火锅	李想大虾	520+	58	陕西、安徽、河南等
	虾吃虾涮	340+	62	四川、河北、重庆等
	七欣天	320+	107	江苏、浙江、上海等
	槐店王婆大虾	300+	59	山西、河南、河北等
地锅鸡 / 火锅鸡	大门凤火锅鸡	350+	43	河北、山东、江苏等
	刘记光大火锅鸡	280+	56	吉林、辽宁、江苏等
	山河屯铁锅炖	260+	70	黑龙江、北京、辽宁等
	地锅传奇	250+	61	江苏、浙江、上海等
	小 v 家秘制火锅鸡	200+	42	河南、河北、山东等
	七公火锅鸡	90+	48	黑龙江、吉林、辽宁等
市井 / 地摊火锅	有拈头成都市井火锅	100+	66	河北、山西、河南等
	张大叔成都市井火锅	90+	58	黑龙江、山东、内蒙古等
	泥巴小院市井火锅	70+	70	四川、山东、甘肃等

资料来源：红餐大数据，数据统计时间截至 2025 年 5 月 31 日。

红餐网 | 红餐大数据

从整体来看，特色火锅品类目前呈百花齐放之势，特别是短视频、直播的发展给更多小众的特色火锅带来了更多的曝光机会。未来，在消费者和餐饮品牌的不断挖掘之下，各地特色火锅有望从小众走向大众。

第五章 现制饮品

第一节 综述：

茶饮市场规模增速放缓，咖饮赛道马太效应显著

近年来，随着现制饮品（以下简称饮品）的市场教育逐步成熟，以及消费者消费习惯逐渐养成，饮品赛道保持着稳健的增长态势。如图 5-1 所示，据红餐大数据，2024 年全国饮品市场规模达到 2,968 亿元，同比增长 11.2%，预计 2025 年将进一步增长至 3,190 亿元。在门店数方面，据红餐大数据，截至 2025 年 5 月，全国饮品门店数超过 90 万家。

资料来源：红餐大数据。

图 5-1　2022 — 2025 年全国饮品市场规模概况

近年来，随着饮品品类进入竞争深水区，饮品品类正逐步走向“精细化运营”的阶段。2024 年至 2025 年 5 月，饮品品牌在产品创新、门店选址、品牌营销以及海外布局等方面持续发力，赛道呈现出新的发展活力。

一、产品：从基底升级到功能导向，健康与差异化成为主轴

2024 年至 2025 年 5 月，饮品品牌在原料基底、食材使用与健康功能方面的创新趋势明显。

基底方面，饮品品牌在产品的三大基底——茶、咖啡、奶的创新方向上坚持“精品化”。例如，在茶基底方面，品牌强调“原叶真茶”和东方茶文化的再挖掘，地方特色茶频频登场。如广西

六堡茶、恩施玉露、铜仁抹茶等被广泛应用。此外，部分品牌在茶基底创新中还通过拼配茶底的方式来打造差异化口味。咖啡基底方面，饮品品牌越发注重咖啡豆的风味表达，产品创新更加强调咖啡豆的产地、烘焙程度以及风味。同时，不少咖饮品牌借助“金奖咖啡豆”等标签增强产品背书，强化品质感。奶基底方面，从“真奶”“鲜奶”升级为“有机奶”趋势日益显著，饮品品牌在产品宣传中强调天然牧场、无污染生产环境以及安全、营养等。

在食材方面，饮品品牌瞄准地方特色食材、养生食材和超级植物进行研发。东三省、云贵、川渝、西藏等多个地区的特色食材被挖掘，如酸角、米布、软儿梨、沙棘、甜醅、冻梨、酥油等。此外，桃胶、人参、枸杞、红枣等养生食材也较为热门。值得注意的是，羽衣甘蓝、红菜头、奇异果等超级植物近一年来成为饮品创新的“黑马选手”，喜茶、奈雪的茶、茶百道、茶救星球、瑞幸咖啡、缇里咖啡等多个饮品品牌均推出了代表性的超级植物果蔬茶或果蔬咖啡。

在健康功能方面，随着消费者对饮品中咖啡因含量的关注升温，“低咖啡因”逐渐成为新的产品卖点。一些茶饮品牌开始在产品标签中直接标注咖啡因含量。例如，喜茶推出“咖啡因红绿灯”健康标识，霸王茶姬在产品配料表中公开咖啡因含量等。还有部分饮品品牌打出了“低咖啡因”这一卖点，如茶百道、星巴克、Peet'sCoffee 皮爷咖啡、蓝瓶咖啡、Tims 天好咖啡等多个品牌均推出了主打低咖啡因无负担的新品。

二、门店选址：品牌门店持续加码高校、企业、医院等点位

近年来，饮品门店的布局从早期围绕商业街、购物中心的“人流逻辑”，逐步向医院、交通枢纽、高校、菜市场等“特殊点位”延伸，构建起更广泛的消费触点。例如，瑞幸咖啡的定向点位加盟方式自 2024 年 1 月 1 日推出以来，吸引了众多咖啡创业者的加入。截至 2025 年 4 月，瑞幸咖啡已有超过 500 个定向点位通过选址审核，超过 400 家门店已开业，覆盖 220 余个城市的学校、交通枢纽、医院、商场、生活社区、写字楼、临街商铺等多种场景。2025 年 5 月，Tims 天好咖啡宣布已有多家位于医院内的门店开业。这些门店通过“咖啡 + 暖食”的产品组合，满足医护群体需求，同时为就诊患者及其家属营造舒适的休憩空间。

值得注意的是，在众多“特殊点

位”中，高校凭借着消费群体稳定、集中、消费潜力高等优势，成为近年来饮品品牌竞相追逐的热门点位。据红餐产业研究院发布的《中国高校餐饮研究报告2025》，截至2024年12月，全国高校商圈（包括高校校内和以高校为中心半径500米以内的商圈）内的社会餐饮门店数量达到62万家，其中饮品门店占比达到12.7%，是高校餐饮市场中门店数第二多的餐饮品类。而在所有校内餐饮门店中，饮品门店数量占比也达到44.5%，足见高校市场对饮品品牌的强大吸引力。不难看出，为了培育更多年轻消费者，高校点位或将成为饮品品牌竞争的关键战场之一。

三、品牌营销：联名常态化，场景营销、短剧营销破圈

在品牌营销方面，饮品品牌普遍采用“多管齐下”的综合营销策略，积极运用IP/品牌联名、跨界合作、健康理念推广、短剧营销、直播营销、主题店快闪等热门营销手段，力求在激烈的市场竞争中脱颖而出。

其中，经历了2023年的“疯狂联名热潮”后，2024年以来，饮品品牌联名已经走向常态化。据红餐产业研究院统计，在现制饮品样本品牌中，2024年至2025年5月，瑞幸咖啡的联名次数最多，一些茶饮品牌的联名频次则有所降低。当下，饮品品牌更注重联名质量与文化适配性。与此同时，饮品品牌的周边产品开发也迈向精细化阶段。品牌积极推出更具吸引力与价值感的积木、杯子、玩偶、配饰等周边产品，进一步增强了品牌与消费者之间的情感纽带。

随着短剧热度逐步上升，短剧营销成为行业新风口。蜜雪冰城、霸王茶姬、星巴克等品牌均尝试以短剧形式进行品牌或产品营销。这些举措不仅拉近了品牌与用户之间的距离，还在社交平台上引发了UGC的二次传播，有效提升了品牌的知名度。

与此同时，随着健康运动的生活理念在“Z世代”（本书指1995—2009年出生人群）群体中流行，“运动+饮品”的场景营销成为饮品品牌构建“健康心智”的重要路径。近年来，众多体育明星以其健康、活力的形象，成为饮品品牌的理想代言人。不仅如此，部分品牌还通过举办体育活动或赞助运动赛事的形式，强化与运动场景的结合，以吸引更多运动人士的关注。

四、海外布局：从"复制门店"到"供应链 + 本地化创新"

近年来，饮品品牌的出海步伐不断加快，模式也正从简单的门店复制，向"在地化产品+全球供应链"协同转变。

例如，为了保障海外门店的运营，茉莉奶白采用"跨境 + 本地"的供应链管理模式，通过与当地奶源供应商合作，在保留东方花香茶特色的基础上，根据当地消费者口味偏好调整产品甜度，以提升海外消费者对地道的中国茶饮风味的接受度。2024 年 4 月，茉莉奶白海外首店在美国纽约正式开业。随后，茉莉奶白在加拿大、澳大利亚等多个国家成功开出门店。

作为海外门店数量最多的品牌代表，蜜雪冰城在出海过程中主要以全球供应链、产品创新和本土化运营为三大核心驱动力。以供应链建设为例，蜜雪冰城不仅在越南建厂，还在主要海外市场设立仓储中心。据蜜雪冰城招股书，截至 2024 年年底，其海外门店数超过 4,800 家。

值得一提的是，茶饮与咖饮作为饮品赛道的两大主力，虽然在产品创新、门店模型、营销方式等方面呈现了上述的共性发展特点，但由于两者各自发展阶段不同，品牌竞争格局与赛道整体发展还存在一些差异化的发展特点。例如，茶饮品类整体已步入深度调整期，市场规模增速放缓，品牌的增长重心逐步从规模扩张转向运营提效。而咖饮品类则仍处在规模扩张的竞争高峰期，头部品牌正在加速跑马圈地，"强者恒强"格局初显。可以看出，饮品赛道虽然正迎来新的发展机遇，但也步入了"分化竞争"的新阶段。

第二节 茶饮：品牌密集上市，健康爆品频现，品类进入深度调整期

近年来，在消费渐趋谨慎与市场日趋饱和的双重影响下，茶饮品类步入深度调整期。从头部品牌的密集上市，到经典产品翻红、健康新品爆发，再到多元渠道的延展，茶饮品类在内卷中显露出更多“长期主义”的端倪。

一、第一梯队格局已定，品牌从“卷规模”转向“卷发展质量”

当下，茶饮品类已处于存量竞争阶段，整体市场规模增长趋缓。如图 5-2 所示，据红餐大数据，2024 年茶饮市场规模达到 1,757 亿元，同比增长 8.2%，相较 2023 年的同比增速（19.3%）减少了 11.1 个百分点。随着赛道日趋饱和，红餐产业研究院预估 2025 年茶饮品类市场规模增速或将进一步放缓，全年市场规模预计为 1,870 亿元。

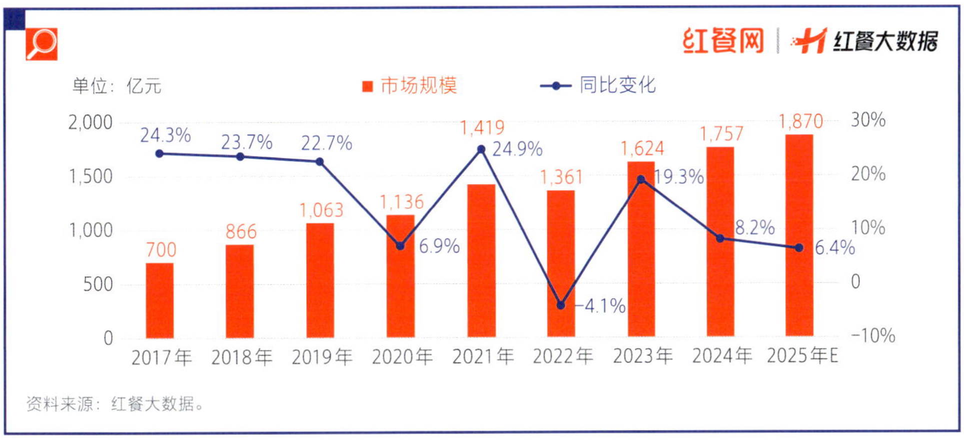

图 5-2 2017 — 2025 年全国茶饮市场规模概况

在门店数方面，全国茶饮门店数整体呈现出较为平稳的发展态势，但也有一定的下滑迹象。据红餐大数据，截至 2025 年 5 月，全国现制茶饮门店数为 64.4 万家，较 2024 年 6 月的 65.4 万家减少了近万家。

从市场格局来看，头部品牌的集中度持续提升，茶饮门店规模第一梯队的

品牌已基本确立。2024 年以来，蜜雪冰城、古茗、茶百道、沪上阿姨、霸王茶姬等品牌门店数均在不断增加。据红餐大数据，截至 2025 年 5 月，蜜雪冰城以超 3.9 万家门店的体量持续领跑；古茗成功迈入“万店行列”；霸王茶姬门店数达 6,700 余家，较 2024 年 6 月净增近 2,000 家；沪上阿姨和茶百道门店数则均超 8,000 家。

与此同时，门店数在 5,000 家以下的品牌发展态势显著分化。部分主打细分品类或大单品策略的品牌，由于品牌老化或细分赛道热度减退，以及产品同质化、产品持续创新能力不足等问题，门店数出现不同程度的收缩。

相比之下，一些中腰部品牌则表现活跃，2024 年以来门店规模持续扩张。如茉莉奶白、爷爷不泡茶在 2024 年 6 月至 2025 年 5 月实现门店数翻倍。据红餐大数据，截至 2025 年 5 月，两者全国门店数分别有 1,100 余家、1,700 余家。此外，LINLEE · 林里手打柠檬茶、茶颜悦色、茶理宜世、阿嬷手作等品牌的门店数均稳步增长，区域渗透程度持续加强（见表 5-1）。

表 5-1　2025 年全国部分茶饮品牌发展概况

品牌名称	门店数（家）	人均消费（元）	门店主要分布区域
蜜雪冰城	39,600+	7	河南、江苏、山东等
古茗	10,500+	14	浙江、福建、广东等
沪上阿姨	8,700+	13	山东、广东、安徽等
茶百道	8,100+	14	江苏、四川、浙江等
霸王茶姬	6,700+	18	广东、浙江、江苏等
益禾堂	6,200+	9	广西、广东、河北等
甜啦啦	5,900+	9	安徽、河南、河北等
书亦烧仙草	4,900+	12	湖南、四川、广东等
喜茶	4,300+	17	广东、江苏、浙江等
CoCo 都可	3,600+	13	江苏、上海、广东等
1 點點	3,200+	15	江苏、浙江、广东等
快乐番薯	2,000+	12	福建、广东、江西等
LINLEE · 林里手打柠檬茶	1,800+	17	广东、北京、上海等
柠季 · 手打柠檬茶	1,700+	15	湖南、湖北、浙江等
奈雪的茶	1,700+	19	广东、江苏、湖北等
爷爷不泡茶	1,700+	16	湖北、浙江、江苏等
吾饮良品	1,400+	11	湖北、新疆、黑龙江等

续表

品牌名称	门店数(家)	人均消费(元)	门店主要分布区域
阿水大杯茶	1,400+	12	山东、河北、江苏等
茉莉奶白	1,100+	18	广东、浙江、上海等
兵立王	1,000+	13	四川、西藏、重庆等
煲金珠	980+	10	广东、广西、贵州等
茶话弄	930+	16	陕西、广东、四川等
茉酸奶	920+	22	江苏、浙江、上海等
悸动	920+	15	江苏、上海、浙江等
一只酸奶牛	820+	15	四川、重庆、陕西等
茶颜悦色	780+	17	湖南、湖北、江苏等
7 分甜	760+	16	江苏、上海、浙江等
新时沏	590+	14	浙江、湖南、四川等
煲珠公	570+	13	广东、广西、上海等
茶理宜世	540+	18	广东、广西、福建等
700CC 天然苏打水茶饮	510+	15	辽宁、黑龙江、吉林等
茶救星球	500+	15	广东、广西、浙江等
乐乐茶	400+	19	江苏、上海、浙江等
ARTEASG 啊 T	380+	17	广东、湖南、广西等
百分茶	360+	18	江苏、浙江、广东等
洪都大拇指	280+	13	江西
Blue Glass	190+	42	上海、北京
桂桂茶	230+	17	上海、江苏、广东等
淡马茶坊	160+	21	上海、江苏、广东等
陆藜 · 开了个方子	150+	18	江苏、河南、浙江等
麒麟大口茶	140+	15	云南
丘大叔柠檬茶	130+	18	广东
HUN 混果汁	120+	25	广东
椰不二	110+	20	浙江、江苏、山东等
英歌魂	100+	15	广东
快乐柠檬	80+	16	上海、贵州、陕西等
阿嬷手作	60+	28	广西、广东、上海等
去茶山	40+	22	贵州、四川

资料来源：红餐大数据，数据统计时间截至 2025 年 5 月 31 日。

红餐网 | 红餐大数据

在竞争格局动态调整的同时，品牌间的加盟商争夺战也愈发激烈。近年来，不少茶饮品牌为了抢占更多的市场份额，纷纷开启加盟模式。2024 年以来，品牌间的加盟商争夺战再度升级，古茗、沪上阿姨、茶百道等不少茶饮品牌通过限时减免、分期支付、奖金补贴等方式降低加盟门槛。从整体上看，2024 年至 2025 年 5 月，茶饮品牌的加盟政策明显呈现出“普惠化”特点（见表 5-2）。

表 5-2　2024 年至 2025 年 5 月全国部分茶饮品牌加盟政策一览

品牌名称	2024 年的加盟政策	2025 年 1—5 月的加盟政策
古茗	2024 年 3 月，实行首年“0 加盟费”政策	从 2025 年 2 月起，加盟费和部分大型设备费用（含咖啡机），共计约 25 万元，采取分期支付政策。新加盟商开出一家门店首年最低 23 万元
沪上阿姨	2024 年 5 月推出加盟新政策，开店前期总预算为 17 万元起（不包含店面租金、转让费及装修费），且管理费、选址费等七项费用全免	2025 年 1 月 1 日至 3 月 31 日开业的门店可享受不同程度的加盟费减免及金额奖励。2025 年 4 月推出加盟新政策，新加盟商开店减免加盟费并能获取限时开店补贴
喜茶	2024 年 1 月，公布 2024 年加盟大礼包，提供加盟补贴	2025 年 2 月，喜茶宣布暂停新加盟申请
书亦烧仙草	2024 年 2 月，推出了“0 品牌费”“0 合作费”“0 服务费”的加盟新政策	2025 年，继续实施“0 品牌费”“0 合作费”“0 服务费”政策，并推出县城首店额外补贴等三大补贴政策
茶百道	2024 年 2 月，开始实施签约减免、点位减免、物料返点等优惠措施	2025 年 2 月 1 日至 6 月 30 日，实行“首年 0 元加盟费”政策，且后续加盟费用可分三期支付

资料来源：公开信息，红餐产业研究院整理。

红餐网 | 红餐大数据

不过，随着行业整体步入成熟期，特别是门店同质化与经营效益下滑等问题日益凸显，“开店”正被越来越多的品牌审慎对待。部分茶饮品牌开始叫停加盟或放缓加盟的脚步，不再以开店数量作为品牌的主要增长驱动力，而是回归到提升现有门店的盈利能力上。例如，2025 年 2 月，喜茶宣布暂停新加盟申请；2024 年 5 月后，奈雪的茶已经放缓加盟节奏，聚焦门店盈利能力的提升。

在此背景下，品牌对加盟商的筛选规则也发生转变。越来越多的茶饮品牌对加盟商的偏好从单纯依赖投资加码的“投资型加盟商”转向亲自参与运营的“驻店型加盟商”。例如，蜜雪冰城要求乡镇店铺参考“夫妻店”模式，加盟商需实际参与运营管理。茶百道、古茗、书亦烧仙草等品牌也对加盟商驻店时长提出了明确要求，以强化门店的运营质量控制（见表 5-3）。

表 5-3　2024 年至 2025 年 5 月全国部分茶饮品牌对加盟商的驻店时长要求一览

品牌名称	具体要求
蜜雪冰城	单店合同签约人每月需完成不少于 90 小时的有效打卡驻店，单日有效打卡时长上限为 9 小时
古茗	单店加盟商要求能全职在店 6 个月以上，拥有 3 家店（不含）以下的加盟商每个月需完成 200 小时有效驻店时长
茶百道	每月至少完成 130 小时的驻店时长
书亦烧仙草	加盟商本人每日到店工作不少于 8 小时，每月不少于 20 个工作日

资料来源：公开信息，红餐产业研究院整理。

红餐网 | 红餐大数据

从总体来看，现制茶饮品类已完成“从跑马圈地到精耕细作”的阶段性转变。在品类竞争格局趋稳、增长节奏放缓的当下，品牌能否在产品创新、门店运营、渠道效率和消费者黏性上实现突破，将决定茶饮品牌在新一轮市场竞争中的位置。

二、多个茶饮品牌成功上市，茶饮赛道进入资本运作深水区

2021 年 6 月，奈雪的茶率先打破“现制茶饮无上市公司”的行业僵局，成为“现制茶饮第一股”。2024 年 4 月，茶百道在港交所挂牌上市，其市值刷新了年内港股最大市值 IPO 纪录；2025 年 2 月至 5 月，茶饮赛道保持每月一家茶饮品牌上市的节奏，古茗、蜜雪冰城、霸王茶姬、沪上阿姨先后登陆资本市场（见表 5-4）。这些头部茶饮品牌的成功上市，标志着茶饮赛道的资本化进程进入深水区。

表 5-4　6 个上市茶饮品牌上市进程一览

品牌名称	挂牌交易所	递交上市招股书	问询 / 备案	聆讯	挂牌上市
奈雪的茶	港交所	2021 年 2 月 11 日首次递交	—	2021 年 6 月 6 日通过聆讯	2021 年 6 月 30 日正式挂牌
茶百道	港交所	2023 年 8 月 15 日首次递交，2024 年 2 月 23 日再次递交	2023 年 12 月 21 日完成备案	2024 年 3 月 24 日通过聆讯	2024 年 4 月 23 日正式挂牌
古茗	港交所	2024 年 1 月 2 日首次递交，2024 年 12 月 15 日再次递交	2024 年 12 月 9 日完成备案	2025 年 1 月 9 日通过聆讯	2025 年 2 月 12 日正式挂牌

续表

品牌名称	挂牌交易所	递交上市招股书	问询 / 备案	聆讯	挂牌上市
蜜雪冰城	港交所	2024 年 1 月 2 日首次递交，2025 年 1 月 1 日再次递交	2025 年 1 月 7 日完成备案	2025 年 2 月 13 日通过聆讯	2025 年 3 月 3 日正式挂牌
霸王茶姬	纽交所	2025 年 3 月 26 日首次递交	2025 年 3 月 6 日完成备案	—	2025 年 4 月 17 日正式挂牌
沪上阿姨	港交所	2024 年 2 月 14 日首次递交，2024 年 12 月 27 日再次递交	2025 年 1 月 10 日完成备案	2025 年 4 月 23 日通过聆讯	2025 年 5 月 8 日正式挂牌

资料来源：公开信息，红餐产业研究院整理。

红餐网 | 红餐大数据

从上市首日股价表现来看，不同茶饮品牌的表现各不相同，有的上市破发，有的则开盘即暴涨。其中，古茗、霸王茶姬、蜜雪冰城和沪上阿姨的首日开盘价均较发行价有不同程度上涨。特别是沪上阿姨，其首日开盘报价创港股新茶饮板块首日涨幅纪录，达到 68.5%。直至当日收盘，蜜雪冰城、霸王茶姬、沪上阿姨的收盘价仍较发行价有不同程度的增长。由此可见，随着市场回归理性，茶饮企业的股价走势将更多取决于品牌的基本面表现与战略执行力。

从上市茶饮品牌背后的业务基本面来看，据上市茶饮品牌最新招股书或 2024 年财报，6 个上市茶饮品牌门店规模在 2024 年均有所扩张，但增速分化明显。其中，霸王茶姬门店数同比增长 83.4%，增速远超其他品牌，成为扩张最为迅猛的上市茶饮品牌。蜜雪冰城、沪上阿姨和古茗则保持了 10% 以上的增速，显示出一定的稳定性。而奈雪的茶、茶百道 2024 年门店数同比增长不足 10%（如图 5-3 所示）。

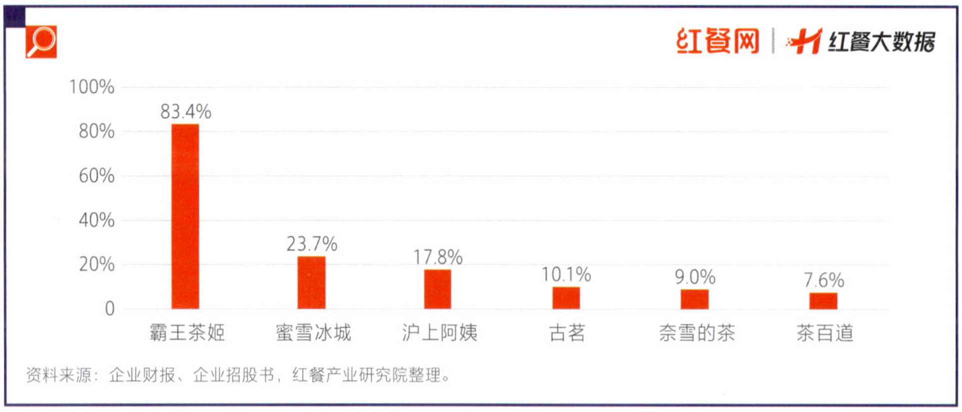

图 5-3　6 个上市茶饮品牌 2024 年门店数同比变化情况

从主营业务上看，除奈雪的茶外，其余 5 个上市茶饮品牌的加盟门店数占比均超过 95%，货品销售收入、设备销售收入、加盟或授权服务销售是这些品牌营收的主要来源。其中，霸王茶姬在 2024 年售卖货品及设备收入和加盟、授权及服务收入均较 2023 年有大幅度增长。此外，蜜雪冰城和古茗也展现出稳定的增长态势。茶百道和沪上阿姨营收结构中的核心收入则出现了一定程度的下滑，这说明两者的门店经营表现和加盟体系的稳定性正承受一定的挑战（如图 5-4 所示）。

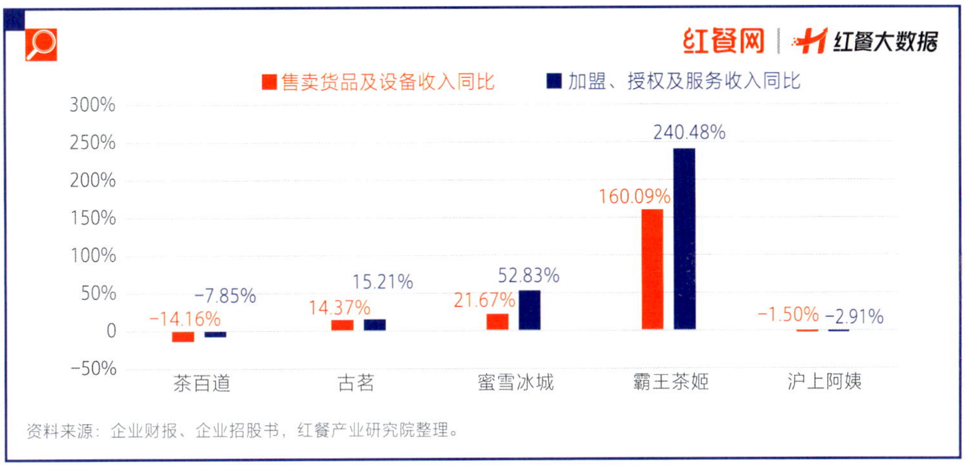

图 5-4　5 个上市茶饮品牌 2024 年经营情况

值得注意的是，虽然奈雪的茶的加盟门店数占比不足 20%，但是据其 2024 年财报，其包含加盟业务收入以及礼品茶盒、季节性礼品套装和礼品等零售产品销售的其他收入为 4.69 亿元，同比增长 127.96%。

从总体上看，在这 6 个上市茶饮品牌中，霸王茶姬、蜜雪冰城和古茗实现了营收与利润的双增长。其中，霸王茶姬 2024 年营收 124.06 亿元，同比增长 167.4%；净利润达 25.15 亿元，同比增长 213.3%，是增速最快的品牌。蜜雪冰城则稳居营收规模之首，其 2024 年实现营收 248.29 亿元，同比增长 22.3%；实现净利润 44.54 亿元，同比增长 39.8%。古茗也保持了较好的增长，2024 年实现营收 87.91 亿元，同比增长 14.5%；实现净利润 14.93 亿元，同比增长 36.2%。而奈雪的茶、茶百道以及沪上阿姨则增长承压，营收、净利润不甚理想（如图 5-5 所示）。

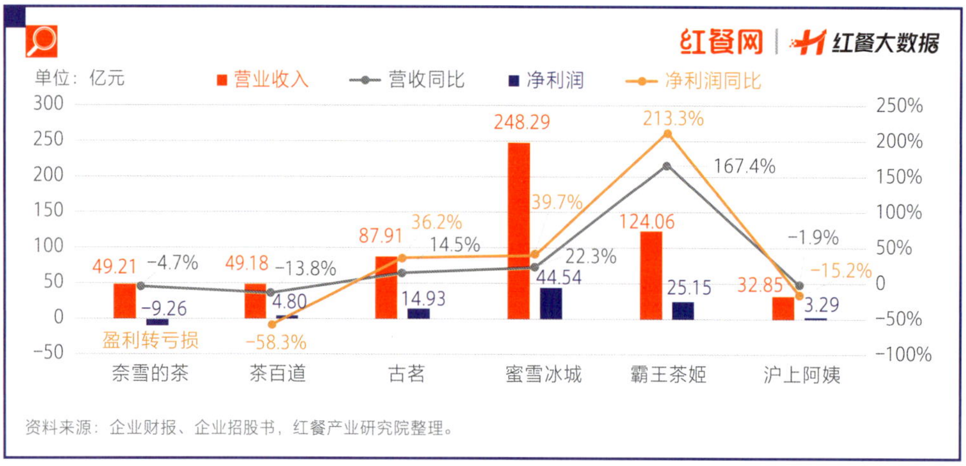

图 5-5　6 个上市茶饮品牌 2024 年年度业绩情况

随着这些头部茶饮品牌的成功上市，茶饮的上市潮或将阶段性告一段落，但品牌的发展和市场变化并未停止。资本市场对茶饮品牌的关注，正从“能否上市”转向“能否持续增长”“是否具备盈利能力”等。在进入资本运作的深水区之后，茶饮品牌的盈利能力、运营效率、品牌差异化与用户黏性等，将成为决定胜负的关键变量。

三、蔬果茶、现制养生茶饮爆发，手作珍珠奶茶等产品翻红

近年来，茶饮新品的创新逻辑正在悄然发生变化，一方面，珍珠奶茶、布蕾奶茶等经典产品在工艺创新与口味升级的加持下，重新受到市场关注；另一方面，以超级植物、药食同源食材为代表的健康原料正被广泛引入茶饮新品中，推动茶饮从“悦己”向“养己”进阶。从“怀旧复刻”到“营养功能”，2024 年至 2025 年 5 月的茶饮上新呈现出“经典回潮”与“健康跃进”并行的特点。

如图 5-6 所示，据红餐大数据，2024 年至 2025 年 5 月，76 个茶饮样本品牌的上新产品中，经典奶茶类的占比高达 34.9%，在新品中占比最高；紧随其后的是水果茶类，占比为 32.3%。此外，鲜奶茶、酸奶、咖啡、纯茶等细分类别的产品也占据一定的比重。

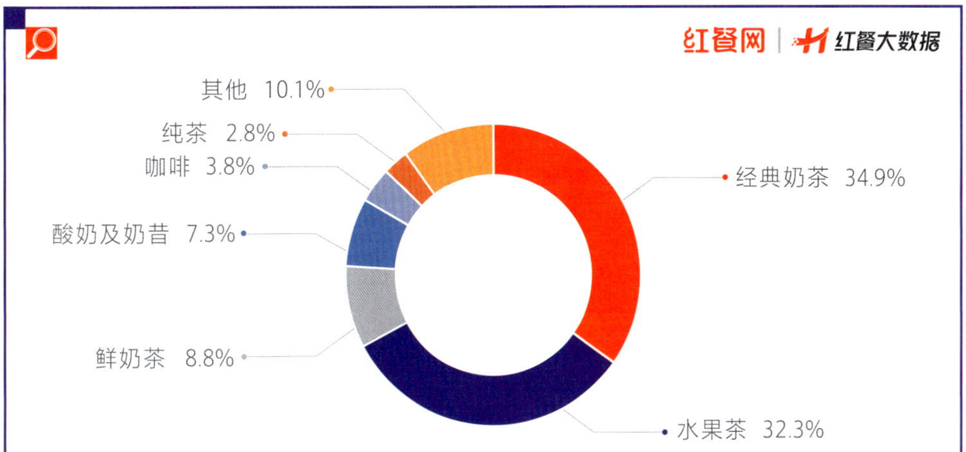

资料来源：红餐大数据，数据统计时间截至 2025 年 5 月 31 日。

图 5-6 2024 年至 2025 年 5 月茶饮样本品牌各类新品占比分布情况

从具体的上新情况来看，在不断追求新颖与健康的市场趋势之下，茶饮经典产品热度并未消退，反而呈现回归态势。布蕾奶茶、珍珠奶茶等经典产品“重出江湖”，成为不少茶饮品牌重点打造的产品。

例如 2024 年，古茗推出了抹茶布蕾丸子，茉沏上线了包括云朵流行布蕾、南瓜生椰布蕾、布蕾锡兰红茶的布蕾系列新品。2025 年，黑泷堂推出了布蕾青提龙井，KOI 可宜则推出了布蕾咸芝士奶绿，桂桂茶推出了红茶焦糖布蕾等。与此同时，黑糖珍珠奶茶作为经典产品亦持续受到青睐。2025 年，茉莉奶白推出了黑糖波波小种，梁小糖推出了黑糖珍珠金六堡，冰雪时光推出了抹茶黑糖珍珠牛乳等新品，茶百道、古茗、甜啦啦等品牌也均推出了黑糖珍珠系列产品。

值得注意的是，这一轮经典产品的“再流行”并非简单复刻。品牌在原料品质、食材组合、出品形式和口感结构等维度上进行了全面升级，使得“熟悉的味道”更符合当下消费者对口感差异化与品质化的期待。

从新品配料食材元素看，茶饮品牌上新元素愈加丰富。据红餐产业研究院不完全统计，2024 年至 2025 年 5 月，茶饮样本品牌的新品共涉及超过 250 种食材元素。具体来看，水果元素应用种类最多，超过 90 种水果被应用到茶饮新品中，其中草莓、葡萄、桑葚等应季水果频繁出现在上新产品中，椰子、蕃石榴（芭乐）等热带风味元素则因口感与适配性佳，在各大茶饮新品中保持较高的出现频率（如图 5-7 所示）。

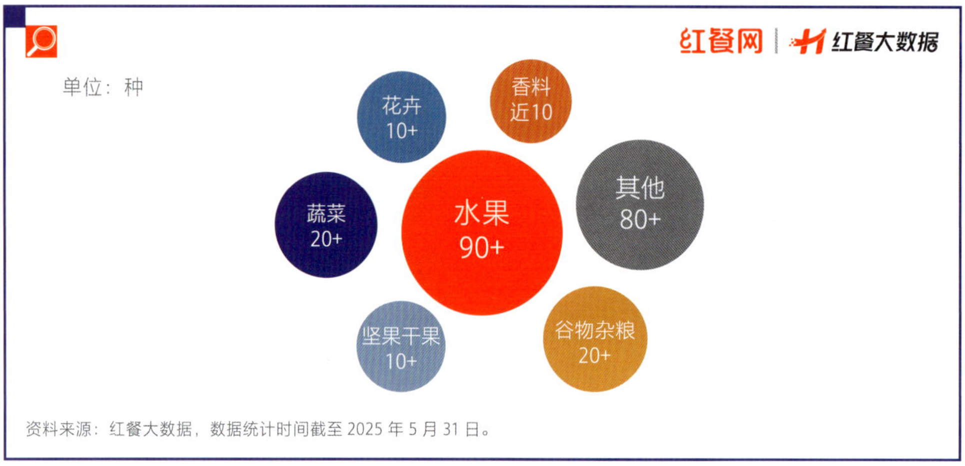

图 5-7　2024 年至 2025 年 5 月茶饮样本品牌新品中各类食材的种类数量

蔬菜及谷物杂粮则均有 20 余种相关食材被应用到茶饮新品中，羽衣甘蓝、甜菜根、白芸豆等蔬菜以及燕麦、糯米、红豆等谷物杂粮在新品中出现的频次也较高。而花卉、坚果干果以及香料的应用种类虽不及前者繁多，但是该类别下的各种食材具有增添新品的层次感和营造风味记忆点的特点，成为茶饮新品的“增香利器”。其他食材中，奇亚籽、巧克力、干酪、桃胶等食材也频繁出现在茶饮新品中（见表 5-5）。

表 5-5　2024 年至 2025 年 5 月茶饮样本品牌新品中应用频次较高的各类食材一览

水果类	蔬菜类	谷物杂粮类	花卉类	坚果干果类	香料类	其他类
草莓	羽衣甘蓝	燕麦	茉莉	开心果	香草	奇亚籽
葡萄	甜菜根	糯米	玫瑰	红枣	薄荷	巧克力
桑葚	白芸豆	红豆	樱花	榛果	佛手柑	干酪
椰子	桑叶	芋头	栀子花	巴旦木	迷迭香	桃胶
凤梨	胡萝卜	黄豆	桂花	枸杞	肉桂	黄油
杧果	苦瓜	青稞	百合	黑枸杞	香草荚	茯苓
橙子	马铃薯	黑苦荞	山茶花	桂圆	紫苏叶	酒酿
香水柠檬	芦荟	黑豆	重瓣玫瑰	碧根果	姜黄	银耳
蓝莓	紫甘蓝	黑米	兰花	酸枣仁	—	青团
蕃石榴（芭乐）	红甜菜	玄米	丹桂花	栗子	—	海盐

资料来源：红餐大数据，数据统计时间截至 2025 年 5 月 31 日。　红餐网 | 红餐大数据

值得注意的是，当前茶饮品牌的“追香”风潮已不再局限于花卉香调，而是通过多种水果复配，在口感中打造更具层次感的果香体验。例如，蜜雪冰城推出的青瓜菠萝茶、柠季·手打柠檬茶推出的黑宝石桑柠打奶，均在清爽口感的基础上增加了果香纵深。

与此同时，“超级食物”概念亦被深入运用到茶饮新品的研发中，成为品牌抢占年轻人健康心智的核心卖点。羽衣甘蓝、甜菜根、奇亚籽、苦瓜等高营养成分、低负担的食材与茶饮的结合愈发密切。

例如 2024 年 7 月，喜茶推出了首款“超级植物茶”羽衣纤体瓶，上市首月销量便突破了 350 万杯，后续的红菜头美颜瓶、去火纤体瓶等产品亦热度不减。截至 2024 年 12 月底，喜茶该系列产品累计销量超过 3,700 万杯；2025 年，奈雪的茶结合“每日 500 克果蔬”理念与彩虹饮食法，推出了应用超级食物的“每日蔬果瓶”系列，截至 2025 年 5 月，该系列共包含了奈雪瘦瘦小绿瓶、羽衣轻苹果小绿瓶、奈雪畅畅小绿瓶等 5 款产品。在此趋势的带动下，LINLEE · 林里手打柠檬茶、树夏、茶救星球等品牌也相继推出了蔬果茶系列，进一步激发了蔬果茶这一赛道的热度。

除了“超级食物”，“药食同源”的概念也不断融入茶饮新品中。例如 2024 年至 2025 年 5 月，红餐产业研究院监测的样本茶饮品牌的茶饮新品中，多个品牌在新品中引入具备滋补、调理功能的养生食材。比如，乐乐茶的新品木瓜桃胶椰雪冰、柠季 · 手打柠檬茶的新品霸道人参系列、椿风的新品金银花雪梨清润茶、悸动的新品莲子桃胶双皮奶等。

除了五谷杂粮、人参、五指毛桃、阿胶等常见养生食材以外，姜黄、荆芥、圆苞车前子壳等药食同源食材也出现在茶饮新品中。2025 年，古茗推出的多维鲜活大橘中添加云南姜黄，眷茶的新品“故乡近”使用了荆芥，Blue Glass 则推出了多款添加圆苞车前子壳的酸奶产品。

可以看到，茶饮“养生化”不再只是一个模糊的趋势，而是正在通过新品材料、功能概念、健康标签等维度持续落地。茶饮品牌们正借助“健康化”的路径，为茶饮开拓更多的消费群体和消费场景。

四、喝“茶”配零食，茶饮品牌集体入局零售赛道

近年来，茶饮品牌自研小零食正逐渐成为茶饮品牌的常规动作。这一现象的背后，一方面是由于茶饮门店面临客单价增长与复购率提升的双重压力，亟须通过高频低价产品扩展消费场景；另一方面，以“Z世代”为代表的主力客群，更倾向于在休闲场景中搭配解馋小食，带动了“茶饮+零食”组合的快速渗透。据美团数据显示，下午茶时段购买饮品搭配零食的订单比例从2020年的17%升至2024年的43%。

事实上，早在2020年前后，喜茶、奈雪的茶等头部茶饮品牌便推出过饼干、坚果、薯条、冻干等自研包装小零食，尝试切入零售零食赛道，但受限于较高的定价（多为10元/包），市场接受度有限。直到2022年前后，随着蜜雪冰城、茶颜悦色、甜啦啦等品牌陆续试水零食赛道，越来越多的茶饮品牌开始推出自研包装小零食，且零食种类也越来越丰富。据红餐产业研究院不完全统计，目前推出小零食产品的茶饮品牌中，蜜雪冰城与茶颜悦色的产品SKU最为丰富，覆盖多条细分产品线（见表5-6）。

从整体产品结构看，茶饮品牌推出的小零食种类主要集中在膨化食品、长保面包烘焙、豆制品与腌制蔬菜这三大类。其中，长保面包烘焙类产品多用于满足早餐、下午茶等场景；而薯条、锅巴等膨化食品及豆干、面筋等豆制品与腌制蔬菜小零食则瞄准“解压”“重口味”等口味需求，以麻辣鲜香的味觉体验满足消费者的情绪调节需求。

表5-6　2025年全国部分茶饮品牌推出的零食产品种类情况（不完全统计）

品牌名称	膨化食品（款）	坚果炒货（款）	长保面包烘焙（款）	糖巧果冻（款）	果干冻干（款）	肉制品零（款）	豆制品及腌制蔬菜（款）
甜啦啦	1	—	—	—	—	2	5
蜜雪冰城	5	1	2	4	—	1	5
沪上阿姨	2	—	19	—	—	—	3
茶颜悦色	12	2	12	6	2	2	13
奈雪的茶	—	—	2	—	—	—	—
乐乐茶	—	—	1	—	—	—	1
古茗	1	—	—	—	—	—	—

资料来源：品牌官方小程序、品牌官方商城、品牌天猫旗舰店，红餐产业研究院整理，数据统计时间截至2025年5月31日。

红餐网 | 红餐大数据

随着茶饮品牌对零食业务的持续布局，越来越多的茶饮品牌开始通过线上线下多触点构建起较为完整的零食品类销售渠道。从品牌小程序点单页面、门店货架陈列、电商平台旗舰店到零食专营门店，茶饮品牌正尝试将零食产品嵌入到消费者的多元消费路径中。

在线上渠道方面，大部分茶饮品牌均在小程序点单页面售卖小零食，消费者在选购茶饮产品时即可一并下单零食产品。同时，蜜雪冰城、沪上阿姨、茶颜悦色、喜茶、奈雪的茶、乐乐茶还在天猫、京东等电商平台开设旗舰店，进一步拓展售卖半径。值得一提的是，沪上阿姨还在小程序中搭载了“沪姨百货”在线商城，不仅售卖品牌自研小零食，还售卖其他品牌的日用品。

在线下渠道方面，茶颜悦色与蜜雪冰城也在门店内部设置了零食展示陈列区，提升零食产品的曝光度与随购率。不仅如此，茶颜悦色在 2024 年 8 月还推出了首家“硬折扣量贩 GO”零售主题店，主打高性价比的自研小零食，截至 2025 年 5 月，其零售主题店已开出超 120 家门店，覆盖湖南、湖北、重庆、江苏等多个省级行政区（见表 5-7）。针对零售业务线，茶颜悦色曾公开表示，截至 2024 年 8 月，其现制茶饮与零售产品的营收占比约为 7∶3。

表 5-7　2025 年全国部分茶饮品牌零食产品售卖渠道情况一览

渠道	代表品牌
小程序点单页面	蜜雪冰城、茶颜悦色、古茗、奈雪的茶等
官方在线商城	沪上阿姨
电商平台旗舰店	蜜雪冰城、茶颜悦色、奈雪的茶、沪上阿姨等
线下茶饮门店陈列	蜜雪冰城、茶颜悦色
线下零食专门店	茶颜悦色

资料来源：公开信息，红餐产业研究院整理。

红餐网 | 红餐大数据

与此同时，越来越多茶饮企业正将“现制饮品 + 零售产品”组合视为打造品牌延展力、提升客单价的重要路径，在零售产品上的拓展也不再局限于小零食。例如，奈雪的茶、喜茶以“茶文化延伸”为切入点，推出茶包、瓶装茶饮等产品，满足便捷场景下的消费需求。沪上阿姨、蜜雪冰城、霸王茶姬等品牌则尝试“周边商品化”，围绕品牌 IP 积极开发文创、服饰、杯具、香氛等衍生周边，通过零售产品延伸品牌认知边界，拓展更多“非饮品”场景下的消费者触达（见表 5-8）。

表 5-8　2025 年部分茶饮品牌零售类产品一览

产品类型	代表产品
小零食	茶颜悦色面包丁、蜜雪冰城麻辣鸡丝、沪上阿姨烘焙面包套餐
瓶装茶饮料及冲泡产品	蜜雪冰城冲饮柠檬水、喜茶真花茶礼盒、奈雪柠檬茶
其他食品	茶颜悦色辣椒酱
文创周边	蜜雪冰城冰箱贴、雪王摆件
服饰配饰	沪上阿姨猎豹手链套装、霸王茶姬披肩毛毯礼盒
生活用品	沪上阿姨晴雨伞、蜜雪冰城保温杯、霸王茶姬香薰

资料来源：公开信息，红餐产业研究院整理。　红餐网 | 红餐大数据

从业务逻辑来看，零售产品一方面能够作为茶饮门店的附加销售项，有效提升客单价；另一方面也为品牌提供了更多接触用户的入口，成为承载品牌文化、强化用户心智的延展性触点。在这一过程中，部分茶饮品牌已初步建立起较为完善的零售产品矩阵，具备稳定的出货能力，零售业务逐步呈现出体系化、常态化的运营特征。

从更深层次来看，从小零食、文创周边到茶饮类瓶装产品，茶饮品牌正通过产品多元化覆盖消费者日常生活，借此构建品牌的“生活方式标签”与“认知护城河”。这一转变，也标志着茶饮赛道的价值竞争正从“卖产品”向“卖认知、卖品牌”演进，品牌影响力与消费者心智占有率的重要性愈发凸显。从中长期来看，随着茶饮品牌门店扩张趋于稳定、同质化竞争加剧，零售业务或有望成为茶饮品牌探索“第二增长曲线”、实现多元化收入来源的关键路径之一。

五、“以茶代酒”成为新潮流，茶饮正加速渗透更多生活场景

在“悦己经济”盛行的当下，年轻人愈发重视个性表达与情绪满足。作为新消费的主力人群，“Z 世代”不仅是现制茶饮的核心消费群体，也在不断拓展茶饮的消费场景与文化边界。

据红餐产业研究院调研，解馋、缓解压力、犒赏自己等“悦己动机”已成为“Z 世代”购买现制饮品的主要驱动因素。如图 5-8 所示，据红餐产业研究院“2024 年现制饮品消费调查”，45.5% 的受访者表示购买茶饮产品是为了“解馋 / 愉悦味蕾”，44% 的受访者表示用于“缓解压力，放松心情”，还有 23.1% 的消费者将其视为“自我奖励”的方式。

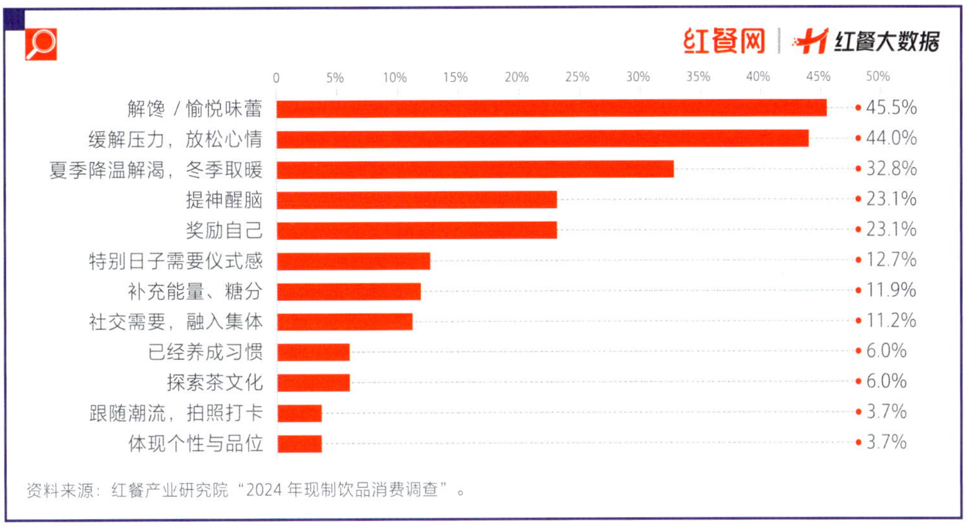

图 5-8　“Z 世代”消费者购买茶饮的原因占比分布情况

与此同时，“Z 世代”消费者已经将茶饮当作日常生活中多个场景的“重要搭子”。近年来，茶饮的消费场景被持续拓宽。据红餐产业研究院“2024 年现制饮品消费调查”数据显示，46.3% 的“Z 世代”消费者在逛街购物时饮用茶饮，30.6% 的消费者在学习或工作时饮用，29.9% 的消费者在社交聚会场合中选择茶饮作为饮品（如图 5-9 所示）。可见，在逛街购物、学习工作、社交聚会、看剧娱乐、家庭放松、旅游出行等场景中，茶饮不再只是饮品，更承担起“情绪调节器”和“社交介质”的角色。

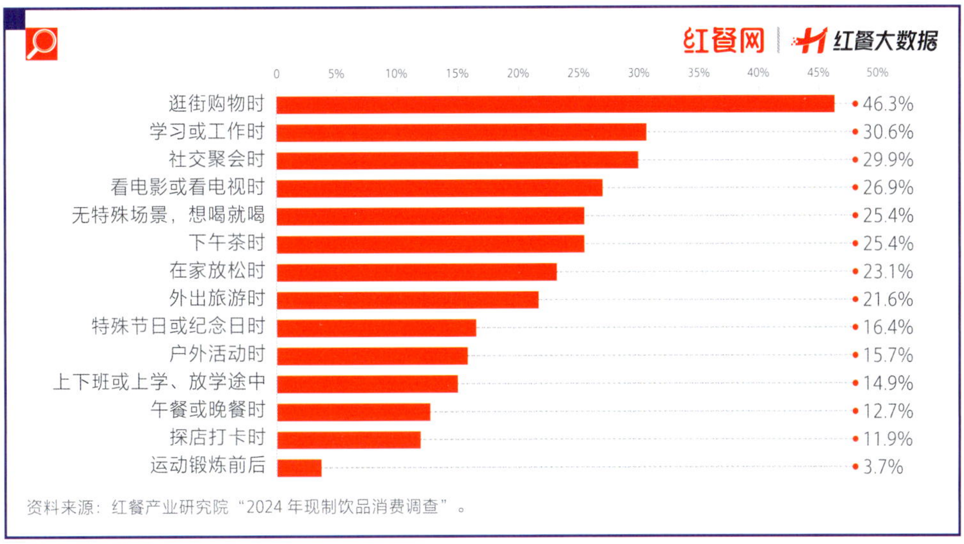

图 5-9　“Z 世代”消费者的茶饮消费场景占比分布情况

值得注意的是，“Z 世代”对“酒桌文化”普遍存在抵触情绪，“以茶代酒”的方式逐步流行，茶饮被带进更多传统社交场景。在《中国新闻周刊》发起的“年轻人有多反感酒桌文化”的网络调查中，约 85% 的网友表示极度反感酒桌文化。与之对应的是，在婚宴、企业聚餐等场合中，茶饮成为酒水的替代方案之一。以婚宴为例，截至 2025 年 5 月，小红书平台上“结婚喝奶茶”相关笔记已超过 8 万篇。

在这一背景下，茶饮品牌纷纷响应消费趋势，加速布局团餐业务（见表 5-9）。早在 2022 年，喜茶就推出了“喜上加喜”活动，即领证新人凭借当天领取的结婚证可免费领取两杯现制饮品。同年，在此活动的基础上，喜茶推出了喜宴团餐优惠业务，不仅针对婚宴茶饮给出优惠价格，还提供免费的定制包装、配送及摆放服务。据喜茶相关数据，2024 年，其已通过喜宴团餐业务累计售出超 20 万杯茶饮产品。据喜茶官方透露，截至 2024 年年底，全国已经超过 100 个城市的消费者购买过喜茶的喜宴团餐，其中，广东、江苏、浙江是该业务的热门省份。

霸王茶姬则于 2024 年 5 月在官方小程序上推出团餐预订入口，正式推出个性化团餐服务。据品牌方透露，2024 年前 9 个月，其团餐业务已累计售出约 150 万杯茶饮产品，且 2024 年国庆期间的团餐订单量较 2023 年同期增长近 300%。此外，茶百道、茉莉奶白、茶话弄、百分茶、1 點點等茶饮品牌近年也纷纷推出定制化团餐业务，抢占大型社交活动和宴会场景的饮品需求。

从婚礼延伸至毕业宴、升学宴、亲友聚餐，甚至企业团建与下午茶等场景，茶饮品牌正试图以团餐服务进一步拓宽茶饮的消费触点。为刺激大单成交，茶饮品牌普遍采用“阶梯式折扣”策略，并配套定制化包装设计，提升品牌认知度和记忆点。

表 5-9　2025 年全国部分茶饮品牌团餐价格策略一览

品牌名称	团餐价格策略
喜茶	满 20 杯享 9.5 折，满 80 杯享 9.2 折，满 150 杯享 9 折，满 200 杯享受的折扣视门店而定
霸王茶姬	满 15 杯享 9.2 折，满 50 杯享 9 折，满 100 杯享 8.8 折，满 200 杯享 8.5 折
茶百道	满 10 杯享 9 折，满 20 杯享 8.8 折，满 50 杯享 8.5 折
茉莉奶白	满 20 杯享 9 折，满 30 杯享 8.7 折，满 60 杯享 8.5 折，满 100 杯享 8.3 折
茶话弄	满 20 杯享 9 折，满 30 杯享 8.7 折，满 50 杯享 8.5 折，满 100 杯享 8 折
百分茶	满 20 杯享 8.5 折；满 50 杯享 8.3 折；满 100 杯享 8 折；且每月的 20 ~ 26 日为团餐周，此期间下单可享更低折扣
1 點點	10 杯起享免配送费，满 50 杯享 8.6 折，满 100 杯享 8.3 折

资料来源：公开信息，红餐产业研究院整理，数据统计截至 2025 年 5 月 31 日。　红餐网 | 红餐大数据

事实上，这类大场景下的团体订单不仅具备短期可见的放量效应，也具备天然的传播优势。一次婚宴或企业团建往往能带来数百杯乃至上千杯的订单，为品牌带来短期爆发式的销售增长。同时，这些场景人口密集，是一个天然的“流量池”。宴席期间，所有宾客都可能成为品牌的潜在传播者，通过朋友圈、社交平台的二次分享进一步放大品牌声量。

随着茶饮团餐服务的不断升级，部分茶饮品牌进一步探索“现制”与“沉浸式”的服务体验，“上门现制”模式也应运而生。例如，李山山茶事在2024年推出了“上门服务”，即订购满20杯饮品即可预约“上门现制”服务。据悉，活动推出当月，李山山茶事就接到了2场均是预订60杯的订单。这种“上门现制”模式不仅增强了品牌互动感与消费者的参与感，也为茶饮品牌的业务扩张提供了更多的可能。

总体来看，“以茶代酒”已成为茶饮渗透主流社交场景的重要切入口。从日常场景到重大仪式场合，从团购服务到上门现制，茶饮品牌正在打破单杯零售的局限，以场景驱动实现高密度曝光和复合式消费增长。

六、专门店、概念店、复合型门店，品牌探索多样化门店模式

随着茶饮市场进入深度竞争阶段，品牌愈发意识到单一门店模型难以覆盖多元化的消费需求，纷纷通过门店模型的差异化升级寻找新增量。近年来，茶饮品牌围绕专门店、概念店、复合型店等多元形态展开探索，既强化了品牌调性，也拓展了场景触点，为品牌文化沉淀与消费转化提供了更多可能。

2024年以来，部分茶饮品牌聚焦爆款产品，开出“单品专门店”以填补细分市场空白、强化顾客心智。例如，快乐番薯针对经典产品老红糖薯圆奶茶，推出了老红糖薯圆奶茶专门店；喜茶则于2024年8月在湖北省十堰市郧西县开出了首家珍珠奶茶专门店“喜茶波波站”；7分甜也于2024年9月在上海开出首家杨枝甘露专门店。此类店型普遍以明星单品为核心，通过简化菜单、聚焦出品、提升效率，实现产品认知的强化与门店模型的轻量化。

但与此同时，此类专门店也面临SKU单一、消费场景受限、后续创新空间不足等挑战。据红餐大数据，截至2025年5月，喜茶波波站已停止营业，这在一定程度上反映出单品专门店在持续运营上的挑战。总体来看，专门店作为品牌试水新品类、测试市场反应的路径之一，仍具备探索价值，但其长期可

持续性仍需根据品牌创新能力与市场反馈持续调整。

相比之下，“概念店”更强调品牌调性与文化精神的呈现，通过空间语言与场景叙事，成为品牌塑造形象、沉淀文化资产的重要方式。近年来，随着品类进入存量竞争阶段，品牌文化建设的需求持续上升，茶饮品牌纷纷开启或重启概念店策略，以此强化消费者的感知与品牌黏性。

例如 2025 年 1 月，时隔 5 年喜茶再次开启“白日梦计划”（HEYTEA DAY DREAMER PROJECT，简称 DP 计划），在成都春熙路开出了概念店“叠院”。该门店以成都特色茶文化“坝坝茶”为灵感，通过“茶禅”融合的空间设计，为消费者构建传统与现代交织的沉浸式饮茶体验。

同月，霸王茶姬在深圳万象前海开出了全国首家霸王茶姬·超级茶仓。该门店将茶文化、时尚美学与创新产品融为一体。在菜单上，除了 14 款霸王茶姬经典产品外，还推出“产地甄选茶”和“手冲茶”两个全新系列，通过对传统茶的现代创新给消费者带来不一样的消费体验。

茉莉奶白则在 2025 年首次发布四大形象店型，分别为“产品创新店”“小茉莉 IP 主题馆”“美学零售店”与“文化焕新店”，通过空间叙事诠释“东方摩登”理念。这种围绕场景构建的门店策略，不仅强化品牌独特性，通过沉浸式的空间氛围激发顾客的情绪共鸣与文化联想，进一步提升品牌体验。

此外，面对不同消费场景的需求变化，部分品牌尝试通过“茶饮 + X”复合店型探索茶饮在不同消费场景下的可能性。此类模式通过差异化产品矩阵，延长消费时段、适应更多场景，为品牌带来更多元的营收结构。例如，2025 年 5 月，茶百道在成都开设了首家手作旗舰店茶百道·探川觅饮，主打“日茶夜酒”的手作模式。2025 年 3 月，奈雪的茶发布了全新店型“奈雪 green”，该门店以“自然绿意，轻盈生活”为理念，产品聚焦“健康茶饮 + 轻食”模式。而乐乐茶则于 2024 年 6 月在苏州中心商场开出了首家聚焦“茶饮 + 烘焙”模式的综合烘焙工坊 LELECHA WONDER。

值得一提的是，门店模式的持续迭代是品牌自身策略升级的体现，但也离不开背后营建体系的支撑。当前，餐饮品牌在构建新门店模型时，常面临设计、施工与运营需求不匹配等挑战。为了应对这一难题，越来越多品牌开始寻求专业营建服务机构进行合作。

以茶饮品牌爷爷不泡茶为例，其与商业空间解决方案服务商朗生合作，围绕门店效率与风格统一的双重需求，打造出了一套标准化、可灵活组合的模块化营建方案。据悉，该方案通过模块化设计以及乐高式装配让门店设计周期缩短超过了 50%，施工现场制作占比也从传统的 75% 降至 40%，安装工时减少了 75%，大幅提升了门店搭建效率。

此外，针对茶饮品牌对门店模型不断迭代更新的需求，朗生还推出了“加减乘除”四效合一营建解决方案，整合了设计、施工、材料与标准模块，配合 300 余款餐饮家具产品库与 CMF 定制体系，不仅能满足茶饮品牌对门店颜值的个性化追求，也确保了高效落地的可复制能力。通过模块化、预制化的门店搭建模式，朗生助力品牌快速适配多场景门店需求，在为茶饮品牌“专门店”“概念店”“茶饮 + X”等多元化门店设计落地提供有力保障的同时，也提高了运营效率，降低了成本。

在存量博弈的行业背景下，门店模型的多样化与精细化正成为品牌突破同质化竞争、拓展场景价值的重要路径。未来，谁能更精准地理解消费者需求，灵活适配场景与空间，谁就能率先在新一轮门店竞争中占据有利位置。

综上所述，当下，茶饮品牌正在从“做规模”转向“做质量、做品牌”。无论是产品创新、零售延伸，还是场景渗透、模式迭代，都折射出茶饮品类正朝着更成熟、更多元的方向演化。未来，率先建立可持续增长模型的品牌，或有望在下一个阶段的茶饮品类竞争中突围而出。

第三节 咖饮：马太效应显现，价格战与咖啡豆价格波动加剧竞争

当前，咖饮品类正经历一场深刻的变革。消费人口快速增长、市场规模持续扩容，头部品牌加速跑马圈地，中腰部品牌扩张趋缓，“强者恒强”的竞争格局加速显现。与此同时，价格战愈演愈烈；品牌加码“店中店”模式，加速推进茶咖融合；咖啡豆价格上涨倒逼本土供应链升级。在多重变量交织下，中国咖啡产业正处于转型与重塑的关键节点。

一、咖饮品牌扩张速度分化，规模效应愈加明显

随着咖啡饮用场景的不断拓展和咖啡文化的加速普及，我国消费者的咖啡消费习惯逐渐被培养起来。近一年时间内，我国咖饮消费人口（消费人口是指在某一特定品类中，具备实际购买行为的人群总量）持续扩大。据红餐大数据，2025 年 5 月，全国咖饮消费人口同比增长超 40%。

消费端的快速扩容直接带动了咖饮赛道的高速增长。如图 5-10 所示，据红餐大数据，2024 年全国咖饮市场规模达到了 1,177 亿元，同比增长 15.4%。整体上看，咖饮品类仍有较大的发展空间，2025 年其市场规模预计逼近 1,300 亿元。

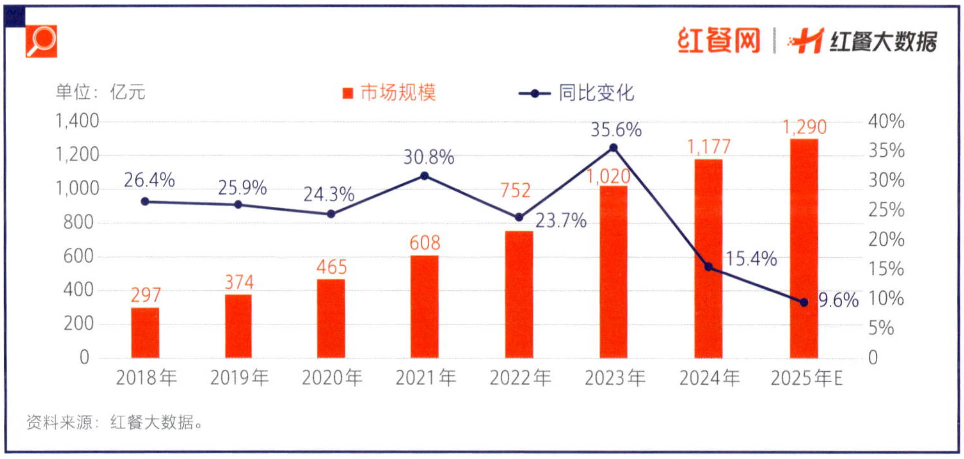

图 5-10　2018 — 2025 年全国咖饮市场规模概况

随着咖饮市场进入更深层次的竞争阶段，咖饮品类的入场门槛逐步提升，创业热度有所降温。如图 5-11 所示，据企查查数据，2024 年全国咖饮相关企业注册量为 3.01 万家，同比下降 25.9%；2025 年 1 月至 5 月，全国咖饮相关企业注册量为 1.4 万家，咖饮相关企业存量为 14.7 万家，仍保持同比增长态势。

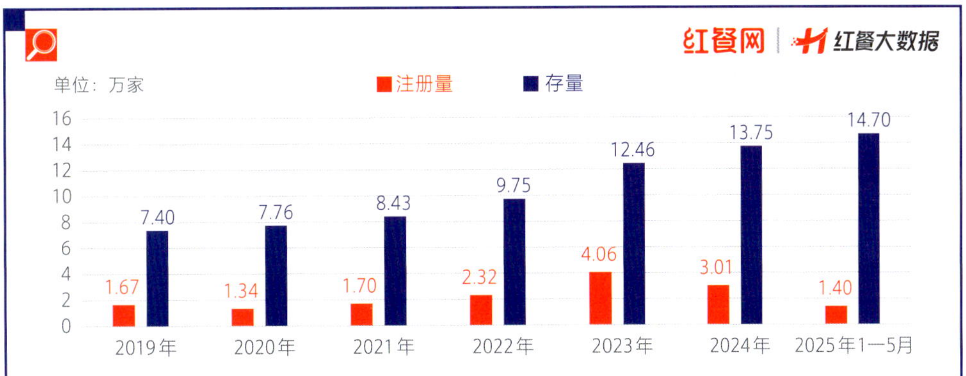

注：统计口径为国标行业为“餐饮业”的企业。
资料来源：企查查，红餐产业研究院整理，数据统计时间截至 2025 年 5 月 31 日。

图 5-11　2019 — 2025 年全国咖饮相关企业注册量及存量情况

在门店数方面，全国咖饮门店数仍呈净增长趋势，但扩张速度已明显放缓。据红餐大数据，截至 2025 年 5 月，全国咖饮门店数达到 25.5 万家，较 2024 年 6 月的 23 万余家增长了 2 万余家，但增长率不到 10%。

具体到品牌，不同咖饮品牌的扩张速度逐步呈现分化态势，头部品牌持续领跑，而中腰部品牌则放缓了脚步。据红餐大数据，截至 2025 年 5 月，瑞幸咖啡全国门店数量超过 2.4 万家，较 2024 年 6 月增长了约 5,000 家门店。创立于 2022 年的库迪咖啡，近年来保持高速的门店扩张态势，截至 2025 年 5 月，其全国门店数超 1 万家，较 2024 年 6 月增长超 40%，成为第二个门店数突破万家的咖饮品牌。此外，星巴克、幸运咖、Manner Coffee 等品牌同样保持了较快的门店增长速度。其中，星巴克、幸运咖在全国的门店数分别超过 8,400 家、3,600 家。

相比之下，M Stand、Peet's Coffee 皮爷咖啡、LAVAZZA 拉瓦萨咖啡、%Arabica、代数学家等中腰部品牌扩张速度有所放缓，多数品牌的门店数仅保持小幅度增长。

不过，亦有少部分品牌逆势增长，如肯德基旗下的肯悦咖啡。据红餐大数据，截至 2025 年 5 月，其门店数超过 1,100 家，相比 2024 年 6 月净增长约 900 家门店（见表 5-10）。

表 5-10　2025 年全国部分咖饮品牌发展概况

品牌名称	门店数(家)	人均消费(元)	门店主要分布区域
瑞幸咖啡	24,000+	15	广东、浙江、江苏等
库迪咖啡	10,000+	10	广东、浙江、江苏等
星巴克	8,400+	37	浙江、上海、广东等
幸运咖	3,600+	7	河南、河北、山东等
Manner Coffee	1,800+	21	上海、广东、北京等
沪咖	1,800+	12	山东、广东、内蒙古等
NOWWA 挪瓦咖啡	1,100+	17	江苏、四川、福建等
肯悦咖啡	1,100+	17	广东、江苏、浙江等
Tims 天好咖啡	850+	26	上海、江苏、浙江等
M Stand	550+	33	上海、广东、浙江等
Pull-Tab 拉环咖啡	440+	19	浙江、江苏、上海等
COSTA COFFEE	360+	33	上海、北京、江苏等
Peet's Coffee 皮爷咖啡	260+	38	上海、北京、江苏等
WE LUCKY COFFEE	230+	13	浙江、广东、江苏等
比星咖啡	210+	19	江苏、上海、浙江等
太平洋咖啡	150+	39	中国香港、广东、陕西等
本来不该有	120+	17	广东、福建
LAVAZZA 拉瓦萨咖啡	110+	30	上海、北京、广东等
% Arabica	110+	43	上海、北京、广东等
代数学家	110+	25	江苏、浙江、上海等
缇里咖啡	100+	17	广东
贝瑞咖啡	100+	16	上海、新疆、江苏等
鸳央咖啡	90+	18	湖南
store by.jpg	90+	25	广东、四川
栖巢咖啡	90+	62	安徽
四叶咖	80+	16	云南
邮局咖啡	80+	20	江苏、福建、浙江等
不眠海	60+	11	北京
Seesaw Coffee	50+	30	上海、浙江
灌木咖啡	50+	35	贵州
小咖主	10+	14	湖南
八福咖啡	10+	21	广东
蓝瓶咖啡	10+	47	上海、广东

资料来源：红餐大数据，数据统计时间截至 2025 年 5 月 31 日。

红餐网 | 红餐大数据

与此同时，部分老牌咖饮品牌以及中小规模的咖饮品牌却因产品创新、运营效率或价格策略等方面竞争力不足，近年门店数呈现出不同程度的收缩。

整体上看，随着头部品牌持续加速扩张，咖饮品类的集中化趋势正日益凸显。据红餐产业研究院测算，截至2025年5月，全国咖饮品牌门店数CR3（全国咖饮品牌门店数量前三名的集中度）达到16.7%，较2024年6月提升了1.9个百分点，呈现出“强者恒强”的竞争格局。在规模与资源优势的驱动下，头部品牌有望在门店网络、供应链整合、品牌声量等方面进一步拉开差距，咖饮赛道的马太效应正在加速显现。

二、降本增效与规模扩张双重需求下，品牌集中试水“店中店”

近年来，为应对租金、人力等运营成本压力，同时提升品牌的市场覆盖密度，越来越多咖饮品牌开始探索“轻量化扩张”策略。2024年以来，“店中店”成为不少连锁咖饮品牌门店扩张的重要策略。

例如，2024年4月，Manner Coffee与链家合作开出了“店中店”。2024年5月，库迪咖啡正式宣布推出了“COTTI Express”便捷店加盟模式，其中就包含“店中店”这一店型。2024年10月，库迪咖啡与美宜佳、华莱士和苏宁易购等品牌推出“触手可及”计划，即将库迪咖啡的常规店和便捷店全面植入到这些合作伙伴的门店中。NOWWA挪瓦咖啡则在2024年8月开始与便利店品牌合作推出“店中店”模式。据了解，截至2024年10月，NOWWA挪瓦咖啡与见福便利店合作的店中店已经落地超150家。此外，瑞幸咖啡也在2025年4月与链家共同推出了首家共享门店。

事实上，“店中店”在咖饮赛道并非新鲜事物。早年间，Tims天好咖啡就已经在中石化、麦德龙、良品铺子和21世纪不动产门店中开出了数家“店中店”。而COSTA COFFEE则与华住集团合作多年，以“快选柜台”的形式将咖啡消费场景引入酒店之中。贝瑞咖啡与德克士构建“贝瑞优选咖啡站”与“德克士贝瑞复合店”两种门店模式，尝试将咖啡产品带入快餐消费场景。

相较于概念店、标准店、迷你店这三种咖饮品牌的常见门店模型，“店中店”的最大优势在于投入轻、复制快，以及可以“借力打力”，可获得合作品牌已有的空间与客流资源（见表5-11）。“店中店”模型不仅适用于社区型、生活半径型咖啡消费场景，还在多品牌互利共赢的推动下，更容易借助合作方的现有资源快速落地，实现高效部署与运营。此外，“店中店”作为一种较低试错成本的门店模型，也为品牌在下沉市场或跨界合作中提供了更多的试错空间。

表 5-11　咖饮品牌常见店型一览

门店模型	运营侧重点	面积范围	优势	劣势
概念店	品牌形象展示与文化输出窗口	80 平方米以上	体现品牌调性，增强用户情感连接，适合做传播节点	成本高、复制难、坪效低，不适合大规模铺开
标准店	主力销售网点，兼顾品牌与效率	20~80 平方米	模型成熟，产品齐全，适配场景广泛	租金压力较大、扩张节奏易受限制
迷你店	高频消费、即买即走、外卖自提为主	5~20 平方米	投资小、回本快、适合密集布局	产品 SKU 相对有限、社交属性弱
店中店	借助第三方流量场，实现低成本拓展	空间不固定，多为 5~15 平方米	成本低、可快速复制、可资源共享	品牌表达弱、管理复杂、利润受限

资料来源：公开信息，红餐产业研究院整理。　红餐网｜红餐大数据

不过，“店中店”模型也面临着一系列现实挑战。首先，空间限制使部分门店无法承载完整的产品线，消费者的选择空间有限；其次，不同合作方提供的场地设施差异大；再次，品牌在“嵌套”场景中表达力度减弱，品牌力沉淀难度加大；最后，由于涉及多方合作，“店中店”的门店管理、收益分配、协同营销等问题，也比传统门店更加复杂。

以库迪咖啡便捷店型中的“店中店”为例，尽管其一定程度上使库迪咖啡打破扩张瓶颈，但由于“店中店”可选择的产品较少、选址与品牌定位不符、出品品质良莠不齐等问题，引发了消费者疑虑。2024 年 12 月，库迪咖啡宣布暂停了便捷店的招商，并于 2025 年初对“触手可及”计划进行升级，确定咖啡店、店中店、便利店这三大核心店型，通过多样化的门店模型提升消费者购买的便利性。

“店中店”模型再度受到关注，表面上看是品牌对规模扩张的需求推动，实质上则体现了品牌对门店模型效率的进一步精进，即品牌扩张过程中追求更小投入、更快复制、更高产出。过去几年，咖饮品牌为了快速建立市场认知和打造品牌力，标准门店是其规模扩张的主力。然而，随着咖饮品类的竞争日益加剧，将会有越来越多的品牌尝试在写字楼、便利店、房产中介、连锁餐饮等空间中开设“店中店”，以低成本快速拓展消费场景边界。

三、人均消费呈现下滑态势，咖饮品类持续陷入价格战

随着咖饮品类的市场教育持续深化，以及供应链标准化、运营精细化的不断推进，现制咖啡的消费变得越来越日常化。与此同时，随着全国咖饮门店数量持续增长，市场供给持续扩容，咖饮品牌的人均消费呈现出持续下滑的态势。如图 5-12 所示，据红餐大数据，全国咖饮品类的人均消费在 2023 年 7 月为 30.1 元，并在同年下半年开始逐步下滑。进入 2025 年，人均消费下滑的态势仍在延续，截至 2025 年 5 月，咖饮品类的人均消费已经降至 23.3 元。

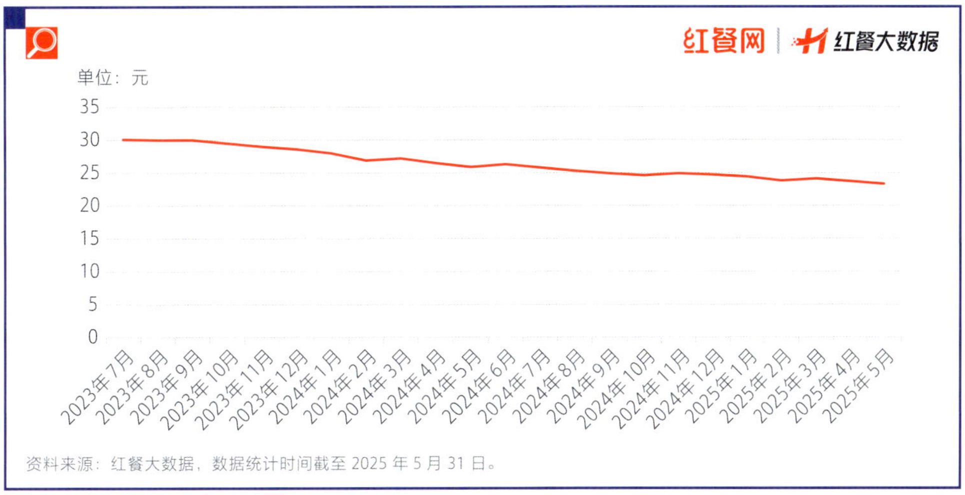

图 5-12　2023 年 7 月至 2025 年 5 月全国咖饮品类人均消费情况

从不同人均消费区间的门店数占比上看，低价区间的咖饮门店数显著增长。据红餐大数据，2025 年人均消费在 15 元以下的咖饮门店占比为 32.5%，比 2024 年提升了近 6 个百分点；而人均消费在 40 元及以上的咖饮门店占比则从 2024 年的 19.4% 降至 2025 年的 14%。相比之下，人均消费在 15 元至 40 元（不包含 40 元）的各个人均消费区间的门店数占比变化较小，整体保持稳定（如图 5-13 所示）。

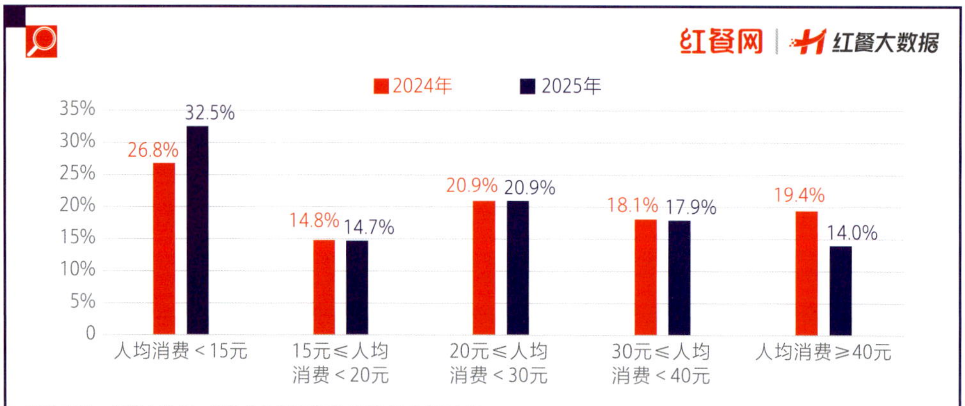

资料来源：红餐大数据，数据统计时间截至 2025 年 5 月 31 日。

图 5-13　2024 — 2025 年全国咖饮门店人均消费价位占比分布情况

值得注意的是，在门店数量持续增长、消费者消费观念更加理性的大背景下，人均消费下滑是各餐饮品类面临的普遍问题。但近年咖饮人均消费下滑的主要推力则是来自咖饮品牌之间愈演愈烈的价格战。

回顾近年咖饮赛道价格战的历程，已从最初头部品牌之间的正面对抗，逐步蔓延至整个赛道。2023 年，库迪咖啡与瑞幸咖啡通过发放低价优惠券展开较量。同年，Tims 天好咖啡、NOWWA 挪瓦咖啡、幸运咖、星巴克等越来越多咖饮品牌开始加入战场。2024 年，咖饮品牌的价格战出现阶段性放缓，一些品牌尝试通过缩小促销产品范畴、调整优惠策略打破僵局，但战局并未就此结束（见表 5-12）。

表 5-12　近年咖饮赛道价格战代表事件一览

时间	代表事件
2023 年 2 月	库迪咖啡率先推出“百城千店咖啡狂欢节”，将 70 多款产品售价下调至 9.9 元 / 杯
2023 年 4 月	瑞幸咖啡宣布在库迪咖啡新开门店周边的瑞幸咖啡门店投放 9.9 元优惠券，随后库迪咖啡将促销价从 9.9 元 / 杯下调至 8.8 元 / 杯
2023 年 6 月	瑞幸咖啡开启“万店同庆”活动，将 9.9 元优惠券铺向全国门店，并在同年 8 月提出将 9.9 元优惠券常态化
2024 年 2 月	瑞幸咖啡将 9.9 元优惠券可使用的产品范围进行缩减
2024 年 4 月	库迪咖啡宣布“9.9 元促销活动”将会持续 3 年
2024 年 6 月	幸运咖宣布开启“咖啡 6 块 6”时代，即 2024 年 6 月 6 日至 30 日，除幸运冰系列外，全国所有门店中的数十款饮品价格均不超过 6.6 元 / 杯

续表

时间	代表事件
2024 年 12 月	Peet's Coffee 皮爷咖啡推出平价咖饮子品牌 Ora Coffee，人均消费定位在 15~25 元 / 杯，使用优惠券后的美式咖啡只需 9.9 元 / 杯
2025 年 5 月	瑞幸咖啡推出端午节与儿童节的“随机福利”，多款核心产品价格降至 6.9 元 / 杯
2025 年 6 月	星巴克的星冰乐、冰摇茶、茶拿铁等数十款产品推出“夏日心动价”，以大杯为例，平均单杯价格降幅达到 5 元左右

资料来源：公开信息，红餐产业研究院整理，数据统计时间截至 2025 年 6 月 9 日。

红餐网 | 红餐大数据

但进入 2025 年，伴随美团、饿了么、京东三大平台外卖业务的“战事”升级。为争夺商户和流量入口，三大平台不仅加大对连锁品牌的补贴力度，还通过补贴算法、活动机制等手段，推动门店以更低的价格换取平台流量和订单曝光。

在这样的背景下，咖饮品类的价格战再次升温，尤其是线上渠道的价格持续走低。以库迪咖啡为例，据红餐产业研究院观察，其部分门店的线上产品在补贴后，单杯实际支付价格甚至低至 1 元左右。

不难看出，外卖平台间激烈的流量争夺战，正成为咖啡产品价格持续下探的催化剂。头部连锁品牌凭借规模优势和强供应链管控能力，可以通过压缩成本，与平台形成深度合作，从而换取更大的流量与销量。

相比之下，中小规模品牌和独立咖啡馆则面临更大的挑战。原材料议价能力弱，运营成本压缩空间小，叠加平台分发机制对连锁品牌的倾斜，使得它们在价格战中常常陷入“要么亏本参战、要么流量受限”的两难境地。2025 年 6 月 5 日，重庆市咖啡行业协会刊发了一份本地多家独立咖啡品牌联名签署的倡议书，呼吁停止“内卷式竞争”。重庆市咖啡行业协会这则倡议书称：经过三大外卖平台的补贴战后，原本依靠研发创新实现差异化竞争的本地独立咖啡品牌的价格劣势进一步扩大，大量客流流失。且在愈演愈烈的低价竞争影响下，2025 年 4 月初到 5 月中下旬，重庆本地独立咖啡馆生存空间受到极大挤压。

整体来看，当前咖饮品类的价格战，既有品牌之间的直接比拼，也叠加了“平台 + 品牌”的阶段性联合压价因素的影响。对于头部连锁品牌而言，价格战是换取市场份额的主动战略。而对于大多数中小型连锁品牌以及独立咖啡馆而言，这场战役则更像是一场被动应战的生存考验。

四、从“融合”走向“反攻”，咖饮品牌密集推出茶饮产品

近年来，随着咖饮品类对消费者的风味教育逐步深入，消费者对咖啡产品的风味鉴赏力和个性化需求不断提升。为了满足多元化的消费需求及以提升产品附加值，咖饮品牌不断探索提升咖啡的核心品质和独特风味，推出的新品也越来越重视咖啡本身风味的表达。

咖啡风味的呈现主要受到原豆产地、后处理方式与烘焙深度三重因素的影响。近年来，不少现制饮品品牌通过不断迭代和延展这些要素，为消费者带来了更加丰富多元、品质更优的咖啡体验。

首先是原料产地，品牌对咖啡类新品的宣传更加强调其咖啡豆的产区优势，以及咖啡液的风味特征，以此进一步凸显新品的品质和风味的独特性。例如，2024 年至 2025 年 5 月，红餐产业研究院监测的 50 个咖饮样本品牌推出的咖啡类新品主要使用了来自埃塞俄比亚、哥伦比亚、中国云南等优质产区的咖啡豆（见表 5-13）。

表 5-13　2024 年至 2025 年 5 月咖饮样本品牌咖啡新品采用的咖啡豆产区一览

地区	代表产地	代表新品
东非	埃塞俄比亚、肯尼亚、卢旺达等	小咖咖啡的碎银子 · 黑普洱茶美式、代数学家的S5 埃塞俄比亚青柑普洱等
美洲	危地马拉、巴西、哥伦比亚、哥斯达黎加、洪都拉斯等	鸳央咖啡的余味成花、Tims 天好咖啡的 SOE 美式 · 哥伦比亚、LAVAZZA 拉瓦萨咖啡的海岸风情柠檬气泡美式等
亚洲	中国云南、越南等	四叶咖的蜜琥珀 SOE 生椰拿铁、Grid Coffee 的德式酒香法利赛拿铁、Manner Coffee 的芒果乌龙茶风味咖啡等

资料来源：红餐大数据，数据统计时间截至 2025 年 5 月 31 日。

除了咖啡豆品种，也有咖饮品牌在咖啡豆的烘焙程度上进行差异化创新。例如，2024 年上半年，星巴克陆续推出了菠萝柠力生咖、淡金生咖、芒紫柠生咖等多款生咖产品。据了解，这些产品均采用未经烘焙的咖啡豆萃取原液制成。2025 年，Manner Coffee 推出的埃塞草莓甜橙风味咖啡就选用了浅中度烘焙的埃塞俄比亚咖啡豆。

以往，咖啡类新品使用的咖啡豆多以中度与深度烘焙为主（见表 5-14）。然而，在 2024 年至 2025 年 5 月的咖饮样本品牌推出的咖啡新品中，出现多款浅度烘焙和未经烘焙的生咖产品，为消费者带来了更为丰富的咖啡体验。而在咖啡豆的处理方式上，2024 年至 2025 年 5 月，咖饮样本品牌的咖啡新品中采用的咖啡豆还是以常见的水洗、日晒以及蜜处理。

表 5-14　不同烘焙程度的咖啡豆形成的咖啡液风味一览

烘焙程度	风味
浅度烘焙	酸度高，果香和花香突出，口感清新明亮
中浅度烘焙	酸度明亮，带有焦糖和坚果的香气
中度烘焙	酸度、甜度和苦味平衡，焦糖和坚果风味明显
中深度烘焙	苦味和甜味增强，焦糖风味突出，口感浓郁
深度烘焙	苦味强烈，酸度几乎消失，带有巧克力和烟熏香气

资料来源：公开信息，红餐产业研究院整理。

红餐网 | 红餐大数据

从新品上不难看出，除了经典口味的咖啡，咖啡与茶、水果的搭配也越来越常见。尤其是进入 2025 年，咖饮品牌在茶咖这一细分赛道的布局力度显著加大。星巴克、Peet's Coffee 皮爷咖啡、幸运咖、肯悦咖啡、M Stand、Manner Coffee、瑞幸咖啡等品牌在 2025 年“春茶季”（特指每年 2 月至 5 月）密集推出了茶咖产品。如图 5-14 所示，据红餐大数据，2025 年“春茶季”，咖饮样本品牌推出的茶咖新品占比占同期新品总数的 29.5%，较 2024 年“春茶季”提升了 12.2 个百分点。

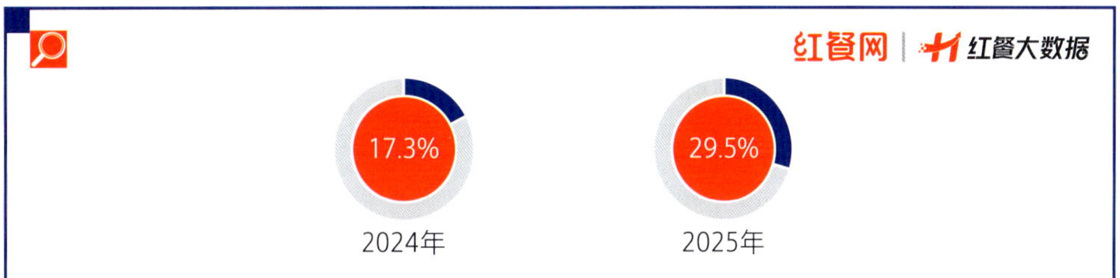

注：本文提及的“春茶季”特指每年 2 月至 5 月。
资料来源：红餐大数据，数据统计时间截至 2025 年 5 月 31 日。

图 5-14　2024 年与 2025 年“春茶季”咖饮样本品牌推出的茶咖新品占比

此外，口感清新的果咖同样受到咖饮品牌的关注。例如，2024 年星巴克推出了酸柠浮冷萃，本来不该有推出了青梅美式，瑞幸咖啡推出了橘金气泡美式；2025 年，库迪咖啡推出了桃子冰茶美式、桃桃白柚冰茶等新品，幸运咖推出了真橙鲜萃咖、椰椰拿铁等新品。

在产品类型方面，咖饮品牌正通过推出茶饮新品，打破原有的品类界限，加速切入茶饮赛道。如图 5-15 所示，据红餐大数据，2024 年至 2025 年 5 月，咖饮样本品牌推出的茶饮新品占新品总量的 26.1%，远高于同期茶饮品牌推出咖啡新品的占比（5.4%）。

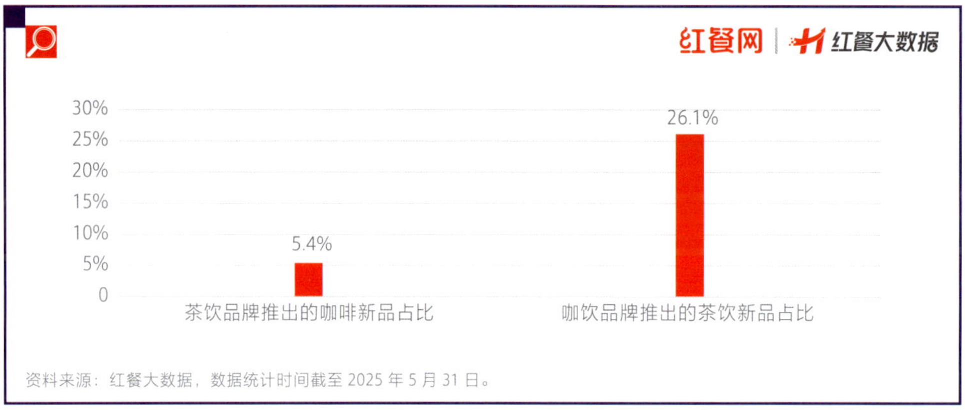

图 5-15　2024 年至 2025 年 5 月茶饮、咖饮样本品牌推出咖饮 / 茶饮新品情况

咖饮品牌通过这样的上新策略，赢得了较好的市场反馈，2024 年 8 月，瑞幸咖啡推出了轻乳茶系列的首款产品轻轻茉莉 · 轻乳茶，上市首月销量突破 4,400 万杯。同年 9 月，星巴克则推出了龙井青提牛乳茶与大红袍雪梨牛乳茶，均获得了较好的反响。

进入 2025 年，咖饮品牌加快了茶饮新品的上新动作。2025 年，邮局咖啡推出了黄油芝士厚乳茶，而库迪咖啡则推出大富大桂大红袍生酪乳、大富大桂茉莉生酪乳等乳茶类产品。2025 年 5 月，瑞幸咖啡宣布推出羽衣轻体果蔬茶，正式进军果蔬茶赛道。

在实际消费行为中，消费者对咖饮品牌推茶饮产品也接受良好。如图 5-16 所示，根据红餐产业研究院“2024 年现制饮品消费调查”，18.3% 的现制饮品消费者表示其经常在咖饮门店购买茶饮产品；30.7% 的现制饮品消费者则表示其偶尔会在咖饮门店购买茶饮产品。不难看出，咖饮品牌推出的茶饮产品已经在一部分现制饮品消费者中建立起茶饮消费的品牌心智。

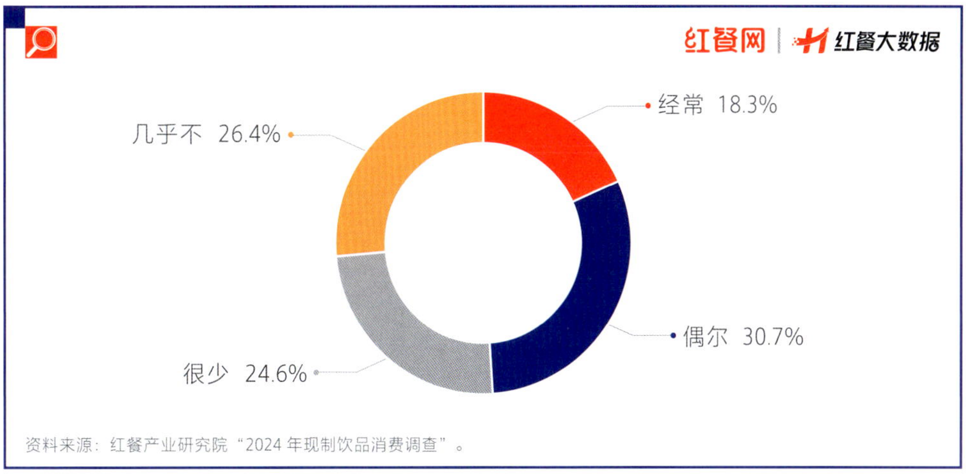

图 5-16 2024 年现制饮品消费者在咖饮门店购买茶饮产品的频率

从“补充产品”到“主力产品线”，咖饮品牌对茶饮产品的投入不再只是满足边缘需求，而是开始作为品牌的重要业务方向之一，成为其构建多元化饮品矩阵的重要一环。

总体上看，咖饮品牌正在通过强化咖啡本身的风味表达与多元产品的跨界创新，拓宽品类边界。一方面，精品化产品不断强化品牌专业度与用户黏性；另一方面，多产品线的布局让品牌在激烈的竞争中拥有了更多的可能。

五、咖啡豆原料价格波动，促使品牌加速本土供应链建设

2024 年以来，全球咖啡豆市场波动剧烈，咖啡豆整体价格维持在高位运行。据商务部商品价格网数据，自 2024 年 1 月起，美国咖啡期货价格持续上涨，从 2024 年 1 月 1 日每磅 188.28 美分一路攀升至 2025 年 4 月 28 日的每磅 421.5 美分。尽管随后有所回落，但截至 2025 年 5 月 23 日，咖啡豆的期货收盘价仍维持在 360.96 美分 / 磅，较 2024 年初上涨超过 90%（如图 5-17 所示）。与此同时，从生豆价格上看，据国际咖啡组织（ICO）发布的数据，2025 年 5 月的国际咖啡综合指标价格（I-CIP）为每磅 334.41 美分，尽管环比下降 0.4%，但同比增长仍超过 60%。

注：美国咖啡期货收盘价为咖啡豆在纽约可可、糖、咖啡交易所期货收盘价。
资料来源：商务部商品价格网，红餐产业研究院整理，数据统计时间截至 2025 年 5 月 23 日。

图 5-17　2020 年 1 月至 2025 年 5 月美国咖啡期货收盘价走势

本轮咖啡豆价格的上涨，是多重因素共同作用的结果。首先是天气因素。作为典型的农作物，咖啡豆产量高度依赖天气状况。2024 年至 2025 年 5 月，巴西、哥伦比亚、越南等咖啡豆主要产区频繁遭遇干旱、霜冻与暴雨等灾害性天气，致使咖啡豆产量显著下降，直接影响了咖啡豆的价格。其次，面对咖啡豆价格上涨，部分产区的咖农出于投机考虑延迟交付，进一步加剧咖啡豆的供需紧张局势。此外，自 2024 年下半年起，部分国际航线受红海局势影响转向绕道，叠加全球贸易紧张，推高了运输成本，进一步传导至咖啡豆终端价格的上涨。同时，在国际咖啡豆价格上涨的带动下，我国本土咖啡豆的价格也水涨船高。

咖啡豆价格上涨，对咖饮品牌造成了不同的影响。对大型连锁咖饮品牌而言，它们拥有较强的议价能力、完善的仓储体系和全球采购布局，原料价格上涨带来的冲击相对可控。以瑞幸咖啡为例，其咖啡豆采购网络覆盖全球六大产区。在 2024 年 11 月，瑞幸咖啡就与巴西出口投资促进局签署《合作备忘录》，承诺在 2025 年至 2029 年，瑞幸咖啡将共计向巴西采购 24 万吨咖啡豆，采购总金额达 100 亿元人民币。瑞幸咖啡通过长期锁价和战略囤货稳定了原料成本。星巴克也采取了类似策略，其咖啡豆采购来源覆盖 30 多个国家和地区，通过多产地策略，一旦某一区域遭遇产量下滑问题，星巴克便可通过灵活调配保障供应稳定。

相较之下，独立咖啡馆和中小型连锁咖饮品牌的处境则更为艰难。这类门店多聚焦于精品咖啡，所用咖啡豆通常产自少数特定小产区，缺乏产地直采和长期合作能力，易受到价格波动的冲击。此外，独立咖啡店及中小型连锁咖饮品牌的采购量小、储备能力弱，面对上涨的咖啡豆价格难以通过规模效应进行成本平摊。这也在一定程度上加剧了对独立咖啡馆和部分精品咖啡品牌的冲击，很多独立咖啡馆和精品咖啡品牌甚至退出了市场。

而国际咖啡豆价格的剧烈波动，影响了品牌端的原料采购策略，也使得本土咖啡豆的价值重新被行业关注。中国本土咖啡豆产业链建设正迎来重要“窗口期”。云南作为我国咖啡豆主产区，其咖啡豆产量已占据全国的98%以上。据云南省农业农村厅数据，截至2024年年底，云南省咖啡豆种植面积达126.7万亩（约844.7平方千米），总产量14.6万吨，农业产值近50亿元，同比增长13%。

与此同时，云南当地政府大力扶持咖啡豆产业的发展，近些年出台了不少针对性政策。例如，在提升咖啡豆精品率、精深加工率、培育龙头企业、建设重点基地、绿色发展等方面提供政策与资金支持，以协同创新、产学研管一体化的方式推进云南咖啡豆产业全链条发展。据云南省人民政府相关数据，2024年，云南咖啡豆的精品率达到31.6%，精深加工率达到80%，较2023年均有明显提升（如图5-18所示）。以普洱市孟连县、保山市昌宁县等地为代表，当地政府积极推动咖啡标准化种植和精细化管理，打造精品咖啡产区。

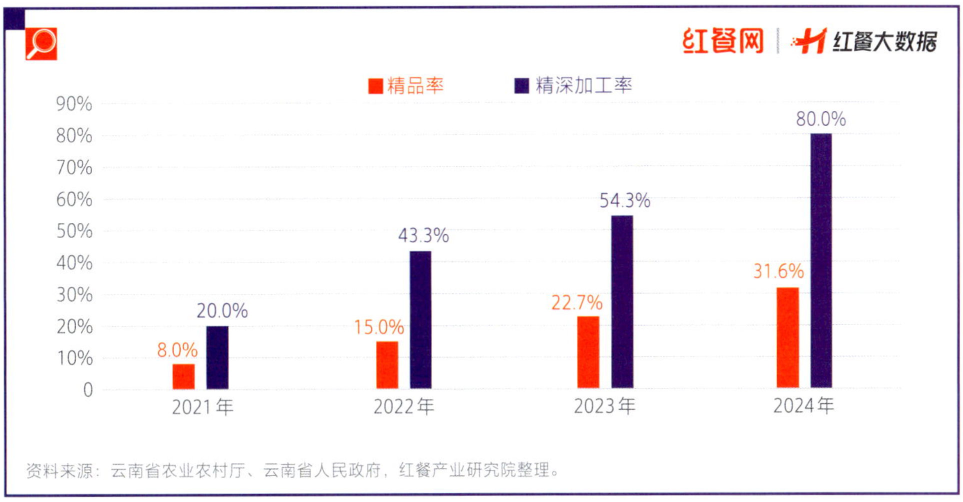

图5-18　2021—2024年云南省咖啡豆精品化与深度加工情况

随着云南咖啡豆产业的快速发展，越来越多的连锁咖饮品牌开始将国产咖啡豆纳入核心产品体系。一方面，品牌通过使用云南咖啡豆形成差异化口味，增强品牌的“在地感”；另一方面，品牌也借此来稳定原料供应、控制成本。例如，星巴克在 2024 年 10 月宣布将云南咖啡豆加入中国大陆所有门店的经典浓缩咖啡中，并在 2025 年 2 月在甄选店销售云南保山出产的两款咖啡豆。此外，M Stand、Seesaw Coffee 等近年来也相继推出采用了云南咖啡豆的相关产品。

同时，部分咖饮品牌则加快本土供应链的建设。比如，瑞幸咖啡在 2024 年在云南保山建立了咖啡豆鲜果处理加工厂，年处理鲜果量可达 5,000 吨。缇里咖啡在云南普洱孟连联建了芒掌咖啡庄园，在咖啡种苗培育、基因品种改良等方面均有布局。此外，幸运咖、Seesaw Coffee、Manner Coffee、来回咖啡等品牌均与云南的优质产区建立了合作关系。

虽然国际咖啡豆的价格波动给国内的咖饮品牌带来了压力，但从更长远角度看，国际咖啡豆的价格波动也倒逼我国本土咖啡产业的加速升级。未来，构建安全、稳定、高质量的原料供应体系，将成为咖饮品牌与本土咖啡豆产区共同的战略选择。对于连锁咖饮品牌而言，依托云南等本土产区，不仅有助于提升原料掌控力，保障产品标准与风味稳定，也有望降低对海外供应链的依赖。而对于云南咖啡豆生产企业来说，通过品牌端的消费牵引，也正开启从“卖豆子”向“卖风味”“卖品牌”的高附加值路径跃迁。可以预见的是，随着云南精品豆产能逐步释放，产业标准体系和认证机制不断完善，品牌与产区之间的深度协同将成为新常态。

综上所述，从消费端的持续扩容，到供应链端的价格博弈；从激烈的价格竞争，到多元的产品创新，咖饮品类正于变局中孕育新机。展望未来，随着咖啡全产业链协同效能的不断释放，以及消费者对品质与个性化需求的日益提升，咖饮赛道将面临更激烈的竞争，也将迎来结构性增长。

CHINA CATERING

第六章 烧烤

第一节 综述：赛道呈现多样化发展趋势，烤串品类发展亮眼

烧烤作为自带烟火气和强社交属性的餐饮品类，能够提供较好的情绪抚慰价值，近年来受到了大众的关注。随着社交媒体平台进一步加大对烧烤内容的传播，烧烤品类的热度持续攀升，消费需求持续扩大。据红餐大数据，截至2025年5月，全国的烧烤消费人口（消费人口是指在某一特定品类中，具备实际购买行为的人群总量）同比增长3.2%。

消费需求的增长，也带动了烧烤品类的市场规模进一步提升。据红餐大数据，2024年全国烧烤市场规模达到2,570亿元，同比增长5.2%。进入2025年，烧烤品类预计将保持增长的发展态势，市场规模有望达到2,700亿元（如图6-1所示）。

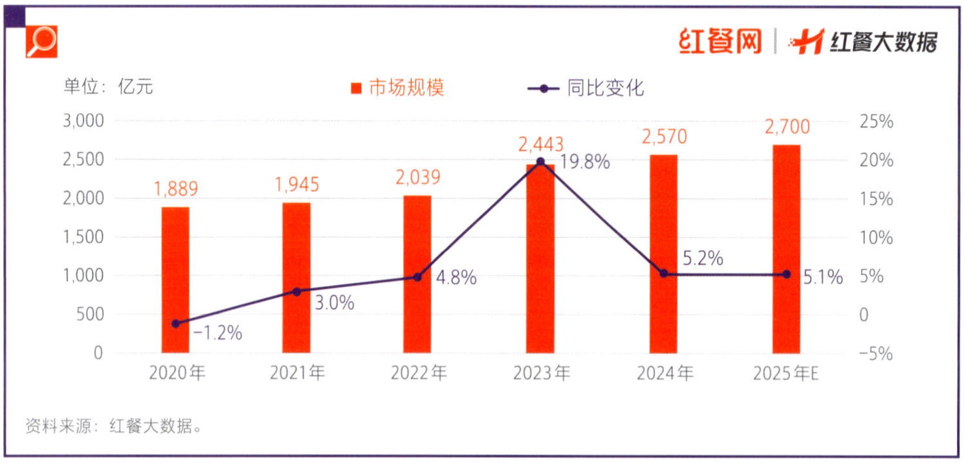

图6-1　2020—2025年全国烧烤市场规模概况

在门店数方面，据红餐大数据，截至2025年5月，全国烧烤门店总数接近50万家。与此同时，烧烤品类经历了持续的市场洗牌，连锁化程度日益提升，2024年烧烤品类的连锁化率已达到22%（如图6-2所示）。但相比火锅（26%）、中式八大菜系（24%）、小吃快餐（29%）等餐饮赛道而言，烧烤赛道的连锁化程度仍有较大的提升空间。

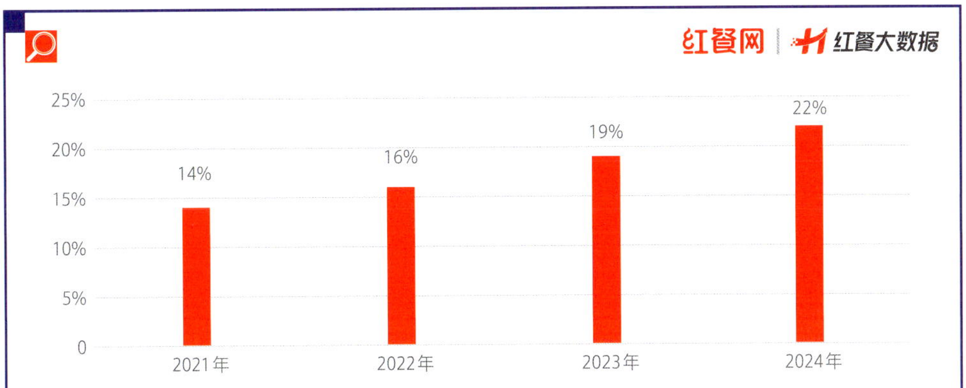

资料来源：美团，红餐产业研究院整理。

图 6-2 2021 — 2024 年全国烧烤品类连锁化率情况

2024年以来，在消费者需求多样化、文旅热度较高等因素的推动下，烧烤赛道的发展呈现出品类细分化、地方特色显著、融合趋势加强以及供应链专业化等趋势。

第一，品类细分化的趋势愈发显著，烧烤赛道正不断细分以满足消费者的多元化需求。从细分赛道来看，烧烤目前分为烤串、烤肉两大细分赛道，不同的细分赛道还根据食材、风味、烤制方式等维度分化出多个派系的烧烤类别。

第二，地方特色在烧烤领域愈加凸显。烧烤作为地方美食文化的代表之一，其地方风味尤为显著，如东北的烤串、新疆的羊肉串、四川的麻辣烧烤等。这些带有浓厚地域色彩的烧烤，不仅传播了地方文化，也促进了旅游与美食的深度融合。

第三，融合化趋势日益明显，烧烤品牌正积极探索跨界融合的新路径。一方面，烧烤品牌在门店通过“烧烤+”不断拓展产品种类与服务范围，推进产品层面的深度融合以及业态间的有机融合。另一方面，其他餐饮品类（如烤鱼、中式正餐、小吃快餐等）和其他业态（如酒吧、露营地、零售等）也通过“+烧烤”的方式与烧烤品类相结合，进一步拓宽了烧烤的消费场景和市场空间。

第四，烧烤供应链的专业化不断提升。烧烤供应链企业通过精细化的原料分割、预制加工、冷链物流和智能设备等手段，助力品牌实现多元化融合与场景拓展，同时在激烈的市场竞争中为品牌优化成本结构、打造差异化体验等提供重要支撑，成为推动烧烤品类持续创新与市场渗透的主要引擎。

第二节 烤串：消费转向明显，但需求持续释放拉动品类增长

烤串作为烧烤赛道中的一个重要细分品类，近年来在年轻消费者和夜经济的推动下，其消费需求持续高涨。据红餐大数据，截至 2025 年 5 月，全国烤串消费人口较 2024 年同期增长了 4.6%。在烧烤大品类中，烤串的市场份额从 2023 年的 57.7% 上升至 2024 年的 59.1%。

一、消费需求持续增长，烤串市场规模有望突破 1,600 亿元

随着烤串消费群体不断扩大，消费频次日益增加，叠加烤串在午餐、晚餐等场景持续渗透，烤串市场规模持续攀升。据红餐大数据，2024 年全国烤串市场规模同比增长 7.8%，达到 1,520 亿元，预计 2025 年市场规模将进一步增长至 1,640 亿元。

市场格局方面，烤串赛道保持相对稳定的竞争格局。据红餐大数据，截至 2025 年 5 月，串意十足全国门店数超过 430 家，木屋烧烤则在全国范围内开出了 230 余家门店。此外，北丐先生、绿地三只羊羊肉串、刘牌牌小炉子烧烤等品牌的门店持续扩张，截至 2025 年 5 月，全国门店数分别为 110 余家、80 余家、30 余家（见表 6-1）。

而东方一串、郭靖烤全羊、很久以前羊肉串等大多数烤串品牌的扩张速度则相对平缓。值得注意的是，目前大多数烤串品牌仍以区域发展为主，整体上看，烤串赛道仍以小型连锁品牌、区域品牌为主。

表 6-1　2025 年全国部分烤串品牌发展概况

品牌名称	门店数（家）	城市覆盖数（个）	门店主要分布区域
串意十足	430+	120+	广东、上海、浙江等
木屋烧烤	230+	20+	广东、北京、上海等
东方一串	140+	10+	上海、江苏、浙江等
北丐先生	110+	70+	山东、辽宁、内蒙古等
郭靖烤全羊	110+	约 9	天津、北京、浙江等
高筑墙	100+	10+	广东
很久以前羊肉串	100+	10+	上海、北京、浙江等

续表

品牌名称	门店数（家）	城市覆盖数（个）	门店主要分布区域
大圣烧烤	100+	20+	湖北
破店肥哈·东北烧烤	80+	50+	广东、河北、江苏等
绿地三只羊羊肉串	80+	20+	江苏、安徽等
功夫怪兽	70+	20+	河南
丰茂烤串	70+	10+	北京、吉林、上海等
阿凡提烧烤	60+	30+	山西、江苏、广东等
郑喜旺烧烤	50+	10+	河南
管氏翅吧	50+	1	北京
老金烧烤	50+	10+	山东
聚点串吧	40+	约 7	北京
何师烧烤	30+	约 3	四川
刘牌牌小炉子烧烤	30+	约 8	辽宁
九村烤脑花	30+	10+	重庆、广东、四川等
李不管把把烧	20+	20+	四川、安徽、山西等
客串出品	20+	10+	湖南
陈双财	20+	约 5	湖南
塘屋烧烤	20+	约 4	云南
乐趣小炉子烧烤	10+	约 3	北京
金玲珑串道	10+	约 5	福建
花和尚湘西小串烧烤	10+	约 2	广东
楼兰秘烤	10+	10+	新疆、广东、浙江等
冰城串吧	10+	约 8	北京
德四家·云南傣味烧烤品牌	10+	约 3	云南
烧蠔帮	10+	约 4	广东
串小白	10+	约 5	湖南

资料来源：红餐大数据，数据统计时间截至 2025 年 5 月 31 日。

红餐网 | 红餐大数据

二、烤串人均消费呈下滑趋势，西北、东北区域门店增长较快

近年来，烤串品类在餐饮市场中面临着一系列变化。首先是人均消费下滑现象明显，据红餐大数据，烤串品类的人均消费从 2023 年 7 月的 75 元逐步下滑至 2024 年 12 月的 66 元。进入 2025 年，烤串人均消费进一步下滑。截至 2025 年 5 月，烤串人均消费下降到近两年来的最低位，仅为 61 元（如图 6-3 所示）。

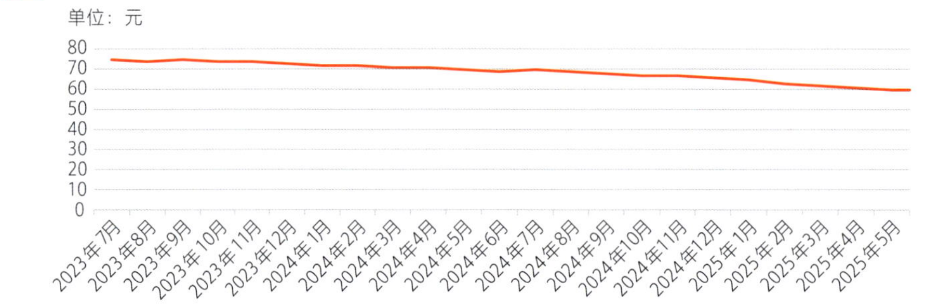

资料来源：红餐大数据，数据统计时间截至 2025 年 5 月 31 日。

图 6-3　2023 年 7 月至 2025 年 5 月全国烤串品类人均消费情况

从地域分布上来看，烤串门店的分布也呈现出一定的特点。截至 2025 年 5 月，烤串门店在华东市场占据显著优势，占比高达 27.1%。其次是西南、东北、华南、华中及华北区域，这些地区的烤串门店数均超过总门店数的 10%。相比之下，西北区域的烤串门店数较少，仅占 5.6%（如图 6-4 所示）。

值得注意的是，2025 年 1 — 5 月西北区域的烤串门店数展现出较快的增长势头，同比增长 9%，东北区域紧随其后，同比增长 7.8%，华北区域也实现了 6.9% 的同比增长。尽管华东区域门店数量最多，但其增长势头较弱，同比增速仅为 0.5%。而这些不同区域的增长差异，为烤串品牌带来了新的市场机遇与挑战。

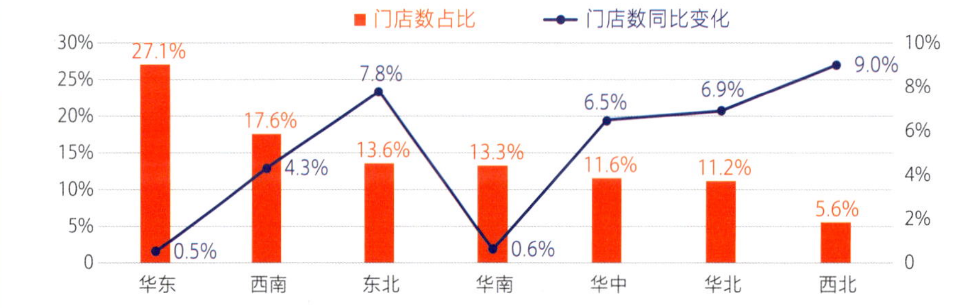

资料来源：红餐大数据，数据统计时间截至 2025 年 5 月 31 日。

图 6-4　2025 年全国各区域烤串门店数占比分布情况

三、供应链持续优化，“烤串 +”“+ 烤串”提升市场渗透率

在市场竞争激烈、消费需求多样、成本压力加大的背景下，烤串品牌加速创新，进一步拓宽了品类边界，使得“烤串 +”与“+ 烤串”的融合模式愈发普遍（见表 6-2）。

其中，“烤串 +”模式主要体现在两个方面。一是烤串与其他品类进行融合，加入特色菜品、地方菜、简餐、粉面、饺子馄饨、饼类、炸鸡、甜品甜点、麻辣烫、饮品等产品。例如，北丐先生推出了麻辣烫等产品，丰茂烤串推出了石锅拌饭等产品。二是烤串品牌为了放大烤串的社交属性，进一步探索业态融合。例如，木屋烧烤针对“烤串 + 露营”推出了露营套餐，能够满足 1 ～ 18 人的户外烧烤需求；倔倔徐鲜羊肉烤串、金刚山烧烤、营了个九 · 音乐烧烤小营地等品牌将 KTV 加入门店或通过乐队驻唱融入音乐餐吧风格，进一步提升消费者的社交体验；东方一串、舌战烧烤酒馆则采用“餐 + 酒”的模式，将烤串、酒馆这两种消费时段高度吻合的业态进行融合。

表 6-2　近年烤串品类融合模式一览

融合模式	类型	具体形式	代表品牌
烤串 +	烤串 + 其他品类	专业烤串店通过融合其他品类产品来丰富产品线，满足多元化需求	丰茂烤串、北丐先生、木屋烧烤等
	烤串 + 其他业态	将烤串与其他业态进行组合，进一步拓宽消费场景	烤串 + 露营：木屋烧烤等 烤串 + 到家：丰茂烤串等 烤串 +KTV/ 餐吧：倔倔徐鲜羊肉烤串、金刚山烧烤、营了个九 · 音乐烧烤小营地 烤串 + 酒馆：东方一串、舌战烧烤酒馆等
+ 烤串	其他品类 + 烤串	非烤串类餐饮店通过增加烧烤产品提升营收，突破消费场景限制	中式正餐 + 烤串：西贝、彭厨、云海肴、阿强家川菜等 异国料理 + 烤串：迷你椰 · 泰式大排档、星洲小馆、泰香米泰国餐厅等 粉面 + 烤串：大师兄、遇见小面、味千拉面等 烤鱼 + 烤串：探鱼烤鱼、半天妖烤鱼等 米饭快餐 + 烤串：南城香等
	其他业态 + 烤串	其他业态推出烤串相关产品	零售 + 烤串：锅圈食汇、小象超市、盒马鲜生等

资料来源：公开信息，红餐产业研究院整理。

红餐网 | 红餐大数据

“+ 烤串”模式则是非烤串品牌通过推出与烤串相关的多样化产品，以此丰富自身的菜单结构，扩展消费场景。近年来，中式正餐、异国料理、粉面、

烤鱼等众多餐饮品类均有不少品牌相继融入烤串产品，如西贝、南城香、大师兄、遇见小面、探鱼烤鱼等。同时，随着烤串消费场景向露营、家庭用餐等场景延伸，锅圈食汇、小象超市、盒马鲜生等食材零售品牌近年也积极推出烤串预制食材，以满足消费者多样化的消费需求。

其实，无论是“烤串+”还是“+烤串”的融合模式，其背后都离不开烤串供应链的不断升级。当前，烤串供应链企业不仅专注于产品研发与生产这一核心业务，更在不断拓宽业务范围，提供从产品研发到门店终端应用的全流程解决方案。例如，利思客不仅会与烤串品牌携手研发新品，还会制定详尽的标准化操作流程，并派遣专业技术人员入驻门店，甚至还会提供营销支持以及售后跟踪服务等。

此外，近年来也有不少烤串供应链企业通过深耕某类食材，打造出多款爆品。例如，客串一把专注于牛肉串，其招牌牛肉串的年销量超过 1,000 万串；野火烧食品则聚焦鸡类深加工产品，以鸡翅为核心大单品，覆盖了全鸡类调理品和特色烤串类的产品矩阵，为餐饮、商超、电商全渠道稳定提供超过 100 款鸡类食材。

四、部分地域烤串热度向全国蔓延，异国烤串专门店频现亮点

近年来，在旅游升温和文化传播的作用下，地域烤串迎来“出圈时刻”，东北烧烤、淄博烧烤、徐州烧烤、湘西小串、宜宾把把烧、衡阳鲜货烧烤等地域烤串跨越地域界限，开始风靡全国。

以淄博烧烤为例，截至 2025 年 5 月，其相关内容在抖音平台上的关注用户中，高达 75.7% 的用户来自山东省以外的省份（见表 6-3）。随着淄博烧烤在全国范围内走红，各地纷纷涌现出众多淄博烧烤门店，更有不少烤串店紧跟潮流，推出了淄博烧烤套餐，以吸引消费者。

表 6-3　2025 年部分地域烤串相关内容的抖音用户分布情况

地域烤串相关话题	用户分布情况
东北烧烤	东北区域外用户占比达 82.3%
淄博烧烤	山东省外用户占比达 75.7%
徐州烧烤	江苏省外用户占比达 64.4%
湘西小串	湖南省外用户占比达 63.3%
宜宾把把烧	四川省外用户占比达 57.2%

资料来源：巨量算数，红餐产业研究院整理，数据统计时间截至 2025 年 5 月 31 日。　红餐网 | 红餐大数据

此外，衡阳鲜货烧烤凭借鲜切现穿、食材新鲜的特点，2025 年以来热度持续飙升，并逐渐蔓延至全国多地，一批诞生于湖南的衡阳鲜货烧烤品牌逐步“出湘”。红餐大数据显示，截至 2025 年 5 月，门店数超过 20 家的陈双财已经进驻武汉、广州、深圳、佛山等城市；串小白则在 2024 年 8 月就走出湖南，并相继在广州、佛山等城市开设门店。除了衡阳鲜货烧烤，市场上也涌现了一批同样以鲜货烧烤为特色的门店，鲜货烧烤开始在全国多地冒头。

除了不同地域的中式烤串，日式烧鸟、泰式烤串、俄式烤串、韩式烤串等风格各不相同的异国烤串近年来也有一些专门店冒头（见表 6-4）。例如，日式烧鸟品牌鸟鹏烧鸟居酒屋近年来门店数稳步增长，据红餐大数据，截至 2025 年 5 月，其全国门店数超过 40 家；韩式烤串品牌金刚山烧烤、三千里烧烤的全国门店数分别有 20 余家、40 余家；俄式烧烤品牌通海俄式烧烤亦开出了 20 余家门店。然而，整体上看，异国烤串在我国的受众范围相对很小，品牌的规模化发展尚待时日。

表 6-4　全国部分异国烤串赛道概览

细分赛道	产品特点	发展情况或代表品牌
日式烧鸟	最初是指由鸡肉和鸡肉脏制成的日式烤串，发展至今，猪肉、牛肉、蔬菜等也成为其食材	鸟鹏烧鸟居酒屋、披头士烧鸟居酒屋等
泰式烤串	口味偏甜、口感香脆、调料独特，采用鸡肉、海鲜、蔬菜等作为食材，如沙爹酱烤虾串、黄咖喱烤肉串等	目前仍以个体经营为主，主要集中在广东、广西、湖北等地
俄式烤串	又名“沙什累克”，通常采用大块牛排或猪肉、洋葱等作为食材，充满原始香气	通海俄式烧烤等
韩式烤串	口感鲜甜、蒜香味浓郁，包括烤肉串、煎片、煎烤肉片等产品	金刚山烧烤、三千里烧烤等

资料来源：公开信息，红餐产业研究院整理。　红餐网 | 红餐大数据

第三节 烤肉：市场规模增速放缓，60 元价格带受青睐

近年来，尽管烤肉的热度持续上升，全国门店也在稳步增长，但受消费趋谨慎、高端品牌式微等因素影响，烤肉市场整体呈现低速扩张趋势。随着消费者更偏好高性价比、自助模式和场景多元的烤肉消费体验，烤肉市场竞争格局正在重塑。

一、烤肉实际消费增长动力不足，市场规模呈低速增长态势

近年来，烤肉品类热度仍持续上升，以抖音平台为例，2023 年以来，“烤肉”关键词的搜索指数整体呈现上升趋势，还形成了多个搜索高峰（如图 6-5 所示）。然而，经济环境变化使消费者的餐饮消费决策变得更加谨慎，对价格敏感度显著提升。据红餐产业研究院调研，2024 年，有 75.9% 的烤肉消费者吃烤肉的频率较上一年持平或减少（如图 6-6 所示）。与此同时，红餐大数据显示，烤肉品类的人均消费从 2024 年 1 月的 89 元逐步下降至 2025 年 5 月的 77 元。

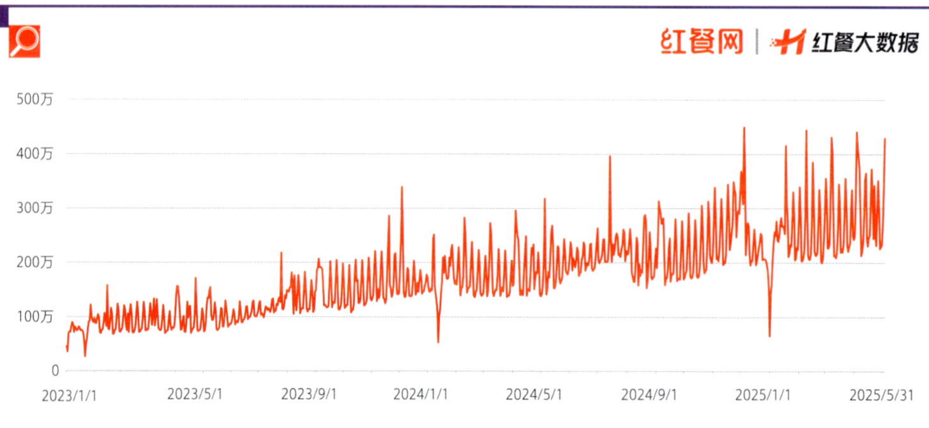

资料来源：巨量算数，红餐产业研究院整理，数据统计时间截至 2025 年 5 月 31 日。

图 6-5　2023 年 1 月至 2025 年 5 月抖音平台“烤肉”关键词搜索指数变化情况

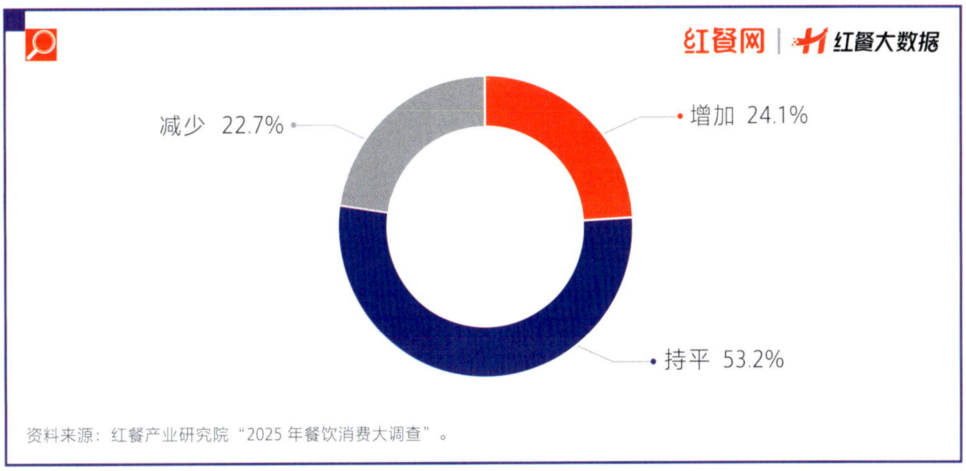

图 6-6 2024 年烤肉消费者的烤肉消费频率变化情况

在此背景下，烤肉的市场规模增速有所放缓。据红餐大数据，2024 年烤肉品类的市场规模为 1,050 亿元，同比增速仅为 1.6%。据红餐产业研究院预测，从烤肉品类整体来看，烤肉低速增长的发展态势或将延续至 2025 年。

二、烤肉全国门店数小幅增长，品牌竞争格局持续洗牌

在门店数方面，烤肉品类保持小幅增长。据红餐大数据，全国烤肉门店数从 2024 年 6 月的 16.4 万家增长至 2025 年 5 月的 16.7 万家。其间，部分烤肉品牌门店数保持增长态势，如姜胖胖首尔自助烤肉、古鲁特烤肉自助等品牌。截至 2025 年 5 月，这些品牌的门店数分别有 200 余家、300 余家。

然而，随着市场需求的转变，部分烤肉品牌却因性价比低、产品同质化、品牌老化、管理不善等问题，近年来门店数持续收缩。例如，姜虎东白丁烤肉从 2024 年下半年开始，就相继退出了三亚、南昌、宁波、杭州、汕头、成都、济南等城市，门店数从高峰期的上百家逐渐下降至 2025 年 5 月的 30 余家。九田家黑牛烤肉料理、小猪查理川式烤肉、北木南烤肉和酒等品牌的全国门店数均有不同程度的收缩。

整体上看，大多数烤肉品牌的门店数保持相对稳定，如刘炭长、韩宫宴、奎梨等品牌（见表 6-5）。

表 6-5　2025 年全国部分烤肉品牌发展概况

品牌名称	门店数(家)	人均消费(元)	门店主要分布区域
九田家黑牛烤肉料理	700+	88	内蒙古、河北、江苏等
西塔老太太泥炉烤肉	480+	114	上海、江苏、浙江等
刘炭长	440+	54	黑龙江、辽宁、河北等
酒拾烤肉	340+	63	湖南、江西、湖北等
安又胖韩国烤肉	330+	78	辽宁、山东、吉林等
韩宫宴	330+	88	江苏、浙江、安徽等
古鲁特烤肉自助	300+	55	浙江、江西、福建等
流浪泡泡 · 破破烂烂的烤肉店	300+	63	湖北、江西、湖南等
小猪查理川式烤肉	280+	69	山东、河南、河北等
北木南烤肉和酒	270+	55	山东、山西、河南等
姜胖胖首尔自助烤肉	220+	72	四川、重庆、北京等
大叹号烤肉	130+	65	山东
奎梨	110+	83	江苏、安徽、浙江等
柒酒烤肉	100+	56	湖南、湖北、广西等
林真真牛肋条放题	80+	68	广东、湖南、湖北等
新石器烤肉	50+	79	江苏、浙江、上海
蚂蚁洞 · 首尔烤肉	50+	105	广东、上海
姜虎东白丁烤肉	30+	109	广东
权金城	20+	86	河北、北京
御牛道烤肉料理	30+	164	浙江
金妈家烤肉	20+	83	重庆
炉小哥烤肉	20+	82	河南
一品诚记烤肉	20+	87	辽宁
汉拿山烤肉	20+	93	北京、广东
集牧自助烤肉营地	20+	75	四川
猫抓烤肉	10+	93	重庆、江苏、广东

资料来源：红餐大数据，数据统计时间截至 2025 年 5 月 31 日。

另外，值得注意的是，烤肉赛道近年来跨界玩家频现。例如，早在 2023 年 12 月，海底捞就在西安推出了烤肉子品牌焰请 · 烤肉铺子。2024 年以来，该品牌积极扩张，据红餐大数据，截至 2025 年 5 月，焰请 · 烤肉铺子全国门店数达 40 余家，进驻了 20 余个城市。

此外，还有一批川渝火锅品牌也推出了烤肉子品牌进军烤肉赛道。例如，赵美丽火锅推出烤肉子品牌尹珍珠 · 韩式无限烤肉，大芊金重庆串串火锅则推出了李宝顺 · 朝鲜族自助烤肉。

三、高端烤肉品牌“式微”，高性价比的自助烤肉接棒市场

近年来，烤肉品类同样出现了人均消费下滑的趋势。据红餐大数据，人均消费在 60 元以下的烤肉门店占比快速上升，从 2022 年第三季度的 24.5% 上升至 2025 年第一季度的 35.9%。而人均消费在 60~80 元的烤肉门店占比保持相对稳定，截至 2025 年第一季度，该人均消费区间的门店占比为 24.9%。人均消费在 80 元及以上的烤肉门店占比逐步下滑，截至 2025 年第一季度，该人均消费区间的门店占比不足四成（如图 6-7 所示）。

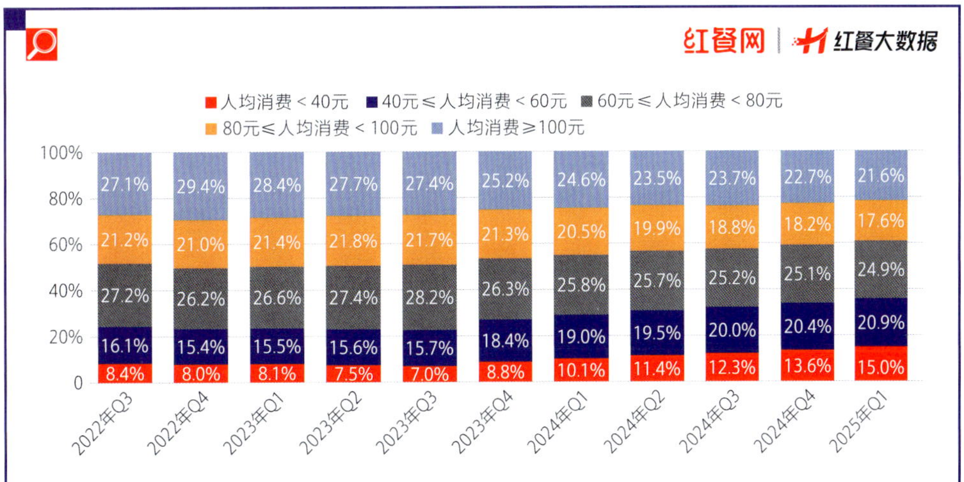

资料来源：红餐大数据，数据统计时间截至 2025 年 3 月 31 日。

图 6-7　2022 年第三季度至 2025 年第一季度全国烤肉门店人均消费价位占比分布情况

具体到品牌来看，随着经济环境和市场需求的变化，不少曾经风光无限的高端烤肉品牌似乎逐渐失去了往日的光环。

例如，呷哺呷哺旗下人均消费在 250 元左右的趁烧欢乐烤肉，以及人均消费超过 300 元，主打日式烤肉、和牛放题的赤坂亭，这两个高端烤肉品牌均

在 2024 年出现门店持续收缩的状况，据红餐大数据，截至 2025 年 5 月，两者均已没有在营门店。另一高端烤肉品牌烧江南近年来门店数也在减少，据红餐大数据，截至 2025 年 5 月，其全国门店数仅有 20 余家，且人均消费同样下降至 84 元。

与此同时，一批更平价、产品更丰富的烤肉品牌开始崭露头角。这些品牌主要以自助模式为主，人均消费定位在 60 元左右，以高性价比的烤肉消费体验赢得消费者青睐。例如，古鲁特烤肉自助，截至 2025 年 5 月，其全国门店数超过 300 家，门店主要分布于浙江、江西、福建、江苏等华东区域的省份。成立于 2022 年的姜胖胖首尔自助烤肉，其全国门店数超过 220 家，门店覆盖 80 余个城市。此外，还有近年成立的阿亲家 · 韩式无限烤肉、尹三顺首尔自助烤肉、尹珍珠 · 韩式无限烤肉等主打韩式烤肉的自助烤肉品牌也受到一些消费者的欢迎（见表 6–6）。

表 6–6　2025 年全国部分自助烤肉品牌发展概况

品牌名称	门店数（家）	人均消费（元）
古鲁特烤肉自助	300+	55
姜胖胖首尔自助烤肉	220+	72
阿亲家 · 韩式无限烤肉	120+	67
九坂居精致自助烤肉	110+	78
猪大顺 · 自助烤肉炸鸡	40+	51
尹三顺首尔自助烤肉	40+	67
恩秀家无限烤肉	30+	67
尹珍珠 · 韩式无限烤肉	20+	69
花肉匠 · 长白山无限烤肉	10+	83

资料来源：红餐大数据，数据统计时间截至 2025 年 5 月 31 日。　红餐网 | 红餐大数据

这些自助烤肉品牌在产品上更为丰富，并且定位清晰。例如，猪大顺 · 自助烤肉炸鸡主打“烤肉 + 炸鸡”，在烤肉的基础上推出了多款炸鸡产品；姜胖胖首尔自助烤肉则推出了韩式炸鸡、冷面、拌饭、韩式部队锅、海鲜葱饼以及手工现做甜品等产品；古鲁特烤肉自助除了烤肉食材以外，还有水果、烘焙甜品、炸物小吃、主食等产品。

四、烤肉供应链日益成熟，助力品牌打造差异化、场景化

近年来，冷链物流技术的飞跃发展与农产品供应链的深度整合，极大延长了烤肉食材的保鲜期并提升了其品质。与此同时，大数据与智能化技术的融入，进一步推动了供应链管理的高效化，促使烤肉供应链体系迈向成熟。

在原料供应环节，肉品分割逐步标准化和细分化。例如，牛肉可以按照部位分为板腱、眼肉、牛舌、胸口油、雪花牛肉等，猪肉有五花肉、梅花肉、猪肋条、隔膜肉、猪小肠等，鸡肉类则被细分为鸡皮、鸡软骨、鸡腿肉、鸡翅尖等部位的食材。品牌可以通过精细分割肉的部位来提升产品的丰富度，从而打造食材差异化。

同时，预制加工、冷链物流以及智能设备供应等方面的进一步发展，使得烤肉产品能够借助零售渠道渗透到更多元化的消费场景，如露营、到家、“一人食”等（见表 6-7）。

表 6-7　近年烤肉供应链发展情况一览

供应链环节	发展情况
原材料供应	国内外供应链完善，牛、羊、猪、鸡等肉类供应充足，精细化分割趋势明显
预制加工	调味料企业积极推出地域风味的腌料、蘸料等，为地域风味烤肉跨区域发展提供助力
	食材企业通过将肉类提前腌制、切割，提升门店标准化和出餐效率
冷链物流	冷链运输网络基本实现全国覆盖，食材配送速度快，可以减少烤肉品牌的库存压力
智能设备	门店设备智能化，自动烤炉、智能切肉机的出现可以减少人工依赖，提高运营效率

资料来源：公开信息，红餐产业研究院整理。

红餐网 | 红餐大数据

综上所述，烤肉和烤串作为烧烤品类的主要赛道，各自呈现出不同的发展特点。然而，整体上看，烧烤品类仍面临创新壁垒相对较低、消费时段受限以及翻台率不高等痛点。烧烤品牌或可借助智能化设备提升生产效率，并扩展消费场景，提高产品的一致性和稳定性。未来，随着烧烤市场的进一步发展，产品标准化、后厨智能化、消费场景多元化以及供应链平台化将成为推动烧烤品类持续发展的关键因素。

第七章 特色品类

第一节 综述：从红利消退到价值重塑，特色品类步入竞争“深水区”

在当前餐饮消费回归理性、多元化需求持续扩张的趋势下，“大单品模式”的弊端日益显现，多个大单品赛道纷纷进入竞争的“深水区”。但在品类特性、消费场景、竞争格局等多重因素的影响下，不同的特色品类其发展态势呈现出差异化。

具体来看，在酸菜鱼、小龙虾预制菜产品渗透加深，以及其他餐饮品类通过推出相关菜品抢占市场的围剿之下，酸菜鱼、小龙虾专门店经营承压。以酸菜鱼为例，2024 年酸菜鱼（专门店）市场规模虽增长至 770 亿元，但同比增速仅为 2.7%，显著低于同期全国餐饮大盘增速（5.3%）。而在门店规模方面，不少品牌已出现不同程度的门店收缩现象，加之部分品牌调整品牌定位、向主流菜系转型，全国酸菜鱼、小龙虾专门店的总门店数出现下降。

相较之下，烤鱼、牛蛙由于不受食材生长的季节性波动影响，加上产品口味和烹饪方式的创新空间更大，具备更强的延展性，两者均展现出较强的经营韧性。据红餐大数据，2024 年烤鱼的市场规模同比增长 5.6%，达到 1,320 亿元；而牛蛙赛道的市场规模达到了 694 亿元，同比增长 6.8%，均高于同期餐饮大盘增速。但即便如此，烤鱼、牛蛙品类增长速度放缓之势也已经显露。

在品类增长趋缓、同质化加剧等共同压力下，酸菜鱼、小龙虾、烤鱼、牛蛙赛道的一众品牌在寻求破局路径上呈现出诸多共性特征。

首先，聚焦“鲜活现做”，重构产品力与品牌感知。此前，烤鱼品类率先以“活鱼现烤”建立差异化认知，如鱼酷活鱼烤鱼、三江源活鱼现烤、彼酷哩活鱼现烤等品牌通过“现点现杀，活鱼现烤”的出品方式，构建起产品品质信任链。近年来这股“鲜活现做”风潮也吹进了酸菜鱼、牛蛙赛道。望蓉城 · 古法酸菜鱼、溪雨观酸菜鱼、有家酸菜鱼、小鱼号酸菜鱼、太二酸菜鱼等品牌通过活鱼现杀、鱼汤现熬、明档厨房等方式重塑酸菜鱼品类的价值体系。牛蛙赛道亦有品牌强调“现点现宰”，如蛙来哒、淘蛙、蛙小侠等通过强调“现点现烹”构建产品差异化壁垒。

其次，深入挖掘地域风味，打造口味新鲜感。在消费者口味多元化趋势下，多个品牌纷纷引入地域元素进行风味创新，提升产品差异化与品牌记忆度。例如，在牛蛙品牌中，臭豆腐蛙锅、贵州酸汤蛙锅、酱板鸭蛙锅、芝士泡菜蛙锅等极具地域特色的产品，成为蛙来哒、淘蛙、大头蛙青花椒牛蛙等品牌打造产品差异化的利器；烤鱼品牌深入挖掘雷公笋、新疆辣皮子、阿尔泰黑加仑、东北冻梨、贵州灯笼椒等地方特色食材和应季食材，构建起“地域＋应季”的产品创新策略；小龙虾赛道则涌现出糖醋、芝士、咖喱、冬阴功、茴香等带有地域特色的非传统味型，吸引年轻消费群体。

最后，打造“主＋辅”产品矩阵，延展消费场景。面对大单品品类的用餐场景有限、复购率不足等挑战，不少品牌选择通过品类融合、产品矩阵升级来拓展消费场景与目标客群。例如，酸菜鱼品牌通过引入川菜、北京菜等菜系的经典菜品向“爆品＋菜系”转型；烤鱼品牌则在保留招牌菜品的基础上加入小炒、凉菜、特色小吃、烧烤、甜品、现制饮品等产品，或与小酒馆等业态进行融合，推动消费场景多元化。牛蛙、小龙虾品牌也纷纷引入烧烤、砂锅菜、地方菜、饮品等产品，拓宽产品线，增强品牌综合竞争力。此外，不少品牌在“一人食”、外卖、夜宵等场景上加大投入，形成线上线下联动布局，提高门店坪效与品牌复购力。

整体上看，小龙虾、烤鱼、酸菜鱼、牛蛙等特色品类已站在下一个十年的起点。喧嚣过后，市场回归理性，品牌已经从“红利型增长”过渡到“价值型增长”。下半场餐饮品牌的核心命题不是“还能不能火”，而是“能不能稳”。唯有在产品打磨、品牌沉淀与模式进化上持续投入，餐饮品牌才能在变局中稳中有进。

第二节　小龙虾：

产业化发展升级，地域口味、自助模式为赛道添活力

近年来，小龙虾产业化发展更上一层楼，为小龙虾赛道的发展打下了坚实的基础。与此同时，小龙虾品牌不断创新，推动小龙虾品质升级，也积极拓宽销售渠道，进一步挖掘了市场的可能性。

一、小龙虾产业化发展升级，预制菜及其副产品热度高

小龙虾作为外来物种，自 20 世纪 30 年代传入我国，逐渐形成了产业化发展的局面。

我国小龙虾产业的发展历程可从养殖端和餐饮端两个方面梳理。小龙虾养殖端历经萌芽阶段、起步阶段、快速发展阶段，当前已经进入转型升级阶段。小龙虾餐饮端历经萌芽阶段、起步阶段、品类爆发阶段，当前已经进入品牌化深耕阶段（见表 7-1）。

表 7-1　我国小龙虾产业发展历程

养殖端		餐饮端	
阶段	具体表现	阶段	具体表现
萌芽阶段（20 世纪 30 年代—70 年代）	小龙虾从日本引入我国，在江苏、安徽、山东三省的自然水域繁衍	萌芽阶段（20 世纪 30 年代—80 年代）	20 世纪 60 年代之前，小龙虾主要被视为牛蛙饲料或观赏虾，市场消费有限。此后，我国食用小龙虾的历史开启，最初在南京地区食用，之后随着小龙虾在长江流域的扩散，各地逐渐养成食用小龙虾的习惯
起步阶段（20 世纪 70 年代—90 年代）	武汉水产局将小龙虾引进至养殖场试养，开启了小龙虾的人工养殖。这一阶段的参与者主要是科研院所和小龙虾养殖企业	起步阶段（20 世纪 80 年代—21 世纪初）	国内大中城市的小龙虾消费需求快速增长，小龙虾作为特色菜品出现在一些餐馆的菜单上。与此同时，小龙虾品牌开始冒头，如胡大饭馆、肥肥虾庄等
快速发展阶段（20 世纪 90 年代—21 世纪 10 年代）	稻田养殖模式得到推广，小龙虾养殖开始在全国范围内迅速扩展，小龙虾养殖面积和产量快速增长，逐渐成为重要的淡水养殖品种	品类爆发阶段（2010—2018 年）	小龙虾相关企业注册量和小龙虾餐饮消费市场规模快速增长，小龙虾成为网红品类，区域性品牌涌现，如文和友龙虾馆、松哥油焖大虾、红盔甲、靓靓蒸虾等
转型升级阶段（21 世纪 10 年代至今）	政府加大对小龙虾产业的投入与支持，小龙虾产业进入转型升级期，养殖技术不断创新，养殖模式更加多样化。同时，产业链不断延伸，从苗种繁育、养殖、捕捞到加工、销售、餐饮等各个环节逐步完善	品牌化深耕阶段（2018 年至今）	小龙虾市场回归理性，小龙虾品牌持续打造品牌竞争力，更加注重跨区域拓店、供应链建设、食品安全、销售渠道拓展等

资料来源：公开信息，红餐产业研究院整理。

红餐网 | 红餐大数据

近年来，小龙虾价格波动较大，受环境、季节及市场因素影响显著。其价格走势呈季节性特征，夏季为消费旺季，市场供应相对充足，价格回落；冬季则处于消费淡季，小龙虾捕捞量较少，市场价格回升。2022 年以来，小龙虾旺季开启时间提前至 3 月或 4 月。

2024 年的小龙虾价格呈现先低迷后上涨的走势。春季气温波动大，影响了小龙虾的生长周期，大量小龙虾集中上市造成了短期供大于求的现象。据多家媒体报道，小龙虾上游的养殖户、经销商以及小龙虾品牌的经营者都受到了一定冲击。盛夏时节开始，养殖源头保质保量，市场消费需求旺盛，更高品质的大虾价格率先回温。如图 7-1，湖北省虾谷 360 平台数据显示，2024 年 6~8 钱（1 钱 =5 克）青虾、炮头青虾的平均价格分别为 41.3 元 / 斤、70.2 元 / 斤，较 2023 年均价分别上涨了 4.4%、16.5%，更小个头的青虾价格均价则有所下降。而进入 2025 年，小龙虾的交易价格均呈现下滑走势。

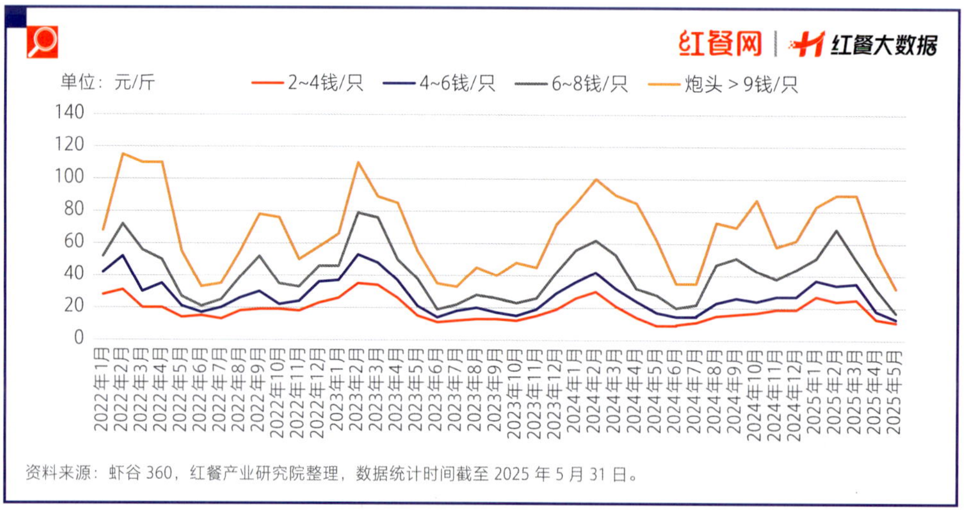

图 7-1　2022 年 1 月至 2025 年 5 月湖北省虾谷 360 平台小龙虾（青虾）市场交易价格情况

小龙虾产业呈现出总体产值高，一二三产高度融合的特征，三者的产值比重约 2 : 1 : 7。包括小龙虾加工、饲料加工、加工设备制造等在内的小龙虾第二产业的产值占比最低，竞争也相对激烈。国联水产、华山科技、交投莱克、九江凯瑞、望联农业、金水特种水产等是我国小龙虾生产加工的代表企业。例如，国联水产的经营范围涵盖小龙虾的种苗、养殖、加工等环节，还推出了麻辣小龙虾、蒜香小龙虾等深加工产品。

在消费端，小龙虾已经成为餐饮“网

红大单品”，不少餐饮赛道的品牌热衷推出相关产品。例如，朱光玉火锅馆的三味小龙虾虾滑、海底捞的麻辣小龙虾、肯德基的小龙虾嫩牛五方、必胜客的肥肥小龙虾鸡腿堡、熊喵来了火锅的“钳”途无量小龙虾锅底等。

与此同时，小龙虾预制菜市场火热，小龙虾预制菜从B端火到了C端。国联水产旗下的小霸龙、安井食品旗下的洪湖诱惑、颐海国际旗下的筷手小厨等品牌布局电商、直播、即时配送平台等渠道，为消费者提供多种口味的小龙虾预制菜。惠发食品、天海藏、信良记、海底捞、西贝、必胜客、肥肥虾庄等企业也纷纷入局了小龙虾预制菜领域。此外，小龙虾调味料也受到了市场欢迎，美鑫食品、海天味业、仟味高汤、川娃子等企业均有布局。

总体来看，小龙虾餐饮品牌的规模化程度不高。据红餐大数据，截至2025年5月，全国超八成的小龙虾品牌门店数规模在10家及以下（如图7-2所示）。

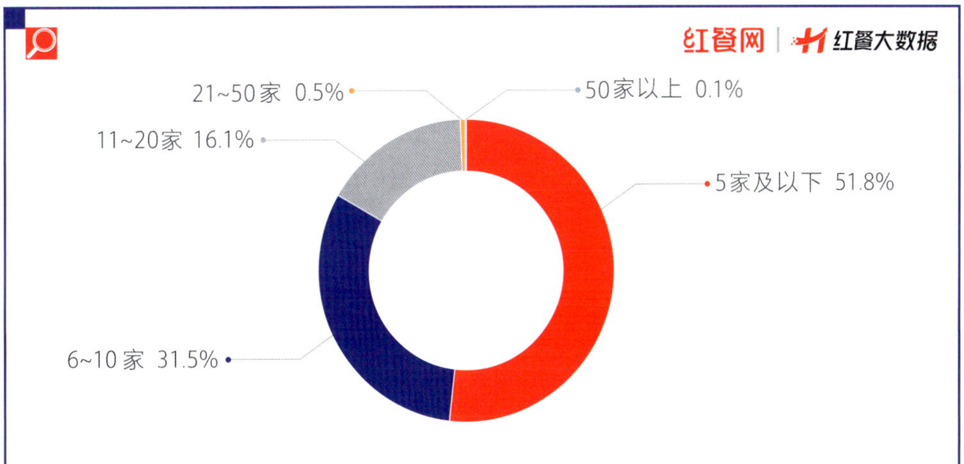

资料来源：红餐大数据，数据统计时间截至2025年5月31日。

图7-2 2025年全国小龙虾品牌门店数区间占比分布情况

目前，我国小龙虾品牌的区域性发展特征尤为突出，安徽、湖南、重庆、广东、海南、江苏等地都有发展较好的本地小龙虾品牌。这些品牌深耕本地市场，有的尝试向省外扩张，多数品牌经受住了时间的考验，享有较高的口碑（见表7-2）。

表 7-2　2025 年全国部分地区的小龙虾代表品牌一览

地区	代表品牌
湖北	肥肥虾庄、靓靓蒸虾、巴厘龙虾等
安徽	边虾王、皖小胖龙虾、庐州阿明龙虾、阿财老铺龙虾土菜馆等
广东	松哥油焖大虾、珍姐龙虾、龙巢盱眙龙虾等
湖南	聚味瞿记、天宝兄弟 · 湘菜龙虾馆、靓虾二哥等
北京	胡大饭馆等
上海	沪小胖、红盔甲等
重庆	老甘家小龙虾江湖菜等
海南	王记虾客行等

资料来源：公开信息，红餐产业研究院整理。　红餐网 | 红餐大数据

例如，成立于 2015 年的松哥油焖大虾扎根深圳，目前其广东门店数已经超过 30 家；聚味瞿记扎根长沙，目前其湖南门店数超过 20 家（见表 7-3）。

当前，不少小龙虾品牌正在冲破区域的限制，向着全国化扩张。例如，起源于武汉的肥肥虾庄的所有门店均为直营，除了武汉外，目前已在合肥、深圳、西安等地开出了门店。从选址上看，肥肥虾庄的选址类型多样，根据不同的地址，其门店涵盖居民社区店、购物中心店、商业街店、旅游景点店等多种门店类型。

表 7-3　2025 年全国部分小龙虾品牌发展概况

品牌名称	门店数（家）	人均消费（元）	门店主要分布区域
肥肥虾庄	50+	120	湖北、安徽、广东等
皖小胖龙虾	40+	76	安徽
阿青龙虾	40+	104	福建、浙江、江苏等
松哥油焖大虾	30+	108	广东
庐州阿明龙虾	30+	135	安徽
靓靓蒸虾	30+	124	湖北、广东、上海等
巴厘龙虾	20+	139	湖北
聚味瞿记	20+	122	湖南、湖北
靓虾二哥	10+	103	湖南、广东
红盔甲	10+	164	上海、广东、浙江等
沪小胖	10+	161	上海、北京、江苏等
龙巢盱眙龙虾	10+	110	广东
老甘家小龙虾江湖菜	约 9	101	重庆
一棠龙虾	约 9	128	湖北、上海

续表

品牌名称	门店数（家）	人均消费（元）	门店主要分布区域
胡大饭馆	约 5	121	北京、辽宁
天宝兄弟 · 湘菜龙虾馆	约 3	152	广东、湖南
阿财老铺龙虾土菜馆	约 2	46	安徽

资料来源：红餐大数据，数据统计时间截至 2025 年 5 月 31 日。 红餐网 | 红餐大数据

二、口味创新呈现地域特色，小龙虾赛道刮起“自助风”

近年来，小龙虾赛道发展偏稳，同时也在产品口味、产品品质、场景打造、经营模式、渠道模式等方面出现了一些亮点。

产品创新上，小龙虾品牌主要在口味创新以及“小龙虾 +”上发力。口味创新上，在小龙虾品牌的创意研发和消费者个性化消费需求的驱动下，小龙虾出现了多种创新口味，例如酒醉、糖醋、芝士、咖喱、冬阴功、茴香等带有地域特色口味的创新产品。

由于小龙虾的经营受季节性影响较深，为了打破这一限制，小龙虾品牌推行“小龙虾 +”策略，不断丰富产品结构，通过加入烧烤、地方菜、火锅、牛蛙、特色小吃、现制饮品等，形成了多元化的产品矩阵。

例如，肥肥虾庄近年专注于“产品力”的打造，不断打磨味型，实现了制虾酱料、调味料等的标准化。为了打破小龙虾的季节性限制，肥肥虾庄积极扩充品类，将蟹类、湖北菜、牛蛙等加入菜单，形成了丰富的产品结构。

当下，小龙虾赛道的低价风和品质化并行，除了低价小龙虾外，还有一些品牌专心做好虾，走品质化路线。例如，肥肥虾庄选择与国营的小龙虾供应链企业合作，深入源头采购，坚持高标准采购“大虾”“好虾”，其挑选的“大虾”规格在 8 钱以上，较市场的常规标准（5 钱）要高不少。同时，肥肥虾庄坚持使用“活虾”，当天捕捞的小龙虾当日配送门店，为消费者提供肉质鲜嫩、健康好吃的“好虾”，彰显了肥肥虾庄品质与体验为上的服务宗旨。

同时，打造沉浸式的消费场景也是小龙虾品牌的发力点。之前的小龙虾门店主要呈现大排档 / 江湖市井 / 夜市风、复古怀旧风、现代工业风、国潮风等风格，肥肥虾庄则积极进行品牌升级，打造出了江汉路黄鹤楼联名店、汉阳国博露营店、凯德西城花园店、江汉路红房子店等主题店。其中，肥肥虾庄与黄鹤楼的联名店凭借鲜明的场景打造和有效的传播，已经成为新的“武汉地标”。2025 年 3 月，肥肥虾庄江汉路黄鹤楼联名店还推出了樱花主题门店，为消费者推出了一场关于春天美学和春日美食的视觉与味觉盛宴。肥肥虾庄俨然成为武汉当地除了武汉热干面以外的另一张武汉小龙虾美食名片。

在渠道建设方面，小龙虾消费渠道由线下消费，逐渐转变为线下消费为主、线上线下消费相结合的方式。对此，小龙虾品牌也在积极打造“双战场”。例如，肥肥虾庄不仅积极入驻即时配送平台、电商平台等，还开通了自有线上商城小程序，销售油焖、蒜蓉、麻辣等多种口味的小龙虾产品，为消费者提供外卖服务。在品牌传播方面，肥肥虾庄不仅在美团、抖音等平台直播，还通过跨界联名、举办造节活动，进一步实现品牌的年轻化。

近年来，自助小龙虾专门店也成为赛道一大亮点。以往的自助小龙虾通常出现在海鲜自助餐厅，近年来，在上海、广州、深圳、杭州、西安、佛山等地，出现了小龙虾自助专门店。顾客可自由挑选鲜活小龙虾，并根据个人口味选择调料烹饪，提升了用餐的参与感和满足感。

近年来，小龙虾价格波动剧烈，餐饮端也一直缺乏火爆的卖点。这与其受季节限制、供应链仍存在难点、品牌扩张受限等因素有关。未来，小龙虾相关从业者可考虑小龙虾预制菜和健康化的小龙虾产品、线上线下“双渠道”布局等策略的可行性，积极求变，在变幻的餐饮市场中赢得先机，迎来下一个发展高峰。

第三节 酸菜鱼：

专门店发展承压，品牌以“鲜活感”突围

在早期的大单品时代，酸菜鱼凭借易于标准化且广受消费者喜爱等特点迅速起量。然而，在家庭烹饪门槛降低以及跨品类渗透加剧的持续冲击下，近年来酸菜鱼品类出现了增长放缓的态势。在这样的背景下，部分品牌通过应用鲜活食材、升级产品结构与门店定位，探寻新的发展路径。

一、渠道和场景分流加剧，酸菜鱼专门店竞争压力加大

近年来，随着酸菜鱼产业的持续发展，酸菜鱼的消费模式和消费渠道正经历重塑。从该品类上游来看，鱼类产量较为稳定，海鱼产量和淡水鱼产量分别由 2020 年的 1,055.41 万吨和 2,697.27 万吨上升至 2023 年的 1,083.76 万吨和 2,862.18 万吨（如图 7-3 所示）。这不仅为酸菜鱼品牌的发展提供了稳定的原料基础，也为酸菜鱼预制菜产业的发展提供了坚实支撑。

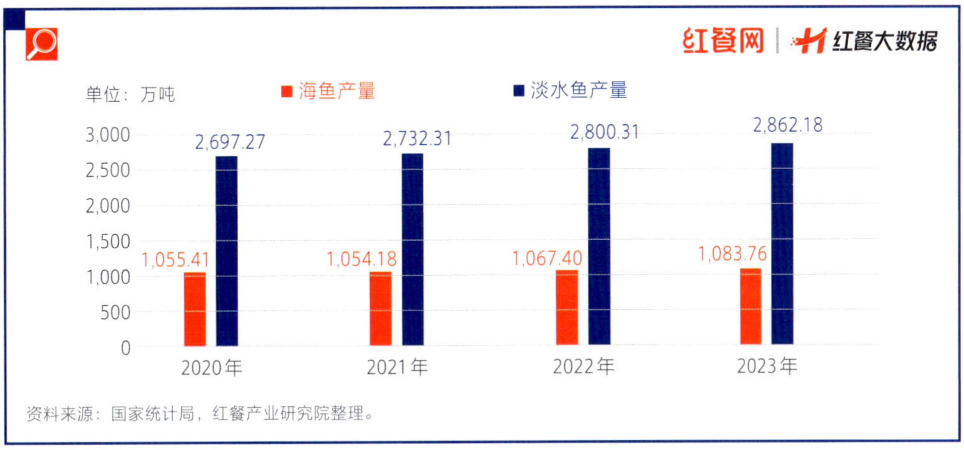

资料来源：国家统计局，红餐产业研究院整理。

图 7-3　2020 — 2023 年全国鱼类水产品产量情况

从该品类下游来看，随着酸菜鱼预制菜、酸菜鱼调味料等产品已覆盖线上线下多个渠道，消费者在家自制酸菜鱼的门槛显著降低，酸菜鱼的家庭烹饪需求快速上涨，消费者外出就餐食用酸菜鱼的需求被部分转移。同时，作为一道

标准化程度较高的热门菜品，酸菜鱼也被大量餐饮门店纳入菜单。川菜、湘菜、中式快餐等多个品类的餐饮门店纷纷在菜单中增加酸菜鱼产品，从而进一步分流了酸菜鱼专门店的就餐需求。

在这一背景下，酸菜鱼品类的市场表现显露疲态，尽管整体市场规模仍保持扩张态势，但年增速明显放缓。据红餐大数据，2024 年酸菜鱼（专门店）市场规模为 770 亿元，同比增长仅 2.7%。同时，截至 2025 年 5 月，全国酸菜鱼专门店的门店总数为 3.2 万家。

面对流量红利衰减、消费模式变更和消费渠道分流等挑战，酸菜鱼品类快餐赛道和正餐赛道的品牌发展均呈现出结构性分化。一方面是部分头部品牌仍保持稳健扩张态势，如鱼你在一起自 2024 年以来持续深耕下沉市场和海外市场，通过深化产品融合策略开拓“小正餐”场景，并加大线上外卖业务的投入，以提升门店的外卖营收能力。据红餐大数据，截至 2025 年 5 月，鱼你在一起在全国共开出超过 2,400 家门店。小鱼号酸菜鱼则借助现熬鱼汤等产品创新以及店型升级拉动品牌增长，据红餐大数据，截至 2025 年 5 月，其全国门店数超过 430 家（见表 7-4）。

还有正餐赛道的太二酸菜鱼，其 2024 年的门店数同样保持增长，但经营持续承压。据九毛九 2024 年财报数据，太二酸菜鱼 2024 年的门店净新增 56 家，翻座率从 2023 年的 3.0 次 / 天下滑至 2024 年的 2.5 次 / 天，2024 年全年太二酸菜鱼的同店销售额为 33.09 亿元，同比下降 18.8%。

另一方面，有家酸菜鱼、九锅一堂、百岁我家酸菜鱼、严厨老坛酸菜鱼等酸菜鱼品牌则步入调整周期，2024 年以来均出现不同程度的门店规模收缩。此外，一些门店规模相对较小的酸菜鱼品牌则选择维持一定的体量，在存量竞争中通过精细化运营保持品牌的稳定发展。

表 7-4 2025 年全国部分酸菜鱼品牌发展概况

属性	品牌名称	门店数（家）	人均消费（元）	门店主要分布区域
快餐	鱼你在一起	2,400+	33	江苏、陕西、浙江等
	小鱼号酸菜鱼	430+	24	福建、浙江、广东等
	鱼拿酸菜鱼	160+	21	广东、湖北
	爱鱼者酸菜鱼饭	160+	25	广东、福建、广西等
正餐	太二酸菜鱼	590+	76	广东、上海、江苏等
	江渔儿酸菜鱼	300+	61	广东
	有家酸菜鱼	70+	75	江苏
	九锅一堂	60+	54	重庆、四川、湖北等
	百岁我家酸菜鱼	60+	70	浙江
	溪雨观酸菜鱼	40+	76	上海、浙江
	渝是乎	40+	42	北京
	本素 · 酸菜鱼	30+	81	江苏
	山城外老坛酸菜鱼 · 川菜	30+	53	四川
	渔语鱼	20+	78	广东
	严厨老坛酸菜鱼	20+	59	江苏、甘肃
	望蓉城 · 古法酸菜鱼	10+	69	江苏
	姚姚酸菜鱼	10+	89	广东
	阿强家川菜	10+	83	广东
	禄鼎记	10+	83	广东

资料来源：红餐大数据，数据统计时间截至 2025 年 5 月 31 日。

红餐网 | 红餐大数据

二、品牌以“鲜活食材”重构品类价值体系，加速转型升级

近年来，消费者对食材新鲜度的关注度持续提升，众多酸菜鱼品牌围绕“鲜活食材”这一卖点进行价值重塑。一批酸菜鱼品牌开始强调活鱼现杀、鱼汤现熬、菜品现烹等出品方式，意在通过鲜度还原与体验优化，重塑产品力和品牌力。

以酸菜鱼快餐品牌小鱼号酸菜鱼为例，其在 2025 年 2 月推出了以鲫鱼为原材料的现熬鱼汤，并在此基础上推出了三鲜鱼汤粉、鲈鱼鱼汤粉、鱼汤馄饨等以现熬鱼汤为汤底的新产品，开拓早餐时段、夜宵时段等更多的消费场景。

与此同时，酸菜鱼正餐品牌也在不

断升级食材端体验。例如，太二酸菜鱼近年逐渐在门店中设置明档厨房和鱼池。进入 2025 年，太二酸菜鱼对部分门店进行升级后，通过食材陈列台、“活鱼每日到店、牛肉鲜切现做、鲜鸡每日送达”的鲜活承诺以及“比酸菜好吃的活鱼来啦”的酸菜鱼上菜口号，进一步强化食材的“鲜活感”；望蓉城 · 古法酸菜鱼则一直坚持选用鲜活黑鱼，主打活鱼现捞现杀；溪雨观酸菜鱼以生态溪水黑鱼为核心食材，并自建黑鱼养殖基地，强化产地直供与食材溯源；而有家酸菜鱼，更是“活鱼现做”理念的早期倡导者，长期围绕“活鱼现杀”构建其品牌核心价值。

可以看到，在酸菜鱼品类陷入“预制标签化”“产品同质化”的背景下，部分品牌反向强调“新鲜现做”这一核心卖点，通过“鲜活感”与“价值感”重构消费者对酸菜鱼的核心认知。

此外，随着酸菜鱼赛道进入竞争深水区，原本依赖单一爆品支撑的经营模型，正逐渐暴露出复购率有限、产品结构单一、用餐场景局限等增长瓶颈。为打破“大单品围城”，不少酸菜鱼品牌近年来纷纷扩充产品线，在品牌定位上逐渐弱化酸菜鱼专门店的定位，向“爆品 + 菜系”转型。

例如，姚姚酸菜鱼近年来在酸菜鱼主线产品的基础上，融合了川菜和北京菜，陆续推出了水煮鱼、跷脚牛肉汤、北京烤鸭等多款产品。渝是乎则在 2024 年 7 月宣布品牌定位更改为川渝小炒，产品以重庆菜为核心，并将无刺酸菜鱼设定为招牌菜品，还推出了麻婆豆腐、青花椒炒鸡、宫保鸡丁等川渝经典菜品。

2025 年 1 月，江渔儿酸菜鱼也将部分门店的定位升级为“川味小饭堂”，增加麻辣水煮鱼、酸菜炒肥肠、干锅牛杂、泡椒牛蛙等经典川菜菜品。2025 年 3 月，太二酸菜鱼完成了广州部分门店的模式升级，其主打菜品从老坛酸菜鱼扩充为包含招牌鲈鱼酸菜鱼、爆炒当日鲜牛肉和菜籽油爆炒鲜土鸡的“三大鲜活招牌”，还增加了鲜牛肉涮锅、珍珠土豆红烧肉、洪湖粉藕排骨汤等产品，构建“酸菜鱼 + 融合菜系”的产品策略。

不难看出，酸菜鱼专门店向菜系餐馆转型的背后，是品牌对大单品红利消退的正面应对，也是扩充消费场景、提升客单价与复购率的重要方式。随着消费者对口味多样性与用餐丰富度的要求提升，这将成为酸菜鱼品类发展的重要趋势之一。

整体上看，酸菜鱼品类正面临增长放缓、消费渠道分流、产品同质化等多重挑战。然而，当下的“鲜活现烹”“酸菜鱼 +”等创新模式正为部分酸菜鱼品牌带来新的发展机会。未来，酸菜鱼品类价值的重塑，将更多依赖产品力、差异化和品牌力的多维协同。

第四节 烤鱼：赛道呈现区域化、细分化、快餐化、融合化等特征

烤鱼作为餐饮市场中的热门品类，近年来展现出稳步发展的态势。从上游供应链的持续革新，到南派与北派的风味对决，再到烤鱼品牌的融合创新，烤鱼赛道亮点频现。

一、地方烤鱼派系众多，上游食材类、调味料供应商发展成熟

我国的烤鱼历史悠久，地方特色烤鱼特色鲜明，如北派的泰安烤鱼、红柳烤鱼、黄河烤鱼，南派的万州烤鱼、泸州烤鱼、傣味香茅草烤鱼等（见表 7-5）。其中，川渝地区的烤鱼凭借麻辣鲜香的口味特征在烤鱼赛道一枝独秀，发展势头较好。

表 7-5 全国部分地方烤鱼类别

地区	省级行政区	地方烤鱼类别
西北	新疆	罗布泊烤鱼、馕坑烤鱼、红柳烤鱼等
	宁夏	银川烤鱼等
华北	内蒙古	黄河烤鱼等
	河北	秦皇烤鱼等
	山西	鲜奶烤鱼等
东北	黑龙江	塔拉哈
	辽宁	烤池鱼、烤平鱼等
	吉林	延边烤明太鱼等
华中	河南	信阳烤鱼等
	湖北	宣恩烤活鱼、武汉烤鱼等
	湖南	剁椒烤鱼等
西南	四川	泸州烤鱼等
	云南	傣味香茅草烤鱼、傣味豆豉烤鱼等
	贵州	豆花烤鱼、遵义烤鱼、酸汤烤鱼等
	重庆	万州烤鱼、巫山纸包鱼、豆花烤鱼、巫溪烤鱼等

续表

地区	省级行政区	地方烤鱼类别
华东	山东	烟台烤马步鱼、泰安烤鱼等
	浙江	衢州烤鱼等
华南	广西	宜州烤鱼等
	广东	汕头烤鱼等

资料来源：公开信息，红餐产业研究院整理。

红餐网 | 红餐大数据

这些风格各异的地方特色烤鱼，不仅承载着当地的饮食文化，在食材的选用上也各有偏好。一直以来，烤鱼品牌通常采用草鱼、黑鱼、海鲈鱼、江团鱼、鮰鱼、巴沙鱼、罗非鱼等鱼类。近年来，一些品牌还提供了笋壳鱼、鸦片鱼、鳕鱼、鸭嘴鱼等特色鱼类，进一步丰富了消费者的食材与口味选择。

这也得益于烤鱼上游供应链的完善。恒兴水产、国联水产、欧泰贡、中洋渔业、光明渔业、明基水产、富煌三珍、苏渔水产等水产企业与不少烤鱼品牌建立了合作关系，提供优质的鱼类产品。

在上游供应链逐步成熟和下游餐饮市场需求增长的双重驱动下，我国的烤鱼市场规模稳步增长。据红餐大数据，预计 2025 年我国烤鱼的市场规模将达到 1,390 亿元，同比增长约 5.3%（如图 7-4 所示）。

资料来源：红餐大数据。

图 7-4　2020 — 2025 年全国烤鱼市场规模概况

截至 2025 年 5 月，我国烤鱼的门店数已经超过了 8.3 万家。在产品标准化程度和市场认知度较高，仓储物流条件的改善以及品牌的不断努力等因素的推动下，烤鱼品牌的规模化程度较高。

当前，门店数在 6~10 家的烤鱼品牌数占比最高，达到 38.1%。除此之外，29.2% 的品牌门店数在 10 家以上，门店数超过 50 家的品牌数占比为 15.4%，门店数超过 100 家的品牌数占比则有 2.1%。

从门店分布上看，据红餐大数据，截至 2025 年 5 月，我国超三成的烤鱼门店分布在华东地区，其次有 23.5% 的门店分布在西南地区。究其原因，华东地区经济发达，不少品牌扎根于此，不断挖掘消费市场，从而扩大了消费群体；西南地区则拥有独特的烤鱼文化，故当地的烤鱼消费人口也较多。

目前，烤鱼赛道呈现“一超多强”的竞争格局，半天妖烤鱼以超过 1,300 家的门店数领跑，探鱼烤鱼、愿者上钩、鱼酷活鱼烤鱼、花榕稻青花椒烤鱼等品牌紧随其后，门店数亦在 200 家以上（见表 7-6）。

表 7-6　2025 年全国部分烤鱼品牌发展概况

品牌名称	门店数（家）	人均消费（元）	门店主要分布区域
半天妖烤鱼	1,300+	50	山东、河北、江苏等
探鱼烤鱼	410+	76	广东、江苏、北京等
愿者上钩	300+	60	广东、广西、海南等
鱼酷活鱼烤鱼	260+	80	天津、河北、山东等
花榕稻青花椒烤鱼	230+	51	山东、河北、山西等
鱼当道新派烤鱼	180+	53	广东、广西、湖南等
烤匠麻辣烤鱼	170+	77	四川、浙江、重庆等
花千代秘制烤鱼	170+	62	河南、江西、安徽等
师烤 · 豆花烤鱼	160+	64	广东、海南、广西等
江边城外烤全鱼	120+	95	北京、上海、江苏等
马有鱼 · 馕坑烤全鱼	110+	63	新疆、甘肃、青海等
渔家傲烤全鱼	100+	58	黑龙江、湖北、山东等
辣尚瘾	90+	50	内蒙古、北京、吉林等
伟大航路烤鱼	80+	70	吉林、黑龙江、辽宁
匠子烤鱼	70+	69	海南、广东、辽宁
江河里麻辣烤鱼	60+	66	安徽、江苏、山西等

续表

品牌名称	门店数(家)	人均消费(元)	门店主要分布区域
探炉烤鱼	60+	66	广东、内蒙古、广西等
醉巴鲜烤鱼	60+	60	河南、山西、北京等
龙门烤鱼	40+	59	广东、贵州、江苏等
老板恋上鱼	40+	69	山东、内蒙古、天津等
三江源活鱼现烤	40+	74	内蒙古、山西、河北等
令狐冲烤鱼	30+	57	福建、山东、上海等
青炉里青花椒烤鱼	30+	56	山东
鱼谦脆皮烤鱼	30+	71	辽宁、天津、河北
彼酷哩活鱼现烤	20+	61	河南、山东
南锣肥猫麻辣烤鱼	20+	90	北京
夯鱼烤鱼	10+	78	黑龙江、吉林
荷炉烤鱼	10+	76	河南、山东
林溪晚亭古法烤全鱼	10+	53	河北
雅佳神话 · 麻辣烤鱼	10+	80	北京
米喜鱼烤活鱼	10+	86	河南、新疆
有鱼吃	约 6	63	四川、重庆
喵探烤鱼	约 5	78	河北
赖美丽活鱼现烤	约 2	60	广东

资料来源：红餐大数据，数据统计时间截至 2025 年 5 月 31 日。

红餐网 | 红餐大数据

为了拓展业务线，一些烤鱼品牌积极开设副牌。例如，师烤 · 豆花烤鱼推出了肉蟹煲品牌“挑鲜砂锅肉蟹煲”；江边城外烤全鱼旗下的“江美鲜 · 烤全鱼”，其人均消费为 52 元，性价比较高；同时，江边城外烤全鱼还推出了泰国菜品牌“小泰保 · 曼谷街边小炒”。海底捞也瞄准烤鱼赛道，于 2024 年下半年推出了“喵塘主麻辣烤鱼”，首店落地天津。

这些烤鱼品牌通过开副牌的方式，不断探索新的业务领域和消费市场，丰富自身业务布局。同时，这也从侧面反映出烤鱼市场竞争的多元。而在整个烤鱼赛道，除了品牌的多元化拓展，在消费层面也呈现出一些显著特征。

如图 7-5 所示，据红餐大数据，截至 2025 年 5 月，人均消费不到 80 元的烤鱼门店数占比达到了 76.4%。烤鱼赛道呈现了较高的性价比。

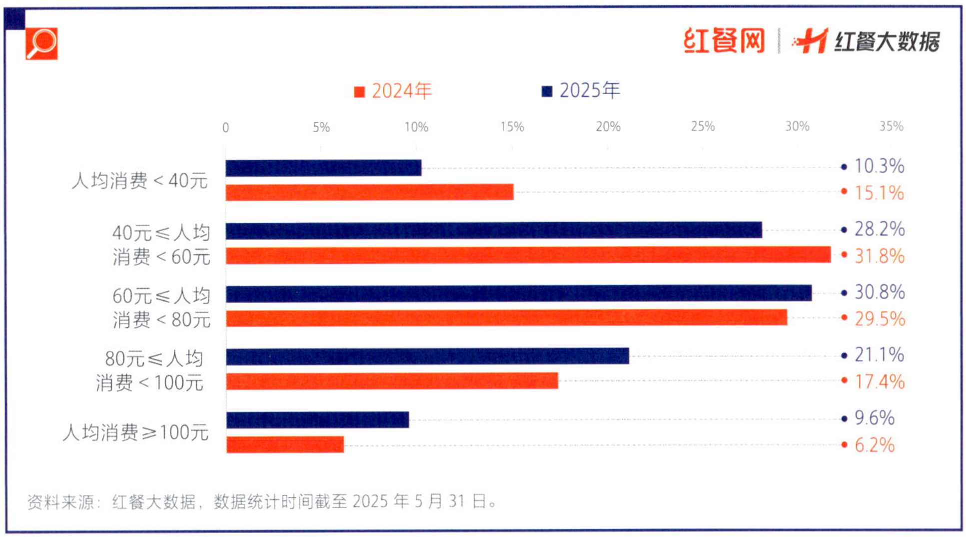

图 7-5 2024—2025 年全国烤鱼门店人均消费价位占比分布情况

其中，有 31.8% 的烤鱼门店人均消费在 40~60 元。例如，半天妖烤鱼、愿者上钩、龙门烤鱼、令狐冲烤鱼、青炉里青花椒烤鱼等品牌的消费均价均在此区间。与 2024 年相比，当前的烤鱼人均消费明显降低，人均消费为 40~60 元的门店数占比提高了 3.6 个百分点，人均消费在 80~100 元区间的门店数占比下滑了 3.7 个百分点。

二、赛道呈现五大发展特征，“一人食”烤鱼饭的“风潮”兴起

烤鱼赛道在常态化发展的过程中亦贡献了不少亮点，总结来看呈现了区域化、细分化、多元化、快餐化、融合化等五大发展特征。

其一，不少区域性的烤鱼品牌发展势头不错。它们有的深耕当地市场，有的跨区域发展，尝试在其他省份开出门店。按照区域来看，华南的师烤 · 豆花烤鱼、匠子烤鱼，华北的三江源活鱼现烤、南锣肥猫麻辣烤鱼，西北的马有鱼 · 馕坑烤全鱼，西南的烤匠麻辣烤鱼，东北的伟大航路烤鱼，华中的醉巴鲜烤鱼，华东的江河里麻辣烤鱼等是区域性烤鱼品牌的代表选手（见表 7-7）。

表 7-7　2025 年全国各区域性烤鱼代表品牌一览

地区	代表品牌
华北	三江源活鱼现烤、南锣肥猫麻辣烤鱼、林溪晚亭古法烤全鱼、雅佳神话 · 麻辣烤鱼、喵探烤鱼等
西北	马有鱼 · 馕坑烤全鱼等
东北	伟大航路烤鱼、鱼谦脆皮烤鱼、一品鱼悦活鱼现烤、夯鱼烤鱼等
华中	醉巴鲜烤鱼、彼酷哩活鱼现烤、米喜鱼烤活鱼等
西南	烤匠麻辣烤鱼、有鱼吃等
华东	江河里麻辣烤鱼、老板恋上鱼、青炉里青花椒烤鱼、荷炉烤鱼等
华南	师烤 · 豆花烤鱼、匠子烤鱼、赖美丽活鱼现烤等

资料来源：公开信息，红餐产业研究院整理。　红餐网 | 红餐大数据

其二，随着地方特色烤鱼被进一步挖掘，消费者需求呈现多样化，一些同样具有差异化的烤鱼细分赛道崛起，不少品牌聚焦细分领域进行“占位”。

其中，师烤 · 豆花烤鱼创新性地打出了豆花烤鱼的卖点，成功差异化突围。师烤 · 豆花烤鱼自 2019 年成立以来，凭借“烤鱼 + 现磨黑豆花”的独特组合迅速崛起，其“烤鱼鲜，豆花嫩”，主打“极致质价比”的定位，成为烤鱼赛道的黑马。在精研产品的同时，师烤 · 豆花烤鱼的规模化扩张也取得了不错的成果。2024 年上半年，其正式开放加盟，采用区域代理合作模式严选加盟商，助力品牌快速扩张。红餐大数据显示，截至 2025 年 5 月，师烤·豆花烤鱼的全国门店已超 160 家。2025 年，师烤在原有的“三元自助 + 五大免费”模式上继续深耕，同时还加强了私域运营，通过超级会员计划，为会员提供专属优惠、优先体验、个性化服务等特权，增强会员黏性和品牌忠诚度，推动品牌持续发展，进一步增强了品牌竞争力。

此外，青花椒 / 鲜青椒烤鱼、酸汤烤鱼、脆皮烤鱼等细分赛道的发展也不错。

其三，烤鱼的味型更加丰富。为了满足消费者的个性化需求，在麻辣、香辣、酱香、蒜香、青花椒、番茄等经典味型之外，烤鱼品牌还推出了辣白菜、怪味、菠萝味、臭味、豆豉、冬阴功味等多元化口味的烤鱼产品。例如，半天妖烤鱼的辣白菜烤鱼、江边城外烤全鱼的怪味烤鱼、江河里麻辣烤鱼的安徽臭金桂烤鱼等。在云贵风味席卷全国的风潮下，酸汤口味的烤鱼产品也颇受市场喜爱。

为了满足市场的多元化需求，烤鱼上游供应链企业也推出了不同口味的调味料产品与定制化服务。例如，聚慧餐调的烤鱼调料系列、川娃子的豆豉烤鱼酱、天味食品的麻辣烤鱼调料、颐海国际的蒜香烤鱼调味料、李锦记的烤鱼系列解决方案等。除此之外，在调味料、特色食材等领域，川海晨洋、新雅轩、佳仙食品等也是实力供应商。

烤鱼品牌还通过不断挖掘多元化的地方特色食材和应季食材，打造品牌特色。例如，匠子烤鱼的雷公笋、五指山野菜等，马有鱼·馕坑烤全鱼的新疆辣皮子、阿尔泰黑加仑、伊犁包尔萨克等，伟大航路烤鱼的野生榛蘑、东北冻梨、冻柿子、东北冷面、贵州灯笼椒、峨眉山鲜笋等，均是各地独具风味的特色食材。

其四，“一人食烤鱼”重出江湖，不少连锁烤鱼品牌跟进风潮，探索快餐化。近年来，随着烤鱼供应链逐步完善，外卖平台运营更加规范化，烤鱼的品牌化运营水平得到提升，半天妖烤鱼、师烤·豆花烤鱼、探鱼烤鱼等多个烤鱼品牌均推出了“一人食烤鱼套餐”。这些套餐的单份售价在34.9~49.9元不等，价格区间比许多快餐简餐略高，但比烤鱼门店堂食的人均消费低。

除此之外，烤鱼品牌还积极进行品类融合，丰富产品矩阵，与小酒馆等业态进行融合。不少烤鱼品牌在菜单中加入小炒、凉菜、特色小吃、烧烤、甜品、现制饮品等产品，还有一些品牌在门店名称加入“新川菜”“麻辣香锅”“烧烤”“烧菜馆”“音乐餐厅”等字眼，拓宽经营边界。

例如，师烤·豆花烤鱼通过自建供应链，在确保食材新鲜和产品品质的稳定的同时，还积极在烤鱼口味上不断创新，推出了干锅系列，进一步丰富产品矩阵，满足消费者多样化的需求。

当下，烤鱼赛道发展较为平稳，但是需要注意的是，烤鱼赛道仍存在一些痛点。在当前的烤鱼赛道，消费者对于“活鱼”“冰鲜鱼”“烤鱼预制菜”的态度有所不同，整体更偏好新鲜的鱼产品。而烤鱼品牌使用活鱼的成本较高，较难在成本和效率之间取得平衡。同时，烤鱼产品容易被复制和模仿，导致产品同质化问题突出。

为了在激烈的市场竞争中脱颖而出，烤鱼品牌可以在保证产品品质的基础上，持续做好创新，激发品牌活力。同时，抓住地方特色烤鱼的差异化特性切入细分赛道，借助文旅热潮和社媒平台做好品牌宣传。

第五节 牛蛙：产业持续升级，品牌发力地域风味与多元烹饪方式

近年来，牛蛙凭借其独特的口感和广阔的市场潜力，迅速成长为餐饮行业的热门赛道之一。与此同时，在政策引导和市场需求的推动下，上游牛蛙养殖业与加工业也加速向标准化、规范化与规模化转型，牛蛙产业正从粗放式增长向高质量、可持续的产业化升级之路迈进。

一、牛蛙产业走向标准化、规范化，赛道边界不断拓宽

牛蛙作为特色水产养殖业，近年已被纳入乡村振兴和农业产业升级的重点项目。例如，广东、福建、江西、湖南等地近年来相继出台了相关政策鼓励牛蛙的规模化、标准化养殖，并通过专项规划推动产业集群化发展，为牛蛙产业的提质增效提供了强有力的政策支持。

与此同时，牛蛙养殖与加工标准体系也在不断完善。2020 年，农业农村部正式明确了牛蛙的水产新品种身份，为其规范化发展奠定了基础。2023 年 4 月，《牛蛙生产全程质量控制技术规范》的发布，进一步规范了牛蛙养殖的全流程管理，提升了产业标准化水平。2024 年 6 月，中国烹饪协会联合多家牛蛙养殖、加工等上下游企业，共同发布了《牛蛙养殖及加工技术规范》团体标准，标志着牛蛙产业在标准化、规范化方面迈出了重要的一步。

在政策扶持、标准体系完善和下游消费市场的推动下，牛蛙产业一度呈现出蓬勃发展的态势。据《2024 年牛蛙产业调研报告》，2023 年全国牛蛙产量达到了 100 万吨，同比增长 42.9%。然而，前几年粗放式发展带来的市场供需失衡问题逐渐显现，牛蛙价格波动加剧。据《2024 年牛蛙产业调研报告》，2024 年牛蛙全年均价跌破 12 元 / 公斤，导致九成以上养殖户面临亏损情况，养殖积极性受挫，蛙苗投苗量同比下降超过 50%，2024 年牛蛙产量回落至 70 万吨左右（如图 7-6 所示）。

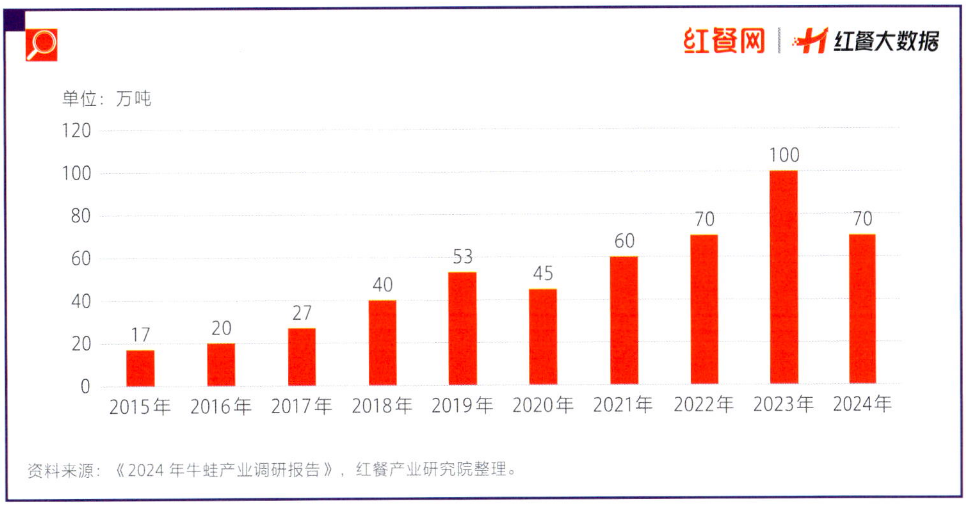

图 7-6　2015 — 2024 年全国牛蛙产量情况

进入 2025 年，随着市场供需关系的逐步调整，蛙价回升趋势明显。红餐产业研究院调研显示，2025 年 3 月至 5 月，部分大规格牛蛙价格已升至 16~18 元 / 公斤，市场信心逐步恢复，产业回暖态势明显，预计 2025 年牛蛙产量将小幅上升。

红餐大数据显示，2024 年全国牛蛙产值超过 800 亿元。在这条产业链中，餐饮消费端（第三产业）占据了约八成的产值份额，养殖端（第一产业）则贡献了近两成，以牛蛙加工为主的第二产业产值相对较低，占比不足 2%（如图 7-7 所示）。

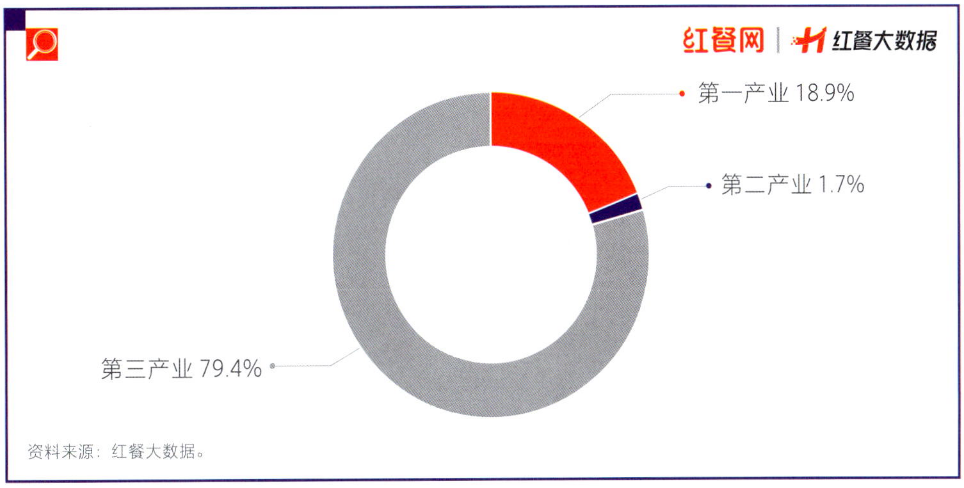

图 7-7　2024 年全国牛蛙一二三产产值占比分布情况

不过，随着近年来全国预制菜产业的快速崛起以及牛蛙市场价格的低位运行，牛蛙加工业进入发展快车道。目前，全国已涌现出一批兼顾牛蛙养殖与加工的代表企业，如国联水产、恒兴集团、中隆食品、中洋鱼天下、美好食品、源信食品等，为产业注入了新的活力。《2024 年牛蛙产业调研报告》显示，2024 年牛蛙加工量约为 5 万吨，占总产量的 7.1%。但这与小龙虾超过三成的加工量相比，牛蛙加工产业仍具有广阔的发展空间，未来有望成为推动牛蛙产业链延伸和附加值提升的重要增长点。

在消费端，牛蛙已经从一道地方菜发展成为独立的大单品赛道，并逐步从牛蛙专门店向火锅、烧烤、烤鱼、中式正餐、小吃快餐等多个餐饮领域渗透，赛道边界不断拓宽。红餐大数据显示，2024 年牛蛙赛道的市场规模达到了 694 亿元，同比增长 6.8%。

如今，牛蛙赛道已汇聚了蛙来哒、蛙喔、蛙小侠、淘蛙、老佛爷铜炉蛙锅等一批颇具规模的知名品牌。其中，作为牛蛙专门店模式的开创者，目前蛙来哒的门店总数突破 370 家，成功进驻全国 70 余座城市；源自浙江的蛙喔，凭借对长三角市场的深耕细作，门店规模已扩展至 390 余家；发源于广西的蛙小侠以华南市场为主，总门店数超过了 260 家；2017 年创立于广东的淘蛙，总门店数也突破了 160 家。

与此同时，一些区域牛蛙品牌也开始崭露头角，如浙江的再回首泡椒牛蛙、江苏的蛙三疯、江西的蛙先生以及重庆的秋小二水煮蛙等品牌均已开出数十家门店（见表 7-8）。这些区域品牌的崛起，推动了牛蛙赛道的多元化布局。

表 7-8　2025 年全国部分牛蛙品牌发展概况

品牌名称	门店数（家）	人均消费（元）	门店主要分布区域
蛙喔	390+	70	浙江、江苏、上海等
蛙来哒	370+	70	广东、湖南、北京等
蛙小侠	260+	67	广东、广西、海南等
淘蛙	160+	62	广东、广西、海南等
老佛爷铜炉蛙锅	120+	74	广东、黑龙江、福建等
臻享無招牌铁锅烤蛙	40+	66	广东、福建
再回首泡椒牛蛙	40+	65	浙江
大头蛙青花椒牛蛙	20+	56	山东、河南、安徽等
蛙三疯	20+	80	江苏、浙江、上海等
蛙先生	20+	62	江西、湖北、贵州等
秋小二水煮蛙	20+	54	重庆、四川、河南等
沪小二炭火蛙锅	约 9	85	浙江、上海、山东

资料来源：红餐大数据，数据统计时间截至 2025 年 5 月 31 日。

红餐网 | 红餐大数据

不过，总体来看，牛蛙品牌的整体规模化程度还有待提高。据红餐大数据，截至 2025 年 5 月，全国牛蛙门店数量超过 5 万家，超八成的牛蛙品牌门店数规模在 50 家及以下。

二、五大亮点彰显赛道活力，牛蛙口味与烹饪方式日益多元

近年来，牛蛙赛道逐渐从快速扩张转向稳健发展，同时也在产品创新、品类融合、经营模式、渠道建设和海外市场拓展等方面展现出了一些亮点（见表 7-9）。

表 7-9 近年牛蛙赛道的主要发展亮点概览

维度	发展亮点	代表案例
产品创新	在口味方面，除了传统的香辣、麻辣、青椒紫苏等口味，还出现了具有地域特色风味的创新口味；在烹饪手法方面，牛蛙烹饪手法变得更加丰富，出现了如烤牛蛙、炸牛蛙、天罗妇牛蛙、牛蛙火锅、水煮牛蛙、辣卤牛蛙、砂锅牛蛙、干煸牛蛙等做法	蛙来哒推出了具有长沙风味的臭豆腐蛙锅、酱板鸭蛙锅等新品，蛙喔、淘蛙等品牌推出了贵州酸汤蛙锅，大头蛙青花椒牛蛙推出了具有韩式风味的芝士泡菜蛙锅，蛙小侠推出了使用砂锅烹饪的砂锅蛙系列产品，淘蛙推出了椒盐牛蛙
品类融合	品牌推出其他品类的产品来丰富产品矩阵，满足消费者的多元化需求	蛙来哒推出了烧烤、热卤、砂锅菜、小吃、饮品等产品，蛙小侠推出了砂锅菜系列产品，淘蛙推出炒鸡、贵州酸汤火锅以及贵州小吃等产品，大头蛙青椒牛蛙推出烤鱼、香辣鸡爪等产品
经营模式	市场上出现了一些牛蛙自助、牛蛙放题的火锅门店，同时自助模式向牛蛙专门店蔓延	广东、北京、上海、四川、湖北等地出现了一些主打牛蛙自助的火锅门店，以牛蛙不限量为卖点；部分牛蛙专门店也推出了自助模式，如淘蛙推出了 3 元无限量自助，包括米饭、甜筒冰激凌、解馋零食等产品
渠道建设	牛蛙消费逐渐转变为以线下消费为主、线上线下消费相结合的方式	蛙来哒、蛙小侠、淘蛙等品牌推出了牛蛙外卖、“一人食”套餐等产品，实现了线上线下多渠道布局；蛙来哒与山姆会员店合作，推出了紫苏牛蛙预制菜产品；同时，市场上还出现了一些冷吃牛蛙等零售产品
海外拓展	部分品牌开始在海外开设门店，寻找新的增长点；同时，一些上游供应链企业也将牛蛙食材和预制菜出口到海外市场	2024 年，蛙来哒海外首店在柬埔寨开业。广东、湖南等地的牛蛙食材与预制菜已出口到东南亚、北美、南美等地区

资料来源：公开信息，红餐产业研究院整理。 红餐网 | 红餐大数据

在产品创新方面，得益于牛蛙食材本身较强的可塑性和包容性，众多牛蛙品牌不仅保留了经典的香辣、麻辣、青椒紫苏等传统口味，还推出了具有鲜明地域特色的创新口味，如臭豆腐风味、酱板鸭风味、贵州酸汤风味、柳州螺蛳粉风味等，丰富了消费者的味蕾体验。与此同时，牛蛙品牌在牛蛙的烹饪方式上也在不断推陈出新，推出了烤牛蛙、炸牛蛙、天罗妇牛蛙、牛蛙火锅、水煮牛蛙、辣卤牛蛙等产品，突破传统烹饪方式的局限，为消费者提供了更加多元的选择。

在经营模式创新方面，除了当前较为流行的牛蛙自助火锅外，还有一些牛蛙专门店推出了半自助模式。比如淘蛙推出了“3 元无限量自助”，米饭、甜筒冰激凌、解馋零食等产品均无限量畅吃。这种自助模式不仅契合了当前餐饮行业追求高性价比的趋势，增强了顾客的参与感和体验感，还通过优化服务流程，有效降低了门店的人工成本，提升了整体运营效率。

此外，部分品牌在渠道建设和海外市场拓展方面也取得了一定的突破。它们通过布局线上外卖平台和线下零售商超等多元化渠道，不仅拓宽了品牌的营收来源，也进一步丰富了牛蛙的消费场景。同时，一些牛蛙品牌已经在海外开设了门店，积极寻找新的增长点，比如蛙来哒等。

近年来，牛蛙产业在政策支持、市场需求增长等利好因素的推动下实现了快速发展，但同时也面临着养殖与加工技术规范、环境保护、价格波动等多方面的挑战。下游餐饮品牌则面临着更为严峻的市场竞争，除了牛蛙专门店之间的互相竞争，其他诸如川菜馆、湘菜馆以及火锅品牌等亦将牛蛙作为特色菜品纳入菜单中，进一步挤压了牛蛙专门店的生存空间。未来，牛蛙从业者还需在产品创新、品质提升、营销策略以及服务体验等方面不断努力，以保持自身的市场竞争力。

第八章 其他餐饮赛道

第一节 综述：面包烘焙大单品赛道加速崛起，异国料理发展平缓

随着面包烘焙、异国料理差异化的发展优势日渐突出，叠加消费者需求变化加快，这些赛道各自迎来了不同的发展机遇。当下，面包烘焙和异国料理呈现出了细分化、本土化、融合化等特点，为整个餐饮行业带来了活力。

一、面包烘焙：市场竞争加剧，细分大单品赛道加速崛起

近年来，面包烘焙赛道在多重因素的助推下，热度持续上涨，市场规模稳步扩张。总体而言，目前面包烘焙品类新老品牌加速更迭，市场中既有大量的品牌闭店，也有不少精品烘焙品牌获得较高热度。在此背景下，一些面包烘焙品牌为寻求差异化发展，聚焦在更细分、更小众的大单品进行深挖，面包烘焙市场热点频出。

当下，面包烘焙品类主要呈现出多元化的发展态势。在模式方面，“小而精”的烘焙单品专门店持续涌现，更细分小众的产品被不断深挖。同时，“大而全”的烘焙工厂模式在下沉市场快速崛起。在产品创新方面，面包烘焙品牌近年来持续推出新品，经典产品微创新、中西融合成为新品创新的思路。在供应链方面，上游企业积极布局烘焙原料及冷冻烘焙赛道，推动面包烘焙品类加速发展。

二、异国餐饮：西餐与日料特质鲜明，进入发展新时期

异国餐饮泛指源自亚洲（如日料、东南亚菜、韩国菜等）及欧美地区（如西餐）等其他国家或地区的餐饮体系。其中，西餐与日料赛道在我国历经了长时间的市场培育，体系成熟度与发展速度均领先于其他赛道。当下，西餐与日料赛道正展现出鲜明的发展特质。

1. 西餐：赛道稳定发展，品牌通过融合化、细分化寻找新机遇

西餐（特指西式正餐）作为一个在中国发展多年的成熟赛道，目前主要呈现出竞争格局多元化、品牌发展区域化等特点。

在融合化上，一方面，西餐品牌通过挖掘中式风味以及增加中式特色菜品等方式，加速本土化发展。另一方面，西餐品牌为满足消费者日益多元化的需求，在门店中融入酒馆、脱口秀、音乐会等形式。

在细分化上，目前，西餐赛道已分化出多个细分赛道，如牛排、比萨、轻食、意面等，并发展出了一批优秀的品牌。

2. 日料：市场出现回暖，赛道迈入转型探索阶段

自2023年日本核污水事件发生后，日料消费需求出现断崖式下降。但进入2024年以来，日料市场在国内逐渐回暖，市场规模与门店数均呈现上升趋势。与此同时，日料门店的人均消费也呈现出逐年下降的趋势。当下，日料品类已进入转型探索阶段。

在此背景下，日料赛道进一步细分，赛道竞争愈发激烈。为了应对激烈的市场竞争以及寻求发展机遇，诸多日料品牌积极进行转型探索。一方面，通过调整品牌定位，弱化日料标签；另一方面，加快本土化创新，寻求破局。

第二节 面包烘焙：跨界品牌与零售渠道持续入局，赛道品牌更迭加速

近年来，随着跨界品牌与零售渠道的加速渗透，面包烘焙赛道的竞争格局愈发复杂。面对“消费理性回归”与“情绪价值凸显”双重趋势，面包烘焙赛道正从快速扩张阶段进入以产品力和品牌力为核心的深耕阶段。

一、跨界与零售势力崛起，面包烘焙赛道品牌更迭加速

近年来，随着消费者对味觉情绪疗愈需求的不断增长，面包烘焙产品作为疗愈消费的一部分，持续受到消费者欢迎。在抖音、小红书等社交平台上，烘焙相关内容热度不断攀升，截至 2025 年 5 月，抖音平台“烘焙”单一话题播放量已达 249.7 亿次，小红书平台烘焙相关笔记数量突破百万篇。面包烘焙已成为线上流量的“常青话题”。

在消费需求不断释放的同时，面包烘焙产品的出货渠道也日趋多元。目前市场主要由餐饮渠道和零售渠道共同构成。其中，餐饮渠道主要分为连锁烘焙店、独立烘焙店、私房烘焙、跨界餐饮店；零售渠道主要分为商超、电商等。据红餐产业研究院调研，2024 年中国烘焙产品的出货渠道中，烘焙专门店（包括连锁烘焙店、独立烘焙店、私房烘焙）占比为 77%，其中独立烘焙店占比为 42.1%；连锁烘焙店占比为 33.7%。另外，跨界餐饮店和零售渠道占比分别为 10.4% 和 12.6%（如图 8-1 所示）。

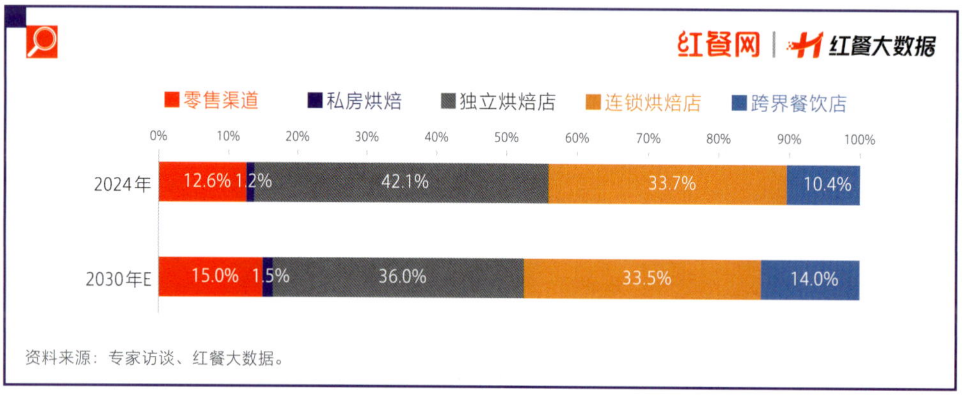

图 8-1 2024 年与 2030 年全国各渠道短保烘焙产品出货量占比分布情况

值得注意的是，随着近年来“+烘焙”模式加速渗透，不少茶饮、咖饮、火锅品牌跨界布局面包烘焙赛道。例如，乐乐茶在苏州、贵阳、哈尔滨、杭州等多个城市推出了烘焙主题店 LELECHA WONDER，截至 2025 年 5 月，该主题店共有 9 家。奈雪的茶则在 2025 年推出了 3 家烘焙升级门店，相较于常规门店，该门店中新增了近 50 款现烤烘焙类产品。此外，海底捞也于 2025 年 5 月推出了独立烘焙子品牌拾抿耍 · SCHWASUA，进一步拓展品牌矩阵。

与此同时，商超、电商等零售渠道也在不断加强烘焙业务的布局。以盒马鲜生为例，瑞士卷、草莓盒子蛋糕成为其年销售额过亿元的烘焙单品。而在山姆会员商店，瑞士卷的销售额占其部分门店月营业额的 8%~10%，且年销售总额曾超过 10 亿元。沃尔玛、胖东来、宜家、大润发、七鲜等商超不断推出短保烘焙新品，积极发展烘焙业务板块。

整体来看，跨界品牌与零售渠道正逐步蚕食烘焙专门店的市场份额。据红餐产业研究院预测，2030 年烘焙专门店的出货量占比会降至 71%，同时跨界餐饮店和零售渠道的占比会提升至 14% 和 15%。

在这样的背景下，面包烘焙赛道的竞争日益激烈，品类进入新一轮洗牌期。如图 8-2 所示，据红餐大数据，2024 年面包烘焙（专门店）的市场规模为 1,105 亿元，同比增长 5.2%，略低于餐饮大盘的增长速度（5.3%）。在门店数方面，2024 年全年烘焙品牌开店率和闭店率分别为 37.1%、34.2%，截至 2025 年 5 月，全国烘焙门店数达到 33.8 万家。不难看出，当前面包烘焙品类正处于持续迭代与动态调整阶段。

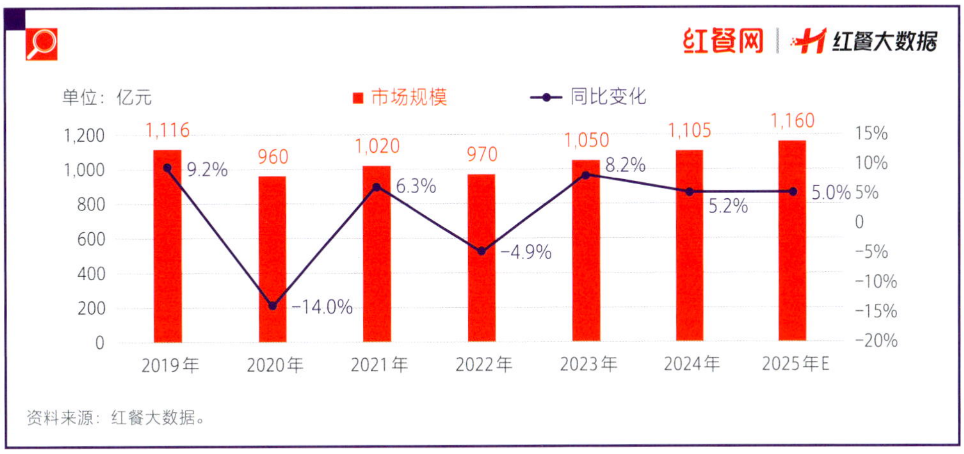

图 8-2　2019 — 2025 年全国面包烘焙品类市场规模概况

一方面，一批主打精品烘焙的品牌凭借产品创新、品质原料、视觉美学成为年轻消费者的新宠。例如，截至 2025 年 5 月，创立于 2016 年的 UH 祐禾已经开出了 80 余家门店；主打贝果的 one bagel · 一个贝果在全国范围内的门店数超过 120 家；石头先生的烤炉全国门店数则超过 50 家。此外，好利来、泸溪河、GANSO 元祖食品、鲍师傅糕点、广隆蛋挞王等品牌的发展则较为稳定（见表 8-1）。

表 8-1　2025 年全国部分面包烘焙品牌发展概况

品牌名称	门店数(家)	人均消费（元）	创立时间 / 进入中国大陆市场时间（年）
好利来	940+	41	1992
85 度 C	770+	24	2007
幸福西饼	770+	62	2008
GANSO 元祖食品	760+	54	1981
广隆蛋挞王	630+	18	2001
泸溪河	590+	27	2013
南洋大师傅	510+	24	2019
安德鲁森	450+	20	1997
仟吉	410+	27	2000
爸爸糖吐司面包	390+	31	2015
西树泡芙	350+	23	2003
巴黎贝甜	340+	36	2004
资溪面包	300+	24	2018
美心西饼	280+	31	2005
KUMO KUMO	260+	38	2019
詹记桃酥	250+	28	2000
可斯贝莉现烤面包	240+	22	2015
采蝶轩	240+	15	1993
鲍师傅糕点	200+	29	2004
热气饼店	180+	19	2023
面包新语	180+	27	2003
one bagel · 一个贝果	120+	22	2021
读酥世家	110+	28	2013
UH 祐禾	80+	35	2016
木子木水	60+	27	2016
十豆川超级糕工厂	60+	20	2023

续表

品牌名称	门店数（家）	人均消费（元）	创立时间 / 进入中国大陆市场时间（年）
铭果屋	50+	16	2018
石头先生的烤炉	50+	31	2014
泽田本家	50+	23	2017
嫣然苡茉	40+	23	2024
DRUNK BAKER	40+	40	2020
ZAKUZAKU	30+	35	2017
Cycle&Cycle	10+	37	2015
法大吉 FADAJE	10+	38	2023
GE BAKE	约 9	65	2016

资料来源：红餐大数据，数据统计时间截至 2025 年 5 月 31 日。

红餐网 | 红餐大数据

另一方面，2023 年至 2025 年 5 月，克莉丝汀、熊猫不走相继倒闭，虎头局、墨茉点心局、皇家美孚、慢城蛋糕等多个品牌大量闭店。

面对品类竞争加剧与渠道多元变革，面包烘焙赛道已迈入一个从“增量扩张”向“品质升级”过渡的新阶段，既需巩固经典产品基本盘，也需依靠创新推动新的增长点。

二、单品专门店不断涌现，“烘焙工厂”在下沉市场快速扩张

近年来，面包烘焙赛道呈现多元化发展态势。在模式方面，“小而精”的单品专门店不断涌现，“大而全”的烘焙工厂在下沉市场快速扩张。在产品方面，以“经典 + 微创新”为核心的产品创新策略持续奏效，中式风味与地域食材成为新品亮点。同时，冷冻烘焙与本土优质原料的崛起正加速产业链向标准化、集约化迈进，为赛道注入持续发展的新动能。

1. 小而精的烘焙单品专门店持续涌现，细分小众产品不断被深挖

随着烘焙市场竞争加剧，品牌差异化发展需求显著增强。与传统烘焙品牌主打产品多样化模式不同，一些品牌通过聚焦细分的产品类型来开拓市场空间，并通过深耕单品赛道建立起较强的消费者心智认知和竞争壁垒。

如图 8-3 所示，据红餐产业研究院不完全统计，2013 年至 2025 年 5 月，烘焙单品专门店呈现“接力式走红”态势，从早期的芝士蛋糕、泡芙、吐司、可颂，到后续兴起的蛋挞、舒芙蕾、铜锣烧，再到近三年热度迅猛上升的贝果、瑞士卷与司康，越来越多细分产品被挖掘。

同时，不同的细分单品专门店涌现出多个品牌，如贝果专门店有 one bagel · 一个贝果、HOLY BAGEL 等品牌；瑞士卷专门店则有白蘭 BLANK、the Roll'ING 等品牌；司康专门店有正在司康、Mushroom 等品牌；而吐司专门店除了有爸爸糖吐司面包以外，还有主打生吐司的银座仁志川和 DEAR YOU。

图 8-3　2013 — 2025 年各类烘焙单品专门店热度情况及热门代表品牌

值得注意的是，并非所有细分单品专门店都能实现持续发展。由于产品复购力不足、运营能力薄弱或供应链配套缺失，一些早年走红的品牌已逐渐淡出市场，如早年间热度较高的可颂专门店牛角村，主打芝士蛋糕的徹思叔叔、瑞可爷爷等。由此可见，虽然“小而精”的单品策略具有较强的市场爆发力，但要想在激烈的市场竞争中持续发展，还需要在产品品质、供应链保障和门店运营等方面具备全面、系统的能力支撑。

2. 烘焙工厂凭借“大而全 + 高性价比”模式在下沉市场迅速崛起

我国三线及以下城市人口基数庞大，随着这些消费者的消费理念不断升级，下沉市场的消费潜力日益受到关注。在此背景下，一批主打“大而全 + 高性价比”的“烘焙工厂”品牌在下沉市场加速崛起。

例如，2023 年在蚌埠成立的十豆川超级糕工厂，据红餐大数据，截至 2025 年 5 月，其全国门店数超过 60 家，其中位于三线及以下城市线级的门店数占比近八成；此外，大豫人家超级烘焙工厂、酥王妃糕工厂等品牌同样扎根下沉市场，陆续开出 10 余家门店（见表 8-2）。

表 8-2 2025 年全国部分“烘焙工厂”品牌发展概况

品牌名称	门店数（家）	人均消费（元）
十豆川超级糕工厂	60+	16
大豫人家超级烘焙工厂店	10+	10
酥王妃糕工厂	10+	24
糕如意超级糕工厂	约 3	13
中酥亭超级糕工厂	约 3	18
中原铺子超级工厂	约 2	23
Sir.R 先生面包超级工厂	约 2	34
莱卡尔面包工厂店	约 2	46

资料来源：红餐大数据，数据统计时间截至 2025 年 5 月 31 日。 红餐网 | 红餐大数据

与此同时，随着一线、新一线、二线城市消费者消费日趋理性，“烘焙工厂”品牌的门店在一线、新一线、二线城市也有分布，如中酥亭超级糕工厂、中原铺子超级工厂、糕如意超级糕工厂等。

这些“烘焙工厂”品牌通过将门店开设在租金相对较低但人流量适中的位置，如社区周边、学校附近等，有效地降低了运营成本。同时，品牌依托“中央工厂 + 冷链配送”体系，在中央工厂完成大部分标准化生产流程，在门店内仅保留简单的后续操作，从而实现高效率、低成本的产品供应。这一模式不仅提升了出品效率，还显著提高了门店的日均产出能力，使得“烘焙工厂”能够以更大体量、更多 SKU 覆盖和更低价格带，满足大众消费市场对“性价比”与“多样化”的双重需求（见表 8-3）。

表 8-3 “烘焙工厂”品牌的门店模型分析

细分维度	具体策略
产品定价	大多主打“全场 9 块 9”“9 块 9 任选”等低价标签吸引流量，产品单价集中在 10 元上下，比传统烘焙店低 30%~50%
门店面积	烘焙工厂店面积普遍在 300 平方米以上，部分品牌甚至拓展至 3,000 平方米，普遍较传统烘焙门店大
产品结构	覆盖各类中西式烘焙产品，SKU 一般超过 50 个。除了标准产品之外，也会根据地方特色和时令推出个性化产品
运营模式	烘焙工厂主要由中央工厂完成主要工序，冷链配送至门店完成最后工序。门店则通过加盟方式实现快速增长
门店风格	多采用橘色、亮黄色或鲜绿色作为主色调，在吸引眼球的同时又能凸显年轻化

资料来源：公开信息，红餐产业研究院整理。 红餐网 | 红餐大数据

3.“经典 + 微创新”成品牌创新核心路径，中式创新激发品类活力

在产品创新方向上，面包烘焙品牌近年来主要围绕两大路径发力。一是在经典产品热度不减的基础上，品牌通过“微创新”持续推陈出新，近年来相继诞生了多个爆品。

如扁可颂通过外观创新在社交媒体上引发热议；中式料理面包结合本土食材打造差异化口感记忆；黄油年糕则在工艺上“中西结合”，成为 2025 年第一季度的现象级爆品。这类“微创新”不仅延续了经典产品的消费基础，也通过差异化元素激发社交传播，为门店带来更多关注度（见表 8-4）。

表 8-4 2024 年至 2025 年 5 月全国部分面包烘焙爆款产品的“微创新”逻辑

经典产品	创新产品	创新方式	创新产品的市场表现
可颂	扁可颂	对外形进行压扁处理	截至 2025 年 5 月，扁可颂的抖音相关话题播放量超 9,353 万次。 85 度 C、好利来等多个品牌推出扁可颂产品
料理面包	中式料理面包	融合中式地域风味馅料	中式料理面包频繁出现在烘焙市集、烘焙展览等线下场景。 中式料理面包在中腰部精品烘焙品牌中成为引流款
年糕	黄油年糕	采用西式烘焙技法	截至 2025 年 5 月，黄油年糕的抖音相关话题播放量超 4.6 亿次。 泸溪河的黄油年糕上市 52 天内累计售出 3,000 万个。 鲍师傅糕点、热气饼店、詹记桃酥、墨茉点心局、好利来等多个品牌推出黄油年糕相关产品

资料来源：巨量算数、公开信息，红餐产业研究院整理。 红餐网 | 红餐大数据

二是围绕原料品质和食材搭配进行升级。在乳制品应用方面，高品质乳制品成为品牌打造产品卖点的关键。2024年至2025年5月，乳脂类原料在含乳烘焙新品中应用最多，占比高达76.5%。此外，干酪类(29.2%)、液体乳类(26.9%)也有较高的渗透率（如图8-4所示）。

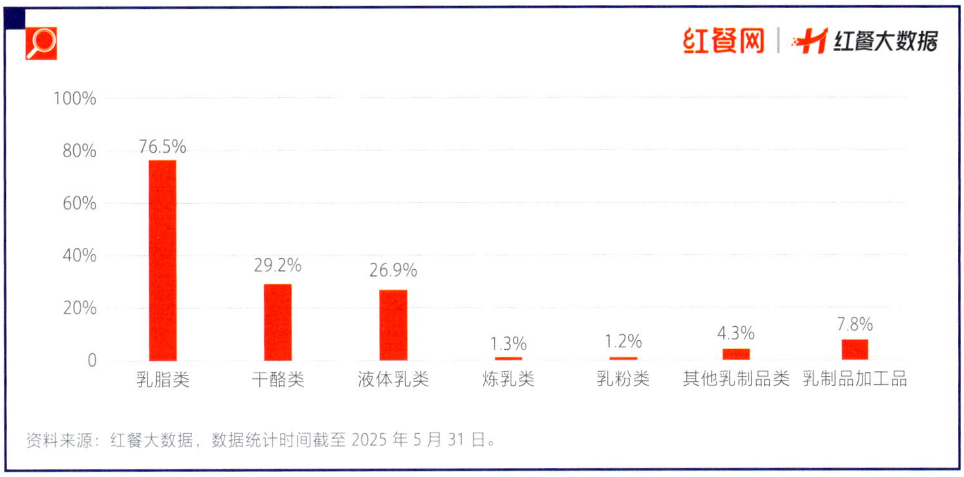

图8-4　2024年至2025年5月面包烘焙样本品牌含乳新品中各类乳制品及其加工品的产品占比分布情况

从原料来看，奶油、黄油、芝士是高频使用的基础乳制品。同时，以马斯卡彭奶酪、有机动物奶油、马苏里拉芝士等为代表的高端乳制品逐步成为新品的主要卖点。这些高端乳制品的应用能突出产品的高品质原料与风味差异，进而提升产品附加值与竞争力。

此外，烘焙新品在食材选择上也更加多元，融合趋势明显。据红餐大数据，2024年至2025年5月，草莓、巧克力、蓝莓、杧果等食材出现在众多新品中。进入2025年，抹茶、龙井茶、羽衣甘蓝等食材热度上升较快。同时竹荪、鸡枞菌、醪糟、茶树菇等食材也被应用到新品中，呈现出从甜口向咸鲜、复合风味延伸的趋势。

整体来看，“经典+微创新”已成为烘焙产品结构升级的核心路径，而“中式风味+高端原料”的融合表达，则推动了烘焙新品不断走向更广阔的创意空间和消费市场。

4. 冷冻烘焙与本土原料快速发展，推动产业向标准化、专业化迈进

随着面包烘焙市场规模的持续扩大，产业链中上游也在加速升级迭代，冷冻烘焙与本土原料正日益受到市场青睐。特别是在跨界餐饮门店与零售渠道持续释放烘焙消费需求的背景下，具备高标准化、便于操作、产品丰富等优势的冷冻烘焙产品近年来迎来快速发展，冷冻烘焙市场保持较高增速。据红餐产业研究院测算，2025 年冷冻烘焙市场规模将达 250 亿元。

这一趋势也倒逼着中上游企业加快冷冻烘焙板块的布局，并在产品研发与渠道建设上双向发力。以立高食品为例，其近年来持续加码冷冻烘焙业务，布局茶饮、咖饮、其他餐饮赛道与新零售场景。据其财报数据，2024 年餐饮及新零售渠道的收入同比增长约 20%，2025 年第一季度该渠道收入继续同比增长超 20%。安井食品则通过收购鼎味泰股权，并整合旗下莱卡尔（太仓）烘焙有限公司，不断强化冷冻烘焙产品能力，进一步拓展多元化终端渠道。

与此同时，原料端也成为众多企业争相布局的新高地。乳制品企业凭借在品质控制、稳定供给等方面的优势，纷纷加快向烘焙原料市场渗透，推动产业链上下游协同发展。一方面，这类布局满足了烘焙市场对高品质乳制品原料的需求，另一方面也为乳品企业开辟了新增长点。以蒙牛为例，其近年来推出蒙牛专业乳品品牌，专注于烘焙等餐饮赛道，围绕纯牛奶、稀奶油、乳基底、奶酪等产品进行定向布局。

整体来看，随着上游企业持续加码冷冻烘焙与本土原料的布局，烘焙产业链的集约化与专业化水平正不断提升，为终端品牌的标准化发展和产品创新提供了坚实支撑。

目前，面包烘焙品类正在经历一场深度重塑。从品牌格局、渠道分布，到产品结构和供应链体系，各个环节都处在动态调整之中。跨界品牌与零售渠道的持续入局，推动赛道竞争由“速度”转向“精度”；“小而美”的专门店与“大而全”的烘焙工厂各自突围，满足差异化市场需求；而在产品端，从微创新到中式融合，从健康化到高端乳制品的精细使用，都在释放出更加丰富的消费场景与价值认同。

可以预见，在需求趋于理性、竞争持续升温、供应链不断进化的市场环境下，面包烘焙赛道将迈入“品质为先、多元共生”的新阶段。

第三节 西餐：品牌以差异化构建多元格局，赛道走向融合、细分化

西餐（特指西式正餐）作为“舶来品”，在中国经过数十年的深耕，已经发展为规模近千亿的成熟赛道。当下，西餐赛道的整体发展较为平稳，众多西餐品牌通过持续深化本土化策略，多方面融合探索，进一步挖掘赛道的发展潜力。

一、赛道稳步增长，主打休闲、平价定位的品牌发展势头较好

近年来，西餐市场发展趋于成熟与稳定，市场规模稳步增长，但增长速度有所放缓。如图 8-5 所示，据红餐大数据，2024 年，我国西餐市场规模为 792 亿元，同比增长 4.5%；2025 年，西餐市场规模将会延续稳定增长的态势，有望达 820 亿元。

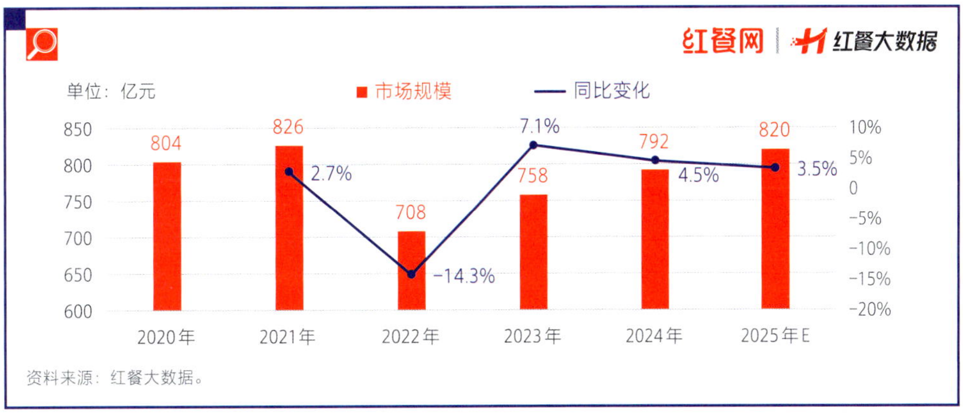

图 8-5 2020 — 2025 年全国西餐市场规模概况

经过多年的发展，西餐供应链体系已日趋完善，无论是食材供应还是调味料领域，均发展出了一批代表企业，这为下游餐饮品牌的规模化运营奠定了坚实基础（见表 8-5）。例如，在食材领域，恒都农业、元盛食品、大庄园集团、联豪食品等企业致力于提供牛羊肉等肉类食材。其中，联豪食品以牛排为核心品类，同时将产品矩阵延伸至调理肉制品、酱料包等领域，打造多元化布局。在调

味料领域，味好美、宝立食品、百利食品、丘比食品等企业则专注于提供西式复合调味料。其中，味好美作为百年品牌，以高品质、天然健康的产品理念而闻名，其产品线涵盖复合调味料、香辛料、酱料等多个领域。

表 8-5　全国西餐供应链代表企业一览

企业类型	代表企业
食材	恒都农业、泰森食品、元盛食品、联豪食品、大庄园集团、和一牧鲜、圣农发展、大成食品、凤祥食品、温氏股份、宾堡集团、嘉顿、立高食品等
调味料	味好美、卡夫亨氏、宝立食品、百利食品、丘比食品等
设备用品	厨芯科技、极效科技、华菱西厨等
冷链物流	华鼎冷链、顺新晖、运荔枝等

资料来源：公开信息，红餐产业研究院整理。　红餐网 | 红餐大数据

目前，我国的西餐品牌大部分以区域化发展为主，仅有少数品牌向全国市场扩张。例如，Wagas 沃歌斯、玛黎娜西餐厨房等品牌主要深耕华东区域，卢家妈妈 · 西餐厨房、卡朋西餐等品牌的门店主要集中在华南区域，布拉诺西餐、ZHAO 赵 · 牛扒坊等品牌主要在西南区域发展（见表 8-6）。

表 8-6　2025 年全国部分西餐品牌发展概况

品牌名称	门店数(家)	人均消费(元)	门店主要分布区域
萨莉亚	520+	47	广东、上海、北京等
豪客来牛排	360+	70	福建、四川、江苏等
Wagas 沃歌斯	230+	78	上海、北京、江苏等
豪享来	150+	61	河南、福建、上海等
夏日玛莉西餐厅	120+	68	湖南、湖北、浙江等
卢家妈妈 · 西餐厨房	110+	36	广东
BAKER&SPICE	90+	72	上海、北京、广东等
gaga	80+	97	广东、上海、北京等
bluefrog 蓝蛙	80+	131	上海、北京、江苏等
玛黎娜西餐厨房	60+	62	山东、河北、河南等
诺丁牛排	60+	68	江苏、浙江、河南等
绿茵阁	50+	75	湖北、广东、山东等
半秋山西餐厅	50+	75	湖北、重庆、河南等

品牌名称	门店数(家)	人均消费(元)	门店主要分布区域
豪约客牛排	50+	72	海南、广西、安徽
东方豪客	50+	62	山东、宁夏、陕西等
俄士厨房	50+	118	北京、上海、江苏等
王品牛排	40+	254	广东、江苏、上海等
西堤牛排	30+	112	北京、上海、江苏等
卡朋西餐	30+	69	广东
牛排家	30+	251	北京、浙江、广东等
布拉诺西餐	20+	109	四川、重庆、湖北等
汤姆家的牛排西餐	10+	64	山东、湖北、湖南等
农畉 LONFOOD	10+	95	广东、湖北、福建
西牛记牛排	10+	56	广东
莫尔顿牛排坊	约 9	43	广东、上海、湖北等
百特喜 · 意大利餐厅	约 8	100	湖北、陕西、贵州等
茹丝葵经典牛排馆	约 6	38	上海、重庆、湖南等
沃夫冈牛排馆 Wolfgang's Steakhouse	约 6	38	北京、广东、内蒙古等
ZHAO 赵 · 牛扒坊	约 4	417	四川、重庆
SUPAFAMA 农场西餐	约 3	103	广东
8½ Otto e Mezzo BOMBANA	1	1,800	上海
DA VITTORIO SHANGHAI	1	2,300	上海

资料来源：红餐大数据，数据统计时间截至 2025 年 5 月 31 日。　红餐网 | 红餐大数据

从线级城市分布来看，目前大部分西餐品牌的布局主要以一线、新一线、二线城市为主。不过，也有不少西餐品牌在三线及以下城市开出较多门店。例如，夏日玛莉西餐厅、卢家妈妈 · 西餐厨房、玛黎娜西餐厨房等品牌有超六成的门店开在三线及以下城市，豪客来牛排、布拉诺西餐等品牌亦有超过一成的门店在下沉市场。红餐大数据显示，截至 2025 年 5 月，三线及以下城市的西餐门店数量占比为 37.8%，与 2024 年（33%）相比增长了 4.8 个百分点。这说明西餐品牌在下沉市场的渗透在加速，我国消费者对西餐的接受度正在提升。

此外，在消费趋于理性的背景下，西餐门店的人均消费也出现了下滑。据红餐大数据，2023 年至 2025 年 5 月，人均消费在 50 元以下的西餐门店数占

比在逐渐上升，人均消费在 50 元及以上的西餐门店数占比均有不同程度的下降（如图 8-6 所示）。截至 2025 年 5 月，人均消费在 50 元以下的西餐门店数占比为 33.7%，相比于 2023 年，增长了 6.3 个百分点。

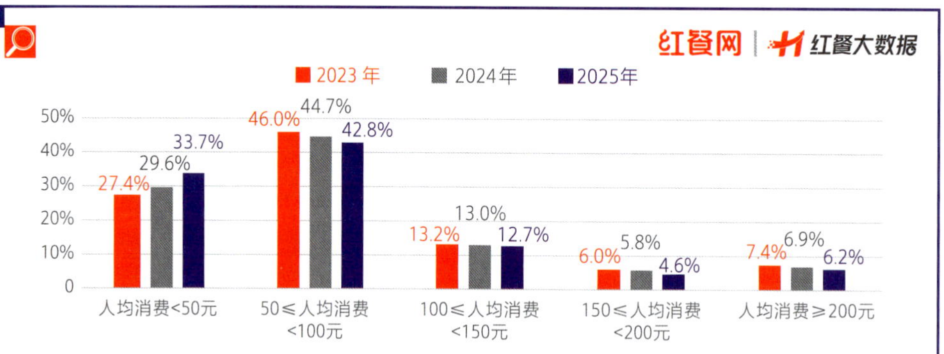

资料来源：红餐大数据，数据统计时间截至 2025 年 5 月 31 日。

图 8-6　2023 — 2025 年全国西餐门店人均消费价位占比分布情况

在这样的趋势背景下，不同定位的西餐品牌基于自身目标客群和经营理念，找到了不同的发展方向，形成了多元化的竞争格局。例如，DA VITTORIO SHANGHAI、王品牛排、莫尔顿牛排坊等主打高品质的西餐品牌，它们不追求门店规模，而是追求高品质的用餐体验、注重食材品质和服务水准。

还有，主打休闲聚餐或高性价比的西餐品牌，通过聚焦核心产品、简化服务流程等方式发展出较多门店。其中，萨莉亚主要提供高性价比的意大利菜，受到广大消费者的喜爱，如今在国内已开出超 520 家门店；豪客来牛排聚焦平价牛排市场，在全国已开出了超 360 家门店；主打休闲轻餐的 Wagas 沃歌斯则开出了超 200 家的门店；夏日玛莉西餐、卢家妈妈 · 西餐厨房等品牌亦已开出超 100 家门店。

二、中西融合持续深化，西餐赛道进一步细分

尽管西餐赛道整体增速趋于平稳，但品牌通过产品创新、业态融合、品类垂直深耕等方式积极谋变。

1. 品牌本土化策略持续深化，消费者多元化需求推动赛道多元发展

近年来，在餐饮行业竞争加剧和消费者需求日益多元化的背景下，为提高品牌竞争力和消费者忠诚度，西餐品牌持续深化本土化策略以及积极探索复合业态。

在产品方面，不少西餐品牌通过融合本土食材、东方香料、中式烹饪技巧等方式，对菜品进行本土化风味改良，使之更贴合国内消费者的口味。例如，萨莉亚推出了蒜香黄油炒菜心、橄榄油炒西葫芦、芝士肉酱烤茄子等产品，夏日玛莉西餐厅推出了安格斯牛肉油泼辣子意面等产品，布拉诺西餐推出了咸蛋黄嫩鸡披萨等产品。

此外，在过去的很长一段时间，传统西餐厅通常提供牛排、比萨、意面、面包、汤等菜品和葡萄酒等酒水，但随着西餐本土化策略的深化，西餐品牌在产品结构方面也进行了本土化改造，加入了港式点心、中式糖水、牛杂煲、卤肉饭、炒饭，甚至现制茶饮等中式特色产品。

同时，随着消费者需求的日渐多元化，西餐品牌进一步通过业态融合的方式来拓宽经营边界。例如，随着 bistro 热度的持续上涨，越来越多的西餐厅在门店中融入酒馆模式，将西餐的“仪式感”与酒馆的“松弛感”“微醺感”结合，以延长经营时段，寻求业绩增长点。比如，老牌西餐品牌绿茵阁就通过将旗下的淘金分店升级为“绿茵阁 · 牛扒餐厅 · Bistro”，试点“餐 + 酒”的复合业态模式。

还有部分西餐厅为契合消费者日益增长的社交需求，开始突破传统用餐场景的局限，在门店内融入脱口秀、影院、音乐会、猫咖等业态，推动餐厅从单一的用餐场所升级为综合性社交空间。例如，深圳的火星音乐餐吧凭借社交感、氛围感等特点，登上所在区域的大众点评西餐打卡人气榜单。

2. 西餐赛道进一步细分，牛排品类发展亮眼

近年来，为满足消费者需求的分化，西餐赛道呈现出进一步细化的趋势。西餐赛道中，除了法餐、意大利餐等综合型西餐外，牛排、比萨、轻食、意面等品类以大单品模式切入市场，涌现出一批具有品牌影响力的连锁品牌。例如，牛排品类中有王品牛排、豪客来牛排、莫尔顿牛排坊等代表品牌，比萨品类中有必胜客、乐凯撒披萨等代表品牌，轻食品类中有超能鹿战队、FOODBOWL超级碗等代表品牌。

其中，牛排作为较早从西餐中分化出来的大单品，已形成一定程度的规模。据红餐大数据，2024 年牛排市场规模近 360 亿元。截至 2025 年 5 月，全国牛排门店数超过了 2.1 万家。

据红餐产业研究院研究发现，牛排赛道已经进入了多元化发展阶段，主要呈现出快餐化、平价化、融合化、区域化、产业化五大发展特征。其中，融合化发展尤其值得关注。

总体来看，牛排品类融合化发展主要体现在三方面：其一，牛排品牌通过品类融合、业态融合等方式丰富产品矩阵、拓宽经营边界，以满足消费者多元需求；其二，在牛排风味方面，越来越多的牛排品牌在持续挖掘西式风味的同时，将中式香料、地域食材等融入菜品中，通过中式风味与西式风味的结合，实现牛排的本土化创新；其三，不少牛排品牌将肉类加工领域的干式熟成、湿式熟成技术应用到牛排的制作过程中，实现烹饪技术的创新。

另外，比萨作为从西餐中分化出来的重要品类，经过长时间的独立发展，亦发展出一定规模。目前，比萨赛道形成了休闲简餐与快餐两大阵营，相比于比萨快餐品牌，必胜客、乐凯撒披萨、比萨玛尚诺等品牌专注于休闲聚餐的消费场景，其产品结构相对多样，人均消费也相对较高。

总体来看，目前西餐赛道的发展趋于平稳，品牌的创新力也有待提高。除此之外，西餐赛道从业者仍面临着诸多挑战。一方面，随着市场竞争逐渐白热化，其他餐饮赛道的品牌通过开副牌、推出相关菜品等方式蚕食西餐赛道的市场份额。例如，面馆赛道的和府捞面近期开出了多家“和府牛排 · 面”门店，酒馆赛道的不少品牌在门店内提供“西餐 + 酒水”的服务等。另一方面，以往西餐凭借仪式感和精致感来吸引消费者，但当下的年轻人追求更松弛、休闲的就餐环境，西餐以往的优势不再明显。在这样的市场环境下，西餐品牌亟须寻找破局之道。

展望未来，西餐品牌或可通过差异化构建竞争壁垒，对产品、营销、服务持续创新，坚守品质与性价比，打造品牌的核心竞争力。

第四节 日料：赛道逐步回暖，品牌持续深化本土化寻找新增长

近年来，日料赛道在多重因素冲击下进入深度调整期，但得益于日料品类在中国长期积淀的稳固市场基础，赛道展现出强劲韧性，2024 年呈现逐步回暖的趋势。在此背景之下，部分日料品牌通过主动调整定位并推进本土化创新，实现了差异化突围，为赛道的发展注入了新动能。

一、日料赛道逐步回暖，日料品类人均消费逐步下探

2024 年以来，日料赛道逐步回暖，日料相关产品的热度也呈现上涨趋势。据红餐大数据，2024 年全国日料市场规模为 690 亿元，同比增长 2.2%。随着市场持续回暖，2025 年全国日料市场规模有望回归 700 亿元以上(如图 8-7 所示)。

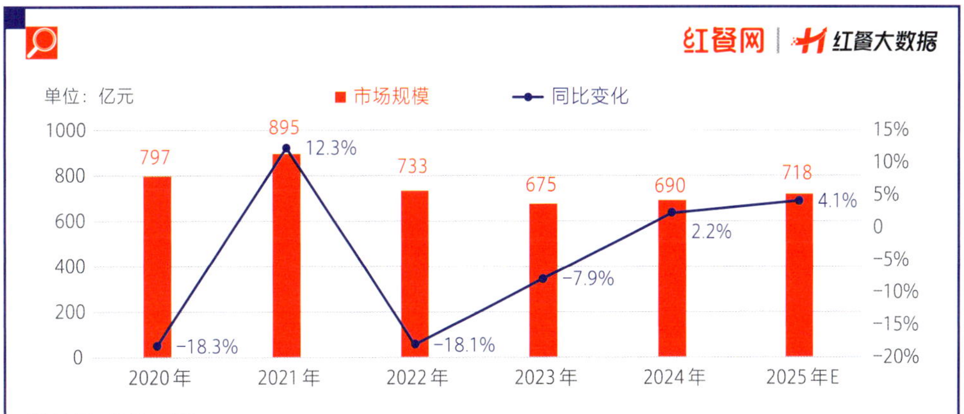

资料来源：红餐大数据。

图 8-7　2020 — 2025 年全国日料市场规模概况

与此同时，日料门店数也呈现了小幅度上升的趋势。据红餐大数据，截至 2025 年 5 月，全国日料门店数超过 5.4 万家（如图 8-8 所示）。

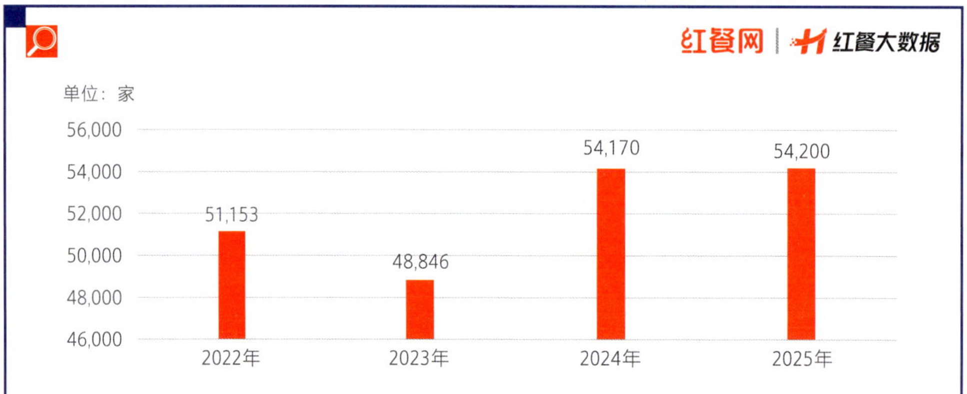

资料来源：红餐大数据，数据统计时间截至 2025 年 5 月 31 日。

图 8-8　2022 — 2025 年全国日料门店数概况

此外，在日料赛道竞争加剧以及消费者消费渐趋谨慎等因素的影响之下，日料门店的人均消费也在逐步下探。如图 8-9 所示，据红餐大数据，与 2022 年和 2023 年相比，2024 年人均消费在 100 元以下的日料门店数占比明显提高，高达 63.3%，而 2024 年人均消费在 200 元及以上的日料门店数占比逐年下降，尤其是一些主打高端消费的日料品牌发展承压，遭遇了闭店的窘境。

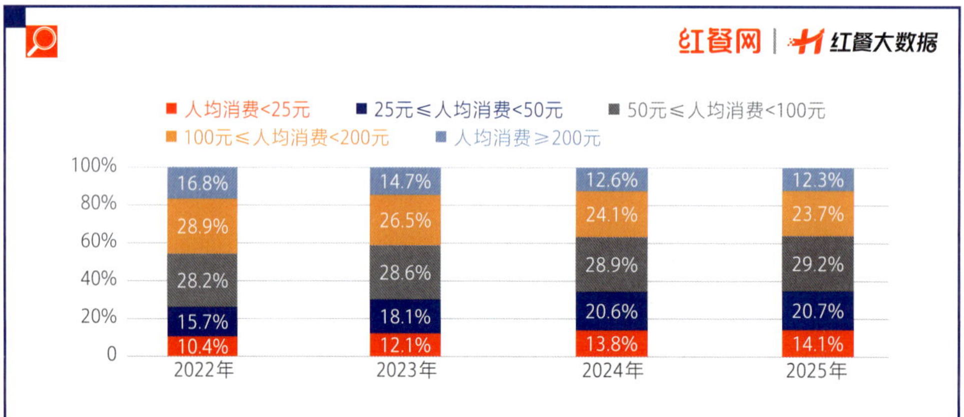

资料来源：红餐大数据，数据统计时间截至 2025 年 5 月 31 日。

图 8-9　2022 — 2025 年全国日料门店人均消费价位占比分布情况

在此背景下，日料赛道细分化趋势日益明显，如寿司、日式拉面、日式米饭快餐、日式综合料理、居酒屋等。并且，每个赛道都涌现出一批代表品牌，如寿司赛道的 N 多寿司、元气寿司、鲜目录寿司、寿司郎等；日式米饭快餐赛道的吉野家、食其家、池奈咖喱蛋包饭等；日式拉面赛道的味千拉面等；日式综合料理赛道的上井精致料理、哥哥的深夜食堂等；居酒屋赛道的山上下居酒屋、九本しんいち居酒屋等。总体来看，门店规模较大的日料品牌依旧以平价品牌居多（见表 8-7）。

表 8-7　2025 年全国部分日料品牌发展概况

品牌名称	所属赛道	门店数（家）	人均消费（元）	城市覆盖数（个）	门店主要分布区域
N 多寿司	寿司	2,000+	18	210+	江苏、河南、河北等
吉野家	日式米饭快餐	640+	29	60+	北京、辽宁、中国香港等
鲜目录寿司	寿司	620+	19	130+	浙江、湖南、江西等
味千拉面	日式拉面	570+	43	110+	上海、广东、江苏等
食其家	日式米饭快餐	410+	28	30+	上海、江苏、广东等
争鲜寿司	寿司	400+	63	20+	广东、中国香港、中国台湾等
池奈咖喱蛋包饭	日式米饭快餐	360+	39	100+	陕西、江苏、浙江等
和番丼饭	日式米饭快餐	280+	29	80+	江苏、上海、浙江等
苍井寿司	寿司	270+	31	30+	广东、广西、四川等
町上寿司	寿司	230+	24	50+	辽宁、吉林、山西等
黑眼熊寿司	寿司	200+	22	60+	四川、贵州、重庆等
私町 Osaka 食堂	寿司	180+	26	50+	福建、广东、湖北等
黄饷	日式米饭快餐	150+	26	40+	广东、北京、上海等
浅奈日式咖喱蛋包饭	日式米饭快餐	140+	24	80+	陕西、江苏、贵州等
大渔铁板烧	其他	120+	223	30+	广东、山东、江苏等
范小野烤肉饭大王	日式米饭快餐	120+	53	50+	河北、河南、山东等
斋藤 & 外带寿司	寿司	120+	18	30+	辽宁、黑龙江、吉林等
河风精致寿司	寿司	120+	82	60+	山东、江苏、北京等
池田寿司	寿司	120+	34	10+	北京、陕西、天津等
元气寿司	寿司	110+	93	10+	广东、中国香港、北京等
金鲜生	寿司	110+	32	40+	浙江、江苏、内蒙古等
白石的深夜食堂	综合日料	100+	80	40+	河南、江苏、山西等
仙隐小鹿	综合日料	90+	65	50+	湖北、广东、山西等
哥哥の深夜食堂	综合日料	90+	103	约 4	上海、浙江、广东等
寿司郎	寿司	90+	97	约 8	广东、中国香港、北京等
滨寿司	寿司	80+	83	10+	江苏、上海、广东等
鲜道寿司	寿司	80+	24	20+	江苏、安徽、山东等
昊来了寿司	寿司	70+	90	30+	四川、江苏、湖南等
禾の日町饭团	日式米饭快餐	70+	18	30+	黑龙江、山东、吉林等
井吞大碗烧肉丼饭	日式米饭快餐	70+	16	20+	河南、新疆、山西等
奔跑的寿司酱	寿司	70+	50	10+	上海、浙江、北京等
Q 米寿司	寿司	60+	17	10+	浙江、山东、云南等
上井精致料理	综合日料	40+	285	10+	四川、重庆、河南等
山上下居酒屋	居酒屋	20+	140	约 6	天津、山东、河南等
九本しんいち居酒屋	居酒屋	20+	149	约 6	北京、河北

资料来源：红餐大数据，数据统计时间截至 2025 年 5 月 31 日。

红餐网 | 红餐大数据

二、品牌通过定位调整和产品本土化创新，寻找新的发展机会

近年来，在日料赛道竞争加剧以及多重外部因素的影响之下，日料品牌纷纷通过本土化改良和定位调整来寻求发展和突破。

1. 品牌积极进行定位调整，塑造差异化和品牌壁垒

近年来，部分日料品牌为提升消费者认可度，对市场定位做出调整。如摩打食堂将自身定位为粤菜，主打粤菜与日料的融合；原“鮨浅草君日式料理”更名为“鮨浅草君洋风料理”，弱化日料标签属性。经过一年多的市场实践，一些完成转型的日料品牌取得阶段性的成果，既收获了消费者的支持，也为品牌的发展创造了新机遇。例如广州的摩打食堂通过推出爆汁走地炸鲜鸡、鱼生拼盘、凤梨烤牛肋条等创意菜品，增强了消费者的黏性。

不过，日料品牌的转型探索须具备独特的属性和鲜明的亮点，否则并非易事。如村上一屋在尝试转型为亚洲融合菜小馆后，目前又回归到了国民日料的定位。显然，若品牌一味调整定位，但品类融合却不够深入，反而容易丢失品牌的独特印记，效果可能适得其反。

2. 品牌加深产品本土化创新，迎合市场口味偏好

为了满足国内消费者日益多样化的就餐需求，近年来，众多日料品牌纷纷进行本土化创新，从食材、产品以及就餐环境三个方面进行了本土化升级。

其一，受前些年外部事件的影响，众多日料品牌开始停用日本食材，进而用国产食材来替代。而国产食材凭借供应稳定、产地近等优势，不仅为日料品牌降低了成本，还有力地推动了品牌的转型升级。

目前我国已成为全球最大的水产品生产国，且产量在逐年增长，为日料食材的本土化提供了基础。例如，产自我国福建的鳗鱼、大连的裙带菜等水产品目前已经成为日料店的重要食材。同时，国内的一些烧鸟店、拉面店也开始以国产鸡肉、本土蔬菜为主。此外，随着我国三文鱼产量的不断提升，国产三文鱼亦受到众多日料品牌的青睐。中国水产流通与加工协会发布的《中国三文鱼产业报告》显示，2022 年全国三文鱼产量已达到 4 万吨，2023 年全国三文鱼产量超 4.5 万吨。

其二，为迎合国内消费者的口味与偏好，众多日料品牌在产品的口味、烹饪方式做了本土化的创新。例如，一绪寿喜烧推出了贵州酸汤寿喜烧等产品；岐余食堂每个季度结合区域寻味系列进行较大规模的上新，如推出海南糟粕醋、烟薯冰激凌等；食其家推出了小龙虾牛肉盖饭、鱼香茄子牛丼饭等具有明显中式风味特色的产品；竹涟烧肉则推出了辣味日式烧肉等。

同时，为了满足中国消费者喜欢热食的偏好，很多日料品牌增加了热食类的相关产品，如寿司郎增加了热食的种类；池田寿司在 2024 年 10 月上架了火炙蟹柳拌饭、金枪鱼拌饭等；N 多寿司针对冬季特别推出了爆汁热狗卷、山野乌鸡卷以及关东煮等。

其三，众多日料品牌还在环境氛围、服务等方面进行了本土化调整。例如成都的岐余食堂，在环境设计中融入川西灰瓦、书法等传统文化元素，赋予餐厅浓郁的地域文化特色。

总体来看，当前日料品牌普遍面临同质化竞争激烈、饮食习惯存在壁垒、产品创新性不足等问题。展望未来，日料品牌还需要继续通过本土化创新和精准定位来进一步调整优化，才能更好地应对日渐复杂的市场挑战。

CHINA
CATERING

第九章 餐饮特色业态

第一节 综述：团餐赛道稳健发展，自助餐赛道持续升温

团餐、酒馆和自助餐作为餐饮业态的重要组成，一直都备受关注。近年来，这三个赛道的发展呈现了不同的发展特征，其中，团餐赛道延续了稳健发展的态势；酒馆赛道步入了快速发展期；自助餐赛道则再次翻红，以“万物皆可自助”的模式渗透餐饮业。

一、团餐：企业拓宽消费群体和经营场景，积极转型谋变

作为餐饮市场重要的业态之一，团餐依托机关单位、校园、企业等稳定的客群基础以及政策的扶持，近几年市场规模实现持续增长。然而，在稳健发展的同时，团餐赛道也面临着诸多挑战：一方面，随着原有的团餐企业逐渐走向并购整合，以及社会餐饮品牌、供应链企业纷纷跨界涉足团餐业务，团餐市场的竞争日趋激烈；另一方面，随着政策监管体系日趋严格，叠加消费者需求日渐多元化，团餐企业的经营持续承压。

在此背景下，团餐企业通过实施多维度策略，寻求新的业绩增长点。在产品端，不少团餐企业持续推出创新产品，打造多元化的产品结构，满足不同消费群体的差异化需求；在消费端，部分企业通过开放机关食堂、增设社区食堂等举措，将服务范围从传统的机构客户延伸至更广泛的社会消费群体；在供应链端，一些团餐企业通过建设中央厨房与应用数字化管理系统等方式实现高效运营，达到降本增效的作用。此外，还有部分团餐企业积极打造集餐饮、社交、娱乐等业态于一体的复合型空间，实现从单一就餐场景向多元化生活场景的转型升级。

二、酒馆：细分趋势进一步加深，“酒馆 + ”模式加速发展

近年来，在夜间经济、微醺经济和社交经济三大消费趋势的共同推动下，酒馆赛道迎来了快速发展期。不过，从赛道整体来看，酒馆赛道的整体连锁化

率仍处于较低水平，未来还有较大的提升空间。

此外，随着酒馆赛道的参与者增多，酒馆赛道的竞争日益加剧。除传统酒馆品牌外，众多餐企和酒企纷纷入局，在带动酒馆赛道发展的同时也给传统的酒馆品牌带来了压力。

为了在市场竞争中获得更大的话语权，酒馆品牌通过拓展销售渠道、丰富经营业态等手段打造差异化。例如，一些酒馆品牌积极探索多元化销售渠道，通过推出不同的门店类型、发展线上业务等方式，进一步拓宽经营边界。一些酒馆品牌通过聚焦特定酒水和餐食组合来构建差异化竞争优势，通过更细分的定位打造差异化。还有一些酒馆品牌为更契合当代年轻消费者的需求，积极探索“酒馆＋”的复合业态模式，通过打造兼具氛围感、松弛感与社交感的新型酒饮消费场景来赢得消费者的青睐。

三、自助餐：“自助风”席卷餐饮业，品牌积极谋变

近年来，随着消费者消费理念的转变，自助餐再度掀起热潮，并加速向其他非自助餐领域渗透，快餐、粤菜、甜品、西餐等多个赛道的品牌纷纷引入自助模式，自助的风潮开始“席卷”餐饮业。自助餐正从一种餐饮经营业态逐渐演变为一种可复用的经营模式，为餐饮行业注入了新的活力。

随着餐饮市场的竞争愈发激烈，自助餐品牌纷纷在经营策略上积极求变，如聚焦品类、采用灵活的自助模式、开拓下沉市场、优化供应链等，以寻求更长远的发展。例如，在模式方面，自助餐突破了传统单一的模式，形成了全自助、半自助、分时段自助、灵活自助等多元化的经营体系模式；在门店模型方面，不少品牌通过聚焦单一品类，优化菜单与门店设计，构建差异化竞争的同时，实现门店的高效运营与快速扩张；在供应链建设方面，自助餐品牌通过源头直采、自建加工厂以及与供应链企业合作等方式，夯实供应链基础，实现成本管控与品质保障的双重目标。

第二节 团餐：

市场规模稳步增长，社餐品牌入局推动行业革新

团餐作为中国餐饮市场的重要组成部分，近年呈稳健发展态势。然而，在社会餐饮品牌跨界入局、政策监管趋严等多重因素的影响下，团餐行业的竞争也日趋激烈。对此，团餐企业通过持续探索社餐化、提升就餐体验、加强供应链体系建设等措施，挖掘新的利润增长空间。

一、团餐市场规模持续增长，社餐品牌入局重塑行业格局

近年来，团餐行业呈现出稳健的发展态势。红餐大数据显示，2020—2024年，全国团餐市场规模从13,843亿元增长至19,005亿元，年复合增长率为8.3%（如图9-1所示）。

团餐市场发展相对稳健，主要得益于其具有相对庞大、稳定的消费人群，可以渗透到学校、机关事业单位、企业园区、医院、社区、航空、铁路等场景。近年来，随着国家对教育、老年餐领域的投入持续加码，以及铁路航空业的发展，以学校团餐、老年餐为代表的细分团餐市场快速崛起。与此同时，团餐企业持续探索社餐化，进一步扩大了消费群体，为整个团餐市场的持续增长注入了动力。在这些因素的综合作用下，预计2025年全国团餐市场规模将超过2万亿元。

图9-1　2020—2025年全国团餐市场规模概况

不过，虽然团餐市场规模保持了持续增长的态势，但团餐赛道也面临着多方面的挑战。其一，近年来以社会餐饮品牌为代表的多方势力，看重团餐消费客流稳定、竞争激烈程度较低的特点，纷纷布局团餐赛道。例如，截至 2025 年 5 月，海底捞火锅除了在高校开设校园火锅店外，也在华为研究所、比亚迪、小米等企业食堂开设了火锅门店；麦当劳已进驻国内超百所高校，其在 2025 年针对企业团餐推出了专人分餐、专人摆台的可选增值服务（见表 9-1）。

尽管传统团餐企业能提供较为经济实惠的餐饮服务，但在产品创新、口味多样性、服务体验等方面存在一定的短板。与之相比，这些入局团餐赛道的社会餐饮品牌，往往品牌知名度高，拥有强大的市场影响力，且品牌产品和营销手段相对丰富，对消费者具有较大的吸引力。从这个角度看，社会餐饮品牌的入局，在一定程度上加速了团餐行业的优胜劣汰，也促使团餐企业在产品研发、服务模式等方面作出革新。

表 9-1　近年全国部分社会餐饮品牌布局团餐业务情况一览

品牌名称	团餐业务布局情况
海底捞	截至 2025 年 5 月，海底捞校园火锅已进驻超 40 所高校，海底捞企业火锅已进驻华为研究所、比亚迪、小米等企业食堂
麦当劳	截至 2025 年 5 月，麦当劳已进驻国内超百所高校，在 2025 年麦当劳针对企业团餐推出了专人分餐、专人摆台的可选增值服务
遇见小面	截至 2025 年 5 月，除推出企业团餐外，遇见小面也入驻了华南理工大学、北京大学深圳研究生院、武汉大学等高校
塔斯汀	自开放高校市场加盟后，截至 2024 年 12 月，塔斯汀已经打造了超过 500 家高校店
紫燕百味鸡	截至 2025 年 5 月，紫燕百味鸡已进驻全国超 40 所高校，计划 2025 年新增 350 家大学城门店
瑞幸咖啡	截至 2024 年 12 月，瑞幸咖啡在全国已开出 1,400 余家校园门店
喜茶	喜茶从 2022 年就推出了喜宴团餐业务，之后还为腾讯、华为、小米等企业员工提供团餐服务，并在中国人民大学等高校中开设了门店

资料来源：公开信息，红餐产业研究院整理。

红餐网 | 红餐大数据

其二，政策监管趋严，对团餐企业合规能力、人才储备、组织架构等方面提出新的考验（见表 9-2）。

例如，由于缺乏充分的竞争以及有效的监督，近年来校园食品安全事件频发。为此国家先后多次出台相关政策，逐步建立“政府监管 + 学校自查 + 家长监督 + 社会公示”的多维监督机制。国务院食品安全办、教育部、公安部、国家卫生健康委、市场监督管理总局发布的《关于进一步加强校园食品安全工作的通知》明确指出，要探索推行学校食堂全链条无死角实时视频监控系统，严格实行校外供餐单位评价和退出机制。

2025 年 4 月 15 日起执行的《集中用餐单位落实食品安全主体责任监督管理规定》指出，单位食堂、承包经营企业、供餐单位不仅要配备食品安全员，供餐规模达到一定人数的还要配备食品安全总监。若学校、幼儿园委托承包经营，学校、幼儿园也要配备食品安全总监。这意味着，如果团餐企业同时服务多个学校，或需建立“一企多个食品总监”的企业架构。除此之外，该政策还要求单位食堂、承包经营企业、供餐单位建立健全的日管控、周排查、月调度的食品安全管理体系。

这些政策和规定，对团餐企业的运营管理能力提出了更高的要求，也对团餐市场的规范化和标准化发展起到了重要作用。

表 9-2　2024 — 2025 年全国部分关于团餐行业的相关政策文件

发布时间	政策文件	主要内容
2024 年 7 月	《山东省教育厅 山东省财政厅关于进一步加强中小学校食堂财务管理的通知》	坚持自主经营学生食堂、规范委托经营食堂财务管理、严格校外配餐单位财务监管、严格落实大宗食材统一采购、严禁招标行为弄虚作假等
2024 年 7 月	《关于强化集中用餐单位食堂承包经营食品安全管理工作的通知》	督促承包经营企业落实落细主体责任、强化行业管理责任、强化部门监管责任、强化应急处置、严格责任追究等
2024 年 11 月	《中小学校园食品安全和膳食经费管理工作指引》	学校应明确食堂管理领导小组，校长应切实履行学校食品安全第一责任人责任，学校应严格规范执行陪餐制度等
2025 年 1 月	《关于进一步加强校园食品安全工作的指导意见》	探索推行学校食堂全链条无死角实时视频监控系统，严格实行校外供餐单位评价和退出机制，制定食品及原料供应商的选择准则及评审方式等
2025 年 1 月	《四川省人民政府办公厅关于印发中小学校“校园餐”常态长效治理十条措施的通知》	强化责任落实、健全工作机制、保障经费投入、坚持公益属性、强化智慧监管、推行师生同餐等
2025 年 2 月	《集中用餐单位落实食品安全主体责任监督管理规定》	要求每餐平均用餐人数超过一定人数的单位食堂、承包经营企业、供餐单位配备食品安全总监；若学校、幼儿园委托承包经营，学校、幼儿园也应当配备食品安全总监等

资料来源：公开信息，红餐产业研究院整理。　红餐网｜红餐大数据

二、团餐企业实施多维度策略，寻求新的业绩增长点

为应对日益激烈的市场竞争，团餐企业通过多种策略提升自身竞争力，包括探索自营品牌档口、持续推行社餐化、提升就餐场景体验以及推进降本增效工作等，寻求新的业绩增长点。

1. 探索自营品牌档口，提升竞争力

近年来，为应对消费需求升级以及激烈的市场竞争，部分团餐企业积极吸纳社会餐饮品牌的标准化运营经验，推出自营品牌档口，赋予其差异化定位、高颜值视觉设计等特点，打破团餐消费者对传统食堂“大锅饭”的刻板印象，丰富消费者的就餐选择，提高食堂的客流量。

例如，德保膳食推出了豉湘园现炒盖码饭、金蹄来卤水世家、潮娘子鲜烫牛肉面等自营品牌档口，覆盖卤味、麻辣烫、火锅、冷锅串串、咖啡等多种餐饮品类；好来客集团推出了鱼你相遇、饺滑得很、小厨快炒等自营品牌档口，覆盖钵钵鸡、蒸菜、饺子、烤鱼等多种餐饮品类，在政府单位、高校、企业园区等团餐场景应用。

然而，虽然自营品牌档口能提高团餐食堂对消费者的吸引力，但需要团餐企业具备完善的食材供应链体系、专业的研发团队、强大的运营管理团队、齐全的菜品制作设备等条件，以上操作并不适用于所有的团餐企业。

2. 深化团餐社餐化策略，积极扩大消费群体

与社会餐饮品牌主要面向流动客群不同，团餐的服务对象为特定单位的固定人群。为了进一步扩大服务的群体，提高营业收入，近年来，部分只面向特定群体的食堂向社会公众开放。例如，近年来，为配合政府促进居民消费等举措，多地机关事业单位食堂在劳动节、端午节、国庆节等节假日面向社会公众开放。2025 年五一劳动节期间，重庆荣昌区政府机关食堂以“惠民价格、地道风味、安全品质”为宗旨，面向社会公众开放，让游客品尝荣昌本土美食，带动荣昌旅游消费。

近年来，为积极应对人口老龄化趋势，完善养老服务体系，国家大力推进老年助餐点建设（见表 9-3）。国务院办公厅发布的《关于发展银发经济增进老年人福祉的意见》提出，要引导餐饮

企业发展老年助餐，允许有条件的地方给予老年助餐服务机构一定的运营补助或综合性奖励补助等。民政部数据显示，截至 2024 年年底，全国老年助餐点数量达到 7.5 万个。

国家对发展老年助餐点的重视，为团餐企业布局长者食堂提供了发展契机。近年来，千喜鹤、快客利、鸿骏膳食、金丰餐饮等团餐企业纷纷发展长者食堂，其中金丰餐饮仅在北京海淀区就开设了 10 多家社区助餐服务网点。

表 9-3　全国部分省（市）老年助餐点建设情况一览

省（市）	老年助餐点建设情况
广东	设立老年助餐服务点 3,652 个
江苏	建成运营各类老年助餐点约 8,000 个
上海	累计建成 405 个社区长者食堂、超 2,000 个老年助餐点
四川	已建成老年助餐点 1,800 余个
湖南	共有老年食堂和助餐服务点近 6,000 处
河南	建成老年助餐服务场所 8,367 个，其中，老年食堂 3,100 个、老年餐桌 2,234 个、老年助餐点 3,033 个
北京	建成养老助餐点 2,410 个
辽宁	已建成老年助餐机构 776 个
陕西	建成城市老年助餐点 4,900 多个
江西	建成城市老年助餐点总数达 2,085 个
重庆	共有老年食堂及助餐点 1,695 个
吉林	已建成老年助餐服务设施 1,851 个
贵州	在运营老年食堂（老年助餐点）198 个
海南	已投入运营老年食堂达 118 个

资料来源：公开信息，红餐产业研究院整理，数据统计时间截至 2024 年 12 月 31 日。　红餐网 | 红餐大数据

不过，虽然长者食堂客群比较固定，也有一定的财政补贴，但是由于长者餐定价较低且消费人群单一，营业收入相对有限，难以支撑长期稳定运营。为了进一步扩大客群，越来越多的长者食堂转型成为社区食堂，开始向全年龄段的消费者开放，服务对象从老年人拓展成为全社区居民，部分社区食堂还推出了企业、学校等团餐定制服务，以性价比来吸引顾客。例如，广州增城荔湖街罗岗村长者饭堂在 2025 年 5 月转为社区餐厅，面向企业团餐群体提供两种不同的餐标套餐，如其“12 元餐标”套餐包含一荤、一荤素、一素以及一汤等。

3. 团餐企业进行场景革命，打造多功能综合体

随着消费者对用餐体验的要求不断提升，团餐企业的经营场景也在向多功能综合体的方向发展。传统食堂“单一供餐”的模式正逐步向集就餐、社交、娱乐、学习于一体的综合体转变，这种趋势在高校、企业园区等场景中尤为明显。

在高校校园中，食堂正突破传统餐饮场所的功能边界，演变为承载青年学子多元生活需求的社交复合体。例如，由团餐企业万喜餐饮打造的北京航空航天大学（校本部）第三食堂设置了窗景就餐区、绿植卡座、小包间，能同时满足在校师生就餐、自习、休闲娱乐、小型聚会等多种需求。

在企业园区场景中，部分团餐企业致力于打造“团餐＋共享办公”场景，对团餐场景进行革命。例如，德保膳食服务的三一重工集团高工餐厅，其空间被划分为餐饮区、下午茶吧、阶梯交流区和商务会客区等功能模块，形成层次丰富的空间序列。这种设计不仅提升了用餐体验，更将食堂转化为非正式的工作交流平台，成为企业园区内兼具功能性与社交属性的活动中心。

4. 着力优化供应链建设和数字化技术应用，推进降本增效

随着市场竞争的日益激烈，团餐企业的盈利难度增加。为突破这一发展困境，不少团餐企业积极优化供应链体系以及借助数字化技术，进行降本增效。

鉴于团餐供餐量大且用餐时间固定，对餐饮供应链高效响应订单、按时按量配送的要求极高，一些大型团餐企业通过自建中央厨房来保证供应（见表 9-4）。例如，麦金地的中央厨房产业园项目以中央厨房为核心枢纽，将订单农业、食品产业园、冷链物流等板块有机联动起来，推动了三产融合发展，构建起了更为完善、高效的供应链体系。

同时，为了优化运营成本，增加企业利润，一些团餐企业将数字化技术应用在供应链体系的建设上，将其渗透到采购、仓储、运输等各个环节。例如，千喜鹤利用数字化技术，将不同时间、不同餐厅、不同渠道的物料价格汇总，形成参考价格，以降低价格波动对采购成本造成的影响；中膳集团则建设了优链云供应链，并将无人配送车运用到物流运输中，实现食材采购的高效自动化。

表 9-4　全国部分团餐企业供应链体系建设情况一览

团餐企业简称	供应链布局情况
千喜鹤	千喜鹤近年来在山东、河北、河南、贵州等地落地中央厨房项目，这些项目集中央厨房配餐功能区、净菜加工区、饮品加工区等于一体
德保膳食	德保膳食聚焦学校、工厂、CBD、医院、高校五大核心场景团餐服务，构建智慧央厨供应链体系，建成投产 8 大区域级中央厨房
麦金地	麦金地近年来与多个地方政府签约落地中央厨房和三产融合供应链项目，致力于打造“中央厨房 + 冷链配送 + 物流终端 + 健康数据”的全国供应链集群
鸿骏膳食	鸿骏膳食旗下的 NDK 品牌分别在江西、广东、贵州、四川、云南等地投资建立专注学生营养餐的中央厨房，主要为中小学生提供营养配餐和净菜加工服务
中膳集团	中膳集团从健康团餐管理服务、基地直配、中央厨房、优链云供应链、有饭有菜数智化平台、团餐预制菜产业园六大领域着手，打造食品全产业链

资料来源：公开信息，红餐产业研究院整理。　红餐网 | 红餐大数据

随着数字化技术的进一步发展，不少团餐企业通过在团餐经营场景的前后端中应用数字化技术，以提高运营效率以及降低人工成本。例如，一些高校及企业食堂通过采用智能识别系统，完成快速结算，减少顾客的排队结算时间，提高食堂的用餐效率和服务质量。在后厨智能化设备上，智能炒菜机器人普遍被应用于校园、企业、社区及养老食堂等各类团餐场景。此外，数字化技术还被广泛用于食品安全管控上，通过安装摄像头和传感器，可实时监控食材的采购、存储、加工、烹饪环节，并结合 AI 行为识别分析其中的不规范操作，避免食品安全事故的发生。

总体来看，尽管近年来团餐在相对庞大、稳定的消费群体加持下，呈现出稳健的发展态势，但也面临着赛道竞争日益激烈、政策监管趋严等因素带来的新挑战。未来，团餐企业需要从产品创新、消费场景渗透、就餐服务体验、优化供应链体系建设等方面做系统化升级，方可实现可持续健康发展。

第三节 酒馆：门店数与市场规模双增长，赛道“热”与“卷”并存

近年来，酒馆赛道在“夜间经济 + 社交消费”的多重驱动下持续扩容，连锁酒馆品牌持续扩张，社区酒馆、精酿打酒站、中式 Bistro 等形态不断涌现，叠加跨界品牌入局、外卖零售渗透与场景融合升级，酒馆赛道进入快速发展期。

一、在夜间经济等推动下，酒馆赛道迎来快速发展

随着消费者对个性化、多样化社交和休闲体验的需求增加，酒馆因其环境轻松、氛围独特、消费门槛低等特点，精准契合了社交需求，进而实现了快速发展。同时，夜间经济的持续繁荣与政策环境的不断优化，也为酒馆赛道的快速发展与广泛布局提供了有力支持。

近年来，酒馆市场规模在不断扩大（如图 9-2 所示）。据红餐大数据，2024 年酒馆市场规模为 1,120 亿元。红餐产业研究院预估，2025 年酒馆赛道市场规模有望达到 1,170 亿元。

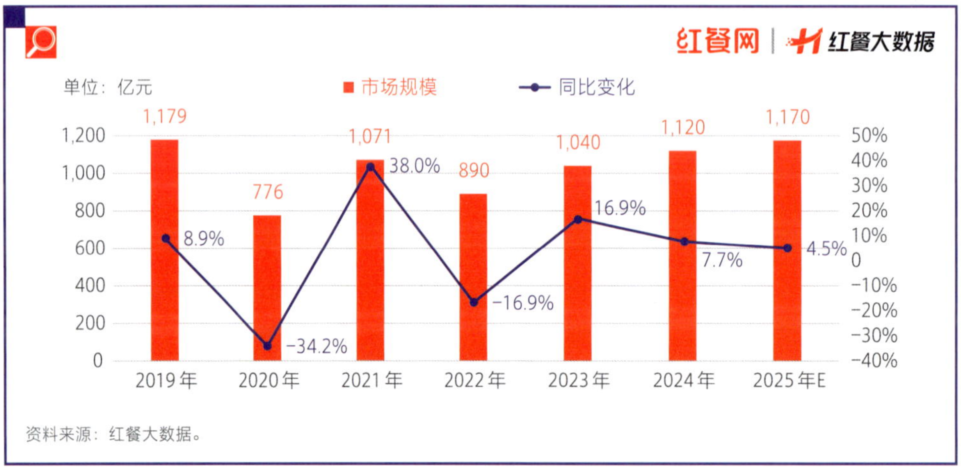

图 9-2　2019 — 2025 年全国酒馆市场规模概况

同时，全国范围内酒馆相关企业的数量亦在近几年保持稳健增长态势（如图 9–3 所示）。据企查查，截至 2025 年 5 月，全国酒馆企业存量超 3.9 万家，较 2024 年同期增长了 6.3%。随着新进入者的持续涌入，酒馆赛道在全国范围内实现了门店数量的快速扩张。红餐大数据显示，截至 2025 年 5 月，全国酒馆门店总数超 6 万家。

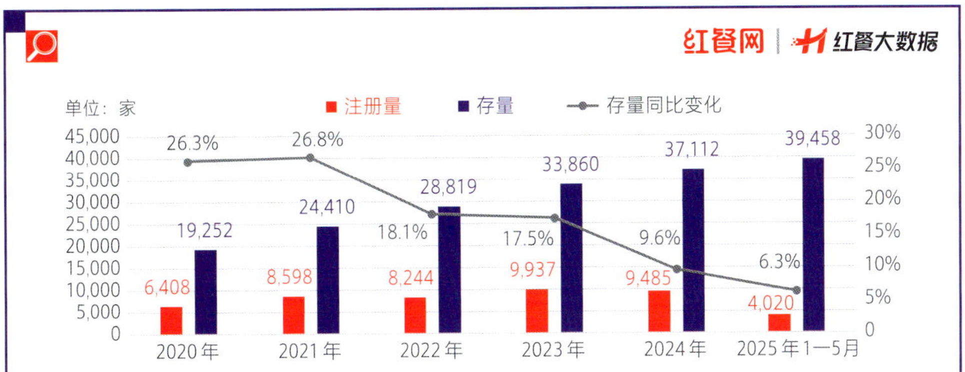

注：统计口径为国标行业为“餐饮业”的企业。
资料来源：企查查，红餐产业研究院整理，数据统计时间截至 2025 年 5 月 31 日。

图 9–3　2020 年至 2025 年 5 月全国酒馆相关企业注册量及存量情况

当下，酒馆赛道的品牌在定位和布局上各有特色，整个赛道呈现出多元化的发展特征。部分连锁酒馆品牌通过创新升级产品、积极扩展门店布局以及加大品牌宣传力度，增强了品牌的市场竞争力与影响力，在日益激烈的酒馆市场中占据了一席之地。

红餐大数据显示，截至 2025 年 5 月，优布劳精酿酒馆、泰山原浆啤酒的全国门店数均超千家，远高于其他酒馆品牌的门店数。其次，Helens 海伦司、福鹿家啤酒厂、失眠企鹅精酿酒馆、先启半步颠小酒馆等品牌也均发展出超百家的门店规模（见表 9–5）。

表 9–5　2025 年全国部分酒馆品牌发展概况

品牌名称	门店数（家）	人均消费（元）	门店主要分布区域
优布劳精酿酒馆	1,600+	42	湖北、四川、河北等
泰山原浆啤酒	1,200+	43	山东、江苏、广东等
Helens 海伦司	570+	66	浙江、江苏、湖北等
福鹿家啤酒厂	210+	18	河南、福建、山东等

续表

品牌名称	门店数(家)	人均消费(元)	门店主要分布区域
失眠企鹅精酿酒馆	150+	24	河南、湖北、江苏等
先启半步颠小酒馆	140+	71	上海、江苏、北京等
斑马精酿酒馆	140+	46	湖北、江苏、安徽等
COMMUNE 幻师	120+	88	广东、浙江、四川等
猫员外精酿啤酒馆	110+	66	广东
TSINGTAO 1903	100+	77	山东、江苏、陕西等
鲜啤 30 公里 · 打酒站	90+	48	浙江、辽宁、上海等
贰麻酒馆	80+	103	四川、江苏、湖南等
汉森熊啤酒屋	60+	59	江苏、安徽
胡桃里音乐酒馆	60+	92	广东、江苏、北京等
燕京社区酒號	50+	45	北京、河北、山东等
哈啤熊精酿鲜啤	50+	35	上海
黑蔓精酿小酒馆	40+	52	江苏、浙江、河南等
跳海	40+	88	北京、广东、山东等
玩夫精酿小酒馆	30+	46	内蒙古、浙江、贵州等
众二酒馆	30+	75	四川、湖南、河北等
Perry's	30+	88	上海、广东
再三杯 · 中式小酒馆	20+	71	辽宁、河南、吉林等
哈夫啤酒便利店	20+	65	黑龙江、吉林、辽宁
熊猫精酿啤酒厨房	20+	71	云南、广东、贵州等
耍酒馆	20+	81	四川
巴夫猫小酒馆	10+	59	山东、浙江、江苏等
谜森酒馆	10+	58	广东
海雾里小酒馆	10+	57	重庆、四川、湖北等
破店小酒馆	10+	73	江苏、上海
京 A Taproom	10+	123	北京
不二民谣音乐餐酒吧	约 9	120	四川
牛啤堂	约 7	116	北京

资料来源：红餐大数据，数据统计时间截至 2025 年 5 月 31 日。

红餐网 | 红餐大数据

与此同时，餐饮企业、酒企等跨界玩家纷纷入局，通过打造“日茶夜酒”“日咖夜酒”等多元化模式争夺年轻消费者。例如，2024 年 4 月，茶颜悦色推出了昼夜诗酒茶 · 艺文小酒馆；2024 年 10 月，好利来推出首家新中式创意酒吧叁月肆·龍；2025年1月，1200BOOKSHOP推出学术酒吧双鸭山小酒馆。随着跨界入局者的增加，酒馆赛道的竞争日益加剧。

二、品牌探索多元化渠道，以小店、外卖等方式触达消费者

随着酒馆赛道的进一步发展，为满足不同消费者的需求，部分酒馆品牌积极探索多元化的销售渠道。

在门店端，酒馆品牌积极推出如社区酒馆、精酿便利店、迷你啤酒站、公路啤酒站等多种门店类型（见表9-6）。这些门店的面积为20~40平方米，具有投入少、运营精简且选址灵活的优势，易于品牌实现标准化管理和连锁扩张。

特别是在精酿领域，近年来兴起了一种主打即饮或外带服务的精酿啤酒小站模式，如社区啤酒屋/打酒站、精酿便利店等，这些门店的面积与常见的奶茶店相仿，采用档口式“现打”服务模式，为消费者提供多款精酿啤酒及无酒精饮品，部分门店还搭配了下酒小食等产品。

表9-6 近年部分酒馆品牌的门店类型一览

品牌名称	门店类型	具体情况
Helens海伦司	标准店（300~350平方米） 精品店（90~150平方米） 优品店（150~240平方米） 臻品店（240~260平方米） 社区空间（40~80平方米）	Helens海伦司根据不同的市场定位，推出了40~350平方米不等的5种门店类型
失眠企鹅精酿酒馆	标准店（60~120平方米） 打酒小站（约40平方米） 酒车	失眠企鹅精酿酒馆门店位置通常选择在大学城、商圈或繁华社区附近等年轻人群相对聚集的区域，门店类型主要包括酒馆、打酒小站和酒车等，融合堂食、外带、外卖服务，并配备下酒小食等产品
福鹿家啤酒厂	小酒馆（20~100平方米） 打酒站（5~20平方米）	福鹿家啤酒厂门店主要紧邻福鹿家便利店，门店类型为档口式的精酿啤酒小站，仅需1～2人运营，主打外带，设有堂食。为了让消费者不用进店就能查看菜单并点单，福鹿家啤酒厂特意在门口前台处放置菜单。此外，福鹿家啤酒厂还提供0.5升塑料杯和1.5升袋装饮品
优布劳精酿酒馆	大师店（约70平方米） 闪送店（约30平方米）	优布劳精酿酒馆门店类型分大师店和闪送店，大师店约70平方米，选址靠近社区，重线下体验；闪送店约30平方米，选址集中在餐饮街和综合社区等高流量小档口，主打外带、外卖场景

资料来源：公开信息，红餐产业研究院整理。

红餐网 | 红餐大数据

在线上渠道端，酒馆品牌积极拓展线上业务。随着消费模式的转变，酒水的即配需求持续升温，部分酒馆品牌依托自有供应链或前店后厂的模式，以线下门店为载体，利用美团、饿了么、淘宝、京东等平台，构建“堂食 + 自提 / 外卖 + 闪送”“堂食 + 电商零售”等多元销售渠道，将酒馆业务从堂食拓展到了外卖和零售领域，拓宽了酒馆的经营边界。

例如，优布劳精酿酒馆、斑马精酿酒馆、失眠企鹅精酿酒馆等品牌在提供堂食的同时，开始推广外送、闪送服务，强化酒水的“即饮”特性。同时，这些品牌通过推出便携装酒饮和构建专属电商体系，逐渐切入外卖、商超等渠道，实现线上线下、店内店外一体化经营。如 Helens 海伦司入驻了淘宝、天猫、京东、微信商城等平台，将竞争力延伸至电商平台。

三、酒馆赛道进一步细分，地方菜系的“创意 Bistro”兴起

近年来，酒馆赛道细分趋势日益明显，众多品牌开始通过聚焦特定酒水与餐食品类，打造差异化竞争优势。

在酒水方面，为迎合不同消费者对酒水的不同需求，酒馆品牌将酒水类型逐步细分。当前，酒馆赛道除了有主打红酒、鸡尾酒等的酒馆品牌以外，还涌现了一批专注于精酿啤酒的精酿酒馆，以及聚焦米酒、果酒、花酒等中式调酒的酒馆品牌。

其中，区别于工业啤酒，主打新鲜原料、精细工艺及鲜活口感的精酿和原浆啤酒逐渐从小众领域走向大众化，并在此过程中培育出了诸如优布劳精酿酒馆、泰山原浆啤酒、斑马精酿酒馆、失眠企鹅精酿酒馆、猫员外精酿酒馆、TSINGTAO 1903 等一系列连锁酒馆品牌。

同时，在国潮风的推动下，主打各式创意米酒、果酒、花酒的中式小酒馆也开始备受追捧。例如，结合红柚、青梅、桃花等各式花果推出了彩虹斗酒、醉三仙等果酒的贰麻酒馆，以及推出了半步颠、女儿红、英雄泪及沉鱼、落雁等低度米酒和果酒系列的先启半步颠小酒馆。据红餐大数据，截至 2025 年 5 月，两者在全国的门店数分别有 80 余家、150 余家。

在餐食方面，部分酒馆开始注重提升餐食比例，在炸货、卤味、凉菜等传统佐酒小食的基础上，引入地方菜、西餐、烧烤、火锅、烤鱼、茶饮等产品，丰富消费者的就餐体验。例如，汉森熊啤酒屋在部分门店推出了“酒馆 + 烤肉 / 火锅”；熊猫精酿啤酒厨房推出了主打“啤

酒＋湘菜”的湘声岳色·熊猫精酿门店；泸州老窖的百调 MINIBOXX 融合了“轻酒、轻咖、轻食”的特色；茶颜悦色的昼夜诗酒茶·艺文小酒馆售卖茶饮、特色茶酒等饮品。

此外，一些主打湘菜、川菜、云南菜等地方菜系的“创意 Bistro”酒馆亦在市场上迅速兴起，它们将地方菜系与 Bistro 元素融合，深入挖掘并创新演绎地方风味食材，同时也非常注重餐与酒的平衡，通过精选葡萄酒、香槟、鸡尾酒、精酿等多种酒品，与多样化菜品搭配，打造独特且高品质的消费体验（见表 9-7）。

表 9-7　2025 年全国部分地域风味 Bistro 酒馆品牌发展概况

餐食菜品风味	产品模式	代表品牌
云贵风味	云贵特色菜、小吃和烧烤＋葡萄酒／精酿啤酒／米酒／黄酒等	春至 Bistro、滇 FU·云南 Bistro、白老虎屯 White Tiger Village 等
川渝风味	创意川菜＋葡萄酒／香槟／白酒／自酿酒等	肆海小川菜酒馆 Wine Bistro、Hō Wine Bar & Eatery、多半馆馆等
西北风味	西北牛羊肉料理＋本土葡萄酒等	壮壮酒馆 Bistro STRONG、Cila 恣辣等
湖湘风味	现代湘菜＋自然酒／葡萄酒／橙酒等	湘椒·食朋酒侪 Bistro、园有桃·现代湘菜等
江浙沪风味	创意本帮菜＋葡萄酒／鸡尾酒／黄酒／米酒／精酿清酒等	本宅 Tzan Mansion、三佰杯等
闽南风味	福建特色菜、卤味和小菜＋葡萄酒等	鲤承·Licharm 等

资料来源：公开信息，红餐产业研究院整理。

红餐网 | 红餐大数据

四、品牌探索“酒馆＋”，以场景布局强化酒馆“三感”

为满足市场多样化需求，近年来，胡桃里音乐酒馆、TSINGTAO 1903、跳海等部分酒馆品牌积极探索并创新“酒馆＋”的多业态混合经营模式，通过灵活融合音乐演出、书店／图书馆、展会、零售等多种业态，构建出扩展性较强的复合型消费体验空间，提供“一站式”服务，与用户实现多时段交互，提升坪效及用户体验（见表 9-8）。例如，跳海与服装零售品牌 Badmarket 联名推出了跳海 Badmarket 门店，将服装零售与酒馆相结合，打造出差异化的消费体验。

表 9-8　2025 年全国部分“酒馆 +”混合经营模式案例一览

经营模式	代表品牌	模式特点
酒馆 + 音乐演出、展会	胡桃里音乐酒馆	结合音乐酒馆特色，拓展场地租赁、策展等业务，承接多样的活动策划，打造综合文化交流空间
酒馆 + 民宿、音乐、书坊	TSINGTAO 1903	推出了 1903 青岛酒馆 MIX 门店，融合酒馆、民宿、音乐、阅读书坊等多种业态，构建一个以啤酒为主题的复合式休闲空间
酒馆 + 服装零售	跳海	跳海与服装零售品牌 Badmarket 联名推出了跳海 Badmarket，主打“白天售衣、夜间变酒馆”的双重设定，提升趣味性和互动性

资料来源：公开信息，红餐产业研究院整理。

此外，在体验创新、内容演进和场景迭代中，酒饮消费逐渐从应酬、佐餐等传统消费场景向一些小型聚会、露营、野餐等非应酬、非就餐场合的社交场景转变。优布劳精酿酒馆、COMMUNE 幻师、EME COCKTAIL、哈夫啤酒便利店等酒馆品牌也在通过不断拓展酒饮消费场景，如户外场景、街头社区场景、便利零售场景等场景，强化酒馆的氛围感、松弛感与社交感，为消费者提供全新的消费体验（见表 9-9）。

表 9-9　2025 年全国部分酒馆品牌的场景打造情况一览

场景	代表品牌	具体表现
户外场景	优布劳精酿酒馆	通过“产品 + 场景”，推出了丛林酒馆、火星酒馆、露天酒馆、沙滩酒馆等一系列的户外消费场景，打造户外沉浸式饮酒体验
酒水市集场景	COMMUNE 幻师	依托特色 IP，通过不同的主题酒水市集场景，聚焦派对和市集文化，满足消费者的社交和情绪需求
街头社区场景	EME COCKTAIL	通过开放式设计，将消费场景融入街头社区，并通过门店自助式调酒和零售装的“便携调酒包”，营造“City Drink”的松弛感和微醺自由感
便利零售场景	哈夫啤酒便利店	通过“酒水便利 + 社交”的形式，用更 chill 的氛围将便利店打造为放松、愉悦的饮酒聚会场景

资料来源：公开信息，红餐产业研究院整理。

整体来看，当下酒馆赛道呈现出多元业态并存的格局，品牌在店型规划、空间设计与渠道布局等方面日趋精细。不过值得注意的是，当下，酒馆赛道还面临着诸多挑战，如消费场景受限、社交属性强导致低翻台率、同质化严重以及复购率不足等，这些都需要酒馆品牌一一克服。

第四节　自助餐：

餐饮业兴起自助模式，下沉市场成平价自助掘金之地

近年来，在市场环境和消费观念转变的双重驱动下，自助餐迎来了新的发展机遇。不仅自助餐赛道的创业热情高涨，众多非自助餐领域的品牌也纷纷引入了自助模式，进一步拓宽行业边界，推动赛道持续扩容。

一、自助餐赛道升温，平价自助市场份额持续增长

作为一种外来的餐饮模式，自助餐赛道在国内经历了辉煌到低谷期的发展阶段。不过，随着近年来性价比消费理念的兴起，自助模式再度焕发活力，成为餐饮市场的“宠儿”。

据企查查数据，2023—2024 年，自助餐相关企业年注册量连续突破 6,000 家，2025 年前五个月的企业注册量也超过了 2,300 余家。截至 2025 年 5 月，自助餐企业存量逼近 4 万家。如图 9-4，红餐大数据显示，2024 年全国自助餐市场规模为 1,290 亿元，同比增长 7.5%。截至 2025 年 5 月，全国自助餐门店已达到了 6.6 万家，较 2024 年同期净增门店 1 万余家。预计 2025 年全国自助餐市场规模将超过 1,300 亿元。

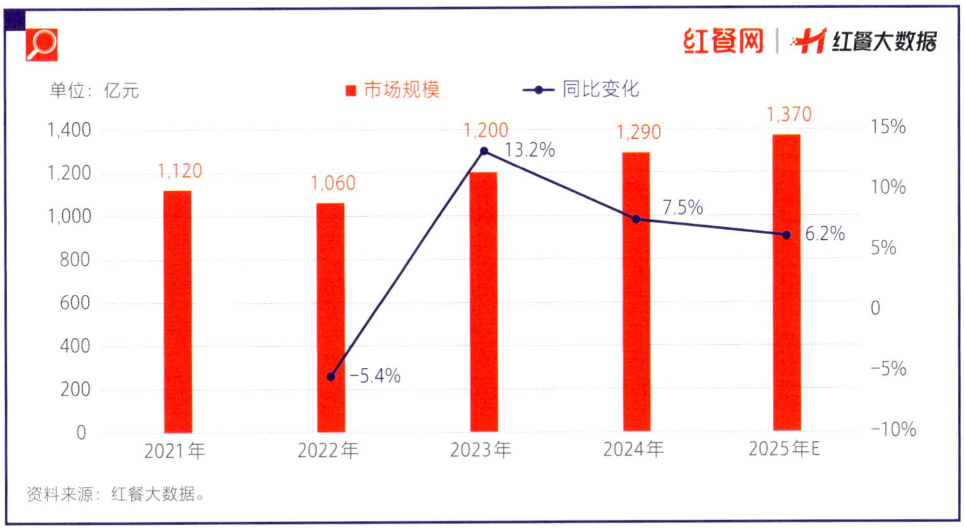

图 9-4　2021—2025 年全国自助餐市场规模概况

在市场竞争格局上，此前以产品多而全为特点的自助餐，近年来也逐渐走向细分化，涌现了一批聚焦细分品类的自助餐门店，比如火锅自助、烤肉自助、牛排海鲜自助、日式放题、比萨自助等。其中，火锅自助在自助餐赛道中的门店数占比最高，占比为 29.3%；其次是烤肉自助和牛排海鲜自助，占比分别为 19.6% 和 18.5%。

近年来，自助餐各细分赛道均发展出了一批颇具规模的品牌，比如火锅自助赛道的围辣小火锅、郭淑芬鲜切牛肉自助老火锅、仟味一鼎自助小火锅、谭三娘鲜切牛肉自助火锅、农小锅、龍歌自助小火锅等一众品牌的门店数均在数百家，尤其是旋转小火锅品牌和牛肉自助火锅品牌的拓店速度较快。其中，主打性价比的围辣小火锅在 2024 年至 2025 年 5 月净增 200 余家门店，总门店数超过 1,000 家；创立于 2024 年 3 月的郭淑芬鲜切牛肉自助老火锅已在全国开出了 500 余家门店（见表 9-10）。

表 9-10　2025 年全国部分自助餐品牌发展概况

品牌名称	细分赛道	门店数（家）	人均消费（元）	门店主要分布区域
围辣小火锅	火锅自助	1,000+	24	河南、山西、河北等
郭淑芬鲜切牛肉自助老火锅	火锅自助	510+	78	浙江、江苏、安徽等
仟味一鼎自助小火锅	火锅自助	330+	33	河北、江苏、河南等
古鲁特烤肉自助	烤肉自助	300+	55	浙江、福建、江西等
小猪查理川式烤肉	烤肉自助	280+	69	山东、河南、河北等
谭三娘鲜切牛肉自助火锅	火锅自助	270+	99	安徽、四川、河北等
比格比萨自助	比萨自助	270+	70	北京、河北、山东等
郝阿娘鲜切牛肉自助火锅	火锅自助	230+	77	山东、河南、江苏等
农小锅	火锅自助	230+	35	北京、河南、河北等
姜胖胖首尔自助烤肉	烤肉自助	220+	72	四川、重庆、陕西等
龍歌自助小火锅	火锅自助	170+	58	山东、江苏、河北等
吉布鲁牛排海鲜自助	牛排海鲜自助	170+	83	四川、重庆、云南等
豪德亨牛排自助餐厅	牛排海鲜自助	140+	78	浙江、江西、福建等
韩盛 · 盛江山自助烤肉	烤肉自助	140+	78	辽宁、山东、山西等
大渔铁板烧	日式放题	120+	223	广东、江苏、山东等
九阪居精致自助烤肉	烤肉自助	110+	78	安徽、江苏、河北等
一绪寿喜烧	日式放题	90+	170	江苏、上海、山东等
苏格里岛	综合自助	80+	88	广东、福建、广西等
星伦多自助料理	综合自助	80+	106	江苏、浙江、上海等

续表

品牌名称	细分赛道	门店数(家)	人均消费(元)	门店主要分布区域
快乐爱斯米牛排自助	牛排海鲜自助	80+	74	河南、江苏、安徽等
芝小官毛肚火锅海鲜自助	火锅自助	80+	100	江苏、浙江、上海等
牛 New 寿喜烧	日式放题	60+	170	上海、浙江、江苏等
汉釜宫	烤肉自助	60+	59	河北、浙江、江西等
韩风源烧烤涮自助餐厅	综合自助	60+	63	河南、河北、山西等
好伦哥	比萨自助	60+	55	北京、河北、山西等
钱小奴创意自助餐厅	综合自助	50+	90	浙江、江苏、安徽
锦城川喜鱼稻田蛙	火锅自助	50+	69	四川、河北、山东等
七掌柜自助火锅	火锅自助	50+	68	四川、安徽、江苏等
上井精致料理	日式放题	40+	275	四川、重庆、河南等
喜庭海鲜自助	海鲜自助	40+	157	四川、广东、湖北等
宽城子美蛙自助	火锅自助	40+	91	江苏、安徽、上海等
蚝英雄	海鲜自助	40+	123	北京、甘肃、河南等
亚马逊环球美食百汇	综合自助	20+	165	江西、湖南、湖北等
東盛炭烤自助料理	烤肉自助	20+	129	上海、江苏、浙江
德川家日本料理	日式放题	20+	269	北京
拉蒂娜巴西牛排馆	烤肉自助	10+	278	上海、北京、广东
温野菜涮涮锅	日式放题	10+	168	北京、四川、广东等
贝拉厨房牛排自助餐厅	牛排海鲜自助	10+	73	江苏、安徽
牛小新烧肉屋	日式放题	10+	165	上海、浙江、江苏
浅锅日式和牛小锅放题	日式放题	10+	233	广东、福建
水濑	日式放题	约 5	534	广东
铭门盛宴艺术海鲜姿造	牛排海鲜自助	约 5	474	广东、北京、上海
第六季自助餐厅	综合自助	约 4	374	北京
雍容荟	牛排海鲜自助	约 4	538	四川、陕西

资料来源：红餐大数据，数据统计时间截至 2025 年 5 月 31 日。

红餐网 | 红餐大数据

在烤肉自助赛道中，古鲁特烤肉自助、小猪查理川式烤肉、姜胖胖首尔自助烤肉等品牌的门店数均超过了 200 家。其中，创立于 2019 年的古鲁特烤肉自助主打高品质韩式风味烤肉，以黑猪五花肉、秘制松板肉、雪花猪上脑等产品为特色，人均消费为 55 元，显著低于传统烤肉品牌的人均消费，性价比较高。其凭借母公司麟创餐饮集团成熟的供应链体系和丰富的市场运作经验，在多个省市迅速扩张。目前，古鲁特烤肉自助已进驻全国 22 个省份 110 余个城市，总门店数超过 300 家。

与此同时，随着牛肉类食材在餐饮各赛道的火爆，主打牛肋条的自助烤肉门店在北京、上海、广州等城市走红，并快速向全国辐射。比如，创立于 2024 年上半年的林真真牛肋条自助放题拓店迅速，总门店数超过了 80 家，进驻城市 40 余个。

在牛排海鲜自助赛道中，吉布鲁牛排海鲜自助、豪德亨牛排自助餐厅等品牌门店数领跑。其中，豪德亨牛排自助餐厅是采用“点牛排 + 自助免费吃”的形式，主打高品质厚切牛排，同时提供比萨、烧烤、炒菜、小吃、水果、甜品、饮品等多种不限量自助美食，人均消费在 78 元左右。截至 2025 年 5 月，豪德亨牛排自助餐厅已在浙江、江西、福建等地区开出了 170 余家门店，并连续两年被评为“中国餐饮品类红鲤奖（中国餐饮品类十大品牌）· 年度自助餐十大品牌”。

日式放题、比萨自助以及综合自助领域也有一些代表品牌，如大渔铁板烧、比格比萨自助、星伦多自助料理、亚马逊环球美食百汇等。

此外，诸如面包自助、面馆自助、饺子自助、小龙虾自助、麻辣烫自助、快餐自助、早茶自助等不同类型的自助餐厅也在不断涌现。而一些非自助餐领域的品牌也引入了自助模式，以提升消费者体验和拓宽消费场景，如庆丰包子铺、满记甜品、南城香、永和大王、必胜客等，粤菜品牌金鼎轩还在北京开出了首家自助餐厅。

从自助餐的人均消费来看，人均消费在 100 元以下的“平价自助”门店数量占比持续增长。如图 9-5，红餐大数据显示，截至 2025 年 5 月，人均消费在 100 元以下的自助餐门店数占比为 80%，这一比例较 2022 年提升了 17.2 个百分点。

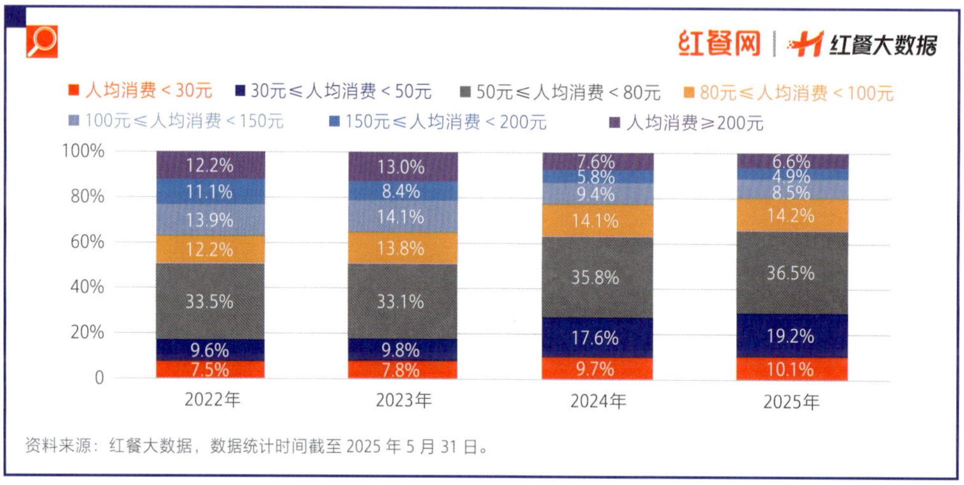

图 9-5　2022 — 2025 年全国自助餐门店人均消费价位占比分布情况

二、品牌加速布局下沉市场，以门店模型与供应链降本增效

近年来，随着餐饮市场的竞争愈发激烈，自助餐品牌纷纷在经营策略上积极求变，如聚焦品类、采用灵活的自助模式、开拓下沉市场、优化供应链等，以寻求更长远的发展（见表 9-11）。

表 9-11　近年自助餐赛道的主要发展亮点一览

维度	主要表现	代表案例
自助模式	自助模式日益多元化，除了全自助模式，还有半自助、分时段自助、灵活自助等模式	围辣小火锅、比格比萨自助、一绪寿喜烧等品牌采用自助与点单相结合的灵活自助模式；豪德亨牛排自助餐厅采用“点牛排 + 自助免费吃”的模式。 和合谷、嘉和一品、南城香、永和大王等品牌推出了早餐自助；满记甜品推出了午市甜品自助和夜宵自助等
门店选址	品牌加速向下沉市场布局，一些品牌围绕三线及以下城市开店，还有一些起源于一线城市的品牌也在向二线、三线城市扩张	围辣小火锅与仟味一鼎自助小火锅深耕下沉市场，其三线及以下城市门店数占比分别超过八成和七成；发源于北京的农小锅正逐渐向周边省市扩张；高端日料自助品牌上井精致料理也陆续进驻河南洛阳、安阳等二、三线城市
门店模型	品牌通过聚焦单一品类，优化菜单与门店设计，构建差异化竞争的同时，实现规模化发展	比格比萨自助聚焦比萨品类，将菜单 SKU 缩减至 130 余个，其标准门店面积在 260~290m^2；豪德亨牛排自助餐厅主打厚切牛排，自助类产品精简至 100 余款，门店面积可压缩至 200m^2 左右
供应链	品牌重视供应链建设，通过源头直采、自建加工厂以及与供应链企业合作等方式，实现成本管控与品质保障的双重目标	豪德亨牛排自助餐厅的母公司江西麟创餐饮集团自建 3 万平方米的产业园，涵盖食材加工、调味料生产、冷链配送等餐饮配套。 围辣小火锅与聚慧餐调、野火烧等供应链企业合作，同时其还与华鼎冷链合作，在全国设置了五大仓储中心，保障食材配送效率

资料来源：公开信息，红餐产业研究院整理。　红餐网 | 红餐大数据

在自助模式方面，从全自助、半自助、分时段自助到灵活自助，众多品牌探索出了更加多元化的自助模式。例如，围辣小火锅、比格比萨自助、小猪查理川式烤肉、一绪寿喜烧等品牌均采用自助与点单相结合的灵活自助模式；豪德亨牛排自助餐厅则采用“点牛排 + 自助免费吃”的模式。

与此同时，部分非自助餐品牌也推出适合自身的自助模式。比如海底捞、探鱼烤鱼、师烤·豆花烤鱼等品牌推出了小料自助、冰粉自助；和合谷、嘉和一品、南城香、永和大王等品牌推出了早餐自助；满记甜品推出了午市甜品自助和夜宵自助。

在门店选址方面，一些自助餐品牌瞄准下沉市场的消费潜力，加速向三线及以下城市布局。比如围辣小火锅、仟味一鼎自助小火锅、小猪查理川式烤肉、吉布鲁牛排海鲜自助、汉釜宫、郝阿娘

鲜切牛肉自助火锅等品牌均有超过一半的门店布局在三线及以下城市；发源于北京的农小锅也正逐渐向周边省市扩张，目前其三线及以下城市门店数占比接近四成；高端自助品牌上井精致料理自 2024 年起陆续进驻河南洛阳、安阳等三线城市。

红餐大数据显示，截至 2025 年 5 月，全国三线及以下城市的自助餐门店数占比为 51.6%，比 2024 年提高了 0.7 个百分点，比 2023 年提高了 1.4 个百分点（如图 9-6 所示）。

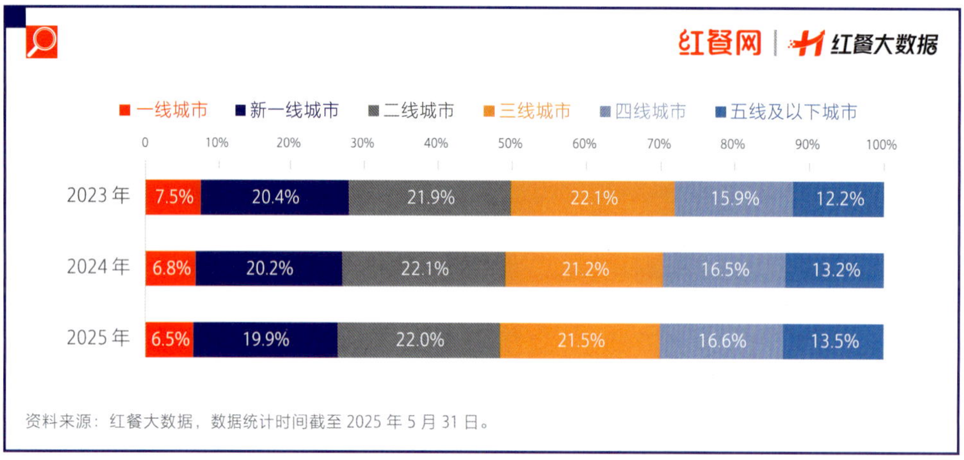

图 9-6　2023 — 2025 年全国各线级城市自助餐门店数占比分布情况

在门店模型方面，为了顺应当前市场趋势，不少品牌通过聚焦单一品类，优化菜单与门店设计，通过对门店模型的设计和优化，让单门店更具市场抗风险能力和竞争力。以江西麟创餐饮集团旗下的两大自助餐品牌为例，豪德亨牛排自助餐厅与古鲁特烤肉自助餐厅分别深耕牛排、烤肉这两个细分品类。其中，豪德亨牛排自助餐厅巧妙地将菜单划分为点单主餐与免费自助副餐两部分，主餐聚焦于 10 余款精选厚切牛排，满足消费者对高品质牛排的追求；而副餐则提供超过 100 款的丰富产品选择，让消费者在享受牛排的同时，也能体验到自助的乐趣。古鲁特烤肉自助餐厅则主打韩式风味烤肉，核心肉类产品 SKU 在 20~30 款，同时搭配了比萨、小吃、水果、饮品、甜品等产品。相较于传统自助餐厅动辄三四百款产品的“大而全”模式，豪德亨牛排自助餐厅与古鲁特烤肉自助餐厅均大幅精减了 SKU 数量，同时也使得门店面积得以缩减至约 $200m^2$，不仅显著降低了初始建店成本与日常运营成本，还拓宽了门店选址的灵活性。

在供应链建设方面，自助餐品牌通过源头直采、自建加工厂以及与供应链企业合作等方式，夯实供应链基础，实现成本管控与品质保障的双重目标。例如，江西麟创餐饮集团于2023年提出了“从田间到餐桌”的全产业链战略，在江西总部自主投资建设了总面积达3万平方米的麟创餐饮产业园。这一产业园集统一采购、食材加工、调味料生产、冷链仓储物流、电商运营等功能于一体，形成了紧密衔接、高效协同的产业链闭环，为旗下各大品牌门店提供全方位、全链条的SKU供应支持，有力保障了自助品牌毛利率稳定在50%。目前，麟创餐饮产业园已全面投入生产运营，其产能不仅能满足当前门店需求，还具备支撑全国超过1,000家门店原材料供应的能力，为其集团品牌的快速扩张提供了有力支撑。

此外，江西麟创餐饮集团还高度重视运营管理团队的建设，培养了50余位经验丰富的区域经理，有效提升了集团旗下各个品牌在全国范围内的运营效率与市场响应速度。

当前，自助餐赛道的再次翻红，说明消费者对于这种高自由度用餐形式的消费热情未减。然而值得注意的是，自助模式只是餐饮经营的一种形式，特别是一些原本并非深耕自助餐赛道的品牌，自助模式并不能成为拯救品牌的万能解药。

尽管引入自助模式或许能在短时间内给消费者带来新奇感和消费欲望，但无法从根本上解决品牌经营的诸多深层次问题。对于餐饮品牌而言，想要实现长远发展，还须深耕细作于菜品质量、服务水准、品牌形象及供应链管理等核心要素，紧密结合市场需求与自身独特优势，通过精准定位在激烈的市场竞争中稳固根基，持续前行。

- 第六届中国餐饮红鹰奖
- 第七届中国餐饮品类红鲤奖
  （2025 中国餐饮品类十大品牌）
- 第五届中国餐饮产业红牛奖

CHINA
CATERING

第十章 餐饮榜单

第一节 第六届中国餐饮红鹰奖

红餐网携手相关机构和餐饮产业上下游专家，于 2019 年联合创办了“中国餐饮红鹰奖”，致力于将该奖项打造为“中国餐饮界的奥斯卡”。该奖项旨在挖掘中国最有价值的餐饮品牌，鼓励和宣传优秀的中国餐饮品牌，助力中国餐饮业健康发展。创办至今，“中国餐饮红鹰奖”已经影响数百万餐饮人以及数千万美食消费者，同时也得到了各大权威媒体的高度关注。

“中国餐饮红鹰奖”的评选均是以红餐大数据为基础，结合红餐指数以及依据消费口碑、媒体传播、运营健康、荣誉背书、业内关注这五大维度的综合表现来评定的。每个奖项均依据其独特的关注焦点与评价标准，被赋予了不同的维度权重，以确保评选的全面性和专业性。

“红餐大数据”小程序是专注餐饮大数据的专业查询和分析工具，收录了超过 32,000 个餐饮品牌、8,000 余家餐饮产业上下游供应商和服务商，旨在通过全方位、超精细的数据呈现，为餐饮从业者、投资方、意向创业者提供决策参考。

“第六届中国餐饮红鹰奖”包括 2024 年度餐饮品牌力百强、2024 年度餐饮区域标杆品牌、2024 年度餐饮商业价值品牌三大奖项。

一、2024 年度餐饮品牌力百强

作为红鹰奖的核心奖项，“餐饮品牌力百强”是国内餐饮业第一份以“品牌力”为主题的权威榜单，旨在评选出一批表现卓越、实力雄厚的头部餐饮品牌（见表 10-1）。此奖项自面世以来，就受到了业内人士的广泛关注，在业界树立了较高的专业认可度。

1 ~ 25 26 ~ 50 51 ~ 75 76 ~ 100

表 10-1 2024 年度餐饮品牌力百强

名次	品牌名称	公司名称	品牌指数
1	肯德基（中国）	百胜中国控股有限公司	991.2
2	海底捞	四川海底捞餐饮股份有限公司	989.3
3	麦当劳（中国）	金拱门（中国）有限公司	988.7
4	瑞幸咖啡	瑞幸咖啡（北京）有限公司	985.4
5	蜜雪冰城	蜜雪冰城股份有限公司	983.8
6	星巴克（中国）	星巴克企业管理（中国）有限公司	983.2
7	西贝	内蒙古西贝餐饮集团有限公司	981.7
8	绝味鸭脖	绝味食品股份有限公司	981.3
9	必胜客（中国）	百胜中国控股有限公司	977.9
10	华莱士	福建省华莱士食品股份有限公司	976.4
11	正新鸡排	上海正新食品集团有限公司	975.6
12	老乡鸡	安徽老乡鸡餐饮有限公司	974.9
13	新荣记	临海市新荣记餐饮服务有限公司	974.5
14	喜茶	深圳美西西餐饮管理有限公司	974.2
15	紫燕百味鸡	上海紫燕食品股份有限公司	973.8
16	周黑鸭	周黑鸭食品股份有限公司	973.5
17	小菜园	安徽小菜园餐饮管理有限责任公司	973.1
18	茶百道	四川百茶百道实业股份有限公司	972.7
19	奈雪的茶	深圳市品道餐饮管理有限公司	972.4
20	乡村基	乡村基（重庆）投资有限公司	971.8
21	汉堡王（中国）	汉堡王（中国）投资有限公司	970.1
22	广州酒家	广州酒家集团股份有限公司	967.3
23	呷哺呷哺	呷哺呷哺餐饮管理有限公司	965.7
24	霸王茶姬	昆明霸王茶姬餐饮管理有限公司	964.5
25	萨莉亚（中国）	广州萨莉亚餐饮有限公司	957.9

1~25 26~50 51~75 76~100

续表

名次	品牌名称	公司名称	品牌指数
26	太二酸菜鱼	九毛九（广州）控股有限公司	952.1
27	巴比	中饮巴比食品股份有限公司	949.0
28	全聚德	中国全聚德（集团）股份有限公司	941.0
29	杨国福麻辣烫	上海杨国福企业管理（集团）有限公司	934.6
30	尊宝比萨	杭州千尊饮食连锁有限公司	929.7
31	张亮麻辣烫	张亮企业管理（集团）有限公司	928.4
32	炉鱼	外婆家餐饮集团有限公司	926.3
33	小龙坎火锅	成都小龙坎餐饮管理有限公司	925.7
34	达美乐（中国）	上海达美乐比萨有限公司	925.1
35	木屋烧烤	深圳市正君餐饮管理顾问有限公司	919.8
36	陶陶居酒家	广州陶陶居有限公司	918.3
37	同庆楼	同庆楼餐饮股份有限公司	917.5
38	巴奴毛肚火锅	巴奴毛肚火锅有限公司	917.0
39	绿茶餐厅	杭州绿茶餐饮管理有限公司	916.3
40	古茗	古茗科技集团有限公司	915.5
41	徐记海鲜	湖南徐记酒店管理有限公司	914.2
42	煌上煌	江西煌上煌集团食品股份有限公司	913.9
43	半天妖烤鱼	上海半天妖餐饮管理有限公司	913.1
44	塔斯汀	福州塔斯汀餐饮管理有限公司	912.3
45	蛙来哒	长沙味之翼湘餐饮有限公司	910.3
46	茶颜悦色	湖南茶悦文化产业发展集团有限公司	909.7
47	和府捞面	江苏和府餐饮管理有限公司	908.2
48	蒙自源	蒙自源（广东）餐饮集团有限公司	903.6
49	书亦烧仙草	四川书亦餐饮管理有限公司	900.4
50	海伦司	深圳市海伦司品牌管理有限公司	899.6

1～25　26～50　51～75　76～100

续表

名次	品牌名称	公司名称	品牌指数
51	喜家德虾仁水饺	喜鼎餐饮管理有限公司	897.5
52	大龙燚火锅	成都大龙燚餐饮管理有限公司	895.2
53	大米先生	乡村基（重庆）投资有限公司	892.1
54	袁记云饺	广东省袁记食品集团有限公司	888.4
55	沪上阿姨	沪上阿姨（上海）实业股份有限公司	883.2
56	味千拉面	上海领先餐饮管理有限公司	874.8
57	捞王锅物料理	捞王（上海）餐饮管理有限公司	868.5
58	费大厨辣椒炒肉	长沙费大厨餐饮管理有限公司	859.2
59	真功夫	真功夫餐饮管理有限公司	856.7
60	黄记煌三汁焖锅	北京黄记煌餐饮管理有限责任公司	851.3
61	王品牛排	王品（中国）餐饮有限公司	850.4
62	兰湘子·湘菜小炒	西安兰湘子餐饮管理有限公司	848.0
63	蛙小侠	深圳侠时代餐饮管理咨询有限公司	845.2
64	点都德	广东点都德餐饮管理有限公司	844.6
65	湊湊火锅·茶憩	湊湊餐饮管理有限公司	842.7
66	德克士	天津顶巧餐饮服务咨询有限公司	840.5
67	米村拌饭	延边米村餐饮管理有限公司	840.1
68	阿香米线	上海何勇企业管理集团有限公司	839.2
69	眉州东坡	眉州东坡餐饮管理（北京）有限公司	838.9
70	鱼你在一起	北京鱼你在一起品牌管理有限公司	838.3
71	西安饭庄	西安饮食股份有限公司	837.5
72	云海肴	云南云海肴餐饮管理有限公司	836.8
73	南京大牌档	南京大牌档美食文化有限公司	835.2
74	紫光园	北京市紫光园餐饮有限责任公司	833.6
75	七欣天	江苏七欣天餐饮管理连锁有限公司	831.5

1～25 26～50 51～75 76～100

续 表

名次	品牌名称	公司名称	品牌指数
76	九田家黑牛烤肉料理	内蒙古九田家餐饮管理股份有限公司	829.9
77	大蓉和	成都大蓉和餐饮管理有限公司	828.5
78	探鱼烤鱼	深圳市甘棠明善餐饮有限公司	827.1
79	季季红火锅	江西季季红餐饮管理有限公司	826.6
80	南城香	北京南城香餐饮有限公司	825.1
81	醉得意 · 家常菜	福建省醉得意餐饮管理有限公司	824.0
82	珮姐重庆火锅	重庆民贤餐饮文化有限公司	817.5
83	翠华餐厅	广州采华餐饮管理有限公司	816.8
84	李先生牛肉面大王	北京李先生加州牛肉面大王有限公司	815.2
85	西塔老太太泥炉烤肉	上海老太太泥炉餐饮管理有限公司	814.9
86	广顺兴	河南广顺兴餐饮管理有限公司	814.3
87	大董	大董餐饮投资有限公司	814.0
88	豪客来牛排	厦门豪客来餐饮管理有限公司	813.9
89	胖哥俩肉蟹煲	嘉兴盐商餐饮管理有限公司	813.4
90	很久以前羊肉串	北京很久以前餐饮管理有限公司	812.6
91	比格比萨自助	北京比格餐饮管理有限责任公司	811.5
92	永和大王	快乐蜂（中国）餐饮管理有限公司	810.8
93	唐宫	唐宫（中国）控股有限公司	809.9
94	豪德亨牛排自助餐厅	江西麟创餐饮文化有限公司	808.6
95	外婆味道	云南外婆味道餐饮管理有限公司	806.4
96	三顾冒菜	四川三顾冒菜品牌管理有限公司	806.3
97	椒爱水煮鱼川菜	北京椒爱餐饮管理有限公司	805.7
98	三津汤包	深圳市三津餐饮管理有限公司	804.2
99	吉祥馄饨	上海世好食品股份有限公司	802.1
100	鱼酷活鱼烤鱼	天津新致餐饮管理有限公司	801.5

红餐网 | 红餐大数据

二、2024 年度餐饮区域标杆品牌

“2024 年度餐饮区域标杆品牌”旨在挖掘国内实力较强、在特定区域内有代表性的餐饮品牌，并表彰其在所属品类中或者区域中作出的卓越贡献（见表 10-2 至表 10-16）。上榜品牌不仅在其所在的区域内具有显著的影响力和高知名度，而且在综合实力方面的表现也十分出色。

表 10-2　2024 年度长三角餐饮标杆品牌

品牌名称	公司名称
阿财老铺龙虾土菜馆	蚌埠阿财老铺餐饮管理有限公司
blue frog 蓝蛙	蓝蛙餐饮管理（上海）有限公司
潮界	上海执琢餐饮管理有限公司
刀板香	安徽省刀板香餐饮管理有限公司
東大方	浙江东大方餐饮管理有限公司
丰收日	丰收日（集团）股份有限公司
桂满陇	上海云蒸餐饮管理有限公司
红盔甲	上海永利顺餐饮有限公司
胡子大厨	上海胡子大厨餐饮管理有限公司
徽宴楼	安徽徽宴楼餐饮管理有限公司
江南雅厨	苏州新梅华餐饮管理有限公司
金海华	苏州工业园区金海华餐饮管理有限责任公司
九鼎轩脆毛肚火锅	江苏九鼎轩餐饮管理有限公司
辣得叫	宁波市辣得叫餐饮管理有限公司
绿地三只羊羊肉串	徐州三只羊餐饮管理有限公司
民国红公馆	南京红公倌餐饮管理有限公司
去茶去 · 休闲中餐	温州去茶去餐饮管理有限公司
simply thai 天泰	上海天泰餐饮服务有限公司
山石榴 · 贵州菜	上海戏黔餐饮管理有限公司
狮王府	南京狮王府美食有限公司
苏小柳手工点心	苏小柳（上海）餐饮管理有限公司
塔哈尔	上海鑫沣餐饮管理有限公司
湘间田舍	宁波市心湘传餐饮管理有限公司
小厨娘淮扬菜	江苏小厨娘餐饮管理有限公司
新白鹿	杭州新白鹿餐饮管理有限公司
新发现	杭州新发现餐饮管理有限公司
新梅华	苏州新梅华餐饮管理有限公司
寻宝记绍兴菜	绍兴寻宝记酒店有限公司
寻湘地带	合肥市寻湘地带餐饮管理有限公司
巡湘记	上海巡湘记餐饮有限公司
姚稷大铁锅	苏州姚稷大铁锅餐饮管理有限公司
甬府小鲜	上海甬府晓鲜餐饮管理有限公司
涌上外婆桥	宁波涌上外婆桥餐饮管理有限公司
芝小官毛肚火锅烤肉自助	无锡魅厨餐饮管理有限公司
左庭右院	上海左庭右院企业管理有限公司

* 排名不分先后。

表 10-3　2024 年度大湾区餐饮标杆品牌

品牌名称	公司名称
八合里牛肉火锅	广东八合里控股有限公司
半岛名轩	广州半岛名轩餐饮有限公司
炳胜品味	广州市炳胜品味餐饮有限公司
潮发	广州传记潮发餐饮管理有限公司
陈记顺和	广州陈顺和餐饮管理有限公司
陈鹏鹏潮汕菜	陈鹏鹏餐饮（广东）有限公司
大鸽饭	广州市大鸽饭餐饮投资有限公司
鹅公村	广州市鹅公村饮食有限公司
繁楼	广东繁楼餐饮管理有限公司
gaga	深圳市鲜语餐饮管理有限公司
海门鱼仔 · 潮汕味	广州市海门鱼仔店餐饮有限公司
回家湘	珠海市横琴回家湘餐饮连锁有限公司
客语客家菜	广东客语餐饮管理有限公司
辣可可 · 小炒黄牛肉	深圳市辣可可餐饮管理有限公司
老碗会 · 陕西手工面	深圳老碗会餐饮投资管理有限公司
佬麻雀 · 新湘菜	广东佬麻雀餐饮管理有限公司
南海渔村	南海渔村集团有限公司
农耕记 · 湖南土菜	深圳市农耕记餐饮有限公司
榕意	广州榕意餐饮管理有限公司
如轩海鲜砂锅粥	佛山市五仁餐饮管理有限公司
润园四季椰子鸡	深圳润园四季餐饮有限公司
山东老家	广州市食尚国味饮食管理有限公司
湘阁里辣	东莞市湘阁里辣餐饮管理有限公司
湘辣辣	广州市老湘村餐饮管理有限公司
湘颂	广州市湘颂餐饮有限公司
椰林海鲜码头	广州椰林餐饮管理有限公司
猪肉婆私房菜	佛山市顺德区猪肉婆私房菜有限公司
滋粥楼	广州市滋粥楼餐饮发展有限公司

* 排名不分先后。

红餐网 | 红餐大数据

表 10-4　2024 年度京津冀餐饮标杆品牌

品牌名称	公司名称
巴依老爷新疆美食	阿娜古丽（北京）美食村有限公司
北京宴	北京宴禧餐饮管理有限公司
登瀛楼饭庄	天津市登瀛楼饭庄有限公司
耳朵眼	天津耳朵眼炸糕餐饮有限责任公司
丰茂烤串	延吉市丰茂德尚餐饮管理有限公司
胡大饭馆	北京胡大餐饮有限公司
花家怡园	北京花家怡园餐饮有限公司
惠宾饭庄	天津惠宾餐饮管理集团有限公司
金掌勺东北菜	北京掌勺人餐饮有限公司
局气	北京局气餐饮管理有限公司
那家小馆	那家小馆（北京）餐饮管理有限公司
全牛匠 · 乐山跷脚牛肉	北京全牛匠餐饮管理有限公司
四季民福烤鸭店	北京四季民福餐饮管理有限公司
旺顺阁鱼头泡饼	北京旺顺阁美食有限公司
西部马华清真牛肉面	北京马华餐饮有限公司
潇湘阁	北京潇湘阁餐饮有限公司
小吊梨汤	以食为喜（北京）餐饮管理有限公司
小放牛炒菜馆	河北小放牛餐饮管理有限公司
蝎王府羊蝎子	京蝎府（北京）酒店管理有限公司
渝乡辣婆婆	河北渝乡辣婆婆餐饮管理有限公司

* 排名不分先后。

红餐网 | 红餐大数据

表 10-5　2024 年度川渝餐饮标杆品牌

品牌名称	公司名称
布拉诺西餐	四川布拉诺品牌管理有限公司
柴门荟	成都柴门餐饮管理有限责任公司
陈麻婆豆腐	四川省成都市饮食公司
何师烧烤	成都和胜餐饮酒店管理有限公司
九村烤脑花	重庆但品餐饮管理有限公司
九锅一堂	重庆九锅一堂餐饮管理有限公司
烤匠麻辣烤鱼	成都市烤匠餐饮管理有限公司
老甘家小龙虾江湖菜	重庆老甘家餐饮管理有限公司
李子坝梁山鸡	重庆李子坝餐饮文化有限公司
马旺子川小馆	上海保马餐饮管理有限公司
南堂馆	成都南堂馆餐饮管理有限公司
守柴炉烤鸭	重庆守柴炉餐饮管理有限公司
陶德砂锅	四川陶德愿景餐饮管理有限公司
陶然居 · 重庆菜	重庆陶然居饮食文化（集团）股份有限公司
晓彭肥肠鸡	重庆不过如此餐饮管理有限公司
徐鼎盛民间菜	重庆徐鼎盛餐饮管理有限公司
杨记隆府	重庆杨记味功夫餐饮管理有限公司
一把骨	成都佘氏一把骨餐饮管理有限公司
悦百味	成都悦百味餐饮有限公司

* 排名不分先后。

红餐网 | 红餐大数据

表 10-6　2024 年度西北餐饮标杆品牌

品牌名称	公司名称
阿西娅	甘肃阿西娅餐饮管理有限公司
奔跑吧陕菜	西安旺成源餐饮管理有限公司
金柱大盘鸡	乌鲁木齐金柱味道餐饮管理有限公司
九悦烤鸭	内蒙古九悦餐饮管理有限公司
老绥元烧麦	内蒙古老绥元餐饮管理有限公司
千家粗粮王	西安千家粗粮王餐饮有限责任公司
叁宝烤肉	西安叁宝烤肉餐饮有限公司
外婆印象	陕西外婆印象餐饮管理有限公司
五谷虫子鸡	新疆虫子鸡餐饮管理有限责任公司
遇见长安	西安遇见长安餐饮管理有限公司
长安大牌档	陕西古今长安品牌管理有限公司
朝花里青花椒鱼 · 川菜	西安秋池餐饮管理有限公司

* 排名不分先后。

红餐网 | 红餐大数据

表 10-7　2024 年度湖湘餐饮标杆品牌

品牌名称	公司名称
煲大王猪肚鸡	湖南煲大王企业管理咨询有限公司
笨罗卜浏阳菜馆	湖南省笨罗卜餐饮服务管理有限责任公司
炊烟小炒黄牛肉	湖南戴氏餐饮管理有限公司
大碗先生	湖南大碗先生餐饮连锁管理有限公司
火宫殿	长沙饮食集团长沙火宫殿有限公司
聚味瞿记	湖南聚味瞿记餐饮管理有限公司
绿草地 · 湘菜	湖南相约绿草地餐饮管理有限公司
晴溪庄园	湖南晴溪餐饮管理集团有限公司
王捌院子	湖南星城乐享餐饮管理有限公司
夏日玛莉西餐厅	湖南春夏餐饮管理有限公司
宴长沙	湖南省味宴餐饮连锁管理有限公司
壹盏灯	长沙市壹盏灯餐饮管理有限公司

* 排名不分先后。

红餐网 | 红餐大数据

表 10-8　2024 年度东北餐饮标杆品牌

品牌名称	公司名称
北丐先生	沈阳北丐先生餐饮服务有限公司
多嘴超级肉蟹煲	沈阳联智名创餐饮管理有限公司
奉天小馆	沈阳抱抱餐饮管理有限公司
宏姐串串香	哈尔滨宏姐餐饮品牌管理有限公司
老昌春饼	哈尔滨老昌美食连锁经营有限责任公司
老厨家	哈尔滨市老厨家餐饮有限责任公司
山河屯铁锅炖	黑龙江省山河屯餐饮管理有限公司
彤德莱火锅	大连彤德莱餐饮管理集团有限公司
伟大航路烤鱼	航路伙伴（长春）餐饮管理有限公司
喜鼎	北京喜鼎餐饮管理有限公司
熊喵来了火锅	熊喵来了（大连）餐饮管理有限公司

* 排名不分先后。

红餐网 | 红餐大数据

表 10-9　2024 年度齐鲁餐饮标杆品牌

品牌名称	公司名称
超意兴	济南超意兴餐饮有限公司
城南往事	山东凯瑞商业集团有限责任公司
豆花姐 · 烂豆花火锅	济南彦盛彦企业管理咨询有限责任公司
高第街 56 号餐厅	山东凯瑞商业集团有限责任公司
金春禧	山东金春禧餐饮集团有限公司
老济南四合院	济南至庸四合院文化旅游开发有限公司
老金烧烤	山东同逸餐饮管理集团有限公司
龍歌自助小火锅	青岛龙之歌餐饮管理有限公司
吕氏疙瘩汤	青岛吕氏德成餐饮文化管理有限公司
茅庐川菜	山东合众酒店管理有限公司
闫府私房菜	山东天天食尚餐饮管理有限公司

* 排名不分先后。

红餐网 | 红餐大数据

表 10-10 2024 年度中原餐饮标杆品牌

品牌名称	公司名称
阿五黄河大鲤鱼	河南阿五餐饮服务有限公司
巴庄重庆火锅	河南巴庄品牌管理有限公司
福状元粥店	郑州福状元餐饮管理有限公司
功夫怪兽	功夫怪兽（郑州）餐饮管理有限公司
姐弟俩土豆粉	姐弟餐饮管理有限公司
解家河南菜	河南解家餐饮服务有限公司
炉小哥烤肉	郑州炉小哥餐饮有限公司
特味村	河南省特味村企业管理咨询有限公司
杨掌柜辣椒炒肉	南阳大汉王朝餐饮管理有限公司
郑喜旺烧烤	河南郑喜旺餐饮有限公司

* 排名不分先后。

红餐网 | 红餐大数据

表 10-11 2024 年度荆楚餐饮标杆品牌

品牌名称	公司名称
蔡林记	武汉蔡林记商贸有限公司
常青麦香园	湖北常青麦香园餐饮管理有限公司
肥肥虾庄	湖北肥肥虾庄餐饮管理有限公司
湖锦酒楼	武汉湖锦小厨餐饮管理有限公司
火瀑椒麻火锅	武汉火瀑椒麻餐饮管理有限公司
靓靓蒸虾	武汉靓靓蒸虾餐饮管理有限责任公司
来菜 · 湖北头牌藕汤	武汉荆楚来菜餐饮有限责任公司
刘胖子家常菜	武汉刘胖子家常菜有限公司
肖记公安牛肉鱼杂馆	武汉翔奥餐饮有限公司

* 排名不分先后。

红餐网 | 红餐大数据

表 10-12 2024 年度八闽餐饮标杆品牌

品牌名称	公司名称
草本汤	福州草本餐饮管理有限公司
凡塔斯牛排自助餐厅	福州市凡塔斯餐饮管理有限公司
临家闽南菜	厦门市临家商务服务集团有限公司
荣先森 · 福建小馆	厦门荣先森餐饮有限公司
蜀都丰川菜 · 水煮活鱼	福建蜀都丰餐饮管理有限公司
四道菜 · 福建菜馆	福州四道菜餐饮管理有限公司
田边厝 · 湖南乡野菜	福建省田边厝餐饮有限责任公司
周麻婆	福建省周麻婆餐饮管理有限公司

* 排名不分先后。

红餐网 | 红餐大数据

表 10-13　2024 年度云贵餐饮标杆品牌

品牌名称	公司名称
福照楼	昆明福照楼汽锅鸡餐饮有限公司
贵厨酸汤牛肉	贵州贵厨企业管理有限公司
菌彩野生菌火锅	云南八方来餐饮管理有限公司
老滇山寨	云南老滇山寨餐饮管理有限公司
老凯俚酸汤鱼	贵州醉苗乡餐饮投资管理有限公司
茄子恰恰	云南港城餐饮管理有限公司
树厨贵州菜	贵州树厨餐饮管理有限公司
丝恋丝娃娃	贵阳丝恋餐饮管理有限责任公司

* 排名不分先后。

红餐网 | 红餐大数据

表 10-14　2024 年度北部湾餐饮标杆品牌

品牌名称	公司名称
桂小厨广西菜	广西桂小厨餐饮管理有限公司
好友缘酒家	广西好友缘餐饮投资有限公司
廖哥土鲫鱼	桂林消化三里餐饮管理有限公司
十八碗	海南莲生餐饮文化管理有限公司
拾味馆 · 海南菜	海南拾味餐饮集团有限公司
瑶王府 · 广西菜	广西瑶王府餐饮管理有限公司
椰妹原生态椰子鸡	南宁果麦餐饮管理有限公司

* 排名不分先后。

红餐网 | 红餐大数据

表 10-15　2024 年度赣鄱餐饮标杆品牌

品牌名称	公司名称
阿姆源	江西阿姆源餐饮管理有限公司
春天来了	江西春天来了餐饮管理有限公司
辣小鲜 · 南昌大排档	南昌市亿含鲜餐饮有限公司
炉忆家宴	江西炉忆家宴餐饮有限公司
鲟阳宴	江西鱼哥鲟阳宴餐饮管理有限公司
亚马逊环球美食百汇	江西亚马逊餐饮管理集团有限公司

* 排名不分先后。

红餐网 | 红餐大数据

表 10-16　2024 年度三晋餐饮标杆品牌

品牌名称	公司名称
猴子山下 · 活虾麻辣香锅	山西猴子山下餐饮管理有限公司
老太原菜馆	山西老太原菜馆餐饮有限公司
山西会馆	山西会馆餐饮文化有限公司
杏花堂	山西杏花堂餐饮管理有限公司

* 排名不分先后。

红餐网 | 红餐大数据

三、2024 年度餐饮商业价值品牌

“2024 年度餐饮商业价值品牌”旨在评选出行业中正处于成长上升期、具有较高商业价值的餐饮品牌，为餐饮创业者以及投资机构提供投资决策参考(见表 10-17)。

1～33　34～67　68～100

表 10-17　2024 年度餐饮商业价值品牌

品牌名称	公司名称
安又胖韩国烤肉	青岛安三胖餐饮有限公司
ARTEASG 啊 T	湖南有茶有趣餐饮管理有限公司
霸碗盖码饭	湖南霸王餐饮管理有限公司
煲仔正	广州煲仔正餐饮管理服务有限公司
北木南烤肉和酒	成都北木南餐饮管理有限公司
笨姐居民楼火锅	重庆笨姐餐饮管理有限公司
比萨玛尚诺	马上诺餐饮（上海）有限公司
兵哥豌豆面	四川兵哥餐饮管理有限公司
蔡澜点心	蔡澜抱抱（广东）餐饮管理有限公司
茶话弄	西安八亩田餐饮管理有限公司
茶救星球	广州茶百分百餐饮管理有限公司
陈香贵 · 兰州牛肉面	上海小贝壳餐饮管理有限公司
池田寿司	北京池田悦餐饮管理有限公司
川锅一号火锅	徐州市川锅一号餐饮管理有限公司
COMMUNE 幻师	极物思维集团有限公司
村上一屋	村上一屋（北京）餐饮有限责任公司
打平伙 · 鲜辣小炒	南昌烁焰餐饮管理有限公司
大斌家串串火锅	长沙市斌斌有你餐饮管理有限公司
大美西北	广州大美西北餐饮管理有限公司
大叹号烤肉	青岛大叹号餐饮管理有限公司
第 9 味老上海馄饨	深圳市第九味连锁餐饮管理有限公司
东方一串	上海栋方亿串餐饮管理有限公司
甘食记成都肥肠粉	成都甘食记餐饮有限公司
宫宴	北京宫宴餐饮文化管理有限公司
谷田稻香	上海谷田餐饮管理有限公司
广隆蛋挞王	东莞市广隆食品有限公司
黑白电视长沙小吃	湖南吃货铺餐饮管理有限公司
红灯记贵州酸汤牛肉火锅	湖南红灯记餐饮管理有限公司
洪都大拇指	南昌顺华餐饮管理有限公司
吼堂老火锅	成都世纪甲子餐饮管理有限公司
后火锅	成都后火餐饮管理有限公司
虎丫炒鸡	郑州樱桃里餐饮管理有限公司
花小小新疆炒米粉	北京四有青年餐饮管理有限公司

* 排名不分先后。

1～33 34～67 68～100

续表

品牌名称	公司名称
火啫啫	长沙火啫啫餐饮管理有限公司
悖动	悖动（上海）餐饮管理有限公司
煎饼道	四川绿虎供应链管理有限公司
江渔儿酸菜鱼	广州开呗餐饮管理有限公司
犟骨头超级排骨饭	天津七惑和他的朋友餐饮管理有限公司
揭小明楼下肥肠火锅	佛山市揭小明餐饮管理有限公司
金戈戈香港豉油鸡	深圳金戈戈餐饮管理有限公司
酒拾烤肉	湖南卜食记餐饮管理有限公司
库迪咖啡	库迪咖啡（北京）有限公司
夸父炸串	厦门万皮思食品科技有限公司
快乐番薯	厦门快乐番薯股份有限公司
老韩煸鸡	湖北老韩煸鸡煸道食品有限公司
老娘舅	老娘舅餐饮股份有限公司
李与白包子铺	成都李与白餐饮管理有限公司
临榆炸鸡腿	临榆企业管理（集团）秦皇岛有限公司
LINLEE 林里 · 手打柠檬茶	广州昌邻餐饮管理有限公司
刘炭长	辽宁刘炭长餐饮管理服务有限公司
卢家妈妈 · 西餐厨房	广州市聚众餐饮有限公司
泸溪河	泸溪河食品（集团）有限公司
罗妈砂锅	成都罗妈餐饮管理有限公司
麻六记	北京麻六记餐饮管理有限公司
麻爪爪	重庆麻爪爪餐饮管理有限公司
马记永 · 兰州牛肉面	上海花桥餐饮管理有限公司
NOWWA 挪瓦咖啡	浙江力醒科技有限公司
魔都三兄弟	威上餐饮管理（上海）有限公司
茉莉奶白	深圳市茉莉奶白餐饮管理有限公司
柠季 · 手打柠檬茶	湖南三发餐饮管理有限公司
派乐汉堡	武汉派乐汉堡食品发展有限公司
萍姐火锅	重庆亚特餐饮发展有限公司
破店肥哈 · 东北烧烤	深圳市经晟华茂餐饮管理有限公司
朴大叔拌饭	苏州多福餐饮管理有限公司
柒酒烤肉	湖南梓文餐饮管理有限公司
千牛刀渣渣牛肉	成都大局超吉餐饮管理有限公司
融柳大铁牛螺蛳粉	杭州奥仕利创餐饮管理有限公司

＊排名不分先后。

1～33 34～67 68～100

续 表

品牌名称	公司名称
三两粉	广东三两粉企业管理有限公司
陕味食族油泼面	北京陕味食族餐饮管理有限公司
师烤 · 豆花烤鱼	广州市师烤餐饮管理有限公司
蜀大侠火锅	成都蜀大侠餐饮管理有限公司
谭三娘鲜切牛肉自助火锅	四川谭三娘品牌营销策划有限责任公司
谭仔米线	谭仔餐饮（深圳）有限公司
缇里咖啡	缇里（广州）餐饮管理有限公司
蛙喔	浙伍爷企业管理（杭州）有限公司
围辣小火锅	河南中聚餐饮管理有限公司
味之绝	成都市味之绝餐饮管理有限公司
屋头串串	成都屋头餐饮管理有限公司
五条友音乐烧烤	广西五条友餐饮管理有限公司
五味小面	广州市五味小面餐饮管理有限公司
伍学长现烤串夹饼	郑州伍学长餐饮管理有限公司
喜姐炸串	南京无边界餐饮管理有限公司
湘之荷	杭州雨凡餐饮有限公司
小谷姐姐麻辣拌麻辣烫	天津小谷顿餐饮管理服务有限公司
小女当家	深圳小女当家企业管理有限公司
小鱼号酸菜鱼	厦门小觅渔餐饮管理有限公司
熊大爷现包饺子	天津联拓餐饮管理有限公司
许府牛	杭州三千许府牛餐饮管理有限公司
窑鸡王	深圳市窑鸡王餐饮服务有限公司
以饭湘许	广州市以饭湘许餐饮管理有限公司
渝是乎	北京渝是乎餐饮管理有限公司
遇见小面	广州遇见小面餐饮股份有限公司
袁记肉夹馍	西安晏阳餐饮管理有限公司
粤饺皇	粤饺皇（广州）餐饮管理有限公司
曾三仙米线	成都三仙餐饮管理有限公司
中原大刀	嘉兴晨宇餐饮管理有限公司
周真真江西米粉	江西周真真品牌管理有限公司
朱光玉火锅馆	成都朱光玉餐饮管理有限公司
猪角	厦门猪角猪脚饭餐饮管理有限公司
醉面	北京龙悦餐饮管理有限公司

*排名不分先后。

红餐网 | 红餐大数据

第二节 第七届中国餐饮品类红鲤奖（2025 中国餐饮品类十大品牌）

“中国餐饮品类红鲤奖（中国餐饮品类十大品牌）”创立于 2019 年，作为国内首份针对“餐饮品类”的权威榜单，其主要是将近年来表现活跃、发展迅速或具备较大潜力的品类作为评选对象，致力于评选出在各细分领域综合表现优秀的餐饮品牌，并为其他餐饮行业人士提供品牌塑造的榜样思路。

“第七届中国餐饮品类红鲤奖（2025 中国餐饮品类十大品牌）”在往年的基础上进一步细化，覆盖的细分赛道数量更丰富、范围更全面，细分奖项数量达到了 30 个，总获奖名单达到 300 个品牌。

该奖项共设立了包括茶饮、特色茶饮、咖饮、火锅、特色火锅、粤式火锅、米饭快餐、米粉、面馆、烧烤、烤肉、西式快餐、比萨、炸鸡、酒馆、自助餐、卤味、特色小吃、麻辣烫冒菜、饺子馄饨、包点、烘焙、粥品、小龙虾、牛蛙、烤鱼、酸菜鱼、东南亚菜、牛排、日料在内的 30 个品类的细分奖项，共 300 个优质品牌上榜（见表 10-18 至表 10-47）。

表 10-18　2025 年度茶饮十大品牌

品牌名称	企业名称
蜜雪冰城	蜜雪冰城股份有限公司
霸王茶姬	昆明霸王茶姬餐饮管理有限公司
古茗	古茗科技集团有限公司
茶百道	四川百茶百道实业股份有限公司
喜茶	深圳美西西餐饮管理有限公司
奈雪的茶	深圳市品道餐饮管理有限公司
茶颜悦色	湖南茶悦文化产业发展集团有限公司
沪上阿姨	沪上阿姨（上海）实业股份有限公司
CoCo 都可	上海肇亿商贸有限公司
书亦烧仙草	四川书亦餐饮管理有限公司

红餐网 | 红餐大数据

表 10-19　2025 年度特色茶饮十大品牌

品牌名称	企业名称
益禾堂	武汉熠汇饮科技有限公司
甜啦啦	安徽汇旺餐饮管理有限公司
柠季 · 手打柠檬茶	湖南三发餐饮管理有限公司
爷爷不泡茶	湖北异想天开生物科技有限公司
茉莉奶白	深圳市茉莉奶白餐饮管理有限公司
LINLEE 林里 · 手打柠檬茶	广州昌邻餐饮管理有限公司
茶话弄	西安八亩田餐饮管理有限公司
ARTEASG 啊 T	湖南有茶有趣餐饮管理有限公司
阿水大杯茶	山东台联企业管理咨询有限公司
悸动	悸动（上海）餐饮管理有限公司

红餐网 | 红餐大数据

表 10-20　2025 年度咖饮十大品牌

品牌名称	企业名称
瑞幸咖啡	瑞幸咖啡（北京）有限公司
星巴克（中国）	星巴克企业管理（中国）有限公司
库迪咖啡	库迪咖啡（北京）有限公司
Tims 天好咖啡（中国）	提姆（上海）餐饮管理有限公司
Manner Coffee	上海茵赫实业有限公司
幸运咖	河南幸运咖餐饮管理有限公司
Peet's coffee 皮爷咖啡（中国）	皮氏咖啡（上海）有限公司
NOWWA 挪瓦咖啡	浙江力醒科技有限公司
M Stand	上海艾恰餐饮管理有限公司
缇里咖啡	缇里（广州）餐饮管理有限公司

红餐网 | 红餐大数据

表 10-21　2025 年度火锅十大品牌

品牌名称	企业名称
海底捞	四川海底捞餐饮股份有限公司
呷哺呷哺	呷哺呷哺餐饮管理有限公司
巴奴毛肚火锅	巴奴毛肚火锅有限公司
小龙坎火锅	成都小龙坎餐饮管理有限公司
季季红火锅	江西季季红餐饮管理有限公司
熊喵来了火锅	熊喵来了（大连）餐饮管理有限公司
大龙燚火锅	成都大龙燚餐饮管理有限公司
朱光玉火锅馆	成都朱光玉餐饮管理有限公司
珮姐重庆火锅	重庆民贤餐饮文化有限公司
凑凑火锅 · 茶憩	凑凑餐饮管理有限公司

表 10-22　2025 年度特色火锅十大品牌

品牌名称	企业名称
七欣天	江苏七欣天餐饮管理连锁有限公司
蜀大侠火锅	成都蜀大侠餐饮管理有限公司
德庄火锅	重庆德庄实业（集团）有限公司
萍姐火锅	重庆亚特餐饮发展有限公司
三出山火锅	武汉三出山品牌管理有限公司
味之绝	成都市味之绝餐饮管理有限公司
313 羊庄	黑龙江叁壹叁羊庄餐饮管理有限公司
围辣小火锅	河南中聚餐饮管理有限公司
刘一手	重庆大手笔餐饮管理有限公司
钢管厂五区小郡肝火锅串串香	成都五区顾大妈餐饮管理有限公司

表 10-23　2025 年度粤式火锅十大品牌

品牌名称	企业名称
捞王锅物料理	捞王（上海）餐饮管理有限公司
广顺兴	河南广顺兴餐饮管理有限公司
左庭右院	上海左庭右院企业管理有限公司
八合里牛肉火锅	广东八合里控股有限公司
润园四季椰子鸡	深圳润园四季餐饮有限公司
陈记顺和	广州陈顺和控股有限公司
潮发	广州传记潮发餐饮管理有限公司
四季椰林	深圳市四季椰林餐饮管理有限公司
椰妹原生态椰子鸡	南宁果麦餐饮管理有限公司
同仁四季椰子鸡	深圳市同仁四季餐饮管理有限公司

表 10-24　2025 年度米饭快餐十大品牌

品牌名称	企业名称
老乡鸡	安徽老乡鸡餐饮有限公司
乡村基	乡村基（重庆）投资有限公司
米村拌饭	延边米村餐饮管理有限公司
南城香	北京南城香餐饮有限公司
永和大王	快乐蜂（中国）餐饮管理有限公司
大米先生	乡村基（重庆）投资有限公司
真功夫	真功夫餐饮管理有限公司
超意兴	济南超意兴餐饮有限公司
杨铭宇黄焖鸡米饭	济南杨铭宇餐饮管理有限公司
猪角	厦门猪角猪脚饭餐饮管理有限公司

红餐网 | 红餐大数据

表 10-25　2025 年度米粉十大品牌

品牌名称	企业名称
蒙自源	蒙自源（广东）餐饮集团有限公司
阿香米线	上海何勇企业管理集团有限公司
五谷渔粉	长沙市五味草堂餐饮管理有限公司
花小小新疆炒米粉	北京四有青年餐饮管理有限公司
姐弟俩土豆粉	姐弟餐饮管理有限公司
融柳大铁牛螺蛳粉	杭州奥仕利创餐饮管理有限公司
魔都三兄弟	威上餐饮管理（上海）有限公司
柳螺香	广西柳螺香餐饮管理有限公司
莱得快酸辣粉	重庆市莱得快美食文化有限公司
周真真江西米粉	江西周真真品牌管理有限公司

红餐网 | 红餐大数据

表 10-26　2025 年度面馆十大品牌

品牌名称	企业名称
和府捞面	江苏和府餐饮管理有限公司
遇见小面	广州遇见小面餐饮股份有限公司
味千拉面	上海领先餐饮管理有限公司
李先生牛肉面大王	北京李先生加州牛肉面大王有限公司
蔡林记	武汉蔡林记商贸有限公司
常青麦香园	湖北常青麦香园餐饮管理有限公司
马记永 · 兰州牛肉面	上海花桥餐饮管理有限公司
老碗会 · 陕西手工面	深圳老碗会餐饮投资管理有限公司
醉面	北京龙悦餐饮管理有限公司
陈香贵 · 兰州牛肉面	上海小贝壳餐饮管理有限公司

红餐网 | 红餐大数据

表 10-27　2025 年度烧烤十大品牌

品牌名称	企业名称
木屋烧烤	深圳市正君餐饮管理顾问有限公司
很久以前羊肉串	北京很久以前餐饮管理有限公司
破店肥哈 · 东北烧烤	深圳市经晟华茂餐饮管理有限公司
丰茂烤串	延吉市丰茂德尚餐饮管理有限公司
东方一串	上海栋方亿串餐饮管理有限公司
北丐先生	沈阳北丐先生餐饮服务有限公司
大圣烧烤	宜昌市大圣餐饮管理有限公司
功夫怪兽	功夫怪兽（郑州）餐饮管理有限公司
何师烧烤	成都和胜餐饮酒店管理有限公司
客串出品	湖南移木客串出品餐饮管理有限公司

红餐网 | 红餐大数据

表 10-28　2025 年度烤肉十大品牌

品牌名称	企业名称
西塔老太太泥炉烤肉	上海老太太泥炉餐饮管理有限公司
九田家黑牛烤肉料理	内蒙古九田家餐饮管理股份有限公司
小猪查理川式烤肉	北京小猪查理餐饮管理有限公司
刘炭长	辽宁刘炭长餐饮管理服务有限公司
北木南烤肉和酒	成都北木南餐饮管理有限公司
安又胖韩国烤肉	青岛安三胖餐饮有限公司
酒拾烤肉	湖南卜食记餐饮管理有限公司
大叹号烤肉	青岛大叹号餐饮管理有限公司
韩宫宴	无锡韩宴餐饮管理有限公司
炉小哥烤肉	郑州炉小哥餐饮有限公司

红餐网 | 红餐大数据

表 10-29　2025 年度西式快餐十大品牌

品牌名称	企业名称
肯德基（中国）	百胜中国控股有限公司
麦当劳（中国）	金拱门（中国）有限公司
华莱士	福建省华莱士食品股份有限公司
塔斯汀	福州塔斯汀餐饮管理有限公司
萨莉亚（中国）	广州萨莉亚餐饮有限公司
德克士	天津顶巧餐饮服务咨询有限公司
汉堡王（中国）	汉堡王（中国）投资有限公司
赛百味（中国）	赛百味品牌管理顾问（上海）有限公司
派乐汉堡	武汉派乐汉堡食品发展有限公司
享哆味	重庆享哆味餐饮管理有限公司

红餐网 | 红餐大数据

表 10-30　2025 年度比萨十大品牌

品牌名称	企业名称
必胜客（中国）	百胜中国控股有限公司
达美乐（中国）	上海达美乐比萨有限公司
尊宝比萨	杭州千尊饮食连锁有限公司
比格比萨自助	北京比格餐饮管理有限责任公司
棒！约翰（中国）	上海棒约翰餐饮管理有限公司
芝根芝底	福州芝根芝底餐饮管理有限公司
乐凯撒披萨	深圳市乐凯撒比萨餐饮管理有限公司
好伦哥	北京好伦哥餐饮有限公司
比萨玛尚诺	马上诺餐饮（上海）有限公司
慕玛披萨	杭州慕玛餐饮管理有限公司

红餐网 | 红餐大数据

表 10-31　2025 年度炸鸡十大品牌

品牌名称	企业名称
正新鸡排	上海正新食品集团有限公司
临榆炸鸡腿	临榆企业管理（集团）秦皇岛有限公司
熊家无二韩式炸鸡	河北木聪餐饮管理有限公司
Bigbear 韩国炸鸡	上海韩如餐饮管理有限公司
佟源记炸肉	长春佟源记餐饮管理有限公司
老韩煸鸡	湖北老韩煸鸡煸道食品有限公司
Pelicana 百利家炸鸡	广州市百利家乐餐饮管理有限公司
正谈炸鸡	延边新正谈餐饮管理有限公司
鸡柳大人	杭州灵牛餐饮管理有限公司
满巍明生炸鸡架	吉林省满巍明餐饮管理有限公司

红餐网 | 红餐大数据

表 10-32　2025 年度酒馆十大品牌

品牌名称	企业名称
海伦司	深圳市海伦司品牌管理有限公司
胡桃里音乐酒馆	深圳胡桃里音乐文化有限公司
贰麻酒馆	成都贰麻餐饮娱乐有限公司
COMMUNE 幻师	极物思维集团有限公司
跳海	北京爱跳不跳文化传播有限公司
TSINGTAO 1903	青岛啤酒文化传播有限公司
优布劳精酿啤酒	优布劳（中国）精酿啤酒有限公司
猫员外	深圳市猫员外餐饮管理有限公司
失眠企鹅精酿酒馆	鲜麦（郑州）品牌管理有限公司
斑马精酿	北京超级斑马酒业有限公司

红餐网 | 红餐大数据

表 10-33　2025 年度自助餐十大品牌

品牌名称	企业名称
吉布鲁牛排海鲜自助	四川吉布鲁餐饮管理有限公司
豪德亨牛排自助餐厅	江西麟创餐饮文化有限公司
大渔铁板烧	大渔餐饮集团
龍歌自助小火锅	青岛龙之歌餐饮管理有限公司
亚马逊环球美食百汇	江西亚马逊餐饮管理集团有限公司
星伦多自助料理	扬州星伦多餐饮管理有限公司
凡塔斯牛排自助餐厅	福州市凡塔斯餐饮管理有限公司
仟味一鼎自助小火锅	河南一鼎记餐饮管理有限公司
芝小官毛肚火锅烤肉自助	无锡魅厨餐饮管理有限公司
农小锅	大连农小锅餐饮管理有限公司

红餐网 | 红餐大数据

表 10-34　2025 年度卤味十大品牌

品牌名称	企业名称
绝味鸭脖	绝味食品股份有限公司
紫燕百味鸡	上海紫燕食品股份有限公司
周黑鸭	周黑鸭食品股份有限公司
煌上煌	江西煌上煌集团食品股份有限公司
久久丫	上海久久丫企业管理咨询有限公司
九多肉多	九多肉多食品集团有限公司
窑鸡王	深圳市窑鸡王餐饮服务有限公司
卤江南	江苏卤江南食品有限公司
麻爪爪	重庆麻爪爪餐饮管理有限公司
廖记棒棒鸡	廖记食品有限责任公司

红餐网 | 红餐大数据

表 10-35　2025 年度特色小吃十大品牌

品牌名称	企业名称
喜姐炸串	南京无边界餐饮管理有限公司
夸父炸串	厦门万皮思食品科技有限公司
黑色经典臭豆腐	长沙伍爱美食食品科技有限公司
草本汤	福州草本餐饮管理有限公司
蓉李记	成都蓉李记餐饮管理有限公司
方中山胡辣汤	郑州方中山食品有限公司
黑白电视长沙小吃	湖南吃货铺餐饮管理有限公司
中原大刀	嘉兴晨宇餐饮管理有限公司
蔡大胖炸洋芋	成都蔡大胖餐饮管理有限公司
伍学长现烤串夹饼	郑州伍学长餐饮管理有限公司

红餐网 | 红餐大数据

表 10-36　2025 年度麻辣烫冒菜十大品牌

品牌名称	企业名称
杨国福麻辣烫	上海杨国福企业管理（集团）有限公司
张亮麻辣烫	张亮企业管理（集团）有限公司
小谷姐姐麻辣拌麻辣烫	天津小谷顿餐饮管理服务有限公司
三顾冒菜	四川三顾冒菜品牌管理有限公司
刘文祥麻辣烫	刘文祥（山东）品牌管理有限公司
芙蓉冒菜	成都芙蓉树下餐饮管理咨询有限公司
觅姐	上海晓烹信息科技有限公司
冒大仙冒菜	成都冒大仙餐饮管理有限公司
川魂帽牌货冒菜	四川川味之魂餐饮管理有限公司
老街称盘麻辣烫	成都老街称盘麻辣烫餐饮管理有限公司

红餐网 | 红餐大数据

表 10-37　2025 年度饺子馄饨十大品牌

品牌名称	企业名称
喜家德虾仁水饺	喜鼎餐饮管理有限公司
袁记云饺	广东省袁记食品集团有限公司
吉祥馄饨	上海世好食品股份有限公司
如意馄饨	江苏万胜咨询有限公司
第 9 味老上海馄饨	深圳市第九味连锁餐饮管理有限公司
熊大爷现包饺子	天津联拓餐饮管理有限公司
满宝馄饨	沈阳满佳餐饮管理有限公司
粤饺皇	粤饺皇（广州）餐饮管理有限公司
东方饺子王	北京东方饺子王餐饮有限责任公司
里手馄饨	长沙里手餐饮连锁经营管理有限公司

红餐网 | 红餐大数据

表 10-38　2025 年度包点十大品牌

品牌名称	企业名称
巴比	中饮巴比食品股份有限公司
三津汤包	深圳市三津餐饮管理有限公司
和善园	南京和善园食品生产有限公司
早阳肉包	浙江早阳餐饮企业管理有限公司
庆丰包子铺	北京庆丰包子铺有限公司
小杨生煎	上海朋利来餐饮管理有限公司
老台门汤包	绍兴市老台门餐饮管理有限公司
沈老头包子	哈尔滨沈老头餐饮连锁管理有限公司
包子客牛肉汤包	济南包子客餐饮管理有限公司
蒸旺	广州蒸旺餐饮管理有限公司

红餐网 | 红餐大数据

表 10-39　2025 年度烘焙十大品牌

品牌名称	企业名称
好利来	北京市好利来食品有限公司
幸福西饼	深圳市幸福西饼食品有限公司
GANSO 元祖食品	上海元祖梦果子股份有限公司
泸溪河	泸溪河食品（集团）有限公司
鲍师傅糕点	北京鲍才胜餐饮管理有限公司
仟吉	武汉市仟吉食品有限公司
美心西饼	美心食品（广州）有限公司
面包新语	上海新语面包食品有限公司
爸爸糖吐司面包	江苏爸爸糖餐饮管理有限公司
KUMO KUMO	上海文道品牌发展（集团）有限公司

红餐网 | 红餐大数据

表 10-40　2025 年度粥品十大品牌

品牌名称	企业名称
三米粥铺	上海竹玫餐饮管理有限公司
曼玲粥店	上海艺荣餐饮管理有限公司
糯雅芳粥	江阴市云轩餐饮管理有限公司
嘉和一品	北京嘉和一品餐饮管理有限公司
如轩海鲜砂锅粥	佛山市五仁餐饮管理有限公司
谷连天八宝粥	石家庄谷连天餐饮企业管理有限公司
宏状元	北京市新宏状元餐饮管理有限公司
福状元粥店	郑州福状元餐饮管理有限公司
潮粥荟潮汕砂锅粥	北京咕嘟侠贸易有限公司
粥全粥到	青岛粥全粥到伟业酒店管理有限公司

红餐网 | 红餐大数据

表 10-41　2025 年度小龙虾十大品牌

品牌名称	企业名称
肥肥虾庄	湖北肥肥虾庄餐饮管理有限公司
胡大饭馆	北京胡大餐饮有限公司
靓靓蒸虾	武汉靓靓蒸虾餐饮管理有限责任公司
聚味瞿记	湖南聚味瞿记餐饮管理有限公司
红盔甲	上海永利顺餐饮有限公司
沪小胖	上海荣达餐饮有限公司
靓虾二哥	湖南靓虾二哥餐饮管理有限公司
松哥油焖大虾	深圳市松哥油焖大虾餐饮管理有限公司
天宝兄弟 · 湘菜龙虾馆	湖南省天宝兄弟餐饮管理有限公司
庐州阿明龙虾	安徽七心居餐饮管理有限公司

红餐网 | 红餐大数据

表 10-42　2025 年度牛蛙十大品牌

品牌名称	企业名称
蛙来哒	长沙味之翼湘餐饮有限公司
蛙喔牛蛙	浙伍爷企业管理（杭州）有限公司
蛙小侠	深圳侠时代餐饮管理咨询有限公司
淘蛙	佛山市宵瑶餐饮管理有限公司
老佛爷铜炉蛙锅	哈尔滨市李家餐饮企业管理有限责任公司
再回首泡椒牛蛙	宁波市椒点餐饮管理有限责任公司
大头蛙青花椒牛蛙	菏泽蛙徕咯餐饮管理有限公司
臻享無招牌芝士烤蛙	好兰劲（江门市）餐饮管理有限公司
蛙三疯	蛙三疯餐饮管理（苏州）有限责任公司
蛙先生	南昌市青柠檬餐饮管理有限责任公司

红餐网 | 红餐大数据

表 10-43　2025 年度烤鱼十大品牌

品牌名称	企业名称
烤匠麻辣烤鱼	成都市烤匠餐饮管理有限公司
半天妖烤鱼	上海半天妖餐饮管理有限公司
探鱼烤鱼	深圳市甘棠明善餐饮有限公司
鱼酷活鱼烤鱼	天津新致餐饮管理有限公司
江边城外烤全鱼	北京江边城外餐饮管理有限公司
师烤 · 豆花烤鱼	广州市师烤餐饮管理有限公司
炉鱼	外婆家餐饮集团有限公司
伟大航路烤鱼	航路伙伴（长春）餐饮管理有限公司
匠子烤鱼	海口匠子烤鱼餐饮服务有限公司
鸣记脆皮烤鱼	大连鸣记餐饮管理有限公司

红餐网 | 红餐大数据

表 10-44　2025 年度酸菜鱼十大品牌

品牌名称	企业名称
太二酸菜鱼	九毛九（广州）控股有限公司
鱼你在一起	北京鱼你在一起品牌管理有限公司
江渔儿酸菜鱼	广州开呗餐饮管理有限公司
渝是乎	北京渝是乎餐饮管理有限公司
有家酸菜鱼	苏州康德餐饮管理有限公司
九锅一堂	重庆九锅一堂餐饮管理有限公司
小鱼号酸菜鱼	厦门小觅渔餐饮管理有限公司
姚姚酸菜鱼	深圳亚米餐饮管理有限公司
百岁我家酸菜鱼	上海馨萍仁河餐饮管理有限公司
渔语鱼	深圳市渔语鱼库餐饮管理有限公司

红餐网 | 红餐大数据

表 10-45　2025 年度东南亚菜十大品牌

品牌名称	企业名称
泰香米泰国餐厅	重庆市泰香米餐饮管理有限公司
迷你椰 · 泰式大排档	上海霸迩餐饮管理有限公司
集渔	成都集美渔泰餐饮管理有限公司
美奈小馆	深圳市越品餐饮管理有限公司
泰妃殿	上海泰妃阁餐饮管理有限公司
嘟嘟泰国小馆	嘟嘟泰小馆（长沙）餐饮管理有限公司
蕉叶	广州蕉叶餐饮管理有限公司
米纸越南小馆	杭州米纸越风餐饮有限公司
KingThaia 金泰兰	暹罗金（杭州）餐饮管理有限公司
芽笼芽笼新加坡餐厅	上海芽隆餐饮管理有限公司

红餐网 | 红餐大数据

表 10-46　2025 年度牛排十大品牌

品牌名称	企业名称
王品牛排	王品（中国）餐饮有限公司
豪客来牛排	厦门豪客来餐饮管理有限公司
莫尔顿牛排坊	上海莫尔顿餐饮管理有限公司
豪享来	厦门豪享来餐饮娱乐有限公司
牛排家	北京牛排家西餐有限公司
拉蒂娜巴西牛排馆	上海森巴餐饮管理有限公司
布拉诺西餐	四川布拉诺品牌管理有限公司
诺丁牛排	南京诺丁餐饮管理有限公司
汤姆家的牛排西餐	济南嘉和世纪酒店管理有限公司
玛黎娜西餐厨房	山东玛黎娜餐饮管理有限公司

红餐网 | 红餐大数据

表 10-47　2025 年度日料十大品牌

品牌名称	企业名称
上井精致料理	上海井町餐饮管理有限公司
N 多寿司	无锡恩多寿司餐饮管理有限公司
元气寿司	元气寿司餐饮服务管理（深圳）有限公司
寿司郎	广州寿司郎餐饮有限公司
鲜目录寿司	杭州将太餐饮管理有限公司
将太无二	北京将太无二餐饮有限责任公司
万岁寿司	广州市万岁餐饮管理有限公司
摩打食堂	广州摩打餐饮管理有限公司
池田寿司	北京池田悦餐饮管理有限公司
小川洋风料理	南通小川洋风餐饮管理有限公司

红餐网 | 红餐大数据

第三节 第五届中国餐饮产业红牛奖

中国餐饮产业红牛奖诞生于2021年，由红餐网携手相关权威机构和餐饮领域专家联合创立，在餐饮领域享有极高的认知度和权威性。该奖项致力于挖掘和表彰中国优秀的餐饮产业上中游企业，旨在评选出餐饮生态链中的优秀企业，为推动中国餐饮产业高质量发展树立标杆。

“第五届中国餐饮产业红牛奖”在奖项上做了精简，共设定了三个奖项。“第五届中国餐饮产业红牛奖”包括“2025年度餐饮供应链百强企业”“2025年度餐饮产业影响力企业”“2025年度餐饮供应链金质产品”三大奖项，共有250家优秀企业、100款优质产品上榜。

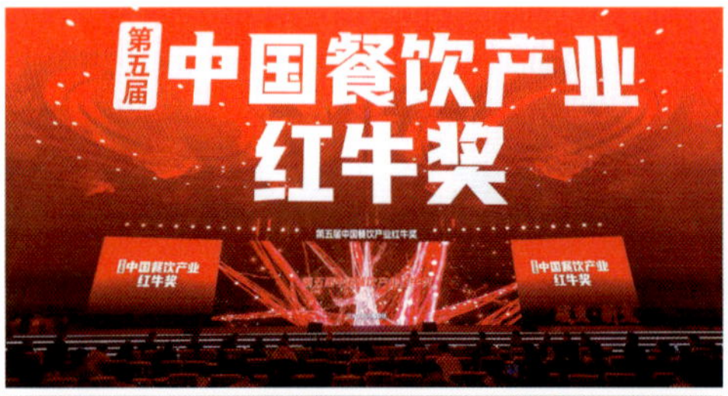

一、2025年度餐饮供应链百强企业

“餐饮供应链百强企业”作为红牛奖的重点奖项，已经连续评选了多届。该奖项旨在评选出餐饮供应链领域综合实力较强的头部企业，评选范围涵盖食材、调味料、冷链物流等多个餐饮供应链板块，上榜的企业在营收规模、渠道覆盖、资产状况、供应实力、科创探索、媒体传播等多个维度均有较为突出的表现。经过评审委员会的层层筛选，最终有100家实力强劲的供应链企业脱颖而出，成功上榜（见表10-48）。

1～33　34～67　68～100

表 10-48　2025 年度餐饮供应链百强企业

企业简称	所属类别	企业全称
安佳专业乳品	食材类	恒天然商贸（上海）有限公司
安井食品	食材类	安井食品集团股份有限公司
安琪酵母	其他类	安琪酵母股份有限公司
百香顺	食材类	江苏百香顺供应链管理有限公司
宝立食品	调味料类	上海宝立食品科技股份有限公司
宾西集团	食材类	黑龙江宾西集团股份有限公司
澄明食品	调味料类	四川澄明食品有限公司
川海晨洋	调味料类	四川省川海晨洋食品有限责任公司
翠宏食品	调味料类	四川翠宏食品有限公司
大北农	食材类	北京大北农科技集团股份有限公司
大成食品	食材类	大成食品（亞洲）有限公司
大庄园集团	食材类	大庄园肉业集团股份有限公司
逮虾记	食材类	北海逮虾记食品有限公司
丹丹郫县豆瓣	调味料类	四川省丹丹郫县豆瓣集团股份有限公司
得利斯	食材类	山东得利斯食品股份有限公司
德康农牧	食材类	四川德康农牧食品集团股份有限公司
德馨食品	食材类	浙江德馨食品科技股份有限公司
恩喜村	食材类	恩喜村（上海）实业有限公司
菲诺	食材类	浙江菲诺食品有限公司
凤祥食品	食材类	山东凤祥股份有限公司
富岭股份	设备用品	富岭科技股份有限公司
盖世食品	食材类	盖世食品股份有限公司
光明食品	食材类	光明食品（集团）有限公司
锅圈	食材类	锅圈食品（上海）股份有限公司
国联水产	食材类	湛江国联水产开发股份有限公司
国信水产	食材类	青岛国信蓝色硅谷发展有限责任公司
海大集团	食材类	广东海大集团股份有限公司
海融科技	食材类	上海海融食品科技股份有限公司
海天味业	调味料类	佛山市海天调味食品股份有限公司
恒都农业	食材类	重庆恒都农业集团有限公司
恒兴集团	食材类	广东恒兴集团有限公司
华鼎冷链	冷链物流	河南华鼎供应链管理有限公司
皇上皇	食材类	广州皇上皇集团股份有限公司

* 排名不分先后。

1～33 34～67 68～100

续 表

企业简称	所属类别	企业全称
惠发食品	食材类	山东惠发食品股份有限公司
吉香居食品	食材类	吉香居食品股份有限公司
佳禾食品	食材类	佳禾食品工业股份有限公司
家联科技	设备用品	宁波家联科技股份有限公司
嘉吉粮油	食材类	嘉吉投资（中国）有限公司
金锣集团	食材类	临沂新程金锣肉制品集团有限公司
锦绣大象农牧	食材类	山西锦绣大象农牧集团股份有限公司
九阳豆业	食材类	杭州九阳豆业有限公司
聚慧餐调	调味料类	聚慧食品科技（重庆）有限公司
卡夫亨氏	调味料类	亨氏（中国）投资有限公司
克明食品	食材类	陈克明食品股份有限公司
蓝威斯顿	食材类	蓝威斯顿（上海）商贸有限公司
李锦记	调味料类	李锦记（中国）销售有限公司
立高食品	食材类	立高食品股份有限公司
立华股份	食材类	江苏立华食品集团股份有限公司
联合利华饮食策划	调味料类	联合利华（中国）有限公司
良之隆	食材类	武汉良之隆食材股份有限公司
龙大美食	食材类	山东龙大美食股份有限公司
鲁花集团	食材类	山东鲁花集团有限公司
麦肯食品	食材类	麦肯食品（哈尔滨）有限公司
牧原股份	食材类	牧原食品股份有限公司
南侨食品	食材类	南侨食品集团（上海）股份有限公司
噢麦力 OATLY	食材类	欧力（上海）饮料有限公司
千味央厨	食材类	郑州千味央厨食品股份有限公司
千喜鹤	食材类	河北千喜鹤饮食股份有限公司
仟味高汤	调味料类	广州市仟壹生物技术有限公司
丘比食品	调味料类	杭州丘比食品有限公司
雀巢（Nestlé）	食材类	东莞雀巢有限公司
荣庆物流	冷链物流	荣庆物流供应链有限公司
塞尚乳业	食材类	宁夏塞尚乳业有限公司
三全食品	食材类	三全食品股份有限公司
三元食品	食材类	北京三元食品股份有限公司
森态牛油	调味料类	广汉市迈德乐食品有限公司
圣恩股份	调味料类	成都圣恩生物科技股份有限公司

* 排名不分先后。

1～33 34～67 68～100

续表

企业简称	所属类别	企业全称
圣农发展	食材类	福建圣农发展股份有限公司
十月稻田	食材类	十月稻田集团股份有限公司
蜀海供应链	食材类	蜀海（北京）供应链管理有限责任公司
双汇发展	食材类	河南双汇投资发展股份有限公司
顺新晖	冷链物流	顺新晖（上海）供应链管理有限公司
太太乐	调味料类	上海太太乐食品有限公司
泰森食品	食材类	泰森华东食品发展有限公司
天味食品	调味料类	四川天味食品集团股份有限公司
通威食品	食材类	通威食品有限公司
望家欢	食材类	望家欢农产品集团有限公司
味好美	调味料类	上海味好美食品有限公司
温氏股份	食材类	温氏食品集团股份有限公司
五得利	食材类	五得利面粉集团有限公司
西王食品	食材类	西王食品股份有限公司
仙坛股份	食材类	山东仙坛股份有限公司
翔泰渔业	食材类	海南翔泰渔业股份有限公司
欣和	调味料类	烟台欣和企业食品有限公司
新希望六和	食材类	新希望六和股份有限公司
新雅轩	调味料类	四川新雅轩食品有限公司
馨田火锅油碟	调味料类	重庆馨亚油脂有限公司
雪榕生物	食材类	上海雪榕生物科技股份有限公司
颐海国际	调味料类	颐海（上海）食品有限公司
艺康集团	设备用品	艺康（中国）投资有限公司
益海嘉里	食材类	益海嘉里金龙鱼食品集团股份有限公司
益客食品	食材类	江苏益客食品集团股份有限公司
玉湖冷链	冷链物流	玉湖冷链技术（深圳）有限公司
张兵兵火锅牛油	调味料类	四川张兵兵生物科技股份有限公司
正邦科技	食材类	江西正邦科技股份有限公司
正大食品	食材类	正大食品企业（上海）有限公司
中炬高新	调味料类	中炬高新技术实业（集团）股份有限公司
中粮粮谷	食材类	中粮粮谷控股有限公司
仲景食品	调味料类	仲景食品股份有限公司
祖名股份	食材类	祖名豆制品股份有限公司

* 排名不分先后。

红餐网 | 红餐大数据

二、2025 年度餐饮产业影响力企业

"2025 年度餐饮产业影响力企业"旨在评选出在细分领域拥有突出贡献或者表现出色的餐饮上中游企业，这类企业涵盖餐饮产业生态链的各个细分领域。上榜的企业在各自的细分领域业绩表现、产品创新等层面均有较好的表现（见表 10-49）。经过多个环节的角逐，最终有 150 家在餐饮产业中具有影响力的企业荣耀上榜。

1～31　32～71　72～111　112～150

表 10-49　2025 年度餐饮产业影响力企业

企业简称	所属类别	企业全称
艾家食品	调味料类	成都市艾家食品有限公司
奥琦玮	餐饮数字化	奥琦玮科技（江苏）有限公司
百利食品	调味料类	广东百利食品股份有限公司
百品日光	调味料类	成都百品味源餐饮有限责任公司
百珍堂	食材类	百珍堂生物科技（浙江）有限公司
保丽洁	设备用品	江苏保丽洁环境科技股份有限公司
鲍之源	食材类	福建鲍之源集团有限公司
标点食品	食材类	南阳标点食品有限公司
渤海水产	食材类	渤海水产股份有限公司
菜字头	食材类	陕西菜字头食品科技有限公司
餐北斗供应链	冷链物流	深圳市餐北斗供应链管理有限公司
草原红太阳	调味料类	内蒙古草原红太阳食品股份有限公司
朝日唯品	食材类	山东绿源唯品乳业有限公司
晨非食品	食材类	青岛晨非食品有限公司
晨光生物	其他类	晨光生物科技集团股份有限公司
厨芯科技	设备用品	北京厨芯科技有限公司
川娃子	调味料类	四川川娃子食品有限公司
创绿设备	设备用品	上海创绿餐饮设备有限公司
春冠食品	食材类	山东春冠食品有限公司
春雪食品	食材类	春雪食品集团股份有限公司
淳鼎汇	食材类	淳鼎汇供应链管理（北京）有限公司
聪厨食品	食材类	长沙市聪厨食品有限公司
大湖股份	食材类	大湖水殖股份有限公司
大洋世家	食材类	大洋世家（浙江）股份公司
大窑饮品	食材类	宁夏大窑销售服务有限公司
道道全	食材类	道道全粮油股份有限公司
丁点儿食品	调味料类	四川丁点儿食品开发股份有限公司
冻品在线	食材类	福建冻品在线网络科技有限公司
豆黄金食品	食材类	豆黄金食品有限公司
独凤轩	调味料类	抚顺独凤轩骨神生物技术股份有限公司
二商肉食	食材类	北京二商肉类食品集团有限公司

* 排名不分先后。

1~31　32~71　72~111　112~150

续表

企业简称	所属类别	企业全称
沣运鲍业	食材类	福州源丰海洋科技有限公司
富琳特	调味料类	珠海市富琳特食品有限公司
观星农业	食材类	广州观星农业科技有限公司
海鳞源	食材类	福建海鳞源食品开发有限公司
海文铭	食材类	福建海文铭海洋科技发展有限公司
海之宝	食材类	山东海之宝海洋科技有限公司
憨憨豆匠	食材类	四川憨憨豆匠食品有限公司
好当家	食材类	山东好当家海洋发展股份有限公司
好得睐	食材类	苏州市好得睐食品科技有限责任公司
何氏蹦蹦鱼	食材类	何氏蹦蹦鱼（佛山）生态渔业开发有限公司
和一牧鲜	食材类	鹿邑县和一肉业有限公司
荷仙集团	食材类	江苏荷仙食品集团有限公司
恒鑫生活	设备用品	合肥恒鑫生活科技股份有限公司
红满坡	调味料类	遵义红满坡农业发展有限公司
厚德食品	食材类	金翼食品（吉林）股份有限公司
花帝食品	调味料类	青岛花帝食品股份有限公司
华贵食品	食材类	湖北华贵食品有限公司
华宝食品	食材类	华宝食品股份有限公司
华海顺达	调味料类	沧州市华海顺达粮油调料有限公司
汇湘轩	调味料类	湖南汇湘轩生物科技股份有限公司
慧运营	餐饮数字化	江苏睿博数据技术有限公司
极效科技	设备用品	广州极效能源科技有限公司
佳士博食品	食材类	山东佳士博食品有限公司
佳仙食品	调味料类	重庆佳仙食品有限公司
金禾米业	食材类	黑龙江省五常金禾米业有限责任公司
金健米业	食材类	金健米业股份有限公司
金亿佳鑫	设备用品	天津市金亿佳鑫塑料制品有限公司
锦全食品	食材类	菏泽市锦全食品有限公司
玖嘉久	食材类	北海玖嘉久食品有限公司
鹃城牌豆瓣	调味料类	四川省郫县豆瓣股份有限公司
绝配供应链	冷链物流	上海绝配柔性供应链服务有限公司
骏荼家	食材类	深圳市意利投资控股有限公司
开创国际	食材类	上海开创国际海洋资源股份有限公司
凯达恒业	食材类	北京凯达恒业农业技术开发有限公司
康乐汇食品	食材类	成都康乐汇食品有限公司
可颂集团	食材类	青岛可颂食品有限公司
客串一把	食材类	湖南客串一把供应链管理有限公司
宽味食品	调味料类	四川宽味食品有限公司
朗生集团	其他类	深圳朗生整装科技有限公司
老坛子食品	食材类	四川老坛子食品有限公司

* 排名不分先后。

1~31 32~71 72~111 112~150

续表

企业简称	所属类别	企业全称
乐禾食品	食材类	乐禾食品集团股份有限公司
乐肴居	食材类	厦门陈纪乐肴居食品有限公司
利思客	食材类	利思客（天津）食品科技有限公司
粮全其美	食材类	上海粮全其美食品有限公司
龙王豆浆	食材类	黑龙江省农垦龙王食品有限责任公司
麻辣红包	调味料类	四川麻辣红包食品有限公司
麦金地	食材类	上海麦金地集团股份有限公司
麦王食品	食材类	福建麦王食品有限公司
漫味龙厨	调味料类	四川漫味龙厨生物科技有限公司
美好食品	食材类	成都希望食品有限公司
美佳集团	食材类	山东美佳集团有限公司
美团餐饮系统	餐饮数字化	北京三快科技有限公司
美鑫食品	调味料类	江苏美鑫食品科技有限公司
民福记	食材类	四川民福记食品有限公司
闽东壹鱼	食材类	福建省银成食品有限公司
名厨磁电	设备用品	深圳国创名厨商用设备制造有限公司
沐之源	食材类	峨眉山沐之源食品有限公司
南山婆	调味料类	贵州南山婆食品加工有限公司
南王科技	设备用品	福建南王环保科技股份有限公司
你好椰	食材类	海南循香食品股份有限公司
诺高美	调味料类	诺高美生物技术（成都）有限公司
欧泰贡	食材类	欧泰贡（广东）食品有限公司
彭记坊	食材类	湖南彭记坊农业科技发展有限公司
千禾味业	调味料类	千禾味业食品股份有限公司
强英集团	食材类	安徽强英食品集团有限公司
亲热集团	食材类	河南亲热实业控股集团有限公司
秋田快饮	食材类	安徽秋田智能科技有限公司
日辰股份	调味料类	青岛日辰食品股份有限公司
日远饮品	食材类	上海日远饮品集团有限公司
如意三宝	食材类	厦门如意三煲食品有限公司
三都港	食材类	三都港海洋食品有限公司
三旋供应链	食材类	成都非常有食品科技有限公司
三元生物	其他类	山东三元生物科技股份有限公司
申唐产业	调味料类	四川申唐食品科技有限公司
石客照明	设备用品	中山石客照明有限公司
拓邦厨纪	设备用品	深圳拓邦股份有限公司
唐吉诃德	餐饮数字化	北京唐吉诃德科技有限公司
天农食品	食材类	广东天农食品集团股份有限公司
天顺源	食材类	黑龙江天顺源清真食品有限公司
田野股份	食材类	田野创新股份有限公司

* 排名不分先后。

1~31　32~71　72~111　112~150

续表

企业简称	所属类别	企业全称
万基食品	食材类	西安万基食品饮料有限公司
万纬物流	冷链物流	万纬物流发展有限公司
王家渡	食材类	四川王家渡食品股份有限公司
王仁和食品	食材类	安徽王仁和米线食品有限公司
惟溢食品	食材类	惟溢食品（广东）有限公司
味远红芳	调味料类	湖南佳元禄食品有限公司
味知香	食材类	苏州市味知香食品股份有限公司
维益食品	食材类	维益食品（苏州）有限公司
无厨供应链	调味料类	四川无厨供应链管理有限责任公司
鲜活饮品	食材类	苏州鲜活饮品股份有限公司
鲜美来	食材类	鲜美来食品股份有限公司
香汇彩云	调味料类	长沙彩云农副产品有限公司
翔鹰中厨	设备用品	浙江翔鹰中央厨房设备有限公司
橡鹿科技	设备用品	北京橡鹿科技有限公司
新和盛	食材类	山东新和盛飨食集团有限公司
星期零	食材类	深圳市星期零食品科技有限公司
许大师食品	食材类	湖南宇成食品有限公司
雪川农业集团	食材类	雪川农业集团股份有限公司
雪麦龙	调味料类	郑州雪麦龙食品香料有限公司
雪印集团	食材类	广东雪印集团有限公司
浔味堂	食材类	浙江浔味堂食品股份有限公司
亚洲渔港	食材类	亚洲渔港股份有限公司
燕语茶业	食材类	广州市燕语食品科技有限公司
幺麻子	调味料类	幺麻子食品股份有限公司
野火烧食品	食材类	鹿邑县野火烧食品有限公司
优特智厨	设备用品	珠海优特智厨科技有限公司
柚香谷	食材类	浙江柚香谷控股股份有限公司
雨轩股份	食材类	新乡市雨轩清真食品股份有限公司
玉梦集团	调味料类	贵州玉梦食品（集团）有限公司
元盛食品	食材类	元盛食品制造（上海）有限公司
原叶行动	食材类	福建原叶行动茶业有限公司
圆规供应链	冷链物流	上海圆规企业发展有限公司
越汇食品	食材类	鹤壁越汇食品有限公司
运荔枝	冷链物流	成都运荔枝科技有限公司
长膳智能	设备用品	上海长膳智能科技有限公司
中绿食品	食材类	中绿食品集团有限公司
中水渔业	食材类	中水集团远洋股份有限公司
中洋鱼天下	食材类	江苏中洋集团股份有限公司
众口味食品	食材类	深圳市众口味食品集团有限公司

* 排名不分先后。

红餐网 | 红餐大数据

三、2025 年度餐饮供应链金质产品

作为红牛奖的重点奖项之一，“2025 年度餐饮供应链金质产品”主要在餐饮上游供应链企业的产品中评选出销量高、口碑好、品质佳的爆款产品（见表 10-50）。经过严格筛选，本年度共有 100 款产品凭借卓越的市场表现荣耀登榜。这些上榜的金质产品在口碑、销量、创新、可持续性等方面均表现突出，具备硬实力和高口碑，成为众多餐饮供应链产品中的佼佼者，展现出了强大的综合竞争力和可持续发展的潜力。

1~19　20~46　47~73　74~100

表 10-50　2025 年度餐饮供应链金质产品

产品名称	所属企业（简称）	企业全称
安佳捷效™烹饪稀奶油	安佳专业乳品	恒天然商贸（上海）有限公司
安琪酵母抽提物	安琪酵母	安琪酵母股份有限公司
爱真喷射稀奶油	维益食品	维益食品（苏州）有限公司
爆汁鸡米花	春雪食品	春雪食品集团股份有限公司
北极光 5/16 裹粉冷冻薯条	雪川农业集团	雪川农业集团股份有限公司
冰鲜鸭肠	亲热集团	河南亲热实业控股集团有限公司
茶轻乳	晨非食品	青岛晨非食品有限公司
川湘小炒酱汁	麻辣红包	四川麻辣红包食品有限公司
醇香黄鱼鲞	三都港	三都港海洋食品有限公司
醇香浓厚猪骨白汤	仟味高汤	广州市仟壹生物技术有限公司
脆皮炸鸡	圣农发展	福建圣农发展股份有限公司
大窑 520ml 玻璃瓶装汽水	大窑饮品	宁夏大窑销售服务有限公司
淡奶油（35%）	可颂集团	青岛可颂食品有限公司
调味巴沙鱼	翔泰渔业	海南翔泰渔业股份有限公司
调味海岸风薄切薯条	蓝威斯顿	蓝威斯顿（上海）商贸有限公司
丁点儿椒麻鸡汁调味料	丁点儿食品	四川丁点儿食品开发股份有限公司
二麻红酒鸡翅串	利思客	利思客（天津）食品科技有限公司
番茄底料	百品日光	成都百品味源餐饮有限责任公司
非遗龙须笋	沐之源	峨眉山沐之源食品有限公司

* 排名不分先后。

1～19 20～46 47～73 74～100

续表

产品名称	所属企业（简称）	企业全称
佛跳墙	海文铭	福建海文铭海洋科技发展有限公司
灌蛋油条	千味央厨	郑州千味央厨食品股份有限公司
广式腊味炒饭	乐肴居	厦门陈纪乐肴居食品有限公司
海鳞源鲍鱼肉	海鳞源	福建海鳞源食品开发有限公司
海天金标生抽	海天味业	佛山市海天调味食品股份有限公司
海藻沙拉	盖世食品	盖世食品股份有限公司
好人家厚火锅底料	天味食品	四川天味食品集团股份有限公司
黑胡椒系列调味料	味好美	上海味好美食品有限公司
恒都生鲜牛羊肉	恒都农业	重庆恒都农业集团有限公司
红烧肉	得利斯	山东得利斯食品股份有限公司
洪湖藕带	华贵食品	湖北华贵食品有限公司
厚椰乳	菲诺	浙江菲诺食品有限公司
华夏软弹面	克明食品	陈克明食品股份有限公司
黄金鸡块裹粉	宝立食品	上海宝立食品科技股份有限公司
黄金甲薯条	麦肯食品	麦肯食品（哈尔滨）有限公司
火锅油碟	馨田火锅油碟	重庆馨亚油脂有限公司
家乐辣鲜露	联合利华饮食策划	联合利华（中国）有限公司
金冠腊肠	皇上皇	广州皇上皇集团股份有限公司
老坛子活泡菜	老坛子食品	四川老坛子食品有限公司
佬油集 1983	聚慧餐调	聚慧食品科技（重庆）有限公司
李锦记薄盐味极鲜	李锦记	李锦记（中国）销售有限公司
龙江和牛雪花牛肉卷	元盛食品	元盛食品制造（上海）有限公司
马苏里拉芝士包	恩喜村	恩喜村（上海）实业有限公司
梅菜扣肉	聪厨食品	长沙市聪厨食品有限公司
湄公大厨巴沙鱼	欧泰贡	欧泰贡（广东）食品有限公司
酶解牛油味极香	森态牛油	广汉市迈德乐食品有限公司
美好小酥肉	美好食品	成都希望食品有限公司

* 排名不分先后。

1～19 20～46 47～73 74～100

续 表

产品名称	所属企业（简称）	企业全称
美极鲜味汁	雀巢（Nestlé）	东莞雀巢有限公司
焖制牛油火锅底料	川海晨洋	四川省川海晨洋食品有限责任公司
庙街牛肉串	客串一把	湖南客串一把供应链管理有限公司
慕斯杯	立高食品	立高食品股份有限公司
奶油芝士	塞尚乳业	宁夏塞尚乳业有限公司
NFC 茉莉绿茶茶汤	德馨食品	浙江德馨食品科技股份有限公司
牛奶滑鸭血	康乐汇食品	成都康乐汇食品有限公司
OATLY 咖啡大师燕麦奶	噢麦力 OATLY	欧力（上海）饮料有限公司
品致鲜牛奶	三元食品	北京三元食品股份有限公司
瀑布肉片	益客食品	江苏益客食品集团股份有限公司
七个番茄一锅汤	澄明食品	四川澄明食品有限公司
轻卤肥肠	龙大美食	山东龙大美食股份有限公司
乳酸菌泡萝卜	吉香居食品	吉香居食品股份有限公司
撒尿肉丸	佳士博食品	山东佳士博食品有限公司
三好鸡翅	野火烧食品	鹿邑县野火烧食品有限公司
三零原汤骨汤料	独凤轩	抚顺独凤轩骨神生物技术股份有限公司
砂锅菜底料	申唐产业	四川申唐食品科技有限公司
山茶花乌龙豆乳茶	九阳豆业	杭州九阳豆业有限公司
深海狮子头	惠发食品	山东惠发食品股份有限公司
手抓饼	粮全其美	上海粮全其美食品有限公司
手抓扇子骨	如意三宝	厦门如意三煲食品有限公司
宋柚汁	柚香谷	浙江柚香谷控股股份有限公司
速冻藕合	荷仙集团	江苏荷仙食品集团有限公司
速冻盐酥鸡	大成食品	大成食品（亞洲）有限公司
太火多肽浓香牛油	张兵兵火锅牛油	四川张兵兵生物科技股份有限公司
太太乐鸡精调味料	太太乐	上海太太乐食品有限公司
天妇罗蟹柳	美佳集团	山东美佳集团有限公司

* 排名不分先后。

1～19　20～46　47～73　74～100

续表

产品名称	所属企业（简称）	企业全称
甜口味沙拉酱	百利食品	广东百利食品股份有限公司
味事达小炒蚝鲜汁	卡夫亨氏	亨氏（中国）投资有限公司
乌鸡卷	越汇食品	鹤壁越汇食品有限公司
五常大米	十月稻田	十月稻田集团股份有限公司
鲜牛肉烧椒酱	川娃子	四川川娃子食品有限公司
香辣蘸料	翠宏食品	四川翠宏食品有限公司
小霸龙风味烤鱼	国联水产	湛江国联水产开发股份有限公司
小凤鲜阳光鲜番茄火锅底料	美鑫食品	江苏美鑫食品科技有限公司
小叶酸菜	民福记	四川民福记食品有限公司
新雅轩肉酱	新雅轩	四川新雅轩食品有限公司
星期零双蛋白安格斯牛肉饼	星期零	深圳市星期零食品科技有限公司
许大师农家面子肉	许大师食品	湖南宇成食品有限公司
药膳大盘瑶鸡	雪印集团	广东雪印集团有限公司
野生菌汤	圣恩股份	成都圣恩生物科技股份有限公司
液氮速冻牛蛙	蜀海供应链	蜀海（北京）供应链管理有限责任公司
一夜埕金鲳鱼	恒兴集团	广东恒兴集团有限公司
优形低温沙拉鸡胸肉	凤祥食品	山东凤祥股份有限公司
油炸茄子	菜字头	陕西菜字头食品科技有限公司
鱼籽福袋	玖嘉久	北海玖嘉久食品有限公司
玉梦酸汤	玉梦集团	贵州玉梦食品（集团）有限公司
裕鲜舫深海野游大黄鱼	国信水产	青岛国信蓝色硅谷发展有限责任公司
招牌大颗粒虾滑	逮虾记	北海逮虾记食品有限公司
甄选火山石烤肠	安井食品	安井食品集团股份有限公司
智能炒菜机器人 F3	拓邦厨纪	深圳拓邦股份有限公司
猪肉气调产品	牧原股份	牧原食品股份有限公司
仲景香菇酱	仲景食品	仲景食品股份有限公司
正大鸡排	正大食品	正大食品企业（上海）有限公司

＊排名不分先后。

红餐网 | 红餐大数据

特别说明

1. 全国线级城市划分

本书如未特别说明，内文的相关城市研究皆采纳第一财经旗下的新一线城市研究所于 2025 年 5 月发布的《2025 新一线城市魅力排行榜》城市划分标准，其他引用资料可能另有城市划分标准，具体以实际呈现为准。

2. 货币单位

本书如未特别说明，货币单位默认为人民币。

3. 关于书中对于“目前”的定义

基于本书定稿于 2025 年 6 月，本书如未特别说明，书中所有关于“目前”的表述均表示为截至 2025 年 5 月 31 日。

4. 数据源参考渠道

本书的数据源建立在红餐大数据的基础上，同时参考了品牌官方数据，以及其他机构比如企查查、美团等的数据。如未特别说明，本书统计数据一般未包括我国港澳台地区。

声明

本书内容及数据仅用于研究和参考，任何第三方对于本书各项内容和数据的使用或引用所导致的任何结果，本创作团队不承担任何法律责任。请任何第三方在接受该声明的前提下，在法律允许和经过授权的条件下，合理使用本书内容。